Balão cativo

A marca FSC é a garantia de que a madeira utilizada na fabricação do papel deste livro provém de florestas que foram gerenciadas de maneira ambientalmente correta, socialmente justa e economicamente viável, além de outras fontes de origem controlada.

Balão cativo

Pedro Nava

POEMAS
Carlos Drummond de Andrade
José Geraldo Nogueira Moutinho

APRESENTAÇÃO
André Botelho

CRÔNICA
Paulo Mendes Campos

COMPANHIA DAS LETRAS

Copyright © 2012 by Paulo Penido / Ateliê Editorial
Publicado sob licença de Ateliê Editorial.
Estrada da Aldeia de Carapicuíba, 897, Cotia, SP — 06709-300
Copyright da apresentação © André Botelho
Copyright da crônica © Joan Mendes Campos

Todos os direitos reservados

Grafia atualizada segundo o Acordo Ortográfico da Língua
Portuguesa de 1990, que entrou em vigor no Brasil em 2009.

Capa e projeto gráfico
Elisa v. Randow

Imagem de capa
Obra sem título de Marina Rheingantz, lápis de cor sobre papel, 14,8 x 21 cm.

Imagem de quarta capa
Fundação Casa de Rui Barbosa / Arquivo Museu de Literatura Brasileira.
Reprodução de Ailton Alexandre da Silva

Pesquisa iconográfica
André Botelho
André Bittencourt

Imagens do Acervo da Fundação Casa de Rui Barbosa/ Arquivo Museu de Literatura Brasileira.
Reprodução de Ailton Alexandre da Silva

Preparação
Claudia Agnelli

Índice onomástico
Luciano Marchiori

Revisão
Ana Maria Barbosa
Jane Pessoa

Dados Internacionais de Catalogação na Publicação (CIP)
(Câmara Brasileira do Livro, SP, Brasil)

Nava, Pedro, 1903-1984.
  Balão cativo / Pedro Nava ; poemas Carlos Drummond de
Andrade, José Geraldo Nogueira Moutinho ; apresentação André
Botelho ; crônica Paulo Mendes Campos. — 1ª ed. — São Paulo :
Companhia das Letras, 2012.

  ISBN 978-85-359-2031-4

  1. Escritores brasileiros — Biografia 2. Memórias autobiográ-
ficas 3. Nava, Pedro, 1903-1984 4. Poesia brasileira I. Andrade,
Carlos Drummond de. II. Moutinho, José Geraldo Nogueira.
III. Botelho, André. IV. Campos, Paulo Mendes. V. Título.

12-00374   CDD-928.699

Índice para catálogo sistemático:
1. Escritos brasileiros : Memórias 928.699

[2012]
Todos os direitos desta edição reservados à
EDITORA SCHWARCZ S.A.
Rua Bandeira Paulista, 702, cj. 32
04532-002 — São Paulo — SP
Telefone: (11) 3707-3500
Fax: (11) 3707-3501
www.companhiadasletras.com.br
www.blogdacompanhia.com.br

Pedro Nava a partir do nome,
por Carlos Drummond de Andrade   11

A Pedro Nava,
por José Geraldo Nogueira Moutinho   15

Balão cativo: o aprendizado da memória,
por André Botelho   17

Balão cativo

1. Morro do Imperador   25

2. Serra do Curral   117

3. Engenho Velho   227

4. Morro do Barro Vermelho   321

Pedro Nava,
por Paulo Mendes Campos   401

Índice onomástico   407

A
José Nava,
Paulo Nava,
Célia Flores Nava,
Anna Nava,
Maria Luísa Nava Ribeiro,
Antonio Hippolyto Ribeiro e
Paulo Nogueira Penido,
meus irmãos e cunhados.

A
Adaucto Lúcio Cardoso,
Afrânio de Mello Franco Filho,
Aluísio Azevedo Sobrinho,
Carlos Chagas Filho,
Carlos Paiva Gonçalves,
Francisco Peixoto Filho,
José Olympio Pereira Filho,
José Thomaz Nabuco,
Odylo Costa, filho,
Otto Lara Resende,
Pedro Salles e
Prudente de Moraes, neto,
meus amigos.

[...] era a tristeza dos resolutos, a quem dói de antemão um ato pela mortificação que há de trazer a outros, e que, não obstante, juram a si mesmos praticá-lo, e praticam.

MACHADO DE ASSIS, "D. Benedita", *in Papéis avulsos*

Car l'homme est cet être sans âge fixe, cet être qui a la faculté de redevenir en quelques secondes de beaucoup d'années plus jeune, et qui, entouré des parois du temps où il a vécu, y flotte, mais comme dans un bassin dont le niveau changerait constamment et le mettrait à portée tantôt d'une époque, tantôt d'une autre.

MARCEL PROUST, *Albertine disparue*

Pedro Nava a partir do nome

Carlos Drummond de Andrade

Nava
campo-raso planície intermontana
onde os Nava plantaram seu brasão
Ponti di Nava
Nava del Rey
de chocolate e vinho incandescentes
Navas de Oviedo
manando água sulfúrea sob o olhar
de romanos de pés dominadores
Navas de Tolosa
onde os reis de Navarra, de Castela e de Aragão
dobraram para sempre
a cerviz dos almóadas
Navarino enseada helênica
de que partem os bélicos navarcos
em naves agressivas
Navarre

colégio douto modelando
o menino Bossuet, o garoto Richelieu
navajos
confinando a glória antiga nas reservas
de papel passado e desprezado pelos brancos
e nos filmes ferozes de Hollywood
Navarrete
(Domingo Hernández) obstinado
teólogo debatedor de ritos chineses
Nava
navio sulcando europas maranhões
cearás alencarinos
cruzando mares de serras e cerrados
até chegar à angra tranquila
de Juiz de Fora
onde a 5 de junho de 1903
desembarca o infante Pedro Nava.
Nava
o novo sentido da palavra
agora poesia
de distintas maneiras naviexpressa
em verso múltiplo, eis salta do verbo
para navianimar membros rígidos inertes
de gente sofredora
a reacender-lhes o ritmo do gesto
no baile de viver.
Versa depois outro caminho e cria
na superfície nívea as formas coloridas
do objeto pictórico
assim como quem não quer, mas tão sabido
que a arte o denuncia em toda parte,
e regressando ao porto de partida
naviocenográfico navega
a descobrir tesouros submersos insuspeitados
no mais fundo da língua portuguesa.

Nava navipoeta
naviprosista
que a névoa do tempo descerrando
exibe ao nosso pasmo
as navetas de prata da memória
onde em linhas de nuvem se condensam
os externos e internos movimentos
do corpo brasileiro repartido
em clãs, em escrituras, em sussurros
de alcova, que, navissutil,
Nava recolhe e grava:
sensível retrato do Brasil
pulsando em navicinza do passado.

Nava
fulgindo na alva dos setent'anos.

A Pedro Nava

José Geraldo Nogueira Moutinho

Baú de Ossos
Balão Cativo
Roda de expostos
salvos do olvido.

Nava que o tempo
lavra perdido
colhendo lento
cardume esquivo.

Vasto remígio
por sobre as campas
além do Estige
talhando estampas

nas quais se grava
(cinzel benigno)

o que escalavra
num só gemido

a areia adusta
coluna flébil
música breve
fluindo justa

de uma a outra teta
na rancorosa
dúplice rosa
cava ampulheta.

Balão cativo: o aprendizado da memória

André Botelho

NÃO MERAMENTE RECORDAR, mas recuperar o tempo perdido, restituir a vida em sua total significação. Esse o empenho a que se lançou Pedro Nava em suas *Memórias*. E se estas podem ser lidas, numa dimensão, como a história da sua formação, *Balão cativo* é certamente o volume mais emblemático a esse respeito. Por vários motivos. A começar pelo fato de este segundo volume das memórias ser inteiramente dedicado à recuperação da infância do autor que se fez hábil narrador, e sua transição do ambiente doméstico para o mais público dos colégios. Compreendendo os anos de 1911, ano da morte do pai, a 1916, ano de seu ingresso no mais renomado colégio brasileiro do Império e da Primeira República, o Pedro II, no Rio de Janeiro, *Balão cativo* dá continuidade à ação interrompida no final do primeiro volume das *Memórias*. A impressão de que os livros, ou ao menos partes deles, formam um conjunto relativamente coeso para a leitura não é inteiramente fortuita.

Como Nava anota no final do datiloscrito de *Baú de ossos* e no início do de *Balão cativo*, depositados no Arquivo que leva seu nome na Casa de Rui Barbosa no Rio de Janeiro, seu plano inicial era publicar os dois primeiros capítulos do segundo volume ainda em *Baú de ossos*. Por isso a numeração das páginas dos datiloscritos de *Balão cativo* segue duas ordens diferentes: uma que dá continuidade ao primeiro volume, outra que inicia o segundo. A decisão de deixar os dois capítulos já escritos (intitulados "Morro do Imperador" e "Serra do Curral") para iniciar *Balão cativo*, cuja redação integral levou ainda praticamente mais três anos até as vésperas da sua publicação em 1973, deveu-se, como o autor também fez questão de anotar em ambos os originais, ao "bom conselho" de Fernando Sabino — seu editor na Sabiá, selo pelo qual havia lançado suas memórias em 1972, mesmo ano em que a Sabiá é incorporada à Editora José Olympio, que publica *Balão cativo*.

Assim, o primeiro capítulo de *Balão cativo*, "Morro do Imperador", narra o período em que, após a morte do pai e os anos iniciais vividos no Rio de Janeiro, Nava, seus irmãos mais novos e a mãe, Diva Mariana Jaguaribe Nava, se veem obrigados a voltar para Juiz de Fora. São anos difíceis os passados no sobrado nada acolhedor da avó materna, Inhá Luísa. "Serra do Curral" compreende os anos 1914-15, quando a família Nava se muda para Belo Horizonte na companhia do avô materno, Joaquim José Nogueira Jaguaribe, ou simplesmente Major, após a morte da avó. Neste capítulo aparece também a narrativa do Ginásio Anglo-Mineiro, de que foi aluno, e que contrastará em mais de um sentido com o Pedro II. "Engenho Velho", o terceiro capítulo, se passa no ano de 1916, e é dedicado à vivência de Nava com seus tios Alice e Antônio Salles, no Rio de Janeiro, para onde viera sozinho para ingressar no Pedro II — uma experiência afetivamente intensa e também decisiva do ponto de vista intelectual. "Morro do Barro Vermelho" narra sua história no internato do Pedro II, tema que ao mesmo tempo se ampliará e se detalhará nos três primeiros capítulos do volume seguinte, *Chão de ferro*, publicado em 1976.

A intenção inicial do autor, porém, não desapareceu simplesmente com esse plano de capítulos ao fim e ao cabo adotado por sugestão do editor do livro. Afinal, ainda é rentável do ponto de vista da leitura dividir *Balão cativo* em duas partes, sendo o divisor delas justamente a morte da avó, Inhá Luísa. Assim, na primeira parte, mais próxima do tema de *Baú de ossos*, quase em sua totalidade voltado à narrativa sobre a família e os antepassados, prevalecem o espaço, as relações, a sociabilidade e os costumes domésticos patriarcais (e suas arbitrariedades características).

Aqui vale observar o contraste na convivência da família nuclear de Pedro Nava com, de um lado, seus parentes paternos no Rio de Janeiro, idealizada como um verdadeiro idílio no último capítulo de *Baú de ossos*; e, de outro, com a família materna em Juiz de Fora, marcada por relações extremamente autoritárias, excessivas e violentas, especialmente por parte da avó Inhá Luísa, de quem o narrador não parece ter merecido senão a indiferença. Exagero? Vejamos este relato sobre a inspeção da avó ao pomar de sua chácara:

> Estou a vê-la de costas, coque meio descido sobre a nuca, a saia arrastando nas folhas secas, atarracada, rápida, trocando passos lépidos, dando com os braços, atenta a cada galho, a cada flor, a cada fruto. Arrancava aqui um ramo seco, desfolhava ali, sacudia mais adiante, colhia e ia pondo o que apanhava na saia de cima, dobrada como embornal. Eu trotinava atrás. Às vezes ela sentava num toco, numa pedra, num resto de muro, olhava as árvores, ouvia os pássaros, fitava os raios de sol que a folhagem filtrava, desfiava e debulhava no chão como os punhados dum milho todo dourado, vivo e mais movediço que o azougue. Comia das suas frutas, sem me oferecer. Minto; deu-me, uma vez, para provar, um caroço de manga já chupado, quente e babujado por ela. Foi engulhado que aproveitei esse único gesto amável que conheci de minha avó materna.

Esse contraste entre as famílias paterna e materna do escritor repõe a oposição crucial entre positivo e negativo que estrutura as *Memórias* de Pedro Nava como um todo. É verdade que a tradicional família mineira já vinha sendo objeto de críticas de muitas narrativas memorialísticas produzidas pela própria geração de Pedro Nava, e dele próprio já em *Baú de ossos*. E alguns dos seus melhores amigos de toda a vida contribuíram para a ampliação dos seus significados sociológicos e propriamente estéticos, como Carlos Drummond de Andrade com *Boitempo* (1968) e *Menino antigo* (1973) e Murilo Mendes com *A idade do serrote* (1968). Todos eles mineiros, ligados ao movimento modernista daquele estado, como mineiro é ainda Cyro dos Anjos que, com suas memórias *Explorações no tempo* (1963), também recria lembranças da infância refletindo sobre a estrutura patriarcal mineira e suas violências características.

Se a memorialística foi historicamente cultivada em Minas Gerais, favorecida pelas suas condições urbanas precoces em relação ao Brasil, nenhum dos livros dos seus contemporâneos, porém, teve o impacto das *Memórias* de Pedro Nava, e nenhum deles, também, se propôs realizar uma narrativa de dimensão épica como a que o notabilizou. Nas *Memórias* de Pedro Nava, porém, o épico e o monumental nunca se realizam acima do cotidiano e, mais importante ainda, fora do empenho narrativo do detalhe, especialmente os ligados aos sentidos que fazem acima de tudo apelo às memórias sensoriais. Veja-se, por exemplo, sua evocação atualizada da imemorial cozinha mineira na casa da avó:

> Pois, como eu ia dizendo, essas negras ficaram na memória, onde tinham entrado por todos os sentidos. Pelos olhos. Pelos ouvidos. Pelo olfato. Pelo tato. Pelo gosto da comida simples e clássica da Lúcia, da Justina, da Rosa, da Deolinda [...]. O cheiro das paçocas. Farinha torrada socada com carne-seca frita num banho de banha. Depois de tudo bem batido no pilão, uma passada na frigideira para tornar a esquentar na chama viva. Boas de comer antecedidas de uma lambada de pinga e acompanhadas do café aguado e quente que acabou de ser pulverizado no outro lado do pilão. Cheiro de abóbora, inhame, abobrinha, cará, quiabo e de couve cortada fino (como o queria a Lúcia) ou de couve só *rasgada* (como o preferia a Justina) e estão aí os cheiros todos da cozinha da Inhá Luísa. Seus ruídos: o dito da mão de pilão, o sussurro das panelas, o rom-rom dos caldeirões de ferro, o chiado dos tachos de cobre, a batida de uma pedra redonda — biface paleolítico — amaciando os bifes sobre a tábua de cabiúna e a cantiga das negras.

Se a divisão que propomos de *Balão cativo* é válida, sua segunda parte abre-se com a morte da avó, após a qual se inicia o período dos colégios internos e da educação escolar nas *Memórias*, tema que reaparece em *Chão de ferro*, como já observamos. As páginas dramáticas (e antológicas) da morte da avó marcam, na narrativa, a fragmentação da família ampla que se divide em diferentes núcleos, mesmo que sua rede de reconhecimento e de favores continue a pleno vapor. Com a morte da avó, em todo caso, as *Memórias* passam a abrigar um universo social cada vez mais amplo.

Essa passagem de uma parte a outra em *Balão cativo* é acompanha belamente pela evocação dos passeios de bicicleta feitos pelo menino Nava. Passeios que ampliam significativamente sua sensibilidade, conhecimento e impressão do "mundo". Como diz numa das passagens:

> O menino que ainda não sai de casa sozinho tem a impressão de que está no centro do mundo e que os outros vivem, como planetas, em torno de sua personalidade solar. Depois é que vê seu nada quando se compara às galáxias que vislumbra. Minhas saídas no resto de bicicleta que me coube, minhas idas e vindas ao Machado Sobrinho, as longas explorações feitas durante as *gazetas* às aulas deram-me noção do universo de Juiz de Fora e da necessidade de explorá-lo.

Os passeios de bicicleta permitem ao menino Nava, assim, descobrir a cidade que existe para além da família, da parentela, da vizinhança. E, mesmo que se trate apenas de uma "aventura" de criança, o permite também dar vazão ao exercício em todo complexo do reconhecimento, estranhamento, alteridade, que vão ampliando sua sensibilidade. Antes das grandes viagens — a mudança da família para Belo Horizonte acompanhando o avô e a sua volta para o Rio de Janeiro —, as pequenas incursões de Nava pelas redondezas da casa da avó vão permitindo o deslocamento da geografia, da sensibilidade e da autoridade da vida familiar patriarcal. Os passeios formam, portanto, um momento decisivo de inflexão crítica do centro privilegiado de interesse e atenção da narrativa mantido até então em torno da avó.

É certo que, no conjunto das *Memórias*, a passagem dos círculos domésticos em direção aos espaços mais públicos — da casa à rua — se consolida apenas no quarto volume, *Beira-mar*, justamente o dedicado à juventude do narrador. Mas, no livro que o leitor tem em mãos, os passeios de bicicleta por Juiz de Fora como que anunciam esse movimento mais amplo na trajetória do narrador, e, sobretudo, aguçam um outro movimento fundamental de *Balão cativo*: o predomínio das memórias pessoais, e não as recolhidas em documentos ou transmitidas por tradição de família. São as experiências diretas de Pedro Nava que o narrador das *Memórias* passa em *Balão cativo* a recriar, como as dos círculos dos colégios internos.

Os dois últimos capítulos de *Balão cativo* ganham se lidos tendo em vista o contraste traçado entre as orientações pedagógicas, ideológicas e sociais mais amplas de cada um dos colégios internos que dominam suas respectivas narrativas. Assim, em "Serra do Curral", nome primitivo da localidade que deu lugar a Belo Horizonte, conhecemos o Ginásio Anglo-Mineiro, cuja proposta pedagógica inovadora de "colégio sem latim, nenhum catecismo e excesso de esportes" parecia fora do lugar até mesmo para a nova e moderna capital de Minas Gerais. Dirigido por professores ingleses e combatendo o catolicismo das escolas tradicionais do estado comandadas pelo clero, o Anglo ministrava ensino laico e enfatizava o esporte e a ginástica em detrimento do latim, símbolo máximo de reconhecimento e distinção das elites tradicionais locais. Note-se, porém, mais uma vez, que é tensa e muito ambígua a relação que o narrador deixa transparecer com Minas Gerais, acentuando, nas descrições do cotidiano do colégio, a reiteração das hierarquias sociais prevalecentes na sociedade mais ampla e sua rígida distinção material e simbólica em verdadeiros estamentos.

Já a orientação pedagógica do Pedro II, descrita em "Morro do Barro Vermelho", local onde estava localizado o internato no bairro de São Cristóvão no Rio de Janeiro, parece reconciliar o menino Nava com a sensibilidade brasileira, reintegrando-o no início da adolescência a uma longa tradição pedagógica que remontaria ao Império. E ele não consegue, ou não pretende mesmo, dissimular seu grande orgulho por haver pertencido àquela célebre instituição de ensino. A meritocracia e as relações mais horizontais possíveis numa sociedade tão rigidamente estratificada como a brasileira, e o contato com as humanidades francesas, além dos professores eminentes, são os pontos altos dessa experiência e sua recriação positiva no livro. No Pedro II, embora convivendo também com os filhos das elites brasileiras durante cinco anos, as hierarquias sociais dominantes parecem atenuadas ao menos quando comparadas com o tratamento abertamente condescendente recebido pelos filhos da oligarquia mineira no Anglo — naturalmente, motivo de mágoa e ressentimento para o menino Nava, situado nos estratos inferiores desse mesmo grupo social.

Orientações pedagógicas divergentes, mas que concorrem para modelar — não sem conflitos — a educação sentimental, intelectual e física — incluída aí a sexual — do narrador. Ao fim e ao cabo, esse é mesmo o tema central de *Balão cativo*, daí seu parentesco literário em páginas memoráveis também com os romances de formação. Nestes, a ideia de formação está baseada não apenas no desenvolvimento gradativo das predisposições do indivíduo, mas também na sua socialização, isto é, no aprendizado sistemático dos papéis sociais que lhe foram prescritos pelo sistema social e que, de acordo com as prerrogativas de seu grupo de origem, cumpre-lhe desempenhar. A integração do indivíduo à sociedade por meio da aprendizagem escolar é igualmente abordada em romances capitais da literatura brasileira, como *O Ateneu* (1888) de Raul Pompeia, cujo tom pessimista talvez aproxime mais o protagonista Sérgio do Nava do Anglo-Mineiro do que do Nava do Pedro ii; ou mesmo, embora mais difusamente, dos romances sobre infância de inspiração claramente autobiográfica, como *Doidinho* (1933), de José Lins do Rego.

Cumpre destacar a importância, nesse processo de educação sentimental e intelectual do narrador das *Memórias* de Pedro Nava, da educação propriamente literária. Lendo compulsivamente tudo o que lhe caía nas mãos desde os tempos do Anglo, foi por meio de Antônio Salles, grande homem da literatura cearense, porém, que sua formação acabou se definindo. Foi isso que Nava reconheceu nas belíssimas páginas que deixou sobre sua convivência com o tio no Rio de Janeiro no último capítulo de *Balão cativo*. Mas vale acrescentar ainda o impacto mágico do cinema na educação sentimental do então adolescente, que, como a literatura, também lhe aguçou a imaginação desde cedo. Numa das passagens sobre cinema, Nava chega a comparar a chegada de um filme ao Rio de Janeiro após ampla campanha publicitária, *Os mistérios de Nova York*, assistido no cinema Velo em 1916, com os principais acontecimentos políticos da história, do esfacelamento do império de Alexandre a nossa Proclamação da República.

Por fim, deverá interessar ao leitor também como *Balão cativo* apresenta uma reflexão sobre a memória e seu aprendizado inscrita na própria trama dos episódios recriados por meio da escrita. Por exemplo, nas passagens dedicadas ao processo de aprendizado e aos exercícios de fixação dos conteúdos didáticos, seja por meio de métodos mais tradicionais voltados à destreza mental; seja também por meio das experiências modernas que então surgiam e que passavam a comportar os sentidos e os exercícios manuais, o uso de imagens, do corpo etc. Há nessas passagens uma ênfase do papel da memória no processo de aprendizado que acaba por revelar toda uma educação do olhar e dos outros sentidos em curso na infância e inícios da juventude do narrador que, com certeza, são de importância capital para a definição do memorialista que ele se tornou. É justamente isso que se chama de "mnemotécnica", a arte que busca a memorização por meio da técnica de imprimir "lugares" e "imagens" na memória. Não por acaso, talvez, nos originais de *Balão cativo* encontram-se o maior número de imagens feitas por Pedro Nava em seus datiloscritos, são também algumas das mais belas. Mapas, retratos e caricaturas de pessoas, desenhos de lugares estão reunidos nesta edição para compreensão e deleite do leitor. Os anos de aprendizagem de Pedro Nava são também os anos de formação do narrador das *Memórias*.

BIBLIOGRAFIA SELECIONADA

AGUIAR, Joaquim Alves de. *Espaços da memória. Um estudo sobre Pedro Nava*. São Paulo: Edusp/ Fapesp, 1998.

BOTELHO, André. *Aprendizado do Brasil*. Campinas: Editora da Unicamp, 2002.

YATES, Frances. *A arte da memória*. Campinas: Editora da Unicamp, 2007.

1. Morro do Imperador

O mais alto dos que circulam a cidade, tem seu ponto culminante a 930 metros acima do nível do mar, parte superior dos morros de Santo Antônio e São Sebastião, em cujas faldas está colocada a parte central da cidade. Encontra-se no seu alto o monumento a Cristo Redentor [...].

Deste morro, olhando-se para o NO observa-se a serra de Ibitipoca coroada por seu pião; para o S, sucessivamente: Serra Negra, do Rio do Peixe, do Tinguá, dos Órgãos, do Taquaril, da Piedade, até a baixada do Rio Pomba, que fica a E, de modo que, quando se tem percorrido com a vista esta série de cordilheiras, encontra-se o observador com as costas voltadas para o ponto do começo da inspeção. A SE, vê-se a pedra do Paraibuna [...].

ALBINO ESTEVES, *Álbum do município de Juiz de Fora*

NÃO IMPORTA MUITO A DIREÇÃO. O que sei é que aquela encosta do morro e a sombra que dele se derramava sobre a chácara da Inhá Luísa ficaram representando o lado noruega da minha infância. Nunca batido de sol. Sempre no escuro. Todo úmido, pardo e verde, pardo e escorrendo. Dele emergem as figuras próximas ou distantes com quem iríamos conviver em Juiz de Fora. Próximas, a famulagem, as crias da casa. Distantes, minha avó materna, a princesa sua filha. E um grande ausente, o Major. Nossas verdadeiras companhias eram as negrinhas e mulatas. Já falei da Rosa, já disse do que lhe fiquei devendo como apresentação do maravilhoso através de suas histórias, de tudo que ela trazia retido na sua prodigiosa memória de rapsoda, de cantora de gestas. Ela viera do Bom Jesus e entrara em nossa casa ao mesmo tempo que outra negra, a Deolinda. Tanto tinha a Rosa de escultural e de bela, de saudável e radiosa quanto a Deolinda de desgraciosa e de contrafeita, de doentia e fouveira. Era corcunda. Sobre suas pernas finas, o tronco empilhado; metida de ombros adentro, sua cabeça esparramada. Só que ela tinha de feia o que tinha de boa, de doce, de compassiva e de amiga. Minha Mãe que o diga e minha irmã Ana, a quem ela criou e começou a pajear desde nossa chegada a Juiz de Fora. Dela e da Rosa eu me lembro como de irmãs mais velhas e as duas habitam, incorruptíveis, o melhor de minha lembrança. Tal era minha parcialidade por elas que um dos motivos por que aborreço a memória de minha avó materna é a lembrança nunca apagada de tê-la visto espancando a Deolinda e esfregando suas costas aleijadas com sua vara de marmelo. Porque a sinhá da rua Direita, 179, não tomara conhecimento do Treze de Maio e chegava a ratamba não só nas suas crias como nas empregadas assalariadas. Tapa na boca. Vara de marmelo — das que chegavam em feixe, preparadas pelo Pedro, da Serra. Esse mulatão colhia-as longas e bem retas, cortava cerce os galhos secundários, escalpelava-as das cascas, fazia-as silvar, enquanto verdes, diariamente, em cima duma chama. Ao jeito de que se curtia vergalho de boi para surra em negro fugido. Os *marmeleiros* ficavam flexíveis como floretes, cruéis como chicotes. Assoviavam. A palmatória de cabiúna que vivia de nossa casa para a de tia Regina que, entre um mistério gozoso e um mistério doloroso do seu rosário, também aplicava bolo nas suas crioulinhas. Castigar os que erram é outra Obra de Misericórdia... O curioso é que quem ia apanhar, ia buscar, em frente, a férula itinerante. Rosa! já pegar a palmatória na casa da Zina. E depressa. Lá ia a Rosa correndo senão em vez de uma eram duas dúzias. No outro dia, era de lá que chegava, voando, outra negrinha. Empresta a palmatória, sinhá, que a sá dona Regina quer me bater. E eram excelentes senhoras. Imagine-se agora o que deveria ter sido, para os escravos, aquele coronel Marcelino de Brito Pereira de Andrade de quem as duas reprovavam as crueldades, inclusive o caso do negro jogado dentro do funil da moenda e morrendo engastalhado, afogando devagar no jorro, os pés aflitos aparecendo no buraco, batendo e depois pendendo inertes na espadana que martelava a roda do engenho. Pois assim como assim esse sinhô tinha seus momentos de filantropo e era pródigo em donativos às santas-casas, razão por que d. Pedro II, em 1886 e 1889, fê-lo barão e visconde de Monte-Mário. Depois de nossa chegada a Juiz de Fora, outras crias viriam enriquecer a senzala da Inhá Luísa. No seu livro de notas vejo datas consignadas por sua mão. Jacinta entrou para minha casa a 23 de novembro de 1911. Clarinda entrou para minha casa a 4 de fevereiro e Emilieta a 13 de maio de 1912. Um Treze de Maio às avessas... Tomei a Catita para criar em junho de 1913. A Jacinta era mulata aça, bunduda, cabelos arruivascados, que quando aparecia com meu irmão Paulo no colo, logo o tio Júlio Pinto se levantava, carrancudo, para fazer bilu-bilu nos beicinhos do menino e deixar a mão-boba resvalar para os peitos de bronze da ama-seca. A Inhá Luísa resmungava safada da vida com o irmão sem-vergonha e escaramuçava a Jacinta, ameaçando-a de varadas. A Emilieta era uma brancarana meio sem graça, irmã do Osório, que tinha sido nosso copeiro. Vivia no terror das assombrações e já tinha visto o Demônio na forma dum bode preto. Com esses olhos que a terra há de comer. E raios me piquem se não estou falando verdade. A Clarinda era uma mulatinha quase branca, cabelo bom, perfil fino e corpo vibrante. Tinha uma eletricidade de gata na espinha serpentina e uma velocidade de dardo no arremesso do gesto adejo de andorinha. Era mulata e mulata na sua glória. Aqui. Em Marrocos seria uma *ouled*; na Espanha, andaluza; na Itália, siciliana — de tal modo o sangue africano tempera com graça idêntica as fêmeas que o têm nas veias. Teria seus catorze ou quinze anos, era um pouco dentuça, ria à toa, à toa, gostava de entremear as tranças com cravinas e folhas de manjericão — mas logo a Inhá Luísa lhe esgadanhava os cabelos para acabar com aquelas faceirices. Te ensino, sem-vergonha! Te raspo essa cabeça piolhenta... Ela e as outras recortam-se na minha memória como sombras graciosas, como o friso de uma jarra antiga, como silhuetas mitológicas descendo a encosta do cabo Sounion, ao pôr do sol, contra céu impassível e mar temível. Ânfora que ficou da infância, cheia de suas formas e do forte cheiro daquelas adolescências brunidas pelo suor do trabalho doméstico. Ancilas... O tal de complexo ancilar. Ancilas — servas! do sinhô, dos sinhozinhos e faça-se nelas segundo a sua vontade. Vontade deles, já se vê... A Catita, essa, era menina. Iria pelos seus sete anos e regulava com meu irmão José. Não se chamava Catita, não. Respondia pela graça de Evangelina Berta e logo minha avó pulou. O quê? Berta? Como minha filha? Absolutamente! Isso não é nome de negra. Nome de negra é Balbina, Clemência, Eufrosina, Porcina, Oportuna, Zerbina ou Catita. Vai ser Catita. A Catita fora posta pela mãe, dormindo, num trilho da Piau. Fica quieta, bem. Quietinha, fecha o olho, dorme, que já volto. Mas o diabinho acordou, levantou, saiu e ainda foi jogado contra o barranco pelo vento da locomotiva que passava bufando. Vieram entregá-la em nossa casa. Não escaparia da tragédia e envenenou-se, muitos anos depois, em Belo Horizonte. As negrinhas da Inhá Luísa... Elas carregavam menino, traziam água, varriam aqui, espanavam ali, serviam mesa, apanhavam fruta, lavavam roupa, quebravam louça — mas sua principal função era alcovitar o namoro das moças, abelhudar a vizinhança de meio-jota, viver com o olho no buraco das fechaduras, o ouvido na frincha das portas e ficar na calaçaria ou na corriola dos meninos. Todas sabiam histórias de gente, de bicho, de anjo, de alma, de Nossa Senhora, do Menino Jesus. Corriam no pique, no acusado, barra-bandeira e chicote-queimado. Pulavam carniça, subiam em árvore — e a gente olhava por baixo. Lutavam conosco corpo a corpo e morríamos de rir naquela atracação — curso primário de macunaímas — ou ficávamos juntos e encostados, brincando de *casinhas*, que eram armadas como barracas, com cobertores passados por cima de cadeiras. Isso nos dias de chuva, quando o Paraibuna enchia, subia e encontrava, na rua Direita, os rios de água barrenta que desciam do morro do Imperador. As negrinhas... Ficou delas em mim, nos meus irmãos e nos meus primos o cheiro das roupas, das reentrâncias e socavões dos corpos de menina-e-moça adolescendo de todas as cores. Morenas, quase brancas, como a Emilieta; oitavonas, como a Clarinda; quadravonas aças, como a Jacinta; caboclas, como a Pacífica; negras, como a Catita e a Deolinda; roxas, como a Rosa — que viçava acima de todas pela sua ladinice, beleza, inteligência e graça. Ela é que corria à rua, para espalhar, a braço, os molecões da vizinhança que nos ameaçavam; que saltava conosco o muro do Pinto de Moura para o furto das carambolas; que pulava como um anfíbio, de nossa janela, para os cachões da enxurrada que corria espumando e bramindo em direção de Mariano Procópio, para recuperar objetos arrastados, gaiolas com pássaros vivos, gatos se debatendo e um dia maravilhosamente! uma carteira cheia de dinheiro boiando nas ondas; era sobre seus ombros que, de tardinha, minha prima Maria Luísa se escanchava e as duas enroladas num lençol atravessavam a rua para fazer gigante — assombração diante das janelas da prima Zezé Horta. Fabulosa Rosa... Acima dessa escumalha de molecas, em escalão mais alto, ficavam a Lúcia e a Justina. Eram criadas pagas. A Lúcia passara a protegida — até mesmo que a Inhá Luísa consentira que ela fizesse seu barracão de moradia no fundo da chácara, depois da ala das jabuticabeiras e dispondo das regalias de um portãozinho abrindo na rua de Santo Antônio. Era mulata airosa e alta, tinha o corpo de minha Mãe de quem, por isso, herdara as roupas postas de lado pelo uniforme do luto — e de tarde ia para a reza, na matriz, assim vestida de Aristides Lobo e de Sinhá Pequena. Lembro dela nessas roupas, principalmente num costume de lã cinzenta todo aberto de bordados *richelieu*, por cujos intervalos via-se o forro de cetim cor de musgo. A Justina era mais velha que a Lúcia, talvez cinquentona, pixaim pintando: vivia resmungando, falando sozinha e girava o tridente nos macarrões da sua panela que nem feiticeira remexendo víboras no caldeirão de mijo dum sabá. E quem disse que ela não era bruxa? Logo se havia de ver... Dessas negras e negrinhas nos ficou lembrança do cheiro, sugestão da forma, encanto da cor e a receptividade para a raça. Tudo de mistura com as histórias diabólicas da Emilieta e o folclore da Rosa. Vivíamos com elas, entre o real e o irreal, não estranhávamos nada e achávamos natural ouvir tia Regina contando a minha avó que tio *Chiquinhorta* não parara a noite inteira e fora *simbóra*, só quando ela, depois do rosário, passara às novenas natalinas do Filho de Maria. Por sinal que ele não arredara o pé antes da sétima e a mais forte. A do "Honremos a *sagrada Cabecinha do divino Menino Jesus*, da qual deriva o suavíssimo orvalho que dulcifica as almas predestinadas, como a membros que d'*Ela* recebem a sua vida e o seu alimento. Unamo-nos, a esta *adorável Cabeça*, e adoremo-la...". Aí o Chico Horta fora saindo, batendo a sola de madeira de suas botinas de elástico. Eram uns calçados prodigiosos entre a reiuna e o tamanco — que ele encomendava dum sapateiro do Desterro do Melo, o único que os fabricava na Barbacena, nas Minas, no Brasil. Pois fora saindo de banda, coitado! batendo a sola — tac-tac — e com as mãos trançadas debaixo das abas do fraque que ela lhe cosera e com que ele tinha sido amortalhado e enterrado. Porque tia Regina, como várias senhoras de Juiz de Fora, era alfaiata exímia e fazia os ternos do marido e dos filhos. Rivalizava, nisto, com a d. Mariquinhas do dr. Fernando Lobo que também vestia o elegante ministro seu esposo e os filhos esmartíssimos — o Fernando, o Astério, o Hélio. O último, até que tinha levado para a diplomacia uma casaca feita pela mãe e que lhe ia como uma luva. Melhor que as do Poole. Pois, como eu ia dizendo, essas negras ficaram na memória, onde tinham entrado por todos os sentidos. Pelos olhos. Pelos ouvidos. Pelo olfato. Pelo tato. Pelo gosto da comida simples e clássica da Lúcia, da Justina, da Rosa, da Deolinda. A cozinha do 179 era negra e encardida como convinha a uma boa cozinha de Minas. Tinha um teto alto e incerto, de cujos barrotes algodoados de picumã desciam, em cima do fogão, as serpentes mosqueadas e lustrosas das linguiças em carne viva; as mantas de pele de porco escorrendo gordura; e as espirais das cascas de laranja que ali ficavam defumando e secando. As cascas de laranja serviam para ajudar a acender o fogo, pela manhã. Primeiro elas, palha de milho e jornal velho. Depois gravetos secos, sabugos, tranças de cebola. Logo as achas miúdas e, por fim, as toras de lenha de que o fogo se levantava vermelho e impetuoso como o pescoço dum galo cantando de madrugada. Essa chama, para ser alta ou baixa, abundante ou diminuta, para cozinhar depressa ou mijotar devagarinho, era feita à custa de diferentes paus. Lenha de goiaba, de pé de pêssego, de candeia, de jaqueira, de pinho, de mangueira, de árvore do mato. Seca ou verde — segundo se queria labareda violenta e súbita para as omeletes e as fritadas ou lume mais cativo e concentrado para os molhos pardos e os cozidos. Graduava-se ainda o calor, abrindo ou fechando a manivela da tiragem da chaminé que subia como um grosso cilindro caliginoso para as negruras dos cúmulos-nimbos do picumã — bom para segurar sangria de corte. Ao seu lado e mais finos, os canos das serpentinas que esquentavam a água da caixa para o chuveiro e as torneiras da banheira de latão. O fogão, como ser vivo, tinha um cheiro diferente em cada parte. O fuliginoso e duro das trempes, cujos buracos redondos se abriam primeiro, pequenos, com a retirada do tucho e depois, maiores, com a de um anel de ferro que lembrava os de Saturno. O resinoso e tremulante das lenhas variáveis, queimando na fornalha. O calcário e morno do borralho, onde brasas cintilavam e morriam sobre a cinza. O nauseante e gorduroso da caldeira cheia de água choca. Dominando todos esses, o olor peculiar da comida-nossa--de-cada-dia. Do arroz, nadando em banha de porco. Do feijão, cheio de lombo de porco, de orelha de porco, de focinho de porco, de pistola de porco, de rabo de porco, de pé de porco. Do tutu, com carne de porco. Do angu vazado no meio da massa dourada e pegando fogo para receber, nesse côncavo, o picadinho de miúdo de porco. Das farofas cheias de rodelas de ovo e de toucinho de porco. O porco. O porco iniciático dos congoleses e sacrificial dos egípcios — grato à Lua e a Osíris. O porco sacrílego e imundo em cujas varas Nosso Senhor fez entrar um bando de demônios. "O mineiro planta o milho. O mineiro cria o porco. O porco come o milho. O mineiro come o porco." O porco também fossa e come a merda do mineiro que cai das latrinas das fazendas — especadas sobre os chiqueiros. Espírito de porco, círculo vicioso, meio antropofágico... Porco nosso, imenso e totêmico... Cozido, frito, assado, recheado... Almoçado, jantado, ceado, comungado, incorporado, consubstanciado... Outros cheiros. O acídulo do molho pardo dos *judeus* noturnos. Não sabem? *Judeu* em culinária mineira é, em geral, nome da boia de ceia e mais particularmente da cabidela de galinha para depois das procissões e para depois das coroações de Nossa Senhora, nas noites de seu mês de maio. O cheiro das paçocas. Farinha torrada socada com carne-seca frita num banho de banha. Depois de tudo bem batido no pilão, uma passada na frigideira para tornar a esquentar na chama viva. Boas de comer antecedidas de uma lambada de pinga e acompanhadas do café aguado e quente que acabou de ser pulverizado no outro lado do pilão. Cheiro de abóbora, inhame, abobrinha, cará, quiabo e de couve cortada fino (como o queria a Lúcia) ou de couve só *rasgada* (como o preferia a Justina) e estão aí os cheiros todos da cozinha da Inhá Luísa. Seus ruídos: o dito da mão de pilão, o sussurro das panelas, o rom-rom dos caldeirões de ferro, o chiado dos tachos de cobre, a batida de uma pedra redonda — biface paleolítico — amaciando os bifes sobre a tábua de cabiúna e a cantiga das negras. Porque minha avó exigia que elas trabalhassem cantando — o que era maneira de fiscalizá-las pela inflexão da música, de impedir conjuração de preto e de juntar esse útil ao agradável das vozes solfejando. Ora era uma modinha inteira que vinha da memória e da garganta de ouro da Rosa, fazendo desferir em trenos palavras mais lindas, meu Deus! como batel, virginal, quimera, vergel, albente, alaúde, bardo, debalde, eviterna, brisa, langor. Era, por exemplo, o "Gondoleiro do amor", eram os olhos negros, negros como as noites sem luar, quando a praia beija a vaga, quando a vaga beija o vento. Outras cavatinas, aos pedaços, cantadas por uma, por outra, batendo roupa, ralando coco, picando lenha. O metro também vinha aos pedaços e transcrevo os versos como os ouvia... Só a dura Justina não cantava.

> Fui passar na ponte,
> A ponte estremeceu...
> Água tem veneno, maninha!
> Quem bebeu, morreu.

> Você de lá e eu de cá,
> Ribeirão passa no meio.
> Você de lá solta um suspiro,
> Eu de cá suspiro e meio.

Vamos serrar madeira,
Oh! seu capitão!
Você de espada e eu de enxó,
Ganhar dinheiro como pó,
Para gastar
Co'as mulatinhas do seu majó...

Quando subires a encosta,
Podes, ao longe, avistar
Brancos morros, alva costa,
Céu azul e verde mar.

O forno do fogão de ferro de minha avó servia só para pequenas obras. Para suspiro, bolo de fubá, biscoito de polvilho, assar galinha, no máximo. Quando se exigiam as grandes virtuosidades da carne inteira dum leitão de casamento, dum peru de aniversário, ou dum pato de batizado — funcionava o forno de barro do terreiro. Quem os conhece hoje? Quem? Onde estão? Onde? os fornos d'antanho... Sumiram de todo o litoral, sumiram das grandes cidades, recuaram para o interior, como índios selvagens acossados pelo invasor. No caso, a indignidade dos fogões elétricos, a infâmia dos fogões a gás. O velho forno-lar, o verdadeiro, o genuíno, autêntico — era autônomo, não podia ficar dentro da cozinha, ou da casa. Era um templo à parte, construído fora, no terreiro. Tem base quadrada, de metro, metro e pouco de cada lado. Sobre esse nível, constrói-se, com tijolo, uma espécie de zimbório de mesquita, circular, oco, com boca embaixo e, por cima, um respiradouro que tem forma de chaminé alentejana. Quando vão servir, esses fornos são atulhados de lenha que se queima até às brasas, até às cinzas. E está pronto: virou na fornalha que conservará durante horas seu calor e que, varrida das achas, recebe o porco, o cabrito, o peru, o lombo, os patos, os pernis, as galinhas que vão assar. Não esturrica nunca: é só fiscalizar e ir experimentando a maciez das carnes com palito, com ponta de espinho de laranjeira; é só tirar na hora adequada — cheirando e chiando. Tirar — mas tendo o cuidado de não se expor de frente, de cara, de ficar um pouco de banda para não pegar estupor.

Diante do fogão de dentro ou da boca de forno de fora, a Justina parecia oficiar. Resmungava sílabas imperceptíveis, pigarreava — hum!

hum! — tirava de saquinhos que tinha pendurados entre as anáguas ou tafulhados entre as maminhas pós secretos e verde-negros. Espalhava esses temperos sobre o que preparava, com gestos do esconjuro, do encantamento, de passe, de imposição — o que sei é que sua comida era inigualável. Quando tinha de compor refeição de circunstância, fazia-o bebericando golinhos de cachaça de modo que, à hora em que ficava pronto o almoço ou o jantar, ela já planava alto nos vapores das Nuvens Azuis ou da Francisco Sá, de que meu avô trazia da Januária e da Diamantina amostras especiais, as da *cabeça* do alambique. Não que ele fosse bebedor. De jeito nenhum. Mas gostava dum cálice, um só, antes do almoço — com o sabor da *baronesa* avivado pelo acréscimo da hortelã, ou da umburana, da losna, da mamica-de-vaca. Com a cor azulada que lhe era dada pelo caroço de lima ou pela folha de mexerica.

Além das virtuosidades da sua cozinha mágica, a Justina era perita em diferençar das ervas, galhos, ramos, frutas, raízes, bulbos, tubérculos, rizomas e batatas *mansas* — as, em Minas, chamadas *bravas*. Pegava num apanhado de couve, nuns carás, nuns inhames ou numas mandiocas e logo apartava o *malino* — o que só ela tinha a arte de distinguir. Era, também, frequentemente consultada pelas patroas sobre a natureza *quente* ou *fria* do que se ia comer — para não deixar assanhar as entranhas ou encher a pele de urticária e de espinhas. Justina, mamão é quente ou frio? Que mamão, sinhá? Esses amarelos aí da chácara, comidos maduros são frios; apanhados verdes, pra fazer doce, são quentes. Agora, mamão vermelho, esses que chamam de baiano e que tem na casa das Gonçalves, é sempre quente. Laranja-seleta era quente. Laranja-serra-d'água, fria. Jaca, abacate, manga, cajá-açu, cabeluda, araçá, grumixama, jatobá — quente. Abóbora, quente. Lima, carambola, cajá-mirim, chuchu, abobrinha — frio. Coco? depende. A água do verde é fria, a do seco, quente. Já o miolo, mole ou maduro, é sempre quente. Carne de porco, quente. De galinha, peito, frio; coxa, quente. Tanajura? Isso é tudo que há de mais quente, advertira ela ao Antonico Horta um dia que o vira estalando a bunda dos formigões na gordura, para comer que nem pipoca. À moda de São Paulo, explicava ele, que assim lá o vira em casa dos manos Alberto e Chiquito. Puro saque. Vai ver que sacava também quando acusava os piratininganos de serem doidos por bicho-de-pé cujo gosto eles comparavam ao da aletria. E apoiava-se na conhecida glosa

Mané Perequeté,
Tira bicho do pé,
Pra cumê cum café.

Comeu e nem que a Justina tivesse boca de praga. Quase o primo se arrebenta de tanta coceira... Comida *fria*, comida *quente*... A *quente* é a que chamam no Norte *reimosa*. Reimosa — lá o dizem o Faria, o Morais, o Aulete e o nosso Aurélio — é o mesmo que *reuma* ou melhor *rheuma*, que vem do grego *rheus* que quer dizer correr, defluir, escorrer. Reumatismo, literalmente, é defluxão, coisa que corre. Que escorre nas juntas. Interessante! Se conferirmos a lista dos alimentos que favorecem a gota úrica, veremos que todos são *quentes* ou *reimosos*. Portanto, essa distinção é judiciosa e busca raízes numa experiência popular milenária. Nesse ponto a Justina era o eco humilde das sentenças grandiosas do Galeno de Pérgamo e do Hipócrates de Cós! Talvez se pudesse pôr dentro do *frio* outras ervas habituais na mesa de minha avó materna e que vinham apenas refogadas com gordura e cebola, como o *ora-pro-nóbis*, o cansanção, o *bunda-mole* e o *joão-gomes*, aliás *maria-gomes*, aliás *mariangombe* — corruptela que era o nome mais corrente. Falando em cebola, lembro dos temperos da casa da Inhá Luísa. Eram simples. Poucas vezes ali se via pimenta. A comida era avivada com uma mistura de sal, cebola e alho, preparada num almofariz de madeira preta, em quantidades que davam quase para mês inteiro. Tudo bem socado, ia para um vidro de boca larga (sobra do *Horlick's malted milk* das crianças) donde era tirado na medida das necessidades. Em dias de fantasia, devaneio e libações, a Justina juntava a isto o pimentão, o cheiro-verde, o coentro, cravo, louro, cominho, mostarda... Era sinal que não enganava. Servia e ia curtir, cedo, na esteira. Passava a manhã do dia seguinte com rodelas de batata-inglesa coladas na testa. Porrete para dor de cabeça.

Quando chegamos a Juiz de Fora, logo verificamos que tudo, na rua Direita, 179, girava em torno de minha tia Risoleta Regina (Dedeta). Era a mais moça da irmandade de nossa Mãe. Nascida a 25 de novembro de 1890, ela ia, naqueles 11, pelos seus vinte para vinte e um anos. Morena clara, cabelos negros, olhos negros-negros como as noites sem luar, boca de alvorada e talhe de palmeira — era uma das mais lindas moças de Juiz de Fora. Rivalizava com a sobrinha Mimi. Ganhava longe da Ruth Lobo. Ciente de sua beleza ela caprichava e vivia mais enfeitada que árvore de Natal. Aliás ela e minha tia Hortênsia sempre tinham tido o gosto das rendas, dos veludos, dos falbalás esvoaçantes, dos mantos de rainha, das roupas de Ofélia, dos xales de andaluza, dos penteados fantasistas e daqueles chapéus inverossímeis, cheios, como travessas — de flores, galhos, frutas, espigas, cachos, corimbos, plumas, penachos, *aigrettes* e asas. Ou de aves inteiras. Estas eram apanhadas em arapucas, na chácara, e preparadas pelo meu habilíssimo tio Meton — que depois de abatê-las dava-lhes atitudes do voo, do adejo ou do pousar. Injetava-as como a cadáveres de anfiteatro e era por isto que as duas elegantes, quando passavam, desprendiam com o aroma do pó de arroz e do extrato Fleurs d'Amour — o de um leve traço de formol. Assim, como galeras enfunadas e embandeiradas em arco, assim, de manjerona e de tomilho enguirlandadas — tia Iaiá e tia Dedeta riam a mais não poder das tias Nava que independiam de modas e vestiam-se sempre mais ou menos do mesmo jeito, com aquela simplicidade retilínea, uniforme e arrumada mostrada nos retratos da rainha Mary, da Inglaterra. Você, por favor, Diva, não ande como suas cunhadas! Deus me livre... Gente mais matuta... Diziam, rebocavam-se com a Água de Beleza, respaldavam-se com o Creme Simon e faziam coradinhos na testa, maçãs, queixo e pontas das orelhas com o Rouge Daniel. A Água de Beleza — como o Corisol para os resfriados — era fórmula e fabricação do seu Altivo Halfeld. Ele inundava Juiz de Fora com aquele leite de toilette que tornava mais brancas as claras, empalidecia as coradas e acinzentava as morenas. A rua Halfeld vivia cheia de moças e senhoras com a cara de cal dos pierrôs — como as supracitadas tias, as Moretzhon, as Zé Mariano, as Resende, a Esmeraldina Couto, a Vivi Braga, a Marieta do dr. Cesário, a Odete Levi e a Cecinha Valadares. Esta última chamava a atenção pela tonalidade lilás que as camadas de maquilagem davam a sua pele. Só a d. Conceição do dr. João Monteiro e suas filhas eram contra a Água de Beleza: pareciam uns fogareiros e tinham as caras incandescentes da tinta do papel de seda vermelho — usada sem discernimento.

Tia Dedeta, como todas as *moças bem* da cidade, tinha estudado no Colégio Stella Matutina. Ali se aprendia o catecismo, adquiria-se uma caligrafia prodigiosa e deixava-se passar o tempo até a época de ficar noiva. As freiras eram uns amores, umas santinhas... O curso era feito inteiramente à gasosa, cada aluna frequentando a aula que queria. Então, Simini, onde é que você está estudando? No Stella. Em que ano? Não sei não, Inhá Luísa, estou aprendendo agora pirogravura, as montanhas da África e aquele negócio dos lírios do bastão de são José. Depois desse colégio, do aprendizado de desenho e pintura com d. Maria do Céu, depois de bem habilitada na feitura das balas de damasco — minha tia ficara pronta para o casamento. Não faltavam pretendentes. Um deles era o Chico Raithe, tenente do Exército e filho duns ingleses encanacados de Mariano Procópio. Ora ele passava em frente de nossa casa, num cavalo baio, em trote de alta escola, ora era minha tia que ia jogar *croquet* com ele e as irmãs — *pompeusement parée* e em chapéu de veludo de que jorravam os niágaras de uma *pleureuse* branca. Tal e qual as *demoiselles* d'Ambressac que faziam sorrir Albertine. "*Elles vont jouer au golf en robes de soie.*" Aquele miniesporte do *croquet* teve sua voga em Juiz de Fora e todo o mundo mandava fazer os arcos de ferro na mecânica, os martelos de cabo longo na marcenaria do seu Surerus e punha o jogo em casa. O nosso campo ficava ao lado do muro de seu Miano e nele tia Dedeta jogava com as Raithe, com a Esmeraldina Couto, a prima Titita, as Gonçalves, as Martins Vieira. Outras, mais audaciosas, como as netas de tia Regina, davam-se à peteca, em plena rua Direita. Ou ao diabolô, como as Aroeira, a Ester do Pinto de Moura e minha prima Maria Luísa Paletta. Também na rua, em frente de suas casas. Marcel Proust põe na boca do *narrador* que, ao seu tempo, o diabolô já era tão desusado que, no futuro e diante de fotografia de moça que trouxesse um nas mãos, os comentadores de costumes poderiam fazer longas exegeses sobre a natureza daquele instrumento. O diabolô era a representação de dois cones que se juntassem pelos ápices. Virava, assim, numa carretilha. Faziam-na rodar, para lá e para cá, à custa de cordel preso em duas varetas (como um chicote que tivesse dois cabos) e a uma abertura brusca dos braços — o hiperboloide era atirado no ar e aparado, girando e zunindo, na fieira da própria jogadora ou na das parceiras em círculo ou em fila. Os diabolôs eram feitos de madeira e o diâmetro das bases dos dois cones que os compunham nunca excedia seus oito, dez centímetros. Essas circunferências eram guarnecidas de borracha, para torná-los menos contundentes quando dessem num alto de sinagoga. Mas minha prima Maria Luísa mandava-os fazer enormes, agressivos e de latão, na fábrica do Eugeninho Teixeira Leite. E fazia-os furar como a piorras, para zumbirem quando girassem alto, cintilando ao sol. Todos esses esportes, praticados por influência das inglesas, foram postos de lado, assim como as relações com a família, depois da morte trágica do Chico Raithe. Fiquei com pena porque gostava de acompanhar a tia nas suas expedições a Mariano Procópio, como pajem, nesses tempos em que moça solteira só andava na rua com os pais, irmãos, com sobrinhos, mucama ou negrinha. Lembro das sombras propícias e dos ecos côncavos da casa daquela gente meio inglesa, meio brasileira mas ainda fiel aos chás, aos *puddings*, aos doces de passa e às geleias de laranja que nos servia a monumental d. Ema Raithe — gorda, arfando, vermelha, saia muito curta sobre o cano das botas de pelica com biqueira de verniz — movimentando-se dentro de suas salas, cujo soalho de tábuas corridas não era lavado nem encerado, mas pintado a óleo com tinta marrom e brunido a flanela. Parecia um espelho e repetia outra d. Ema de cabeça para baixo, ligada à verdadeira, ao jeito da figura bicéfala da dama de um baralho. Com o desaparecimento do Chico Raithe, surgiram outros pretendentes rondando o 179, passando de longe, olhando muito, tirando o coco em cumprimentos rasgados — todos de fraque, flor no peito, plastrão, colarinho de ponta, polaina e bengalinha — como usavam os *smarts* daqueles idos. Eram muito bem-vistos e considerados partidões o paulista quatrocentão Sampaio Quéntel e o mineiro de duzentos anos Egberto Nogueira Penido, o belo neto do dr. Penido. Numa espécie de reserva — embaixo do balaio — ficavam outros dois, portadores de nomes extraordinários: o Capote Valente e o Gentil Falcão. O quinto era um sobrinho do seu Roberto Corrieri, moço italiano, de Lucca, chamado Nelo Selmi Dei. Passava e repassava, subia e descia numa motocicleta Fiat, como Belerofonte librado no Pégaso e dardejando olhares toscanos para as janelas onde a princesa pimponava. Era mocetão de uma beleza mitológica: seu perfil repetia o das medalhas e o daquele Perseu de Benvenuto Cellini que está em Florença, na Loggia dei Lanzi. Minha tia entendia-se com todos eles pela telegrafia da *linguagem do leque*, da *linguagem do lenço*, da *linguagem das flores*. Havia também, para os namorados de outrora, a *linguagem do bilboquê*. Mas este sumira das mãos das moças lá de casa depois que tia Joaninha, precursora de Freud, achara analógica e imodesta aquela bola branca que rebolava no ar, carambolava e se atarrachava — tcheco! — no cabo roliço e simbólico. Mas... voltemos ao Nelo. Minha avó não queria nem ouvir falar no nome desse carcamano-pé-de-chumbo, tia Iaiá batia-lhe com as janelas na cara e assim recusado e *schiaffeggiato* ele se tornara inseparável de outro coió-sem-sorte, certo Cícero Pereira de Almeida, carioca que o Paletta abominava e que rondava minha prima Maria Luísa. Esta, nascida em 1897, desabrochava então, na graça de seus catorze anos em flor. Eu farejava-os de longe, alertava as interessadas e me encarregava dos bilhetinhos — mediante moedas de duzentos réis ministradas pelos chichisbéus. Formidável foi o dia em que o Nelo comprou minha cumplicidade por dez tostões! e eu acompanhei sua namorada até à calçada do Saint-Clair. Tínhamos saído, pretextando uma ida à casa do barão, para visitar a tia Dadinha. Fomos, demoramos pouco, deixamos lá, fazendo seu pé de alferes, o seu Ludgero de A Barateza e em vez de voltar pela rua Direita, tomamos pela da Imperatriz, onde meu futuro tio fumegava.

Tanto tinha minha tia de emperiquitada quanto minha avó Maria Luísa de desmazelada consigo mesma. Lá se lhe fora, de todo, a gabada beleza. Os dentes estavam caindo um a um. Usava o cabelo para trás, liso e preso num coque. Gordota e atarracada. Cara fechada. Sempre de matinê sobre umas saias de flanela mais compridas nas costas e fazendo um arremedo de cauda — encardida de arrastar no chão. E era de chinelas que ela passava o dia, que ia à casa do Paletta (que logo se fechava no escritório, à chegada da sogra), que atravessava a rua até a da mana Zina, que se batia para ir ver a d. Manuelita Aroeira e a sogra viscondessa — cada uma num extremo da rua Direita. Até a rua Halfeld ela descia nesses trajos e ia respondendo, com ar de soberana, os cumprimentos das famílias nas janelas e dos senhores nas calçadas. Exigia todas as considerações, com os direitos da mulher que já foi bonita e com as prerrogativas que se dava pela insolência, pela coragem, pela agressividade. Não recuava diante de nada. Não admitia. Era de cima para baixo. Com ela, não! Ninguém punha o pé em ramo verde — porque ouvia logo poucas e boas. Só tratava de potência a potência a d. Maria Luísa Tostes e a d. Maricota Ferreira e Costa. Contra as três, surgia, de vez em quando, um *pasquim* injurioso, colado nos postes e paredes da cidade. Impresso não se sabia onde, redigido não se sabia por quem. Elas desconfiavam de uma íntima, da Tetela do Sobraji — comadre de todas. Retomando o desarranjo da Inhá Luísa, eu estava de tal maneira acostumado com sua figura nesse jeito que um dia que a vi preparada e de cerimônia, fiquei tão bestificado como se assistisse a mutação mágica. Usando a dentadura. Espartilhada. Um vestido de sarja preta riscada de fios verdes. Os cabelos frisados, apartados ao meio, arrematando num coque caído sobre a nuca e preso pelos seus grampos de tartaruga com brilhantinhos. Pó de arroz. Extrato. Leque. As constelações das joias do tempo do Halfeld. Ia sair com a Dedeta que vestia à oriental, usava seus famosos brincos de ouro em forma do crescente muçulmano, estava penteada à grega e enchapelada dum bolero com pompons. Bolsa de veludo preto, passada a tiracolo e cuja alça se prendia a um dos ombros por broche de enorme água-marinha azul-clara. Ficava caída à altura dos joelhos, como a patrona de um hussardo. O *enredo* da sua toilette podia receber nome, como hoje se dá aos blocos carnavalescos. Seria talvez a *Glória de Bagdá*, ou *a Primavera em Samarcanda* ou *Um Sonho de Aladino*. Saíram as duas no carro alegórico que as conduziu, aberto, à matriz. Era o casamento de uma das filhas do seu Gregório Gonçalves...

Parece que minha avó materna era bastante inteligente e que tinha uma instrução bem acima da das mulheres de seu tempo. Gostava de música e suas filhas todas tinham sido instruídas no *dó-ré-mi-fá-sol* pelo alemão Gustavo Reich. Todas estudaram no velho piano ("Rud. Ibach Sohn Barmen — Alemanha") que ainda serve a minha cunhada Célia Flores Nava para dar suas lições de música, em Belo Horizonte. E minha avó não fez ensinar só piano. Além dele, minha tia Berta (que compunha) era exímia na cítara. Tia Iaiá, no violino; minha Mãe, no bandolim. Só a princesa Risoleta é que tinha ficado para trás e não ia além do *bife*, tocado com dois dedos (fura-bolos e médio fazendo o V da vitória). Além de música, minha avó gostava de poesia. Deixou cadernos e mais cadernos, um mundo de álbuns, onde copiava o que lhe agrada-va. Poesia brasileira, portuguesa e francesa. Essa língua ela aprendera com uma parisiense, certa madame Costa, por seu casamento com um lusíada. Eram donos de um colégio para moças que minha avó frequen-tou em Juiz de Fora, logo que o Luís da Cunha descera o nosso Caminho Novo. Aperfeiçoara-se depois com o padre Roussin que transformara-a num fenômeno muito falado ali pelos lados do Paraibuna, ensinan-do-lhe rudimentos de latim. O casamento e a convivência com o Halfeld mais lhe teriam aberto o espírito. Tinha tido a conversa agradável. Fora engraçada nas suas observações. Tivera o dom de extrair de todos o pitoresco ou o ridículo, apresentando de cada o retrato retocado ou a caricatura — com a habilidade de quem abre fruto de casca dura e arranca-lhe a polpa saborosa, seguindo seus planos de clivagem. Era uma pena o gênio de fúria — herdado do Luís da Cunha. Deste lhe viera também a coragem e a decisão. Certa noite, no Rio de Janeiro, perdera-se do marido Halfeld à saída do teatro e vagueava no Rocio à sua procura quando foi abordada por um mulato que fez o gesto de arrancar-lhe as bichas de brilhante. Pois teve a presença de espírito de reduzi-lo a impotência com o golpe das dedadas simultâneas nos dois olhos. Tivera pavor de ter as orelhas rasgadas pelo malandro. Doutra vez, em Juiz de Fora, sentira que subiam a cobertura da cozinha, de madrugada. Era um telhado que terminava na varanda de trás do sobrado. Espiou e viu que era um negro que o galgava, bem pela beirada, onde as telhas têm apoio de parede e não arriscam a quebrar com peso de homem. O Jaguaribe estava viajando e ela só, em casa, com as filhas. Sentou-se no chão do alpendre e esperou. Quando o gato gatuno ia passar o pé, para transpor a amurada, ela aproveitou a instabilidade de sua posição e, sem esforço, erguendo-lhe o calcanhar, como quem desmonta um cavaleiro, fê-lo desabar duma altura de seis metros. Os soldados vieram no dia seguinte levar o assaltante com as duas pernas partidas. Ela tinha gabo dessa valentia e possuo carta dela para minha Mãe onde está dito, certo para escarmentar o genro: "sabes que eu não tenho medo de ninguém...". Era adorada pelas filhas e dominava-as despoticamente. Por intermédio delas queria mandar nos genros. Era fatal seu conflito com o Paletta e com meu Pai. Só tio Meton, muito hábil, possuía suas boas graças. Meu avô com seu jeitão de songamonga, de não discutir, escafedera-se de casa, aos poucos, na medida em que a mulher enfeava e o gênio se lhe azedava. Já falei da versatilidade do Major e de como ele passara pelas profissões de agrimensor, construtor, empreiteiro, político, educador, jornalista, editor, fazendeiro. Sempre sonhando, vendo tudo em grande e sempre perdendo da fortuna da mulher. No fim, metera-se numa confusa história de construções de ramais da Piau e ocupava o cargo de pagador da empresa. Colocava o dinheiro num banco de que era diretor o Antônio Augusto de Andrade Santos, seu amigo e compadre, padrinho que era de minha Mãe. Compadre? Bicompadre: porque o Hugo Andrade Santos era afilhado de meus avós. Tudo ia às mil maravilhas, os trilhos chegariam breve às Canaãs e aos Pactolos das Gerais e deles viajariam para a

Corte os vagões atulhados dos milhos, dos trigos, dos brilhantes e dos oiros que iam fazer dele um rival do Evangelista de Sousa. Eis senão quando corre que o banco estava para quebrar e o Major, em vez de sacar, levou dias para ir perguntar ao compadre se aquilo era verdade. Voltou sossegado com o que ouviu do amigo Antônio Augusto. Tranquilizou minha avó e prometeu-se não dar mais ouvidos, daí por diante, a invencionices como aquela, da cabeça do Paletta. Pois o banco quebrou no dia seguinte e o nosso descuidado Major teve de vender, na bacia das almas, o Bom Jesus, os prédios da rua Santo Antônio; de hipotecar o sobrado e a *casa velha*; de empenhar os adereços da Inhá Luísa. Estava salvo o seu nome. Perdera uma batalha mas havia de ganhar a guerra. Magnífico! breve a Piau estaria dando lucros. Não deu e a Leopoldina acabou encampando-a por tuta e meia. O Major e a Inhá Luísa estavam pobres... Só lhe restava, a ele, um caminho: o funcionalismo público. Por influência do mano Dominguinhos e do primo Tristão meu avô foi despachado, no princípio do século, inspetor dos Telégrafos de segunda classe. E foi num mês de março, *ao findar das chuvas, quase à entrada do outono, quando a terra, em sede requeimada, bebera longamente as águas da estação*, que, barbas ao vento, o major Joaquim José Nogueira Jaguaribe entrou pelo sertão. E logo viu que era bom...

As intenções do Major eram excelentes. Exatamente como aquelas de que se calçou o Inferno. Iria trabalhar fora até ser reconduzido ao Paraibuna e aí ir levando sua vidinha de burocrata bem relacionado. Voltar talvez à política municipal com os títulos que tinha de ex-presidente da Câmara, mais os de sogro torto do Paletta, de íntimo do Ávila, de amigo do Penido, do Mascarenhas, do compadre Antônio Augusto — com quem tivera a habilidade de não romper, depois daquela sacanagem do banco... Era o melhor. Porque tirar a mulher de Juiz de Fora, nem pensar! Ela mesmo dissera logo que da rua Direita não arredava o pé, nem à mão de Deus Padre. Assim ele aceitou as primeiras comissões no sul do estado, na Barbacena, na Barra do Piraí... Seguiu contrariado para Diamantina mas lá é que ele teve, transportado! a revelação das morenas do norte de Minas, das serenatas ao luar, do "Elvira, escuta", da "Meiga virgem", do "Quisera", do "Peixe vivo", das ondas do mar, do vento *zum-zum*, do *tim-tim-olá-lá*, dos peitos cheirando a alecrim — a *ale-*

crim dourado! — e do "quem não gosta dela, de quem gostará?". Das noites celestes da *Cavalhada de Cima*, das madrugadas inefáveis da dita de baixo. Dos dias nas areias brancas do Rodeador e das micas faiscantes da serra do Espinhaço, das encostas do Santo Antônio — sob as mesmas nuvens e os mesmos urubus da gravura de Rugendas... Ai! Major, navegando nas águas d'em torno do Tormentório, do é-não-é dos cinquenta-sessenta... Ninguém segura mais esse homem! Pois. E começou a ser por solicitação do próprio inspetor que ele ia sendo removido para mais longe, para cada vez mais longe. Ai! Inhá Luísa, desta vez você tá mesmo é no mato sem cachorro... Minas Novas, águas do Fanado, águas do Jequitinhonha e do Araçuaí; Grão-Mogol, Montes Claros, Brejo das Almas, Guanhães, Peçanha, Teófilo Otôni, Serra da Cristalina, Pedra d'Água, Pedra do Gado, Pedra da Camisa, *pedra no meio do caminho*: o alumbramento da Malacacheta... O Major. Construindo pontes sobre todos os rios. Esticando fios telegráficos em todas as montanhas e em todos os vales daquele norte. Ligando seus distritos, comarcas, municípios; trabalhando como ninguém; colhendo amostras de rochas, sonhando com Eldorados e Golcondas, com minas e roteiros, diamantes do Abaeté, mãos cheias de turmalinas, pepitas, minérios, sementes; com ferrovias, culturas, navios, frotas no São Francisco; com a recuperação das sesmarias do Halfeld. Providenciando, contando casos, conversando infatigável (de fatigar!); conhecido nas Câmaras, nas fazendas, nas farmácias, nos pousos; amigo dos juízes, dos coronéis, dos chefes políticos; estimado, querendo bem a toda gente, amando, dizem que povoando, fazendo suas quadrinhas, musa em férias, marido em férias, solto, solteiro em comissão, viúvo interino... Cada vez vinha menos a Juiz de Fora e de cada vez que vinha, demorava menos. Minha avó, implacável, consignava no seu diário sentimental-mercantil-rol de despesas: "Depois de oito meses de ausência o Jaguaribe aqui chegou a 31 de dezembro de 1907 e voltou a 5 de janeiro de 1908". Noutra página: "O que me pertence não pode e não deve viver nessa liberdade, portanto eu abro mão do meu direito e não aceito condições". Estavam praticamente separados e duma vez que o Major, cinicamente, dedica-lhe poema composto por ele e mandado de São Francisco do Uruburetama, transcreve-o rancorosamente nas colunas do seu deve-haver e comenta: "Pensei, pensei, não me serve absolutamente. Cante noutra freguesia!".

O Major nessa época era uma esplêndida figura de macho. Peludo, magro, alto, desempenado, sempre de fraque escuro, bem calçado, meia cartola, escarolado, roupa branca esmaltada de goma, barba grisalha aberta ao meio, bigodarras de jaguar, mãos tratadas, olhos largos e sorridentes, muita papa — não admirava sua extração com as mulheres e a facilidade com que ele as culbutava e comia por quanto lugar onde passasse. Tinha principalmente a habilidade prodigiosa de inspirar confiança aos maridos e ficava logo íntimo, comensal, hóspede dos cornos. Tendo tudo ali, à mão, a tempo e à hora. Enquanto ele cantava em outras freguesias, minha avó, envelhecendo de raiva e despeito, levava vida heroica em Juiz de Fora. Dotada de faro incomum para os negócios, econômica até a avareza, com o pouco que recebia do marido voador construiu os barracões e casinhas da Serra, nos terrenos que tinham ficado, perto da Academia de Comércio. Com os aluguéis desses próprios ressarciu, indenizou, compensou e quando chegamos a Juiz de Fora ela estava senhora do 177 e do 179 da rua Direita, de seis casas na Serra (fora os barracões), de outra na rua Dr. Paletta, de outra na rua Santo Antônio, de outra em Belo Horizonte à esquina de Januária e Pouso Alegre. Tinha desipotecado um sítio do lado de Milheiros que vendera e com cujo produto comprara apólices da dívida pública. Tirara suas joias do monte. Nessa luta é que ela endurecera mais, enfeara, engordara, tornara-se mais áspera, mais altaneira. Apurara a braveza dos Pinto Coelho e era um Luís da Cunha de anáguas. Desinteressara-se do Jaguaribe. Não cumprimentava o Paletta. Exigia as filhas, netas e netos diariamente, em sua casa, presentes, rentes como pão quente, à hora do café, do bolo de fubá e das verdades. Não disfarçava sua preferência pela Mimi, pelo Tonsinho, por minha irmã Ana. Os outros lhe éramos tão indiferentes como se fôssemos estranhos. As negras lhe tomavam a bênção. Como a d. Clementina Pena, tinha sempre a seu alcance, ao pé da cadeira, a vara de marmelo para as negrinhas e para os cachorros. Os vizinhos tratavam-na com a circunspecção e as cautelas de quem mora ao lado de fábrica de dinamite dirigida por um mentecapto. Era sacrifício habitar perto dela e sua presença configurava, no quarteirão, *o damno infecto* das *Ordenaçoens do Reyno*. Vivia gritando. Já! Por aqui! Vamos com isso! Era uma verdadeira fera...

Pois assim mesmo velha, feia, indiferente e distante a Inhá Luísa tinha uma autoridade imanente, uma imposição natural e uma majestade espontânea que me fascinavam. Lembro-me de segui-la sempre dentro de casa, na chácara, sem ser chamado, sem que ela se dignasse olhar o acompanhante. Eu ia pelo faro, como os cachorros. E foi nessas andanças, atrás de suas saias, que pude devassar sua existência impenetrável e, pelas imagens que guardei, adivinhar retrospectivamente um pouco do seu pensamento. Vejo-a atenta, de olho aguçado, em pé, diante de um móvel alto do escritório de meu avô — estante fechada em cima e embaixo, uma espécie de carteira com tampa. Ela tirava do cós as suas *chavinhas* e metia uma delas na fechadura. Dentro estavam seus papéis de cartório, velhos registros, inventários, promissórias pagas, contas a receber, procurações; sua *Miscelânea*, seus livros de lembrança, álbuns, os cadernos de despesa, compra, venda, aluguel. Deve-haver. Assentava o que recebia e tomava nota dos calotes, sempre com uma palavra dura para os que lesavam seu patrimônio. "José Vieira é um ladrão e um tratante, saiu fugido me devendo 75$000." Guardava ali dentro os selos da correspondência que chegava, seu dinheiro, seus trocos, e cada mês, com uma tesoura, ia recortando os cupons numerados das suas apólices. Vejo-a, em cima, no quarto, abrindo as gavetas da cômoda e do toucador, onde ficava horas, mexendo nos guardados. Pegava da velha caixa de música (a que servia ao Halfeld para acordá-la nas manhãs da *Outra-Banda*), dava-lhe corda, punha a girar seu cilindro cheio de pontas que, roçando uma espécie de pente de metal, faziam vibrar seus dentes e deles arrancavam notas das músicas aladas, ruídos do passado, aragens da mocidade. Abria e fechava seus leques de renda, seda, pluma, marfim, madrepérola e sândalo. Abanava-se no seu velho aroma. Enfiava e tirava seus anéis, cingia seus colares, apresilhava suas pulseiras. A velha gorda olhava o fundo do espelho embaçado, de onde a espiava a linda moça e airosa, que se chamara Inhazinha... Reconduzia as pedras e os ouros para os estojos onde veludos de dentro e sedas de fora iam se esgarçando. Tudo aquilo lhe lembrava o primeiro marido e a era das grandezas. Seu tempo venturoso, também, como está escrito no caderno de notas, ao pé da notícia, ali colada, da inauguração do busto do velho Halfeld: "Saudosa lembrança de quem me fez feliz!". Folheava, às vezes, um livro que trazia debaixo de sete chaves e onde as flores eram representadas na figura de graciosas meninas louras ou morenas, pálidas ou coradas, de cujas vestes pendiam as pétalas das corolas que elas simbolizavam, que também as toucavam e erguiam-se de ramalhetes nas suas mãos. Repassava sua coleção de postais e eu ficava atento, coração batendo diante de seu acetinado, do seu brilho. Planejava furtá-los, não achava ocasião propícia, o momento favorável para a efração da gaveta... Às vezes ela ocupava-se com aquela porcariada da palamenta do Jaguaribe. Fazia abrir a velha arca onde estavam os uniformes da Guarda Nacional e as espadas ferrugentas. Mandava brunir os metais, furbir as lâminas, escovar, dos panos, com benzina, as geografias do mofo, bater calça e túnica penduradas no varal, para tirar as traças e espantar as baratas. Pareciam o tronco decapitado e sem mãos, as pernas sem pés dum supliciado contra cujos restos se encarniçassem as negrinhas. Dir-se-ia a execução em efígie do marido relapso e revel. Fazia reenterrar tudo — renovando os saquinhos de cânfora e naftalina. Esta operação ficou entrelaçada na minha lembrança à letra da cantiga que não posso ouvir sem pensar na Briosa, em fardas, durindanas e nas barbas do Major — refulgindo como os canutilhos de suas dragonas.

> Eu vi uma baratinha
> no capote do vovô...
> Assim que ela me viu
> bateu asas e avoou...
> Rão, rão, rão,
> rão, rão, rão,
> rato de casaca,
> camondongo de chapéu...

Mas fabuloso mesmo era esgueirar-se nas pegadas da velha quando ela abria o portão que separava o terreiro de trás da casa da chácara propriamente dita.

Quem entrava no 179 encontrava primeiro uma área lajeada com restos aproveitados de ladrilhos a vapor, nem todos iguais ou mostrando desenhos iguais, que iam dos degraus de pedra da porta, do rodapé da casa e do pé de jasmim — até ao canteiro rente ao muro do vizinho. Esse canteiro, demarcado por garrafas de Chianti de fundo para cima, só tinha as flores da preferência da Inhá Luísa — rosas. Ao fundo, um portão que abria para novo roseiral, o do terreiro. Minha avó possuía para mais de cem variedades, destacando-se entre elas a Fausto Cardoso, a albardeira, a mosqueta, a mogorim, a rosa-de-jericó e a rosa-de-alexandria; as eglantinas singelas ou as rosas centifólias, as pimpinelas, a mochata, a montês, a rosa-menina, a rosa-amélia, a rosa-trepadeira, a Drusky, a príncipe negro, a mesquita e os requintes europeus da *Gloire de Dijon*, da marechal Niel e da Paul Neron — nomes que, na jardinagem nacional, eram traduzidos onomatopaicamente para rosa *guardião*, rosa *marnel* e rosa *palmeirão*. Viçavam em tufos, coberturas, cachos; brancas, do amarelado do marfim, ou do esverdeado das águas límpidas; brancas, compactas como o jaspe ou translúcidas como as opalas; de cor amarela-clara e da de ouro-pálido; vermelhas, do escarlate do sangue arterial ou do rubro do sangue venoso; ou ainda, solferino, ou arroxeadas, ou quase negras; as vestidas de róseo-vivo ou empalidecendo num róseo-azulado, de asfixia. Fechadas em botões góticos, entrefechadas, entreabertas, abertas num giro amplo de pétalas barrocas. Minha avó orgulhava-se da posse dessas obras-primas que rivalizam com outras perfeições da natureza como a laranja, o ovo, o diamante, o ouro, a pubescência. Não admitia seus ramalhetes em jarro e só gostava de apreciá-las no pé — exalando à noite, orvalhadas na manhã, crestando ao sol, despetaladas ao vento. Só excepcionalmente colhia uma para dar a visita (e precisava que essa visita fosse de prol, como a condessa de Mota Maia — tia da Maria do Carmo do dr. Meneses; ou completamente do seu peito, como a Picututa do Zé Mariano, a Luisinha de Carvalho, a Maricota Ferreira e Costa) ou ia buscar entre seus espinhos as que serviam sua farmacopeia doméstica como a rosa-de-cão ou silva-macha, a rosa-damascena, a rubra ou de Provins — com que ela e a Justina manipulavam colírios, laxantes, hemostáticos, constipantes e o mel-rosado caseiros. Outra coisa em que a Inhá Luísa caprichava e que estava também nesse terreiro eram suas parreiras que se prendiam como trepadeira na parte lateral da casa, contornavam-na para os fundos e acompanhavam o muro de divisão com a *casa velha*. Além da glória das uvas e das rosas, esse terreiro possuía a de uma palmeira-imperial mas era tornado prosaico pelo forno de barro, pelo tanque de lavar roupa, pelos coradouros e varais, pelo cercado das galinhas e patos. Ao fundo, de fora a fora, uma cobertura com dois cômodos laterais — depósito de coisas sem nome, de machados, tesourões, enxadas, picaretas, regadores, ancinhos, foices, pás; das barricas cheias de crina verdadeira para os colchões; e de galinhas chocas

48

preparando ninhadas nos cantos escuros. Entre esses cômodos, a cerca de ripas e o portão trancado da chácara. Era sempre pela manhã que minha avó o abria e ia tratar das suas árvores de fruta, podá-las, arrancar-lhes as parasitas, livrá-las dos bichos, da erva-de-passarinho, dos fios-de-ovos do cipó-chumbo. Às vezes, simplesmente para dar sua volta de silvana. Estou a vê-la de costas, coque meio descido sobre a nuca, a saia arrastando nas folhas secas, atarracada, rápida, trocando passos lépidos, dando com os braços, atenta a cada galho, a cada flor, a cada fruto. Arrancava aqui um ramo seco, desfolhava ali, sacudia mais adiante, colhia e ia pondo o que apanhava na saia de cima, dobrada como embornal. Eu trotinava atrás. Às vezes ela sentava num toco, numa pedra, num resto de muro, olhava as árvores, ouvia os pássaros, fitava os raios de sol que a folhagem filtrava, desfiava e debulhava no chão como os punhados dum milho todo dourado, vivo e mais movediço que o azougue. Comia das suas frutas, sem me oferecer. Minto; deu-me, uma vez, para provar, um caroço de manga já chupado, quente e babujado por ela. Foi engulhado que aproveitei esse único gesto amável que conheci de minha avó materna. Jamais vi jardineiro, hortelão ou capineiro cuidando de suas plantas. Ela é que o fazia, com o bando das negrinhas, e — sob a invocação de Flora e Pomona — rebentavam flores e frutos de suas mãos. Semeava, mudava, transplantava, reentocava, enxertava, podava, estrumava, colhia. Sabia os meses, os signos, as estações, os solstícios e as luas de cada vegetal. Germinal, floreal, frutidor, messidor... Herdara essa arte do Luís da Cunha — que a recebera com o sangue português. Transmitiu-a a minha Mãe e a minha tia Dedeta — ambas de mãos fecundas. A última transportou para Belo Horizonte todas as frutas da chácara materna de Juiz de Fora. De cada viagem trazia umas sementes e de cada semente brotavam as árvores na rua Caraça, 234, antigo 72 — casa construída pelo Major, na Serra. Essa casa... Agora não! depois se verá a história dessa casa...

A chácara do 179 ocupava os fundos do dito e mais os da *casa velha*. Fazia, assim, um enorme quadrilátero que confinava, à esquerda de quem olhava o morro do Imperador, com os terrenos do Pinto de Moura e, à direita, com os do casarão amarelo habitado, sucessivamente, pelo dr. Belisário Pena, pelo seu Gregório Gonçalves e pela d. Ernestina Martins Vieira. Justamente por perto do muro da última é que se entrava no *Paradou* da Inhá Luísa. Logo se ouvia o marulhar de uma corrente d'água, rente a essa parede divisória (como fosso que a defendesse). O rego fundo era todo verde-escuro dos inhames que nele nasciam. O riacho vinha dos lados da rua de Santo Antônio. Descia, sussurrava e se perdia debaixo de nossa coberta, na galeria subterrânea que recebia os canos das latrinas e dava no Paraibuna. Logo à direita eram as touceiras de banana, seguidas pelas laranjeiras — ora carregadas de flores de *biscuit*, ora vergando ao peso de pomos de ouro ou de esmeralda. Vinham as goiabeiras com seus frutos brancos (como que forrados de veludo e cetim de cor creme) ou vermelhos (de polpa quente e corada como o dentro dos beiços, o embaixo da língua e o fundo das bochechas). O caminho infletia para a esquerda onde ia dar numa espécie de poço de lavar café, onde as negrinhas tomavam banho. Cedo aprendemos a espiá-las escondidos no meio das pitangueiras, dos pés de araçá, gabiroba, cabeluda e das romãs de dentes sangrentos. Para cima, caminhava-se no meio de mais fruteiras. De mamoeiros, limeiras, pés de toranja, bergamota e tangerina, de laranja-da-terra e da incomível laranja-vinagreira (entretanto insubstituível para arear os tachos de cobre — com seu caldo corrosivo, com cinza, saibro e sal grosso). Além ficava uma espécie de palhabote de madeira, cheio, atulhado até às telhas de mobílias de jacarandá quebradas e fora de uso. Halfeld. Aos poucos, a Rosa ia virando tudo em lenha. Assim se queimou uma fortuna e arderam peças de museu. Mais longe uma cacimba forrada de pedra, por dentro, e de tijolos, por fora. Sobre estes, o musgo mais macio que já senti. Vinha daí a água pura que se bebia na casa — límpida como cristal, fria como gelo. Entre esse poço, a coberta dos móveis velhos e o muro do Pinto de Moura — o campo de goles das amoreiras. Em seguida a área do *croquet* e dele é que pulávamos para predar as carambolas do seu Miano. Exatamente no meio da chácara ficava árvore de altura prodigiosa. Era um jatobá dos *santos dias d'outrora*. Dele caíam as favas enormes e cheias de polpa pulverulenta, esverdeada e engasgativa que desprendia aquele cheiro que depois se saberia que era o vero cheiro de boceta. Havia outra fruta, também de cheiro indecente e, além do mais, de aparência vulvar: o mole jenipapo. O canavial. À sombra do jatobá, a mesa e as cadeiras rústicas, feitas com galhos de árvore, onde se saboreava a garapa espremida na hora, na engenhoca movida pelas negrinhas. Até à rua de Santo Antônio, mais frutas, outras frutas, todas as frutas. Os abios. Os jambos. Os sapotis (onde estão os frutos d'antanho?). Os pêssegos de abrir, do mato, da índia. As mangas-espa-das, carlota, sapatinho e rosa. Jaca mole e jaca dura. Os abacates. As uvaias. O coco-de-catarro. O jalão. Tudo quanto é pinha, fruta-de-conde e biribá. O araticum-cagão que não se comia, já se sabe, porque era aquela água... A Inhá Luísa gostava de reunir suas amigas mais íntimas na chácara, com a família. Geralmente recebia perto da engenhoca, para o caldo de cana. Em tempo de jabuticaba, sob as jabuticabeiras, para as *barrigadas* tomadas no pé.

Ah! eram faladas, arquifaladas as jabuticabas do 179. Aliás Juiz de Fora, nesse ponto de vista, rivaliza com Sabará. Mas dentro da própria cidade havia geografias mais favoráveis ou menos favoráveis. Assim as jabuticabas da margem esquerda do Paraibuna não valiam grande coisa. As da margem direita eram boas, como as do Antonico Horta, do dr. Martinho e do dr. Antônio Carlos, na rua Espírito Santo. As do fundo da Santa Casa, as do Assis, as do seu Rangel (nos terrenos dos Grupos Reu-nidos), as do dr. Beauclair, do Antônio Augusto de Andrade Santos e as de tia Regina — no então lado par da rua Direita já eram bem melhores. Mas nada, absolutamente nada, se comparava com as que davam do outro lado do logradouro e nas encostas do morro do Imperador — como as dos Pena, as dos Néri e as dos Penido no Alto dos Passos, as do dr. Fernando Lobo, as do barão do Retiro, as do dr. Mendonça. Também as do Paletta e as do dr. Candinho na rua de Santo Antônio. Entre estas mereciam lugar à parte as da Inhá Luísa. Eram *hors-concours*, eram gigan-tescas. Tinham tratamento o ano inteiro. Poda especial. Galho seco cata-do. Adubo de todo o restolho da cozinha que ia para o redor de suas raízes, de mistura com estrume. As folhas e jabuticabas que caíam, as cascas e os caroços das que eram chupadas durante as *barrigadas* eram varridas para junto do tronco, ali fermentavam, destilavam o resíduo que entrava de terra adentro com a água das chuvas. Esses tratos faziam das árvores da Inhá Luísa verdadeiros fenômenos de terra de promissão. Quando era tempo, as frutas negras e lustrosas se comprimiam desde rente ao chão. Tronco e galhos ficavam parecendo cabeças cheias de cachos noturnos, como os da prima Crisólita, como os de minha tia Risoleta, como os de são Filipe Apóstolo no plano inferior da *Transfigura-ção* do Rafael, da Pinacoteca do Vaticano. Eram vinte e quatro pés, plan-tados aos pares, uma ala no meio e o encontro ogival de seus galhos fazia uma abóbada toda verde e rendada por entre cujos nervos e arquitraves o sol mal entrava. Minha avó, como quem distribui prebendas, dava um pé a cada favorito seu — para bel-prazer e usufruto. Havia os das filhas. Havia um para cada filha de tia Berta, sendo que a Mimi era contemplada com quatro. Um para cada menino de tia Iaiá, só que o Tonsinho tinha seis. Havia o pé do Moço. O da mana Zina. E era só. Os outros eram todos dela. A ala começava com dois pares de jabuticabas-brancas que davam frutos tão graúdos quanto limões, cascas grossas mosqueadas de negro e verde como num vitiligo, duras e estalando ao dente, de caldo mais espesso que gosma animal. Depois vinham os vinte pés da preta comum com suas bolas — por fora de ônix, por dentro de pérola liquefeita e doce. Quando os pés estavam cheios, negros e carregados, minha avó trazia levas de convidados para as famosas *barrigadas*. Comiam de entupir. Todos traziam cestas que levavam cheias e cobertas das folhas verdes que protegiam do calor as frutas alteráveis e delicadas. Vinham os parentes. Os aderentes. Os amigos. Os amigos dos amigos, e as jabuticabeiras permaneciam forradas, cobertas de jabuticabas, daquela frutificação, daquela coma negra enrolada — como se não tivessem sido tocadas. Sobravam, acabavam caindo no chão e as negrinhas empurravam tudo para apodrecer junto ao tronco, para impregnar a terra, tornar a descer e voltar a subir no outro ano como caldo incorruptível, como seiva nutriz, circulante e perene...

Um belo dia eu deixei de acompanhar a Inhá Luísa nas suas andanças domésticas e isso marca minha primeira ideia de ter penetrado psicologicamente uma pessoa, de tê-la adivinhado completamente, como faço hoje, com a facilidade de Houdini para se desamarrar das correntes. Para mim não há caixa encourada, personalidade que eu não descortine, pensamento que não decifre, associação de ideias que não siga nos seus caminhos submarinos como aquele Dupin, de Edgar Allan Poe, que respondia alto e bom som ao pensamento do interlocutor. Esse debruçar não é bom não, companheiros: faz sofrer! Se faz... Entre meus amigos conheço dois dotados dessa prenda. João Gomes Teixeira. Afonso Arinos de Melo Franco. Só que o segundo disfarça mas o primeiro não, e esculhamba, se é o caso, o parceiro pilhado. Eu também disfarço, falando muito e me fazendo de otário. Mas já morei. E a primeira de quem peguei a balda foi justamente minha avó materna. Eu estava pasmado para ela, em pé, ao seu lado, ela sentada numa cabeceira de mesa, tomando café. Tinha tirado o *pince-nez* e devia estar vendo um mundo algodoado de dentro de seu ar vago. Acabou sua xícara, limpou os vidros na barra da matinê, passou o trancelim, encavalou as lentes e imediatamente reassumiu o ar agudo e ladino que adquiria quando punha em foco o que estivera esbatido pela vista cansada. Ficava, assim, parecidíssima com o conselheiro Rodrigues Alves, cujo ar carrancudo na testa e hílare do nariz para baixo eu estava acostumado a apreciar nos selos postais de quatrocentos réis. Parece que eram mesmo os de quatrocentos. É. Wandenkolk era nos de cem, vermelhos; Deodoro, nos azuis, de duzentos; Floriano, nos pardos, de trezentos. Pois ela olhou para mim com aquele sorriso esquisito, de selo de correio, e eu bobo já ia rir também quando senti, ao seu silêncio e à demora de seu olhar, que ela não estava se rindo para mim não, ria de mim, ria mesmo mais longe, isto é, através de mim, ria do genro detestado e defunto... Me encolhi (assim falava Mário de Andrade), me encolhi como ameba em meio ácido. Ali mesmo dos meus oito anos contei, pesei e medi a Inhá Luísa. Logo valorizei a surra que ela tinha dado, de vara, na Deolinda. Certo pontapé que tentara mandar no meu mano José, o que não conseguiu porque ele foi safo e ela, perdendo o equilíbrio, foi de bunda no chão, redondo, sinhá. Bem feito. Larguei de andar atrás de suas saias e de acompanhá-la na exploração do tempo de suas gavetas mágicas. Aprendi a penetrar sozinho na chácara e a fartar-me, escondido, de suas frutas proibidas. Para perpetrar esse pecado original eu pulava o muro do terreiro para a *casa velha* e desta, o de nossa própria chácara. Só, entre aquelas árvores, tudo ficava fantástico. Eu virava logo no príncipe perdido na floresta paradisíaca que a Rosa contava e estremecia de medo do Aquilão, do Siroco, do Galerno, do Austral, desses sopros do norte, do sul, do leste, do oeste, norsuloeste e mais pontas do quadrante — que só deviam obediência a sua mãe encantada. Eles se consubstanciavam em ogres de todas as cores, roncavam pelos trovões, farejavam sangue real, comiam gente. Apavorado quando eles buliam nas frondes, eu gritava pela Lúcia-Mãe-dos-Ventos. Corria, ávido de companhia e de pessoa humana, entre as pernas das jabuticabeiras que murmuravam. Chegava sem ar diante do barracão da Lúcia, no fundo da chácara. Ela era a Mãe-dos-Ventos, ia me socorrer, mas logo aquela escuridão dos cômodos em que ela morava e o chiado de sua chaleira na trempe me levavam à história de

João e Maria e eu, meu Deus! sem rabo de rato para mostrar e temendo que ela achasse gordos os dedos que eu teria de pôr pelas grades de minha gaiola. Voltava correndo e minha viagem solitária durava horas de Áfricas e Ásias, de Américas descobertas, de extensões continentais e marítimas — naqueles dois, três, cinco minutos que eu punha em disparar da casa da Lúcia ao muro da *casa velha*, ao do nosso terreiro que eu galgava para reintegrar o real. Logo ouvia a voz da Rosa cantando que fora passar na ponte e a ponte estremecera. Eu sabia a razão. Ria e completava em coro, com minha negra, que água tem veneno, maninha! quem bebeu morreu...

Apesar de acabar sempre em pânico minhas excursões solitárias à chácara, não desistia e nela entrava todo dia. Para subir em pé de pau. Pedro, cuidado! não segure em galho podre! Olhe o ramo verde. Para me fartar de frutas, principalmente as de vez, que sabiam melhor porque eram proibidas. Para pisar nas folhas secas e na terra sempre úmida, apesar das manilhas furadas que o Paletta, numa trégua com a sogra, distribuíra em rede que canalizava o lençol d'água para o riacho que corria perto da d. Ernestina. Para assistir à vida das aves, espantá-las, xô! passarinho, vê-las romper no voo para o alto ou pular para o galho perto — que ficava oscilando com o peso pousado até voltar à imobilidade quando a rola, ou a graúna, ou o coleiro, ou o pintassilgo batia asas e voava... Às vezes um anu. Eu olhava atento para ver o rabilongo fazer como no verso. Mas não. Ele estava sempre sem vontade e jamais lhe ouvi o assovio da tripa. Conhecem? Repito como ouvi da Rosa. Sem rima, cheio de homofonias.

> O anu é passo preto,
> quando pousa num raminho,
> arrebita o cu pro ar
> e faz fííííiiiiiiiiiu!

Eu seguia também a vida misteriosa dos insetos. Das formigas. Das larvas. Pedro, cuidado para não subir em árvore com caixa de marimbondo. Em não abraçar tronco latejando de taturanas em fogo. Em não pôr pé em formigueiro. Em desviar depressa da cornada tonta da jequitiranaboia. Do mijo de sapo esguichado no olho. Com os girinos do tanque das negras, não fazia mal brincar. Nem com as minhocas desentocadas com enxada na terra mole. Nem com os *tatuzinhos* que viravam logo naquelas bolinhas cinzentas e duras, parecendo lágrimas-de-nossa-senhora. Brincava sozinho de índio, sem nenhuma convicção. Tirava a roupa, punha a tanga e cocar que tinha fabricado e guardava em moita de inhame. Passava a mão no arco e nas flechas inúteis — cadê coragem de matar um pássaro? — e ia me esgueirando com medo da Lúcia me apanhar nu, besta assim, em flagrante de índio. Uma imensa borboleta amarela passava no seu voejar quebrado e sem som. Parecia mão descorada fazendo para esperar, logo mandando embora, dizendo adeus. Ao seu gesto eu tiritava, cabelo em pé, fugia me vestindo na carreira, ouvindo a vaia dos bem-te-vis e escapando, justo, de tomar, na cabeça, a fava descomunal, toda arreganhada e com aquele fedor — que me atirava o jatobá...

A d. Maria Luísa da Cunha Jaguaribe tinha dupla personalidade. Tanto era áspera e desagradável para os que não lhe calhavam, como charmosa e delicada para os que lhe caíam no gosto. Duas consistências, que nem cambucá: casca grossa, miolo doce. É por isto que a casa vivia cheia dos eleitos do segundo grupo. Começava à hora do café, com a presença da tia Regina, que chegava de rosário em punho e tinha a peculiaridade de desfiá-lo conta por conta, mistério por mistério, comendo ou conversando. Ia entremeando uma mastigadela de pão cheia de graça, o Senhor é convosco, do bolo de fubá santa Maria mãe de Deus, um gole de xícara agora e na hora de nossa morte, com as novidades do dia, horrorizada de saber que a siá Beta tinha se mudado para a rua do Sapo que estais no céu, santificado seja Vosso nome e indignada com o mutismo do Paletta durante visita que lhe fizera e em que o grosseirão, Inhazinha, nem entrara em conversação, enfim... seja feita Vossa vontade porque cada um dá o que tem, assim como nós perdoamos os nossos devedores, não nos deixeis cair em tentação, que homem insuportável! coitada da Berta! e livrai-nos Senhor de todo mal, amém... Outro, pontual, era o dr. Bernardo Aroeira com d. Manuelita, sua mulher. Eram compadres de meus avós e vinham sempre com um dos filhos — o Mário, o *Biscuit*, o Manuelito ou uma das filhas — a Alice, a Mariquinhas, a Simini. Elas arvoravam, invariavelmente, penteado idêntico e esquisito em que figurava fita larga como barrigueira, passada na testa feito curativo de cabeça quebrada. Ultimamente a d. Manuelita tornara-se notória por doença que lhe dera de crescer a barriga e com a qual não tinham atinado nem o dr. Lindolfo nem o dr. Vilaça. A *Senhorinha*, parteira, dizia que era menino. Os médicos, que absolutamente! Não pode ser gravidez não, *d. Senhorinha*... Pois não vê que d. Manuelita é pessoa de cinquenta e tantos, que teve filho um depois do outro e que o mais moço está agora com vinte anos? ora esta! Pois a razão estava com a *Senhorinha* e o casal Aroeira, à hora dos netos, ganhou mais um filho — o Carlinhos — que a mãe de cabeça branca amamentava muito à vontade, rindo tanto, tanto, tanto... e mostrando o rebento de casa em casa, em companhia do marido que depois dessa paternidade tardia adotara ar a um tempo sonso, modesto e capaz. Tratavam-no com admiração no Clube, na rua Halfeld, no Foltran e na redação de *O Farol*. Sim senhor, seu Aroeira, muito bem...

Antes da morte do Chico Raithe eram certas, pelo menos duas vezes por semana, a d. Ema e as filhas Lilian e Rita. Depois... Outra assídua era a d. Cota do seu Gregório Gonçalves, ora com uma das filhas, ora com um dos filhos namoradores. Milota, Mariquinhas, Leopoldina, Marieta e Plácida (Pachinha). Jaime, Otávio, Mário, Manuel (Neneco) e João Carlos Gonçalves. Estavam tempos na cidade, tempos na fazenda que, em lembrança da *santa terrinha*, o velho batizara de Nova Lusitânia. Apesar da origem *galega* essa gente constituía uma família genuinamente juiz-forense — e que família fina e simpática! — inclusive pelo casamento dos filhos com gente dos fundadores da cidade como a Leopoldina, que convolara com o Sebastião de Rezende Tostes (Tatão), e como o Jaime, que desposara uma Resende Detzi. Tudo pessoal do barão de Juiz de Fora e do tenente Dias Tostes. Depois que as Gonçalves se mudaram, a casa foi ocupada pela família da d. Ernestina Martins Vieira. Ela e minha avó ficaram logo íntimas e se abriram chácaras e corações. A d. Maria Luísa é uma flor. A d. Ernestina é um encanto. A d. Ernestina teve entrada nas *barrigadas* de jabuticaba, no caldo de cana espremido na hora, no café com cuscuz e biscoito de polvilho. Minha avó era reclamada para as tardes de laranja-serra-d'água e de sorvete de creme da d. Ernestina. Íntimas. As filhas da vizinha, Sílvia e Mariá, ficaram inseparáveis de minha tia Risoleta e as três romperam relações, em conjunto, com a Júlia e a Esmeraldina Couto que moravam defronte. Não sei que vento mau soprou e, um belo dia, amanheceu tudo brigado. A d. Ernestina e as filhas passavam sem cumprimentar. Minha avó, quando tinha tempo, virava as costas. Tia Dedeta fez as pazes com as Couto e Silva. E a crotálica prima Zezé Horta, que vinha conosco a ferro e fogo, começou logo a frequentar a casa dos Martins Vieira. A rua entrou em erupção, como um Vesúvio. Só os moços — o Humberto, o Quincas e o Múcio — não tomaram conhecimento da fofoca e continuavam muito correntes — bom dia, dona Maria Luísa! boa tarde, dona Diva! boa noite, Risoleta! — e nunca deixaram de tirar minha tia para dançar nas partidas do Clube Juiz de Fora. Lembro ainda outras figuras. Suas madrinhas de batismo e crisma, que minha Mãe, quando menina, em vez de madrinhas, chamava as *minhas mariquinhas*, porque ambas o eram. D. Mariquinhas Vidal de Andrade Santos, mãe do Edgard Quinet, do Hugo, do Mário, do Renato e da Matildinha do Almada Horta. D. Mariquinhas do *Pedro Feio* (Pedro Luís Rodrigues Horta), mãe do poeta Brant Horta e de uma filha fenômeno com apelido de Tati, poetisa como o mano e como ele fabulosa no violão. Ela era célebre no município por tocar também fagote, por sua voz de barítono, por sua feiura legendária, por ter costeletas e ser a cara do imperador Carlos v. Casa d'Áustria, sem tirar nem pôr. Que queixo! A Tati criava buldogues e um destes devorara, certo dia, um naco da barriga da perna de nossa prima e prima dela, Tati, a Nhanhã do dr. Clorindo Burnier. A Nhanhã contava o caso com sua voz rouca e gritada; dizia seus pedidos de socorro em cima duma cadeira, depois duma mesa; sua tentativa de galgar os altos do guarda-louça que desabou e a Tati mandando que ela calasse, ficasse quieta, não assustasse o bichinho que era manso como um cordeiro. Pois o cordeiro pastara da sua carne e ela tivera de ir ao Rio fazer tratamento preventivo da raiva com o dr. Augusto Ferreira dos Santos. Também, ela, na casa da Tati, nunca mais... Seu marido, o dr. Clorindo Burnier Pessoa de Melo, era famoso em Juiz de Fora pelo gênio matemático e por distração só comparável à do Carlos Chagas, genro do dr. Fernando Lobo: era frequente vê-lo na rua Halfeld de chapéu-coco, colarinho alto, sem gravata, fraque, calça listrada e os sapatos Luís xv da mulher.

Quando por bandas do Paraibuna, quem era infalível em casa de minha avó era a nossa prima Babinha. D. Bárbara Caetana Azeredo Coutinho Gouvêa d'Orta — com O, esclarecia ela, pois era assim que se escrevia o nome do antepassado dela e do marido, o fidalgo Pedro d'Orta, natural do reino de Aragão, passado nos quatrocentos e sob

Afonso v para os Algarves e Portugal. Horta com H — dizia — é horta de estrumar... A prima Babinha andava aí pelos setenta, setenta e um quando a conheci, o que põe seu nascimento por 1840 ou 1841. Era pequenina, irritada, bigoduda, tinha olhinhos azulados, mais agudos que verrumas e duros como bolas de ágata. Andava sempre irrepreensivelmente trajada de sedas pretas e não descalçava as mitenes. Sabia tudo, de tudo e todos. Histórias de família — a grande e a pequena, a confessável e honrosa e a das porcarias, dos calotes, das amigações, dos filhos naturais, das safadezas, das corneações, das taras, das tocaias, das alianças com gente de cor. Escrevia tudo num caderninho que tinha de cor e salteado. Relia com deleite esse breviário e repetia aos quatro ventos os casos que trazia nas pontas da língua bífida. Mais por ela que por minha avó é que nos chegou a crônica de d. Lourença Maria de Abreu e Melo. Os relatos da lubricidade dos filhos do coronel de Pitangui, dos bastardos sem-número do tio Júlio Pinto, dos escândalos da siá Beta em Manhuaçu e depois em Juiz de Fora. Dizia também o diabo de seus tios, dois dos primeiros moradores do município — Rodrigo Alves de Sousa Coutinho e Pedro Alves de Sousa Coutinho, e não poupava outra tia, irmã deles, a despachada d. Sinhara Alves de Sousa. Sempre que o nome desta vinha à baila, a reunião numa mesma pessoa da graça *Alves* e da graça *Sousa* fazia o Antonico Horta recitar baixinho para os homens quadrinha adequada. Fungavam.

> Estas são aquelas Sousas,
> Parentas daquelas Alvas
> Que gostam daquelas cousas,
> Que têm as cabeças calvas...

Por esse Alves é que a prima Babinha se ligava consanguineamente ao pai do dr. João Luís Alves. Era má como as cobras, como elas insidiosa e de bote seguro. Inspirava verdadeiro pânico, era tratada nas palminhas e quando ela aparecia — minha avó, a prima Zezé, a d. Maricota Fernandes Costa, a baronesa do Retiro se encolhiam — sabendo que outro valor mais alto ali se alevantava. A escala zoológica com suas víboras, gaviais, hienas e panteras era pobre para fornecer o símile da fera. A mitologia com seus grifos, harpias e hidras, com seus dragões policefálicos e alados — também insuficiente. A fada Caraboça, criança de colo.

Era preciso de ir aos antediluvianos e emparelhá-la com aquela galinha descomunal hepiórnix ou com os pterodáctilos de asa de couro e dentes de ferro. Aí, sim. Em tempos de cinta flexível, beleza peregrina e saia-balão (tenho seu retrato nesse 1859) empolgara os sentidos de seu primo, o moço bacharel dr. Felisberto Soares de Gouvêa Horta — o primo Bileto —, que foi juiz municipal e de órfãos em Juiz de Fora, juiz de direito em Oliveira e secretário da Faculdade de Direito, primeiro no Ouro Preto e depois no Belo Horizonte. Teve as palmas do martírio. As humilhações do meritíssimo começaram em Juiz de Fora, continuaram em Oliveira, prosseguiram em Ouro Preto, cumularam em Belo Horizonte. No Paraibuna ele era proibido de chegar em casa de botinas limpas, pois prima Babinha gostava de estudar a poeira para ver por onde tinham andado os pés do marido. Passava a ponta dos dedos. Periciava. Essa cinzenta é de São Mateus. Essa roxa, de Milheiros. Essa preta, do Botanágua. Essa parda, da rua Califórnia. Essa amarela... Bileto, isto é poeira da rua do Sapo! Toma, sem-vergonha! Os vizinhos, divertidos, ouviam o barulho de caixa surda, contavam o número das percussões daquelas vias de fato. Repetiam. Badalavam. O pobre homem acabou tendo de sair. Em Oliveira foi pior. Alertada com certos passeios vesperais do cônjuge, a prima Babinha apresentou-lhe um belo dia o perdigueiro que tinha comprado. E você já sabe, hem? tem de levar o cachorro quando for arejar. No fim dum mês ela declarou que não precisava mais não e deixou o marido ir sozinho para os lados do Brejo Alegre. Meia hora depois ela pôs o cão na trilha e foi seguindo pela arreata. Quando o bicho correu e entrou ganindo e pulando na casa costumeira, ela foi logo sacando da garrucha e disparando a dupla carga de sal na bunda da mulata que fugia, enquanto o cachorro fazia festas e lambia a cara dum Bileto siderado e em menores. Teve de deixar a magistratura. O conselheiro Afonso Pena, seu amigo, levou-o para Ouro Preto e ele acompanhou a Escola de Direito para Belo Horizonte, como seu secretário, na mudança da capital. Aí a prima Babinha ainda deu escândalo com uma crioula da Contagem das Abóboras, vendedora de fruta e legume. Vira o Bileto muito interessado comprando mandioca e milho verde. Desconfiara. Pouco tempo depois o dr. Felisberto descansou e a viúva passou a perseguir um filho. Sempre que se tratava em sua frente de vida de casado, de histórias de marido e mulher, a domadora ria escarninho e se jactava do torniquete em que trouxera o dela. Contava mesmo duma noite de frio em que ele, sonolento, fizera corpo mole para não lhe passar o penico para o canto da cama. Pedira uma, duas, três vezes. Ficara quieta, deixara-o pegar no sono e inundara-o — chorrochochó — como as megeras de Anatole France tinham feito com Fra Mino — *d'une eau infecte...* Só uma coisa a enternecia: seu parente João Luís Alves, suas histórias, seus triunfos na faculdade, sua entrada na política, seu jeito para as letras (ele daria prova disto, mais tarde, tomando posse na Academia Brasileira e falando, no seu discurso, da "desopilante comédia humana" de Balzac), os casos da Fernandina e das meninas que eram umas lindezas. Minha avó ouvia a louvação calada e contrafeita, pois em tempos idos tivera um bate-boca com o pai do bacharel-menina-dos-olhos da prima Babinha. Só uma coisa a apavorava: trovoada. Vi-a uma vez, debaixo da escada de nosso sobrado, enrolada num cobertor vermelho, rosário na mão, despenhada dezenas abaixo e gritando por santa Bárbara! são Jerônimo! sob os céus que desabavam...

De tardinha, logo depois do jantar, sol ainda de fora, as negrinhas punham cadeiras no passeio, minha avó se repimpava no seu trono de balanço e ali mesmo recebia outras visitas que sentavam um instante, bebiam água, tomavam café, aceitavam um docinho e seguiam seu itinerário. O Antonico Pinto Monteiro, trazendo pela mão a Lindoca, coitadinha! anjo que já estava tirando os pés da terra. Outro parente, o Zé Mariano Pinto Monteiro, que nunca apurei se era chamado de primo por causa dele mesmo ou por causa da Picututa que era Horta e filha do visconde de Itatiaia. O Fábio de Almeida Magalhães, barba preta, espalhafatoso, muito simpático, brilhando muito, gaguejando alto, disputado pela graça de sua palestra e pelo rebolante chiste de suas histórias. Vinha com a esposa, bela morena de cabelos negros, cujo tipo contrastava com o de sua inseparável irmã — uma louraça penteado de cenoura e pele clara de barata descascada. Quando caía a noite todos entravam para a sala e era conversa, gritaria, namoro, piano, cantoria, prenda, sorte, anel passado e lá vai uma barquinha carregada de... até à hora de dormir. Vinham as moças da casa do seu barão, as Ferreiras e Costa, as Franco, as Couto e Silva e o ramalhete das netas da tia Regina: Arima, Amair e Ada, filhas da prima Zezé; Tita, Enoé, Regina, Crisólita e Opala, filhas do Juca; Alicínia, Naninda e Celica, filhas do Antonico. Este entrava às nove em ponto para buscar as filhas e gritava logo a pergunta do agrado de minha avó materna. Então, Inhá Luísa, quando é que chegam os *retirantes*? Muito breve, *seu capitão*, lá para março ou abril do ano que vem. Eram meus tios Iaiá e o engenhoso *Moço*, seu marido, que vinham do Ceará.

Também eram fiéis, à hora do café, minha prima Maria Luísa Paletta, minhas tias Rolinha e Berta. A primeira, de apelido Laliza, andava no Stella Matutina e já era dona da prenda de caligrafia fabulosa. Mas melhor que a caligrafia era seu envultamento na própria beleza. Tinha cabelos dum castanho-avermelhado, casca de pinhão, cacheados naturalmente e arranjados qual coma esculpida das bonecas. Toda ela era rosada, redonda, lisa, artificial, como se tivesse os braços, as mãos, as pernas, os pés feitos de massa ou porcelana. O mesmo material precioso integrava sua testa pequena, seu queixo fino, suas maçãs salientes e fixava seu sorriso consistente. Tinha olhos enormes, redondos como bolas, sobre os quais as pálpebras de cima só conheciam os movimentos extremos de subir e descer. Ou fechados, ou arregalados como os do Chiquinho do *Tico-Tico*. Tinha-se a impressão de que, destampando sua cabecinha, dentro se encontraria a bola de chumbo que — ligada aos dois olhos de vidro das bonecas — fazem abrir e fechar os ditos, conforme se lhes deita ou levanta o corpo. Tanto diziam — essa menina é linda! é uma verdadeira boneca! — que ela acabou tomando jeito de boneca. Virava a cabeça para trás e as pálpebras logo caíam. Virava a cabeça para baixo e as pestanas subiam. Seus movimentos não eram de juntas, mas de encaixes. A própria voz da prima tinha aquele tremido cabritante das que diziam papai e mamãe. Linda, linda. Uma verdadeira boneca. Minha avó babava-se por ela e pedia sem parar que a neta lhe fizesse balas de hortelã — menos para comê-las que para deleitar-se com a eficiência da confeiteira. Punha duas conchas bem cheias de açúcar na panela de alumínio e dissolvia-as com um copo d'água. Fogo brando, até o ponto. Aí duas colherinhas de essência comprada no seu Altivo Halfeld. Mexer, derramar sobre pedra mármore e cortar em losangos, ao endurecer. Delicioso. Que jeito! dizia a Inhá Luísa. Essa menina está prontinha. É da sala à cozinha. E era. Mas a virtude de minha prima não eram só os finos e grossos da escrita, as balas e o ser bonita assim. Era sua qualidade de filha excepcional demonstrada pela dedicação de anos a fio a sua mãe. Isto não é de ouvir dizer, que sei. Sei, de ter visto e testemunhado seu comportamento — quando, a seu chamado, larguei meus doentes no Rio e fui correndo a Juiz de Fora ver minha tia em conferência com seus médicos de lá. Não sei se se lembram disso... A irmã de meu avô, Ana Flora, de apelido *Rolinha*, não tinha parentesco de sangue com a Laliza (que era neta do velho Halfeld) mas parece que gostava mais dela que dos sobrinhos verdadeiros. Tenho a impressão de que ela vinha aos cafés da cunhada para ver minha prima e tia Berta de preferência aos outros da casa. Era a suavidade em pessoa. E a boa educação. Realizava o tipo perfeito da viúva. Não a viúva em negro, mas a viúva em roxo, romântica, sonhadora, saudosa, poética — dessas viúvas que reassumem aos poucos a virgindade e readquirem alma de mocinha. Tudo nela era intemporal, delicado e harmonioso; da voz, que parecia afetada, mas era apenas aquela voz explicada e cantada dos Jaguaribe, aos gestos de segurar uma xícara com o mindinho levantado; um pincel, idem; e as peças do xadrez, ibidem — quando punha xeque-mate os melhores jogadores de Juiz de Fora. Suas aquarelas eram quase imperceptíveis, de tão tênues as tintas desaguadas na brancura do papel. Especializara-se na repetição do postal que mandava a todos os parentes e amigos nas datas magnas, onde se via passarinho alimentando bico a bico a fêmea aconchegada ao ninho construído dentro de vaso quebrado. De quem seriam os versinhos que serviam de legenda?

> Têm o seu ninho num caco...
> — Que pobreza!
> Mas amam-se e são felizes...
> — Que riqueza!

Ensinava tudo que sabia. Passava suas receitas de doce a minha avó. Os macetes da aquarela a minha tia Risoleta e vinha, há anos, com uma paciência infinita, querendo ensinar xadrez à sobrinha torta predileta que sempre se embrulhava e movia rei, rainha, bispos, torres, cavalos e peões — ao jeito das pedras do jogo de damas. Assim não, meu bem. Desculpe, tia Rolinha, é tão difícil... Depois eu aprendo. Vamos hoje a uma partida de perde-ganha ou de caçada. Iam. Tia Rolinha dizia que estava doida que chegassem o *Moço* e a Iaiá porque, então, nunca teria falta de parceiros para o jogo divino que aprendera com o engenheiro seu marido. Depois do café, se não havia passeio na chácara, tia Rolinha dava um pulo à casa dos sobrinhos Zima e Clóvis Jaguaribe; ia à do barão, para ver a cunhada Dadinha e sua filha Titita; passava na matriz; visitava as freiras do Stella Matutina; e rumava para a rua de São Mateus onde morava com minha bisavó Clodes, com o mano Juca e o bando dos filhos: Joaquim (Quinzinho), Afonso, Benjamim, Eduardo (Dudu), Pedro (Pepê) e Cristiano. Sua casa era modesta (*Parva domus...*) mas pacífica (*...magna quies*) e era lá que se hospedavam os irmãos de meu avô, de passagem por Juiz de Fora. Tio Dominguinhos. Tio João, que coxeava. Tio Tonho. Aquela excelente e doce tia Clotilde, viúva do santo Paulino Nogueira, com sua filha Maria José — uma das feias mais suaves e atraentes que já vi. Minha avó ia visitá-los todos — mas não abria sua casa para os cunhados. Reservava sua hospedagem para os Pinto Coelho de seu sangue. Tio Júlio e tia Joaninha, quando vinham de Belo Horizonte. Tio Modesto e tia Jovita, de Manhuaçu. Primo Juquita ou o seminarista Carlos Carmelo, de Santa Bárbara. Primo Vaz e prima Laurinda, do Rio. Quando estes chegavam, tia Berta sumia, trancava-se, fugia para a Creosotagem, embarcava para Caxambu. É que o fino primo Vaz ia-se consumindo pouco a pouco ao fogo lento da tísica e a irmã de minha Mãe padecia de nosofobia e nosomania. Recuava, entrava na primeira porta se via de longe o dr. João Monteiro, sempre de capote, jamais sem as luvas de lã que protegiam suas mãos eczematosas. O diagnóstico de minha tia era outro e ela quereria o velho médico, nas ruas, de matraca, para advertir de sua aproximação. Como os doentes bíblicos dos quadros de Burgkmair, Holbein e Dürer... Não dava a mão ao Almada, que vivia metido em casa de tifentos. Atravessava, para não cruzar, na calçada, com gente de farda, a seu ver portadora de meningite — desde que houvera na cidade epidemia cerebroespinhal começada num quartel. Trazia óleo gomenolado na bolsa para pingar no nariz dela própria, dos filhos e netos — à menor presença suspeita, à mais leve alteração atmosférica... Tinha sempre consigo quadradinhos de papel de seda para enrolar o dedo e tocar as campainhas elétricas das casas contaminadas, onde ia a contragosto e obrigada pelo marido. Desconfiava de peste em casa do dr. Meneses; de varíola, na do dr. Beauclair; de febre amarela, na do barão; de cólera, na rua Espírito Santo; de tracoma, no Alto dos Passos; de alastrim, febre aftosa, escarlatina, influenza, mormo, disenterias, câmaras hemorrágicas, carbúnculo, boubas, crupe, dum-dum, dengue e de rios de pus nos outros bairros da cidade infecta e do município literalmente contaminado — de Ewbank a Sobraji, de Rosário a Sarandi. Ela sofria prodigiosamente com essa mania. Isolava-se. Não recebia. Não ia. Não abraçava. Não beijava as amigas, as irmãs. Como aquele príncipe Próspero de *The masque of the red death* ela vivia barricada (que não entrassem as doenças! que ficasse fora a Morte!) na sua casa, na sua vida, só saindo para o sítio e para minha avó. Essa defesa da própria saúde virou aos poucos num egocentrismo que evoluiu para um egoísmo maciço, vítreo, exigente de autogratificação. Comprava todos os remédios anunciados, os mais caros, os mais difíceis — para lhe fazerem bem por dentro. Por fora agradava o corpo com os vestidos, os chapéus, os sapatos, as cambraias, as sedas, os veludos, as pelicas e os vernizes. O marido também gostava de se isolar e a vida deles distanciada, requintada e fechada assumia aspecto fabuloso e enchia de mistério a residência de Santo Antônio, depois a da rua Direita ou então a da Creosotagem. Os Palettas difeririam de todos nós pelos trajes e pelos hábitos. Longe de se afitarem de modo fantasista e *home-made* como tia Iaiá e tia Dedeta — tia Berta e as filhas só vestiam da madame Marie, no Rio, ou dos malões de Paris. Dobravam de apuro no sítio, onde passavam o dia enchapeladas umas para as outras e iam ao estábulo esterilizado e ao jardim asséptico, arvorando sombrinhas farfalhantes como as barras das saias que varriam solos sem micróbios. Contemplo retrato que possuo da gente Paletta, na varanda da Creosotagem, e tenho a impressão de estar vendo as ilustrações dos contos de Maupassant onde aparecem *gentilhommières* em que gravitam gentis-homens e gentis-donas... As moças e senhoras figuram de chapéus pousados de leve — como os do retrato da princesa de Radziwill ou o da Montegnard ou o da Caraman-Chimay nas fotografias proustianas. Ao lado, a pose conveniente e discreta do padre Leopoldo Pfad encarnando o capelão do castelo e a mais à vontade e altaneira do Antônio Meton, bigodama em riste, no seu papel de genro do castelão. Para acentuar o tom europeu é bom dizer que ele e o sogro iam caçar as suas pacas, suas preás, seus macucos e seus irerês vestidos à francesa — botas, paletós de veludo, bonés de veludo, bolsas franjadas, espingardas, matilha de perdigueiros — como se fossem levantar narcejas e patos nos descampados da Beauce ou lebres e raposas nas alturas do Dartmoor. Tia Iaiá quando estava em Juiz de Fora e os via passar assim para piar inhambuxororó no Botanágua, ria muito daquelas elegâncias do *Bicanca*, lembrava a simplicidade da botica da Rancharia e insinuava que talvez esse gosto por armas de fogo viesse dalgum carcamano de escopeta e brinco, lá da Calábria ou da Sicília. Já os luxos, dizia, eram para imitar as panóplias e as equipagens do Alto dos Passos, as do Luís Eugênio, do Teodorico de Assis, do João Penido... Ah! mas não chegava nem aos pés... Também causava muita hilaridade o cachenê de seda e o boné escocês do *sportsman* Antônio Meton, passando de carruagem e portando a carabina de dois canos para as partidas de tiro aos pratos, de tiro aos pombos, em Mariano Procópio. Quando tia Iaiá, que era bem-falante, se referiu à escopeta ancestral, sua irmã mais moça quis saber que *trem* era esse que rimava com seu nome. A outra explicou que era uma espécie de mosquete curto usado pelos *banditi* da Itália. Mas a mana ficou incrédula porque quando não entendia, não acreditava. Mosquete curto o quê? Iaiá... O que é mosquete? Nunca ouvi falar em semelhante coisa. Ah! isto é só astúcia sua...

Os cafés da Inhá Luísa tinham perdido a graça depois do noivado e casamento de minha prima Mimi com o jovem bacharel João de Resende Tostes, o rico filho do rico dr. Candinho. Minha avó, que não o suportava e nem à família dele, tentou de todos os modos impedir o noivado. Improvisou rivais. Protelou, mas acabou perdendo a partida. Era de esperar o que aconteceu. O João proibiu a noiva e depois sua mulher de pôr os pés na casa da avó. O Paletta, exultante, nos bastidores, começou a pressionar o outro genro, o Antônio Meton, a fazer o mesmo. Seu Antônio, você não pode deixar de ficar solidário com o João. Olhe que é o João... Que proveito pode você esperar da pobretona de minha sogra? Já o João... Resultado: minha avó ficou privada da visita e companhia das netas. Lá pela Estela ela não se incomodava tanto. Mas a Mimi... Sua neta predileta... Cruzando com ela na rua, virando a cara linda para o lado de lá. Um bisneto nascido e ela sem ver a criança. Onde é que estava sua autoridade? Era demais... O Jaguaribe na calaçaria, aquela ingratidão das meninas da Berta, as picuinhas do Paletta, a filha querida desterrada no Ceará e agora aquele carcamano desembestado na motocicleta, namorando sua caçula... E esta, resistente a todas as advertências, aceitando a corte daquele desconhecido. Tudo isto, mais o colesterol e a ureia que ninguém dosava, mais a pressão arterial que ninguém tomava, mais muito abuso de boca e a nossa Inhá Luísa teve um dia tonteira e um fervilhamento na metade do corpo que reclamaram a presença do Almada. Ele chegou, brincou um pouco, depois ficou sério e começou a perguntar. Muita urina? Muitas vezes? De noite? Formigamento, câimbra, dor? Na batata da perna? Nos dedos? Num só? Pouco apetite? Pouco olfato? Sangue pelo nariz? Depois examinou a testa, seus vasos serpentinos, bateu, palpou, auscultou, sangrou de lanceta, purgou com aguardente alemã, tirou a carne, o sal, receitou as gotas iodo-ioduradas de Torres Homem e disse que tudo ia passar. Passou. Concorreu ainda para a melhora a última carta de Fortaleza. Nela se dizia que o *Moço* viria se instalar definitivamente em Juiz de Fora e abrir consultório na rua Direita. A viagem ia ser antecipada para fevereiro, a fim de chegarem a tempo de matricular o Tonsinho na Academia de Comércio, sem prejuízo de dia que fosse do ano letivo. E beijos, muitos beijos, da filha que te adora, Iaiá.

> Tinham-se esfarelado na terra criadora.
> OSWALD DE ANDRADE, *A estrela de absinto*

Em fins de outubro voltamos ao Rio. Por uns dias. Íamos para Finados. Eu entrei no 106 esperando confusamente uma reintegração. Nada. As mesmas paredes. O mesmo papel das paredes. Os móveis conhecidos. Os quadros familiares. Os ruídos da noite. O sussurro diurno do Rio Comprido, os gritos, as luzes da rua. Entretanto não me achava. Ignorava ainda as modificações inaparentes e essenciais que o tempo e a contingência imprimem a coisas e pessoas. Eu teria de fazer um novo 106, de reconstruí-lo sobre os escombros e o aniquilamento do antigo. Não pude, tanto assim que quando evoco nossa casa ela só me aparece no *décor* de meu Pai vivo e nada consigo recordar do que vi ali em novembro e dezembro de 1911. Só o velho Corcovado desafiava as horas, aparecia o mesmo: belo, compacto, luxuoso, coroado do seu *chapéu de sol*. Idêntico, tão imprevisto que não parecia coisa natural mas a colagem caprichosa dos píncaros e ravinas dos presépios — a que nada falta. Sua massa comprimia o céu de blau, como cabeça num travesseiro, e o coxim azul e denso estufava aos lados guarnecendo espessamente seu recorte. Às vezes esse almofadão era feito por nuvens de ouro. Nuvens variáveis, nuvens-continente levantando Dinamarcas, nuvens tal mão abrindo cinco dedos, deixando rolar ao vento um punhado de moedas, depois as próprias falanges uma a uma. O cotoco restante também se dissolvia e se esgarçava aos poucos... No dia de Finados fomos ao Cemitério de São Francisco Xavier. Eu ainda não tinha visto e nem sabia como era a "cidade sagrada", a "cidade-paz", a "cidade-oásis" do poema de Cecília Meireles. Saímos de casa e descemos de bonde, por Aristides Lobo, Haddock Lobo, Machado Coelho e Mangue. Saltamos na praça Onze. Eu teria de repetir esse trajeto tantas vezes com minhas tias, que me ficou do velho logradouro a lembrança incorruptível, contra a qual não prevaleceram as picaretas das reformas nem a avenida do puxa-saco. O largo era cheio de árvores frondosas e de canteiros altos, ao gosto do ajardinamento do campo de Santana e do Passeio Público. Atravessávamos pela frente da Escola Benjamim Constant (que já fora São Sebastião, antes dos oragos positivistas substituírem os nomes dos santos católicos) e das grandes sombras de galhos e folhas que protegiam sua fachada, sua porta central, suas doze janelas e os pavilhões assobradados que faziam esquina com Senador Eusébio e Visconde de Itaúna. Ou então, cortávamos pelo meio do Rocio Pequeno e eu nunca deixava de subir as escadas do repuxo para mergulhar minhas mãos na água fresca do tanque — sempre enrugada da que caía de cima, do esguicho, cujo encontro com o vento fazia pulverizações líquidas, que roubavam do sol as sete cores do arco-íris. Do outro lado, junto ao preto poste cintado de branco, esperávamos o bonde Caju-Retiro. Seguíamos por ruas coloridas, cheias de gradis prateados e beirais de louça: a de São Cristóvão, a Figueira de Melo, a rua Bela, a Conde de Leopoldina, a praia... Nesse tempo, praia mesmo. Não tinham ainda empurrado o mar para tão longe e ainda não tinham mudado seu lindo nome para rua Monsenhor Manuel Gomes. Que monsenhor é esse? meu Deus! que desbancou um de Teus santos. Logo depois da igreja do Bonfim vinham o Cemitério do Carmo e depois, o da Penitência. Ainda não existia entre este e o Caju o recentemente aberto Comunal Israelita, semeando estrelas de Salomão entre as cruzes dos vizinhos. Faz mal? Afinal todo chão é de todos e nele cristãos e judeus apodrecem do mesmo jeito... Em frente ao portão do São Francisco Xavier via-se a longa ponta aterrada mar adentro e plantada, nos dois lados, de palmeiras-imperiais. Era como que uma rua Paissandu sem casas, entrando, distante, água afora. Servia para o desembarque dos cadáveres de variolosos que vinham de Jurujuba, não sei bem por quê, enterrar no Rio. O mar, dum azul profundo e oleoso, pesado e sem espuma, ia e vinha chapeado de ouro pelo sol da manhã. O velho mar das velhas praias de São Cristóvão e Ponta do Caju onde se banhavam d. João e os nossos dois Pedros. Agora, cheio de saveiros de velas multicores. Saveiros com os defuntos do isolamento de Niterói — pobre lixo humano! Saveiros com o lixo que ia ser queimado na Sapucaia. Saveiros dos depósitos de madeira da vizinhança.

Não sei se existe uma história dos cemitérios do Rio de Janeiro. Quase todos foram abertos depois das hecatombes da febre amarela, a partir de dezembro de 1849. O do Caju é anterior. É o mais antigo da cidade. Foi instalado em 1839 por José Clemente Pereira, numa gleba comprada a José Goulart, para enterrar os indigentes e escravos até então sepultados nos terrenos de Santa Luzia, onde se ia erguer o atual hospital da Santa Casa de Misericórdia no Rio de Janeiro. Foi chamado Campo-Santo do Caju. Seu primeiro defunto foi inumado em 1840. Em 1851 o nome foi mudado para o de Cemitério de São Francisco Xavier. Entretanto, não só persiste a antiga denominação como ela entrou nas frases feitas. Assim, quando se diz — um dia, Pedro, irás para o Caju — quer dizer — um dia, Pedro, ai de ti! também morrerás e serás enterrado. Naquele ano o campo-santo é ampliado e juntaram-se às terras de José Goulart as da antiga Fazenda do Murundu, de Baltasar Pinto dos Reis. Em 1858 desmembra-se o terreno que vai ser o Cemitério da Venerável Ordem Terceira da Penitência e em 1859 o que vai ser o Cemitério da Venerável Ordem Terceira do Carmo. Essa vasta área corresponde, mais ou menos, ao que é hoje limitado pela avenida Brasil, pelas ruas Carlos Seidl, Indústria e Monsenhor Manuel Gomes e nela estão os quatro cemitérios, fábricas, depósitos e favelas; as ruas novas dos fundos das necrópoles; e o Hospital São Sebastião. Os aterros, em frente, fizeram desaparecer os cais da limpeza pública, o dos madeireiros e a ponta de terra onde desembarcavam os macabeus de Jurujuba — perante a guarda de honra das palmeiras cruzando suas folhas como espadas verdes no silêncio do funeral anônimo. O mar foi para longe e os pobres mortos deixaram de ser devorados pelos necrófagos talássicos, os siris e os guaiamuns. Passaram a ser pasto dos de terra, os tatus e as baratas. Ai! o ser entregue às baratas...

Entramos no cemitério como quem penetra as imensidades. Não as urbanas, como as perspectivas dos Três Poderes, na Brasília; as dos Campos Elísios, em Paris; do Zócalo, no México; da praça de São Pedro e da via da Conciliação, em Roma. Mais do que isto. Mais que as próprias imensidades do pampa, do deserto, da estepe. Eram as imensidades sem fundo do tempo fugitivo e eterno, do espaço verificável e infinito. Transpondo seu pórtico de pedra eu tive a percepção invasora (e para sempre entranhada e durável) de um impacto silencioso e formidando. Alguma coisa se passou ali, se passou em mim, invisível, como que incometida e destituída de flagrante ação. Um súbito vazio, rarefação do elemento essencial a que eu bati guelras de ansioso peixe. Na imensa ausência eu só captava os círculos concêntricos da palavra oásis, da palavra oásis se desprendendo da sineta que repicava para o defunto que chegava e para o enterro com que fomos de cambulhada. A entrada principal do campo-santo era uma larga avenida que a cobiça da Santa Casa foi estreitando de tanto vender os palmos de terra onde capelas ricas e modernas cobrem a vista dos túmulos dos primeiros tempos. Logo à esquerda os do visconde e do barão do Rio Branco. O deste, apenas um cubo de alvenaria caiada à espera que a nação construa o monumento do construtor de suas fronteiras. Logo depois a moça abraçada a uma coluna (cujo mármore se derrete como um torrão de açúcar) da sepultura de Águeda Francisca Durão. O belo monumento, de letras apagadas, de José Clemente Pereira. À direita, o de José d'Araújo Coelho com sua pirâmide e sua cabeça de esqueleto. O da que foi Ana Maria Ribeiro de Araújo Sousa com a armaria da Morte; em campo de nada, a caveira triunfante sobre tíbias postas em aspa. As de Luísa Rosa Avendano Pereira e do médico Roberto Jorge Haddock Lobo. No fim das duas quadras iniciais o cruzeiro de granito, todo dourado do tempo e azinhavrado dos musgos, abre seus braços de árvore de pedra, de moinho de pedra — sobre o infinito luminoso do céu despencado em cima da baixada carioca e da baixada fluminense. Nos degraus destes cruzeiros de cemitérios é que senta o Grão-Porco na meia-noite das sextas-feiras de novilúnio. Senta e espera os destemidos que entram para solicitar ouro, poder e amor. Quem chega ao Porco e pede, já ganhou porque tem preenchida a condição — que é atravessar até ali sem desviar a cabeça, sem olhar para os lados, por mais que os defuntos saídos do chão da terra chamem com psius, pelo nome, xinguem, vaiem, cutuquem e puxem pela roupa. Ai! de quem olha pros lados, hesita, treme e para. Cai logo morto e cai fedendo de podre e de borrado. Já quando ele vence, logo os cadáveres voltam para as covas que se fecham estralejando as lajes e um vento largo e rude varre o cheiro da carniça, limpa a face da lua nova. O Porco imundo vira num príncipe prateado e todo airoso. Abraça o postulante e os dois saem juntos (porque o Vinicius, lá fora, gritou que já é sábado!) — saem juntos, para nunca mais se separarem. Nem nos de cá desta vida, nem nos de lá do depois da morte...

O cruzeiro de pedra era reparo para tomarmos à direita, entrarmos ladeando a capela dos Fonseca Hermes e atingirmos o extremo da quadra onde estavam meu avô e meu Pai. *Deitados... dormindo... profundamente...* Tia Candoca fazia as honras da casa. Mandava que todos se ajoelhassem e rezassem. Não esquecendo uma ave-maria por alma daquele João Antônio de Oliveira, vizinho de cova de meu avô e que se enterrara vinte e um dias antes dele. Enfeitava, desmanchando os buquês que vinham atochados como repolhos e com um enchimento de folhas secas. Conduzia-nos mais abaixo ao sepulcro do marido e da filha (*sepulcro* era expressão muito dela, que gostava do verbo elegante e da "palavra imaculada". Mesmo, quando ela o dizia, sentia-se certa aspiração do H: *Sepulchro*). Depois aos dos outros parentes. Dos tios. Dos primos. De todos os Pamplonas esfarelados naquela terra criadora. Então, desobrigados, admirávamos os outros carneiros. Uns estranhos, de grade. Para que a grade? se quem está dentro não pode sair e quem está de fora faz força pra não entrar... Todas as variedades de cruzes, anjos, bustos, medalhões, colunas, corações, âncoras, figuras chorando, espadas, flâmulas, brasões, tochas viradas, vasos cobertos com panos funerários, ampulhetas, corujas, caveiras, poliedros, livros da Vida abertos ou fechados, a foice do Tempo, inscrições lacônicas ou lancinantes, humildes ou vaidosas, apelos de *oraiporele* ou *porela* — tudo recobrindo a mesma treva e o mesmo zero. Admirávamos o *donjon* da Família Januzzi, e tia Candoca achava esquisito que a mesma não tivesse cruz no topo e sim aquela cercadura de estrelas de Salomão acoladas ponta a ponta e circulando o zimbório enfeitado. Nunca deixávamos de ir ver o monumento dos mortos na tragédia do *Lombardia* e tia Candoca rezava por todos os marinheiros invocando o nome de um, aquele Incoronato Felice paradoxal e impróprio para a desgraça. Mas ela veio porque a Morte vulgívaga — a todos se dá. Por Incoronato Felice e seus companheiros: Ave Maria, cheia de graça, o senhor é convosco...

Minha Mãe voltou logo para Juiz de Fora com meus irmãos e eu fiquei para esperar Alice e Antônio Salles que vinham do Norte e para assistir ao casamento de minha tia Bibi com seu noivo de tantos anos, Heitor Modesto de Almeida. Até que enfim, d. Vanju! As cerimônias civil e religiosa tiveram lugar na casinha *belle époque* que eles tinham preparado para morar. Rua Aristides Lobo, 110. Estou vendo esse prédio, onde fui ficar hospedado já no dia seguinte ao casório. Pintado de *beige*, duas janelas de frente, entrada por um corredor lateral cimentado, cheio de tinas com plantas. Sala de visitas ornada com a inevitável marinha do pintor Ferreira. Assoalho de tábuas corridas de duas cores, paredes empapeladas de verde, portas pintadas de branco. Corredor. O quarto do casal, sempre arrumado depois, como no dia do casamento. As rendas imaculadas da colcha e do cortinado, os panos de crivo que cobriam os dois almofadões, os laçarotes de fita azul-claros, a mesa de cabeceira com o abajur franjado de continhas de vidro verde, a garrafa d'água guarnecida de prata, o porta-relógios, o retrato de minha avó na mesma moldura *art nouveau* que estou contemplando neste momento, no meu escritório da rua da Glória... O outro quarto, onde me instalaram numa cama de vento, a primeira que tive na casa destes tios hospitaleiros com quem moraria tantas vezes, usando o deles como se meu o fora. A sala de jantar. O relógio sobre o aparador. O aparador cheio dos frascos de cristal, dos jarros de flores, da fruteira, das garrafas de champanha que tinham sobrado. A mesa com seu pano de pelúcia cor de vinho, o *chemin de table* de linho bordado sobre o qual ficou morando o presente do padrinho Benjamim Barroso — um vasto cachepô prateado com baixos-relevos representando cenas arcádicas, com forma de barco, em cujas proa e popa um fauno e uma ninfa sopravam duas duplas tubas.

No *dia*, à primeira hora, saímos do 106 levando a prometida já meio sonâmbula, para o 110. Cedo chegaram as madrinhas — a *tia* Eugênia Ennes de Sousa e a Maroquinhas Cruz Barroso, para preparar a noiva. O vestido era de gaze com fitas de cetim, atravessadas, mangas compridas, cauda, gola alta tipo *guimpe*. Minha tia apareceu dentro dele, transfigurada, como dentro de uma nuvem luminosa. Já penteada de aparato. A *tia* Eugênia empenhou-se no véu, usando caixas e mais caixas de grampos prateados. Um refego, um grampo. Um refego, um grampo. Outro refego, outro grampo. Ficou como um turbante, uma coroa, uma tiara encimada pelo enrodilhado de flores de laranjeira das santas noivas de outrora. Porque as de hoje, com a pílula... Minha tia, inerte, se deixava fazer e só mais tarde, vendo os seus próprios retratos, é que admirava de não ter reagido. A construção dessa torre de gaze terminou às duas da tarde e a noiva, inundada de água de melissa, foi levada para a sala e instalada num sofá, onde ficou atônita e largada como se tivesse sido submetida ao curare. Foram chegando os convidados. Os parentes. Os primos Alberto Medeiros, Candinho Pamplona, Hermínio Castelo Branco e Benjamim Barroso de calça *garance*, túnica azul, dragonas de ouro e plumas brancas nos bonés. O Ennes de Sousa num longo *croisé* de padrinho. Todos os Pamplonas, Feijós, Barros e Barrosos que estavam no Rio de Janeiro. Os membros da família do noivo. O velho Maneco mais gago que nunca. Os irmãos do primeiro e segundo matrimônio. O dr. Modesto Guimarães, tio e um dos padrinhos do nubente. Seu Júlio Modesto com os filhos Julinho e Esméria. Os do falecido Sebastião Modesto: Washington, Lafayette e Jefferson. O ruído da primeira carruagem na rua. O juiz, é o juiz... Da segunda e dela saltou trêfego, cheiroso e de batina nova o reverendo que iria abençoar o religioso e que era nem mais nem menos que o famigerado padre Isauro. Da terceira, um cupê, desceu primeiro o Bento Borges, todo de negro, como num luto, sorridente na sua bigodeira alçada e nas sobrancelhas mefistofélicas. Depois um Heitor Modesto de Almeida na sua glória nupcial. Vinha soberbo. De sobrecasaca entreaberta sobre colete branco de seda lavrada; calças cinzentas bufantes sobre botinas de verniz com cano de pelica preta. Luvas de pelica branca. Gravata clara. Pérola. Pastinha caída na testa, num desalinho estudado. As guias dos bigodes escorrendo de brilhantina. Embalsamado em lavanda. Houve um vaivém, o falatório compassado do juiz e do padre dentro do silêncio comovido, depois o vozerio de todos, os beijos, os abraços e logo as rolhas do champanha começaram a estalar sob a orientação do dr. Modesto Guimarães, que fizera questão de se encarregar, ele próprio, da distribuição das bebidas. Muito cônscio, não deixava servir nada sem provar. Pode, porque é dos bons. Leve a bandeja. Primeiro as senhoras, Silvino... O dia foi caindo e minha tia, já sem véu, foi conduzida, num desmaio, para a mesa do jantar. Houve peixe, peru e porco. O bolo tinha duas figurinhas de alfenim representando um casal de noivos. Começaram os brindes, os discursos, os recitativos. Quando o último convidado saiu, nós também nos despedimos — até amanhã! até amanhã! —, rumamos para o 106 e o Modesto fechou a porta do seu 110. Isso foi a 9 de dezembro de 1911. Uma semana depois eu voltava para Juiz de Fora, viajando em companhia de meus tios Alice e Antônio Salles. Eles iam visitar os sobrinhos, a cunhada e os amigos Otília e Belmiro Braga. Ficaram hospedados em casa destes, no sobrado da rua Direita em que meu Pai tinha morado.

A essa viagem de tio Salles a Juiz de Fora prendem-se dois fatos da minha lembrança. Primeiro um retrato que tiramos, eu e meus irmãos, num fotógrafo da rua Halfeld aonde fomos levados por ele. É uma triste fotografia em que eu e o José aparecemos de luto, ao lado dos menores, a quem a idade não consentia o preto. O segundo foi a melhoria da vida de minha Mãe com quem meus tios combinaram a modesta mesada que durante tantos anos minha avó paterna, o padrasto de meu Pai, suas irmãs e cunhados nos forneceram. Cada um dava um pouco. Às vezes vinha em dinheiro, às vezes em rendas do Norte que minha Mãe vendia com lucro de mais de cem por cento. Além disso, ela, como um Robinson Crusoé dentro da ilha deserta de sua viuvez, começou a mostrar seu gênio de improvisação e a fantástica capacidade de ganhar e economizar que foram sua constante até morrer. Sempre, do pouco que obtinha, sobrava um mínimo que ela geralmente empregava em ajudar os mais pobres. Até ser funcionária pública, ela, seguindo as pegadas de outra viúva heroica de Juiz de Fora, a d. Maria Antônia Penido Burnier, fez um pouco de tudo para ganhar dinheiro. Mandava vender sorvetes, doces, rendas, trabalhos de agulha, papéis recortados para enfeitar prateleiras de armário. Costurava, fazia crochê e tricô. Mais tarde aprendeu datilografia e ganhava copiando e ensinando a escrever à máquina (Cristiano Monteiro Machado e d. Ilda foram seus alunos). Foi agente de seguros e deu-se à indústria da fabricação de um sabão líquido chamado Aseptol, fórmula de meu tio Meton de Alencar. Assim nos criou, assim nos educou. Quando morreu, apesar de ter sido prejudicada na herança de sua mãe e depois na de seu pai — ainda legou aos filhos uma casa em Belo Horizonte e um apartamento no Rio, tudo solancado com o suor de seu rosto. A cada neto, uma caderneta da Caixa Econômica, idem.

Uma das primeiras providências que ela tomou em Juiz de Fora foi fazer-me voltar ao Colégio Andrès. Por pouco tempo. Não sei bem o que houve com as professoras e minha Mãe porque esta, apenas vagamente e uma vez, referiu-se ao fato. Parece que ela se atrasara no pagamento das mensalidades e logo as Andrès demonstraram má vontade e puseram empecilhos à minha continuação no seu externato. Nunca lhes quis mal por isto. Elas ficaram dentro em mim resguardadas pelas minhas primeiras impressões do colégio e pelas doces lembranças da sala de jantar onde aprendi a ler, do grande relógio batendo o carrilhão do meio-dia, da palmatória simbólica, da tinta roxa, das letras caligráficas, das cartilhas com Eva, Ivo, ave, uva, vovô... *"Certains souvenirs sont comme des amis communs, ils savent faire des réconciliations [...]."* Eu ainda não tinha lido essa frase de *Le côté de Guermantes* mas o sentimento já estava em mim que me fazia visitar as professoras sempre que ia a Juiz de Fora e depois que elas morreram, ir passear a pé na rua de Santo Antônio só para passar diante do velho chalé. Assim até há uns poucos anos, até aquela manhã em que já não achei mais o prédio e só o tapume de uma nova construção. O colégio foi reerguer suas paredes dentro de mim, como outras casas reconstruídas na minha cidade imaginária... Então eu fui levado por minha Mãe a matricular-me no Colégio Lucindo Filho, onde se ministrava instrução "principalmente moral", "sobretudo cívica" — como declamava o seu pomposo diretor. Era um homem de dentes magníficos, nariz aquilino, olhos azuis, testa curta sobre a qual eriçava-se, leonina, sua juba de artista. Mas o que logo impressionava nele eram a pera em riste e os bigodes em desafio, conferindo à sua fisionomia um ar de mosqueteiro, de cadete de Gasconha, dragão croata e ferrabrás, confirmado pela estridência da voz de comando nas cargas e no carrossel de suas aulas. Chamava-se Antônio Vieira de Araújo Machado Sobrinho, era fluminense de Vassouras e à época em que ele me alumbrou havia de ir ali pelos seus quarenta anos, pois era de 17 de junho de 1872. Fora jornalista no Rio, depois em Juiz de Fora, onde era ainda poeta militante, contabilista, onde se especializara em geografia e história universal comerciais, fazia conferências, escrevia um dicionário de revisores, um romance, um epitalâmio, uma epopeia, pertencia à Academia Mineira de Letras mas era principalmente um furioso cultor da pátria, das suas instituições e dos seus símbolos sagrados. Era, assim, um religioso do "brava gente", um devoto do hino à bandeira, um apaixonado do hino nacional e um fanático do "auriverde pendão de minha terra/ que a brisa do Brasil beija e balança". No colégio ficávamos sabendo que a Inglaterra já nos oferecera as reservas do Banco de Londres para lhe cedermos a música do nosso hino — proposta que o governo repelira à altura. Também que a França, a Rússia, a Bósnia-Herzegóvina e o Principado de Andorra estavam estomagados uns com os outros porque os quatro queriam negociar, com exclusividade, o desenho da bandeira brasileira. Ofereciam a compensação de seus feixes lictores, de suas águias bicéfalas, escudos esquartelados, campos de arminho e listas tricolores. O barão do Rio Branco já nem dava resposta. A França, no fim, abria mão da bandeira e só queria o nosso "Ordem e progresso" que ela estava disposta a trocar pelo seu desenxabido *Liberté, égalité, fraternité*" e mais a Guiana de contrapeso. A resposta fora não! porque Caiena por Caiena, nós tínhamos o Cucuí. E com terça maligna, também. Sabíamos ainda que Floriano escorraçara o embaixador britânico, do Itamarati, ameaçando-o de pontapés e gritando-lhe do topo da escada, como receberia a esquadra da rainha na Guanabara. À bala! À bala! Que o homem mais inteligente do mundo vexara os súditos de sua majestade graciosa pondo na porta de sua casa, dele, ali mesmo em Londres, em pleno Lancaster Gate, a placa onde se dizia: "Rui Barbosa — English Teacher". Ah! os *bifes* tinham ficado...

A voz do seu Machado clarinava quando ele contava nossas glórias tal qual no dia em que ele criou o uniforme para o Colégio Lucindo Filho e numa alocução aos alunos boquiabertos explicou a simbologia daquela roupa. Entre outras intenções e alusões, seus botões dourados eram dispostos na frente do dólmã em duas carreiras, de propósito, como uma homenagem à guarda civil. Eu pensei que essa guarda civil fosse alguma coisa heroica e aurifulgente como a Guarda Nacional de meu avô, mas não, era guarda civil mesmo, a daqueles pobres-diabos descambados de costas e pixaim sobrando do boné posto de banda, que passavam a noite apitando na rua Aristides Lobo. Nas aulas de geografia, quando seu Paixão chegava aos rios do Brasil, passava a palavra ao verbo caudaloso do diretor para que ele fizesse rolar nossos Amazonas. Na de história pátria, seu Onofre Slachado também pedia o reforço do mano quando era hora de correr com o batavo, esmagar o francês, comandar a epopeia bandeirante, bradar nas margens plácidas, dizimar o paraguaio e proclamar a República! Ele próprio, diretor, na aula de leitura e língua nacional era sublime, declamando a *Seleta em prosa e verso* e os *Contos pátrios*. Do primeiro não sei quem fez a coletânea. Jamais encontrei esse livro nos sebos, nunca pude reler sua prosa e versos esquecidos. Dentro dessa cinza brilha como brasa viva só a história do *Castelo de Faria*. Seu Machado gostava de lê-la e sua voz ressoava cheia de nobreza na sala de aulas que a vizinhança das latrinas fazia recender a trampa e urina. O velho alcaide saíra ao encontro dos besteiros do Adiantado de Galiza que talava aquelas terras. Deixara o filho tomando conta da honra de Faria. Numa emboscada vira seus peões e cavaleiros passados a fios de espada e ele fora subjugado, preso, amarrado em cima dum burro de carga. Teria vida salva se induzisse o filho a se entregar e mais as barbacãs que defendia. Tocam as buzinas diante da levadiça alçada e chega o moço às ameias. O pai começa a falar. Sabes tu, Gonçalo Nunes, a quem pertence esse castelo que juraste defender? A el-rei de Portugal. Assim, antes morressem todos a verem seus pátios maculados pela presença do galego. Lança seu último apelo: — Defende-te, alcaide! e é espostejado ali mesmo, a machadadas, diante do filho que chorando de raiva manda sua gente descarregar flechas e virotes sobre os matadores de Nuno Gonçalves — vingado antes de esfriar. Devo essa história a seu Machado e devo a ele e ao conto o princípio de meu interesse por Portugal. O outro livro, de Olavo Bilac e Coelho Neto, era um elo intermediário entre a obra literária para valer dos dois e um manual de cavação escrito pelo primeiro, de parceria com Guimarães Passos e Bandeira Júnior. Roberto Gomes passou-o para o francês e ele apareceu em 1904 com o nome de *Guide des États-Unis du Brésil*. É um *Baedeker* em que disfarçadamente se bajulam políticos (Rodrigues Alves, Afonso Pena, Rio Branco, Lauro Müller, Seabra) e capitalistas (Modesto Leal, João de Andrade, Júlio Braga, Ferreira de Almeida). Não consegui nunca ingurgitar a patriotagem nauseante do tal livrinho de leitura e ficava frio quando o nosso diretor, páginas abertas na mão, ia de lá para cá, de cá para lá, batendo caixa naqueles períodos balofos e artificiais. "Noite alta e morna: o rio rolava vagarosamente suas grandes águas, e a veneranda selva de troncos virgens [...]". Que diferença da prosa e da poesia verdadeiramente espontâneas e capazes de dar de uma terra e de um povo a imagem comovente que torna amoráveis um e outro. A história de um Capistrano de Abreu, as tradições populares de um Melo Morais Filho, a ficção de um Afonso Arinos, a poesia de um Carlos Drummond de Andrade — com a dimensão sentimental de Itabira. E por que não? a do próprio Bilac, quando ela aparece sem segundas intenções, na dignidade parnasiana de "O caçador de esmeraldas". O resto é pátria-latejo-em-ti e vomitório porque-me-ufanista.

Quando entrei para o Lucindo Filho, o colégio ficava numa velha casa da encosta do morro do Imperador, toda rendada de madeiras cuidadosamente recortadas sob os beirais e com dois recreios. O de baixo, num jardim cheio de arvoredos; o de cima, um vasto descampado de onde se avistavam os pátios rivais da Academia de Comércio. Guardei desse prédio essa impressão de sombra e luz e mais outras duas. Da salinha apertada, onde tive minhas primeiras aulas com a professora Alvina de Araújo Alves e do barracão escuro onde ficavam as fossas. A d. Alvina era uma pessoa seca e elegante de corpo, muito morena, de olhos muito verdes dentro de olheiras negras que lhe davam uma expressão de coruja, nariz de ave e uma admirável prótese dentária em que só se viam incisivos e todos da mesma cor esmeraldina das pupilas. Não ria nunca. Era de uma antipatia solene e sem jaça. Confiscava e punha na bolsa os olhos de boi e de cabra que eu surripiava do saco da Inhá Luísa e levava para negociar com o Janjão Ladeira. Além de furtar-me os selos, ela quase me arrancava nacos de pele, pois levava-me aos beliscões. E com que sadismo... Eram arrochos sabiamente prolongados e voluptuosamente bem torcidos. Jamais odiei ninguém como a essa harpia que vinha, depois da Diomar Halfeld, para atormentar a minha infância. Encontrei-a muitos anos depois. Quando disseram meu nome, ela logo lembrou e arreganhou os pivôs festivos. O senhor não é o menino dos selos? que foi meu aluno no Machado Sobrinho? Respondi que não, que jamais a tinha visto e que nunca fora do Lucindo Filho. A outra lembrança ominosa do prédio antigo eram as latrinas dos meninos. Constavam de uma fossa larga e mais comprida que uma sepultura. Esse abismo era recoberto por um catafalco de madeira com seis buracos sobre os quais podiam sentar seis garotos, três virados de costas para três — para borrarem em comum. Embaixo eram os fragmentos de jornal, a urina, muita merda, moscas e baratas. Seu Onofre e seu Paixão rondavam por fora e espiavam pelas gretas de madeira para impedir qualquer imoralidade. Parece que esse sistema de privadas foi largamente usado entre nós. Minha tia Iaiá referia instalações iguais no seu internato, o Colégio Alvarenga, também de Juiz de Fora, e que ela frequentou aí pelos 80. Vi uma vespasiana destas, como um sofá, numa velha fazenda do estado do Rio que visitei com Luís Leopoldo Coutinho Cavalcanti — que pretendia comprá-la. Deviam ser costumeiras ao Portugal metropolitano ou no d'ultramar, como deixa entender o soneto VIII das *Poesias eróticas de Bocage*.

Vai cagar o mestiço, e não vai só;
Convida a algum, que esteja no Gará...
[...]

Destapa o banco, atira o seu fuscó...
[...]
Diz ao outro: "Oh amigo, como está
A Rita? O que é feito da Nhonhó?".

Mas o colégio progredia e cedo pôde o seu Machado deixar a casa velha
e mudar-se para o palacete Chagas, à rua Dr. Paletta. Era um vasto prédio de dois corpos. O da frente, com quatro janelas, desenho mourisco
nas bandeirolas; o de trás, mais largo, abrindo por ogivas góticas. Pintado de claro. Espaçoso. O diretor, a família, os internos moravam em
cima. No porão habitável, as salas de aula. Não havia mais fossa, mas
latrinas de verdade, se bem que sempre com as descargas enguiçadas.
A d. Alvina sumiu nessa ocasião. Parece que tinha ido para a Tapera,
dirigir e beliscar os alunos da Escola Mista Umberto i. Passei para as
turmas do seu Onofre, do seu Paixão, do próprio seu Machado. Nunca
soube em que ano estava matriculado. Tinha aulas desencontradas,
onde aprendia noções de física e química, verbos irregulares franceses, instrução moral e cívica, história do Brasil, leitura da *Seleta em
prosa e verso* e dos *Contos pátrios*. Nunca tive aula sequer de geografia e
de aritmética. Tomavam-me vagamente as lições. Eu gostava de ficar
pelos cantos e mal me lembro de alguns colegas. O Paulo Figueiredo,
já elegante. O Francisquinho Pinto de Moura. O João Ladeira, o Bento-
ca e o Nélson Correia Neto, o Dinis Linhares. Uma linda Beatriz, toda
em curvas estouvadas, em olhos rasgados, gordinha, desarrumada, rindo babada e roendo as unhas até o sangue. Seu irmão Alberto, anguloso, simétrico, arrumado, cheio daquele respeito de si mesmo que só se
encontra nos grandes egocêntricos e que ele — odioso! mostrava desde menino, nas botinas impecáveis e no laço escrupuloso da gravata.
Era dentuço, deixava crescer as unhas, trazia-as pontudas como as de
uma mulher e rigorosamente limpas. Escarmentava com elas a Beatriz, fazendo-as estalar, quando a pobre mana começava a roer voraz-
mente as suas, até os sabugos. O resto das caras não tinha nome. O
colégio era duma caceteação mortal e só tinha de luminosa a presença

de Antonieta. Era uma irmã do Machado Sobrinho que possuía uma faiscação nos dentes e nos olhos e nos risos que lembrava as cascatas luminosas, as alvoradas, as chuvas frescas em dia claro quando aparece e resplende o arco-íris. Vivia cantando. Rindo e cantando. Suas músicas vibram dentro de mim como a única dádiva que conservo do colégio. Que digo? de tudo que tive em Juiz de Fora nesse período. Pouco duraria a linda moça, uma noite arrebatada pelos anjos. Mas, como eu ia contando — o colégio era de uma caceteação mortal. Quando estava demais, eu disfarçava, pedia para ir lá fora, volteava a casa, saía pelo portãozinho de cima e ia banzar para o jardim da matriz: ia escorregar nos gramados em rampa da igreja de São Sebastião; ia deslizar monte abaixo, sentado numa tábua, nos desbarrancamentos do plano inclinado que o Saint-Clair estava construindo no morro do Imperador; ia correr sozinho entre as árvores, as araras e os irerês do parque Halfeld. Ninguém no colégio dava por minha falta e aos poucos fui aperfeiçoando minhas fugas, descobrindo a técnica das gazetas. Explorava a cidade. Ia até a estação para ver chegar o rápido. Andava toda a rua de Santo Antônio. Subia ao Alto dos Passos, descia para os lados de Mariano Procópio, ia ver o rio Paraibuna descendo barrento e vagaroso. Fui um dia à Serra, onde morava o Pedro, inquilino de minha avó. Era um mulato de barba grisalha, parecido com o carrasco Fortunato José, e tive a oportunidade sensacional de vê-lo matar, a garrucha, nas encostas do morro, um jararacuçu de rabo branco. Num meio-dia quieto e parado, eu estava conferindo as alturas da rua Espírito Santo quando apareceu, meio curva e de chapéu do chile, a figura de meu Pai. Seria ele mesmo? Sua sombra? Alguém semelhante assim? de confundir e me fazer parar com a mão no peito... Nunca soube. Passou, foi subindo, eu quis seguir, tive medo, ele continuou subindo e não sei bem se desvaneceu ou se entrou no morro como um éter, para sair do outro lado rolando nos ventos da serra da Borboleta.

Entretanto, mais importante que a instrução moral e cívica, que o Castelo de Faria e a liberdade que eu conquistara de ir e vir nas ruas de Juiz de Fora e que devo também ao Colégio Lucindo Filho — foi uma sólida introdução à pornografia e à sacanagem. Naquele tempo não se aprendia em aula, com professoras. Era no recreio, com os colegas. Em uma semana fiquei conhecendo todos os nomes da anatomia chula. À custa de investigações pessoais fui progredindo. Completaria o curso com as informações que eu e meu primo Tonsinho procuraríamos num dicionário do escritório de meu avô. Verdadeira pepineira: tinha tudo.

Minha avó resolvera derrubar a *casa velha* e dividir seu terreno em dois lotes. Construiu uma residência de porão habitável, junto ao seu sobrado. Era alta, clara, três janelas de frente, fachada recoberta de cerâmica, platibanda, portão de ferro lateral. Dava sua direita para os terrenos restantes, onde, mais tarde, o Paletta ergueria a morada dos últimos anos de sua vida. A nova edificação era uma festa de saibro, cal, reboco, tijolo, madeira, telha, cimento do Saint-Clair, ladrilhos do Pantaleone Arcuri & Spinelli — para mim e meus irmãos. Destes, o Paulo acabou cabeça quebrada por certeira pedra que lhe mandei durante os combates para a tomada dos alicerces de Faria. Defende-te, alcaide! Quando o prédio ficou pronto, minha avó mobilou-o com as sobras do 179 e deixou tudo em dia para hospedar os que estavam para chegar do Ceará. Afinal raiou a data almejada e uma hora antes do trem do Rio já estávamos na estação. Tudo. Além do pessoal de dentro, o Mário e o Antonico Horta com as primas Iracema e Marieta; a Laliza e tia Dedeta; o Cícero e o Nelo; tia Berta, sua filha Estela e o genro Antônio Meton, que vieram, muito sem jeito, falar com minha avó. Tia Rolinha. A coorte dos amigos e dos vizinhos. Afinal, às duas e quarenta, a máquina apareceu bufando e batendo sinos de chegada. Diminuiu a marcha e, num grande fragor de ferragens, parou. Houve um sopro de freios aliviados e a família Alencar transbordou do comboio. Tia Iaiá faiscava de joias e era toda ela magra e morena como uma gata. Trazia chapéu *cloche* de veludo carmesim e dele brotava um gêiser de plumas multicores. O *Moço*, borsalino enterrado, bigodes imensos, desembarcava malas, baús, sacos, embrulhos, cestas, samburás, valises, jacás, amarrados e aratacas, gritava com os meninos que pareciam — não três, mas três mil — e que corriam para todos os lados, querendo ir para a rua, bater o sino da estação, voltar para o trem, subir nas árvores da praça, tomar um carro, trepar no limpa-trilhos, passar a ponte, descer entre as linhas, dar cangapé no rio e ver a vovó. Eram três mais quatro porque, além dos filhos, tio Meton trazia quatro sobrinhos para matricular na Academia de Comércio. Vinham escoltados pelo Clóvis Alencar — único domador obedecido pelas feras. Eram ao todo dez pessoas, mais uma cabocla chamada Apolônia, outra chamada Raimunda, outra chamada Maria e o pajem — o moleque Antônio. Dez mais quatro igual a catorze. Havia de vinte e cinco a trinta pessoas esperando na estação e foi, assim, um verdadeiro magote que subiu a pé a rua da Imperatriz, em caminho dos fogos-lares da Inhá Luísa. A carrocinha do carregador vinha atrás do farrancho que ia se engrossando dos amigos que corriam às portas e janelas ouvindo o berreiro. Ainda na rua da Imperatriz, aderiram as Franco e o pessoal da d. Luisinha de Carvalho. Na frente, minha avó porta-estandarte. Vamos, gente! vamos tomar café lá em casa. Na rua Direita entraram no bando as netas do barão, as filhas do dr. Mendonça, o Clóvis Jaguaribe com a gente do Beauclair, a prima Zezé Horta, as Rosa da Costa, a família do Almada, o primo Miano, a Dade, a Dolores e a Ester Pinto de Moura, a tia Regina, as Couto e Silva. Minha avó tocou com o cotovelo, mostrou e tia Iaiá riu acintosamente, vendo a sem-graceira do Paletta que se podia vislumbrar, olhando o rancho festivo, pelas frestas de suas venezianas fechadas. Melhor para ele...

A Justina tinha se esmerado e já estava de porre quando deu o jantar para servir. A Inhá Luísa à cabeceira resplandecia de satisfação. De vitória, também. Lutara, mas afinal tinha em Juiz de Fora a filha querida e desta vez para sempre. Ah! o *Moço* tinha de se conformar, quisesse ou não quisesse. Aquela campanha durava havia doze anos, durante os quais meu tio Meton tinha se mudado do Ceará para Juiz de Fora em 1901, em 1903, em 1907 e em 1910; de Juiz de Fora para o Ceará em 1902, em 1904, em 1908 e em 1911. Essa migração era a quinta. Vamos ver se dava certo... Porque, era curioso: meu tio era excelente profissional e fazia em Fortaleza a clínica que queria. Era só abrir a porta e os doentes enxameavam. Em Minas, era o contrário. Não havia meios de ele organizar uma clientela rendosa. Enchia-se de dívidas, tinha de voltar para o Norte, ganhar dinheiro, vir perdê-lo no Sul. Agora ele trazia muito plano na bagagem. Faria publicidade, ligar-se-ia aos colegas dominantes, ganharia uma fortuna com a clínica e seus inventos: as indústrias das carnes conservadas, dos produtos farmacêuticos, dos sabões medicinais, dos fumos beneficiados. Planejava também a introdução dos automóveis de aluguel em Juiz de Fora. Tudo isto foi dito à noite a uma Inhá Luísa deslumbrada, na casa cheia de parentes, de amigos, de música, refrescos, vinho do Porto e fios de ovos. A alegria era tamanha que tia Berta não resistiu e num dado momento pediu à mãe que arrumasse um quarto para ela e a Maria Luísa, porque as duas queriam passar uns tempos no sobrado. Minha avó acedeu esfuziante. E o Paletta? Ora... O Constantino que se fomentasse. Fosse para a Creosotagem.

Formado em 1899, meu tio Meton da Franca Alencar (filho) tinha sido interno, assistente e chefe de clínica do velho Moura Brasil, na Policlínica Geral do Rio de Janeiro. Era excelente especialista, um craque em questões de tracoma, descolamentos de retina, hipertensão ocular e plástica oftalmológica. Pena a sogra não o deixar quieto no seu Ceará e urdir aquelas mudanças de dois em dois anos. Outra pena, a versatilidade de seu espírito, seu borboleteamento em outras atividades. Assim que ele chegou a Juiz de Fora, abriu sua clínica, começou a frequentar a Sociedade de Medicina e Cirurgia, a Santa Casa, o Vidalzinho, o Clube, a rua Halfeld, a redação do *Farol*, todos os colegas, os padres da Academia, instituições como os Teixeiras, o Aprígio, o Teodorico — e foi conseguindo doentes para o consultório, que ficava no próprio 179. Tinha operado com sucesso, e sem cobrar, a catarata do padre Symalla, o pterígio do padre Pieper e logo as beatas afluíram. O padre Pfad entronizou o coração de Jesus na sua sala de exames e curativos, que era nem mais nem menos o escritório do Major. A espera era na nossa sala de visitas, onde ficavam também os aflitivos pacientes que dilatavam os canais lacrimais. As sondas que lhes saíam do canto interno dos olhos pareciam antenas de insetos. Toda a manhã era ocupada nesses tratamentos e nas consultas que o tio registrava uma por uma em enormes livros negros. Fez isso a vida inteira, com disciplina e organização de ferro. De tarde ele juntava-se ao Antônio e os dois entregavam-se às experiências dos inventos secretos que haviam de dar aos irmãos Meton glória semelhante à dos irmãos Wright ou dos irmãos Lumière. Tinham posto em dia um processo seguro de conservar carne dentro de vidros ou latas e elas deviam ficar inalteradas durante anos e, à abertura, apresentarem-se frescas como se tivessem sido espostejadas d'indagora. Uns vidros duravam, outros não e às vezes estouravam, empestando tudo com seu bafo cadavérico. Recomeçavam. Depois de muita luta, desajudados da Câmara, hostilizados pelo dr. Mendonça, acabaram desistindo. Ótimo! Seu Antônio, vamos tocar pra diante o negócio dos fumos. Chegavam rolos da Bahia, de Goiás, de Baependi. Ia tudo para uma guilhotina automática que cortava em fiapos finos como a couve da Lúcia. Esses novelos eram tratados a álcool, a éter, a amônia, renicotinizados e penetrados artificialmente do cheiro dos tabacos d'Alepo, do Egito, Cuba, Oriente, Virgínia, Grécia e Kentucky. Eram oferecidos de graça a todos os fumantes de Juiz de Fora que os achavam inebriantes. O diabo é que os fabricantes de cigarros do Rio e de São Paulo desinteressaram-se desses beneficiamentos. Encarece muito, meus caros senhores, é pouco prático. À espera de porem mãos à obra noutro achado, os manos formolizavam passarinhos para o chapéu das senhoras, inventavam colírios e uma espécie de puxavante — massa dura e adesiva para arrancar pelos inestéticos a pernas, braços e faces de donas e donzelas. Eram formidáveis no conserto de relógios, fabulosos no desenguiço de máquinas de costura engasgadas. Meu tio, dotado de uma habilidade manual fantástica, não ficava quieto: pintava, desenhava, modelava, desossava patos a bisturi, trinchava galinha, peru e porco melhor que o José Rangel, partia fatias de queijo finas, iguais como o faria um micrótomo. Não havia intervenção cirúrgica que fizesse com a mão direita que não repetisse também com a esquerda. Ambidestro. E que fotógrafo! Fotografias de truque, em que ele aparecia conversando com outra imagem dele mesmo. Ou então Meton ao violão, acompanhado por Meton ao cavaquinho e Meton cantando. Tudo que o progresso do cinematógrafo mostraria mais tarde como faz de conta ele já tinha realizado, anos antes, em fotografia. Versejava. Trovava. Cantava. Hipnotizava como Charcot e procedia a envultamentos como os do barão do Ergonte. E eram seus os planos do aparelho voador (que tinha traçado antes de Santos Dumont) que andava por aí com o nome de *aerostoplano do doutor Ribas Cadaval*. Inventara drenos esclerocorneanos e descobrira a fórmula prodigiosa do Aseptol. Era um sabão líquido, mas servia para tudo, como se fosse a panaceia universal. Cicatrizante, epidermizante, analgésico, desinfetante — era imbatível em todas as moléstias da pele. Mesmo na lepra. Destruía a caspa e fortificava os cabelos. Repovoava as carecas. Podia ser dado internamente. Com duas ou três gotas diárias, era uma vez umidades, anasarcas, gálicos, opilações, tristezas, beribéris, tremores, vágados, gotas-corais, bócios, pleurisias, flatos, quilúrias. Era diurético, eupéptico, béquico, desinfetante interno e depurativo. Combatia parasitos de dentro e de fora — vermes, bicharias, pulgas, percevejos, chatos, piolhos, carrapatos e muquiranas.

Os sobrinhos Metons tinham sido trancafiados na Academia de Comércio. Tinham saída aos sábados e voltavam segunda-feira. Dispunham, pois, de quarenta e oito horas por semana para talarem a chácara de minha avó. O portão do terreiro, que vivia sob sete chaves, fora arrombado, a fechadura, desmandibulada e as dobradiças, luxadas. A entrada agora era franca. As frutas eram colhidas verdes e, para apanhar uma, quebrava-se o galho. As roseiras foram devastadas, as árvores, abatidas. A engenhoca fora demolida. O barracão das mobílias velhas ardera. Os galhos mais finos das jabuticabeiras eram decepados porque davam forquilhas estupendas para as baladeiras. A Inhá Luísa definhava... Ela, tão mandona e despótica, metia a viola no saco, calava a boca, consentia porque era para o Tonsinho, para os priminhos cearenses do Tonsinho. Mas sofria. O golpe de misericórdia na chácara foi brandido quando tio Meton resolveu introduzir em Juiz de Fora automóveis de aluguel e lá instalou vasta garagem com saída para a rua Santo Antônio. Foi preciso pôr abaixo um sem-número de árvores, igualar, terraplenar, fazer obras, uma oficina, um barracão para moradia dos choferes e dos mecânicos chegados do Rio com as viaturas. Eram uma *baratinha* mais alta que comprida, para uso pessoal do meu tio; um Renault preto e dourado como um carro de pompas fúnebres; um Hudson da mesma tinta; um Stover cinza; um Mercedes vermelho; um Fiat azul. Não! não foram os primeiros automóveis introduzidos em Juiz de Fora, mas foram os primeiros de aluguel que existiram na cidade. Que eu saiba, o precursor fora um original que tinha o apelido de *Periquito* porque gostava de se vestir de verde. Usava também outras cores e cada semana pintava seu automóvel da tonalidade do terno que ia vestir domingo.

Para os meninos a garagem foi um elemento de deleite e passávamos o dia vendo remendar pneus, colar câmaras de ar, soldar peças, brunir latões com caol, lubrificar engrenagens, pôr carbureto nos faróis — dentro dum cheiro de benzina, óleo, fumaça e gasolina. Sobre esse ambiente reinava um mecânico, lusíada de grandes bigodes, fala macia e verbiagem porca. Um dia eu ouvi distintamente a palavra. Puta. Foi como um rebentar de mina subterrânea. Eu devia, certo que devia, saber qualquer coisa que não enfocava. Puta. Talvez nessas quatro letras estivessem, em síntese formal, as verdades difusas que eu ainda não configurava. Era isso. Puta. Eram certas alusões sibilinas dos grandes. A pressa com que éramos postos para dentro quando apareciam, tangidos pelas pedras dos moleques, cachorros presos pela bunda. Aquelas carreiras rubras do galo, seu pulo triunfal sobre as galinhas submetidas, o

tremor das penas. O ovo, o mistério do ovo. Os panos sangrentos esca-
moteados como se tivessem servido a um assassinato. Puta. Era aquilo.
Não resisti e perguntei. O que que é puta, seu Antônio? Ele nem hesitou. Putas, *mó m'nino,* são mulheres que dão. Mais não disse e deixou-me
perplexo. A mim e ao Tonsinho. Dão o quê? santo nome de Deus! Que
dão elas? Esse dar intransitivado e assim reticente perturbou-nos profundamente. Meu primo, mais velho dois anos, já com algumas luzes,
propôs que esclarecêssemos esses mistérios no dicionário do escritório
de meu avô. Fomos à noite, quando os grandes estavam distraídos, recebendo a visita das Gonçalves. Era o Faria, Eduardo de Faria, o *Novo dicionário da língua portuguesa,* edição de 1851, cujos quatro volumes passamos doravante a palmilhar, aprendendo tanto como se o fizéramos à
rua do Sapo. Fomos ao verbete e oh! deslumbramento: abriram-se os
batentes das remissões e fomos mandados a *meretriz.* Procuramos a letra
M depois de nos termos enfronhado às pressas de putanheiro, putaria,
putear, putinha, puto. Com *meretriz* ficamos verdadeiramente edificados e o Tonsinho e eu olhamo-nos graves como sábios no limiar das
descobertas definitivas. Então, era aquilo mesmo. Lá estava.

> MERETRIZ, s. f. (Lat. *meretrix, cis,* de *merx, cis,* mercadoria, ou *mer-
> cês,* paga) prostituta, mulher que concede os seus favores obsce-
> nos por dinheiro; puta; mulher-dama.

Não largamos mais o dicionário. Íamos de letra em letra procurando
tudo que se relacionasse com os *favores obscenos.* Tínhamos decepções,
algumas vezes achávamos o Faria pouco explícito, de outras, confuso,
como quando ensinava que na frase "Deus é justo, o verbo *é* se chama
cópula". Não! lá isso é que não. Fazíamos descobertas sensacionais, mas
que nos lançavam logo em terríveis dúvidas e juízos temerários, como
no caso dos verbetes fodindicul e fodincul. Do último se dizia que era
"*adj. dos 2 g.* (ant.) sodomita agente; puto agente". Considerávamos a
palavra *agente* como inseparável de *executivo.* Agente executivo era o presidente da Câmara. Mas então o doutor... Será possível? Doutras vezes
éramos completamente logrados: nada encontrávamos entre Vulturno
(rio da Campânia) e vurmo (sangue purulento) e ficávamos *bredouilles*
entre peniche e penisco. Quem sabe é com dois Ns? Vai ver que não é
com I e sim com E. Nada. Desforrávamos essas deficiências indo à *Anato-*

mia de Cruveilhier, no peludo volume dos aparelhos genitais do homem e da mulher. Que desenhos! Meu primo e eu planejávamos estudar medicina e devassar aqueles arcanos...

> Le lait tombe; adieu, veau, vache, cochon, couvée [...].
> LA FONTAINE, "La laitière et le pot au lait"

Olho para trás no tempo, varo sessenta anos, vejo a perspectiva longínqua da rua Direita, do Alto dos Passos, vejo destacar-se o grupo de meninos vestidos de branco, roupa à marinheira. Jacinto, Rubens e José Rodrigues Pinto de Moura. Com o anjo Antônio Rosa, meus mais remotos companheiros. Os dois primeiros, praticamente perdi de vista, mas o terceiro e mais velho foi meu amigo até que morreu, tão cedo! com a bala no peito daquele infarto que o fulminou em Belo Horizonte. Eram netos do velho Miano — Maximiano Pinto de Moura — cuja mulher era neta do visconde de Caeté. Ele, Miano, já conheci viúvo — viúvo verde! — e dando de sota e basto no Juiz de Fora. Era chamado em nossa casa de primo, e realmente havia entre nós longínquo parentesco de sangue além de outro afim, pois sua irmã Cândida era a viúva de meu tio-avô Luís da Cunha Pinto Coelho (júnior). Com seu filho, o parentesco já diluído, não dava para tratamento de primo e minha avó chamava-o só de Pinto de Moura. Já minha Mãe e tias, de dr. Pinto de Moura. Seu nome todo era Francisco Augusto Pinto de Moura. Bacharel em direito, orador fremente, poeta arrebatado, deputado estadual e membro da Academia Mineira de Letras. Estou a vê-lo: olhos muito verdes, pálido, pele muito branca, bigode e cavanhaque, cenho carregado, topete e uma vaga semelhança com o *Richelieu*, de Philippe de Champaigne, que está na National Gallery. Só que a fisionomia cardinalícia era desmentida pelo corpo baixotinho. Andava sempre de fraque, tinha modos solenes, era de uma cortesia vigilante e duma cerimônia que não desarmava. Morava logo adiante da *casa velha*, tínhamos muros confinantes que pulávamos para predar suas carambolas, e seus filhos, as nossas jabuticabas. Elas por elas. Não conheci sua primeira mulher, mãe do Alcides, Dolores, Manuelito, Ester e Francisquinho. Lembro da segunda, d. Domingas, cujos filhos eram os meus amigos José, Rubens, Jacinto e mais duas meninas, Anita e Vicentina. O meu íntimo era o José. Brigamos uma vez por causa da minha barraquinha. Dava-se esse nome, em Juiz de Fora, a um caixote com três prateleiras, fechado em cima por tábuas de duas águas, formando chalé. Era todo enfeitado de papel de seda recortado, de figurinhas coladas e, em cima, de papa-ventos multicores que giravam à brisa da tarde. Punha-se do lado de fora das portas e ali os meninos brincavam de comércio e vendiam por *derréis* de mel coado a frutas da casa, velhos objetos, pés de moleque, olho de boneca, bilhas de gude, fogos de São João, bolas de meia, brinquedo velho, botão e colchete de roupa jogada fora, que sei mais? Era uma mistura de quitanda e Feira da Ladra rudimentares. Às vezes os grandes serviam-se desse brinquedo dos meninos para passar adiante louças desemparelhadas ou enfeites e bugigangas que as moças não queriam mais e que eram arrematados pelas negrinhas que passavam. Nunca vi essas barraquinhas senão em Juiz de Fora e me pergunto se tal comércio não seria reminiscência das *vendas* (como a "venda de Garcia Rodrigues") que balizavam o nosso Caminho Novo. Eu tinha perdido e dispersado os brinquedos do tempo de meu Pai — minhas esquadras, trens de ferro, caixas de música, patins e lanternas mágicas. Minha Mãe não podia substituí-los e eu tinha mesmo de me arranjar era fazendo cola com resina de árvore, jogando gude com o caroço preto do sabão-de-macaco, construindo fornos de barro e desenhando catita num caderno velho. Quando vi a barraquinha do Itagiba Barra, fiquei deslumbrado e decidi instalar comércio igual. Arranjei o velho caixote, armei seu telhado, dispus as prateleiras, forrei, enfeitei com papel de seda e cromos colados, arvorei bandeirinhas, papa-vento, arrumei o estoque: mangas da chácara, duas fivelas douradas de sapatos velhos de minha avó, balas de hortelã que fabricara a Laliza, dois potinhos de geleia de mocotó dos tabuleiros de minha Mãe. Mas o carro-chefe eram trinta bonequinhos de açúcar cheios de licor que eu comprara assim rosados, na esquina, com dez tostões que escrocara do Nelo e que pretendia revender, com enorme lucro, ao próprio Nelo e ao Cícero, apanhando-os em situação de não poderem recusar a mercadoria, isto é, na vista de todos e quando eles viessem fazer seu pé de alferes. Ah! eu teria minha bicicleta, via-a já, em sonhos, devaneios, multiplicações como os da Mofina Mendes, de Gil Vicente; da Perrette, de La Fontaine. Eis senão quando chega meu amigo José Pinto de Moura que, nanico, querendo ver as prateleiras da barraquinha, nelas se pendura e atira tudo ao chão. Não escapou um boneco de licor: seu doce sangue correu nas lajes... Oh! dor de ver tudo perdido, dor de menino decepcionado, dor de sentir tudo ir de água abaixo, tudo, tudo, "os sapatos por nascer e o azeite por vender...". Estive de mal com o José mais de uma semana. Depois não resistimos. Ficávamos em pé, na beira do passeio e olhávamos de rabo de olho. Disfarçávamos e íamos chegando um para o outro. Com nove dias estávamos a um metro e, no décimo, encostando e saudando. Ei, Pedro! Ei, José! Ele estendeu a mão aberta e deu-me as bolas de gude coloridas, oito! que me mandava a rainha Domingas toda de branco e sorrindo da janela... Mas as brincadeiras gentis com os Pintinhos (e com uma luminosa tatibitate que morava em frente, a quem eu obedecia cegamente e que tinha os cabelos da *Beata Beatrix* de Dante Gabriel Rossetti) iam ser substituídas pelas correrias desferradas e pelo tumulto conduzido pelo Tonsinho nas calçadas da rua Direita ou na chácara devastada da Inhá Luísa. Industrioso como o pai, meu primo mostrava seu gênio para a mecânica e as invenções, desarmando e desaparafusando o que encontrava em casa. As máquinas de costura, as de carne, as de moer café, os despertadores, os relógios de parede, um teodolito do Major. Meu tio, encantado com a habilidade do filho, vinha armar e reajustar para o menino tornar a desmembrar. Uma de suas invenções foram uns carros de tábua em que ele colocava rodas de velocípede. Para isso desarmou o dele, o do irmão, o meu, o do Tunda e um, de menina — maravilha pertencente à Maria Luísa Paletta. O Tunda era o próprio filho da Ernestina do Hilário Tucano, que veio tomar satisfações, trazendo o menino em lágrimas e exigindo a substituição do brinquedo. Foi indenizada. O da Maria Luísa provocou incidente entre tia Berta e tia Iaiá porque não pôde ser reconstituído. Era coisa rara, vinda de Paris e muito admirada de todos. Vieram depois as pernas de pau, cada vez mais altas; as espingardas feitas com cano de guarda-chuva, que atiravam mesmo, com pólvora e chumbo miúdo; as bestas formadas por uma tábua afeiçoada como carabina em cuja ponta se atravessava o arco flexível que desferia flechas curtas e aceradas nos passantes; as baladeiras de extraordinário poder de arremesso, que rebentavam com suas duras bolas de tabatinga as vidraças de d. Ernestina, do Pinto de Moura, da d. Calina Couto, dos Barra, dos Becker, do Almada. Os vizinhos reclamavam; o primo Miano mandava à merda e ameaçava, de tala, em cima de seu grande cavalo; o dr. Aroeira desaparecera e era tão perigoso passar sob nossas janelas como embaixo das sacadas do barão. Um dia o Tonsinho fez uma instalação elétrica para nada, para o ato gratuito de acender duzentas lâmpadas que ele pedira a minha avó, que ela comprara e que ele dispusera em boquilhas ao longo dum muro. Puxou os fios da casa, ligou e fundiu a força do quarteirão inteiro. Veio a multa da Companhia Mineira de Eletricidade. A Inhá Luísa fez questão de pagar ela mesma porque aquele menino era um verdadeiro Edison! Depois da fase destrutiva e da construtiva, meu primo entrou na combativa e agressiva. Os papagaios tinham longos rabos besuntados com cola e vidro moído para decepar o fio das pipas dos outros meninos. Os piões eram dotados de afiada ponta para rachar o dos parceiros na hora de tascar. Um dia ele apareceu com uma pistola que fazia detonar um embrulhinho explosivo mediante a percussão de um prego que vinha dentro do cano. Nada mais estúpido como brinquedo. Pois logo o Tonsinho chamou a Laliza e perguntou se ela queria ver uma coisa engraçada. Queria? Então pusesse um dedinho dentro do cano. Ela pôs, ele deu no gatilho, a mola funcionou e o prego entrou em cheio. À noite, um *Bicanca* furibundo veio, de carro, buscar a mulher e a filha que reintegravam o lar. Meu primo brincava como quem briga, sempre furioso, sempre carrancudo, excitado, irado, pulando sobre pés cavos descalços, cujos dedos em martelo eram como as cabeças levantadas de dez víboras. Escuro, magro, membranoso, rápido, atirava-se a mim como uma fera, à menor divergência, assistia-me de punhadas, socos, caneladas, eu reagia, nos atracávamos, acorria minha avó dando razão a ele, tia Iaiá tomava um ar lacrimoso e consternado, dizendo que tinha até palpitações de ver aquelas brigas dos filhos com os sobrinhos adorados, tio Meton tomava um ar tão olímpico e tão imparcial — que aquilo já era minha condenação: minha Mãe acabava me enchendo. Afinal, um dia, tirei uma vantagem da parcialidade da Inhá Luísa. O Tonsinho tanto falou numa bicicleta Standard de três velocidades, lanterna de carbureto, freio de mão, campainha, buzina e pedal livre que ele vira numa loja da rua Halfeld, que a Inhá Luísa fez-lhe a surpresa de comprá-la. A coisa soberba, niquelada e lustrosa, apareceu, de manhã, nos pés da cama de meu primo. A vantagem foi que herdei a dele, velha, espectral, dotada só do essencial: já não tinha as manoplas do guidom, nem freios, nem para-lamas, nem tímpanos, nem lanterna. Mas nela eu fugia sobre o macadame da rua Direita, ampliava minha zona de conhecimentos urbanos, ia até ao desinfetório, contornava, de volta, o largo do Riachuelo, voava à estação, subia Espírito Santo, galgava o Alto dos Passos. Um dia, fazendo letras em frente à casa do dr. Fernando Lobo, a roda dianteira entrou num buraco e eu fui projetado espetacularmente! por sobre o pescoço do meu bucéfalo. Da janela, as duas lindas moças quase morreram de rir. Eram a Carmem Moretzhon e a Ruth Lobo, divertidas com o tombo do garoto que um dia ia ser médico das duas.

De graves consequências familiares foi outro presente que minha avó deu ao neto favorito: um fonógrafo de larga trompa onde se arranhavam os primeiros discos — que traziam aquela figura do cachorro reconhecendo *his master's voice* e em que as músicas eram antecedidas do anúncio da Casa Edison, Rio de Janeiro. Depois desse preâmbulo entravam os *pasos dobles* e os *cake-walks*, as valsas e os tanguinhos. A Laliza entusiasmada pediu um ao pai. O Paletta comprou e ele próprio foi se interessando pelas gravações. Um belo dia, com surpresa de todos (Uai, gente! que amabilidade do *Bicanca...*), mandou um disco para o sobrinho. Chamava-se *A morte da sogra* e a letra da canção dizia o júbilo estridente do genro livre, enfim! livre e enterrando a megera. Todos perceberam a alusão, minha avó ia tendo um troço, tia Berta, furiosa, tomou o pião na unha e como um desaforo do Antônio e do Joãozinho com ela também. Foi a sua casa, jogou aos pés do Constantino e dos genros o disco todo arranhado, fez as malas e voltou com a Laliza, para passar uma temporada em casa da mãe. Tia Iaiá achou pouco e teve a sorte de encontrar, na casa de discos, uma cançoneta brejeira em que o estribilho rimava o apelido da sobrinha, que não a visitara, com uma porcaria. Comprou três exemplares. Mandou um para a rua Santo Antônio, outro para a rua Direita e tinha o restante sempre engatilhado no gramofone para tocá-lo estentoricamente, quando o casal inimigo e parente passava opulentamente, de charrete, no seu passeio vesperal. Entusiasmados, nós, meninos, aderíamos, apupando os príncipes. Eles não davam o braço a torcer, subiam e desciam rindo muito, num galope de desafio.

Le conseiller, dit-il, avait naturellement étudié tout ce qui concernait le corps, le corps était sa spécialité [...] et il devait donc raconter ce qui se passait lorsque le corps se décomposait.

— Avant tout, votre ventre éclate, répondit le conseiller, en s'appuyant sur les coudes, penché sur ses mains jointes. Vous êtes là sur vos copeaux et sur votre sciure, et les gaz, comprenez-vous, montent, ils vous gonflent, comme des vilains garnements font avec les grenouilles qu'ils remplissent d'air. Pour finir, vous êtes un vrai ballon, et puis votre ventre ne supporte plus la pression et il crève. Patatras! Vous vous allégez sensiblement, vous faites comme Judas lorsqu'il tomba de sa branche, vous vous videz. Voui, et après cela vous redevenez tout à fait comme il faut. Si l'on vous accordait une permission, vous pourriez retourner voir vos parents survivants sans les choquer particulièrement. On appelle cela avoir cessé d'empester.

THOMAS MANN, *La montagne magique* (trad. de Maurice Betz)

A agressividade do Tonsinho aumentou e ele passou a executar ratos que apanhava, que julgava e condenava pelo delito das roeduras prováveis. Amarrava-os pelo rabo num tijolo e quando o bicho, jungido ao peso, se esticava todo para escapar, punha o focinho para a frente como se estivesse se descabeçando dum prepúcio, o menino vinha de machadinha e zás! degolava. Era certeiro como os carrascos da história da Ana Bolena e da envenenadora Brinvilliers. Pronto. Agora outro. Eu, acostumado por minha Mãe a não ver matar galinha, ficava horrorizado. Havia em casa um mico, trazido do sertão por meu avô. Um dia mordeu o primo. Foi condenado a ser pendurado pelo pescoço até que a morte sobreviesse. Depois, jogado pelo rabo num canto da chácara. Eu senti a morte do macaquinho como a de gente e decidi dar-lhe sepultura cristã. Levei-o para o outro lado do riacho dos inhames, abri um buraco, forrei de tijolos, fiz a obra de misericórdia e cobri com ladrilhos velhos. Dias depois fui ver como estava e recuei de horror e nojo diante da massa peluda, pegajosa, estufada, sem nome e fervilhando da vida de mil vermes dentro da orquestração das moscas zumbindo. Desprendia um cheiro tão poderoso que me fez cambalear. Era aquilo! A putrefação! Nunca mais a esqueci e, quando estudei medicina legal, fixei suas fases sucessivas e hediondas. Transformei esse conhecimento, ai de mim! no suplício indiano que me faz sofrer não só a morte como a desagregação cotidiana e sabida dos meus mortos. Cada dia que passa eu sei como eles vão ficando. É como se os estivesse vendo, hora por hora, através da terra translúcida. Essa vidência me envenena e penso sem parar no festival indecente das vidas que nascerão da morte de minha carne. Pobres, pobres, pobres mortos! *Avant tout, votre ventre éclate...* Vocês estouram como nas *Danças macabras* e no afresco horrendo do *Triunfo da morte*, do Campo-Santo de Pisa. Ficam verdes, amarelos, roxos, furta-cor, engordam e murcham, crescem e minguam, emitem gases e o artifício dos fogos-fátuos! Entram em fermentação butírica, ficam rançosos, cheiram a *camembert* e *roquefort*. Deitam águas, caldos, sangue e sânie, banha mole, choram os próprios olhos, esvaziam as órbitas. Ao fim dum ano, tiram a máscara da cara provisória e a caveira permanente aparece rindo, rindo cada vez mais porque lhe cai a mandíbula e depois ela rola de lado quando já não a sustenta mais o pescoço que se desagrega. Vocês ficam em ossos, ossos que desmoronam. Sobra só aquela espécie de pó de café final, aquele humilde e último cambuí. Os vermes já se foram e as baratas, quando vem o último conviva, a *Lucilia tenebrans*, a mosca tenebrosa que põe os ovos dentro do crânio esvaziado e cujas larvas se desenvolvem na manteiguinha que ficou de seus pensamentos, suas paixões, suas lembranças, sua memória. Depois elas voam para outros defuntos e, desértico, o gótico esqueleto vai se esfarelar submetido às leis da física e da química que regem os minerais. Os ossos vossos, os meus também... Suplício engenhoso que sofro cada dia, diante de cada morto, pensando neles, passando nos cemitérios — suplício que nasceu ali, abrindo a cova onde apodrecia um bicho...

Adulto, meu primo virou num homem de doce convivência e perfeito cavalheiro. Mais que transformação, passou por mutação semelhante à das larvas que viram borboletas. Mas menino, era insuportável. Aprendi a evitá-lo. Chegava do colégio, ia para a rua a pé ou de bicicleta, ou me escondia na varanda de trás da casa, ou dentro da sala de visitas trancada. Esse refúgio era o melhor. Depois dos doentes da manhã, as negrinhas limpavam, fechavam a porta e entregavam a chave a minha avó. As janelas ficavam abertas para arejar. Eu pulava para dentro e começava a me estrear na solidão minha companheira e a me iniciar na filosofia que adotei depois, de que mais vale o vizinho que a visita, porque — salvo uma ou outra exceção — amo a vista dos homens, tendo tédio de sua companhia. Tinha aprendido a gostar de figuras, na edição da *Mathilde*, de Eugène Sue, que havia no escritório do Major. Era ilustrada por Tony Johannot, Célestin Nanteuil e Paul Gavarni. No seu claro-escuro aprendi a beleza da forma humana, o valor expressional dos seus gestos, o êxtase das situações inefáveis, o drama das angustiosas, o poder mágico dos símbolos. A serpente da insídia, a bestialidade da luxúria, as moedas da venalidade, as flores da inocência, a máscara da hipocrisia, as armas da violência. O Tempo alado com sua ampulheta. A Morte onipotente com sua foice. Eu estava assim preparado para admirar longamente, para decorar cada centímetro quadrado das gravuras que ornavam a sala de visitas de minha avó. Eram duas. Uma representava o interrogatório da princesa de Lamballe, pintada por Desnos e gravada por Cornelliet. A outra, a prisão de Charlotte Corday, pintada por Scheffer e gravada por Sixdeniers. Conhecia-lhes todos os figurantes e suas caras serviam-me para imaginar a de cada personagem das histórias que eu lia. Eram as do *Tico-Tico*, as boas, as de aventuras, as das páginas de dentro — porque eu estava começando a me fartar das besteiras do Zé Macaco e da Faustina e das eternas surras de escova aplicadas na bunda incorrigível do Chiquinho. Ou eram contos melodramáticos que me oferecera minha avó paterna com dedicatória que não esqueci. "Pedro: não podendo mandar-te o meu, mando-te o de Edmundo de Amicis. Tua, Nanoca." Era o *Coração*. Hoje tenho a impressão de que o livro, de um *mozarlismo* lacrimejante, é uma espécie de *Contos pátrios* italianos. Mas naquela época, comoveu-me profundamente. Sofri com aquelas crianças e professores simbólicos, aquelas mães e pais emblemáticos. Depois é que vi que eles têm alguma coisa da intencionalidade e da esquematização inocente que Ronald de Carvalho descobriu nos bichos de La Fontaine. Só que estes riem, invectivam, cantam e lutam, enquanto a fauna de Edmundo de Amicis só faz chorar e se comprazer no *rimpianto*. Quando não olhava para a Charlotte Corday nem para a princesa de Lamballe, quando não lia — suspendia as âncoras, alestava os cabos, levantava minhas velas e saía mar afora. Para isto bastava fechar os olhos e encostar aquele búzio no ouvido. Era uma fantástica e gigantesca concha univalve cuja espiral não se desenvolvia em torno de uma linha, mas como giro que partisse do flanco de um cilindro. Essa anomalia do molusco deixava por dentro tuba que emitia o som grave, penetrante, profundo e antigo — o mesmo das que eram usadas pelos tritões no mundo de outrora. Eu tomava e soprava largamente como quem procede aos encantamentos. Ao seu troante apelo, como que o mar suscitado se empolava feito se dele fosse nascer outra lua e, do torvelinho da espuma de olhos fugazes, surgiam, cantando, nereidas de ventres nacarados, de altos pentes incrustados de caramujos e de imensas nádegas opalescentes. Punha no ouvido e do côncavo da concha vinha aquele ruído de para-sempre, aquele sustenido nas alturas permanentes (que continua ali, preso no colo que veio morar no meu escritório e onde eu escuto a infância quando quero) abrindo perspectivas longínquas contendo todos os mares, de todas as cores; peixes de todas as formas e tamanhos; barcos de todas as idades e todas as aventuras marítimas. Argonautas, velocinos, odisseias, fenícios, lusíadas, cantábricos, viquingues, descobertas, bucaneiros, saques, barganhas, butins, marés, batômetros, cartas, portulanos, canais, embocaduras, rias, estuários, promontórios, penínsulas, porto seguro. Eu abria os olhos, punha a concha no lugar, calava-se o vento, emudecia o estouro das ondas e logo me ocorria o único ensinamento que ia ficar dos tempos do Machado Sobrinho: "*Américo Vespúcio visitou a costa...*". Essa frase, desengastada do seu texto, veste-se até hoje, para mim, de mistério pelágico e poesia talássica... Ora, eu estava assim um dia, sonhando, de olhos abertos, com espumas brancas na distância de um mar azul, quando o ar de nossa sala foi cortado pelo voo da gaivota que, fechando as asas, caiu aos meus pés. Só que não era gaivota. Era um cartão-postal atirado de fora. Corri à janela e na rua deserta e cheia de sol, vi minha prima Amair apressando os passos, deixando nossa calçada e atravessando a rua em direção de sua casa. Amair! Amair!, mas ao meu chamado ela acelerou e correu. Olhei o cartão. Representava uma horrenda velha, de touca, fichu e expressão maligna — com um cadeado passado pelos beiços e trancando a boca maldizente. Trazia escrito em letras caprichadas: "O que acontecerá brevemente à Maria Luísa". A terra me estremeceu debaixo dos pés ao tomar conhecimento daquele sacrilégio cometido contra a Inhá Luísa. Pela prima Zezé! porque claro que o cartão jogado pela filha só podia ser dela, que andava conosco a ferro e fogo. Fui mostrá-lo a minha Mãe. Houve uma reunião indignada dela e das irmãs. À noite, bem tarde, a Rosa foi enfiar debaixo da porta inimiga a adequada resposta — era o mesmo cartão, mas mais carregado de veneno que uma túmida esponja. Uma semana depois chegava a notícia da morte do dr. Adolfo Pereira, marido da prima Zezé, que havia anos vivia em São Paulo. Minha avó e minhas tias foram visitar, fazer as pazes, dar pêsames — como se cartão não houvesse. Ela viajou, passou meses fora, voltou viúva rica. Ninguém sabia! mas o dr. Adolfo amoedara e morrera, nadando em dinheiro. Quando a Zezé chegou e veio pagar a visita, para humilhar minha avó, atravessou a rua de carruagem. Trazia chapéu de veludo preto e *pleureuse* do mesmo negro. Vidrilhos. Luvas. Falou todo o tempo das propriedades e das somas que herdara, sacudindo a cabeça para mostrar os brincos de ouro em forma de crescente — acintosamente copiados dos de tia Dedeta. Minha avó fervia. Era um desaforo. Rompemos outra vez e recomeçou o vaivém dos postais alusivos e anônimos — até que a prima e os filhos mudaram para uma chácara paradisíaca no Rio, na estação do Riachuelo, à rua Flack, 135.

O menino que ainda não sai de casa sozinho tem a impressão de que está no centro do mundo e que os outros vivem, como planetas, em torno de sua personalidade solar. Depois é que vê seu nada quando se compara às galáxias que vislumbra. Minhas saídas no resto de bicicleta que me coube, minhas idas e vindas ao Machado Sobrinho, as longas explorações feitas durante as *gazetas* às aulas deram-me noção do universo de Juiz de Fora e da necessidade de explorá-lo. Fazia-o sempre que podia, mesmo de dentro de casa, no meu local habitual de vigilância que era o escritório do Major. Com vista desarmada ou com um velho binóculo — que vivia pendurado sob o retrato do tio Zezé, irmão falecido de minha avó — eu fiscalizava os passantes do quarteirão, as entradas e saídas na casa dos vizinhos. Em frente era a mecânica, depois a casa da preciosa tatibitate toda de branco e cabeleira de pintura pré-rafaelita. Em seguida, eram as Couto e Silva, a tia Regina, a prima Zezé, o Hugo Andrade, a fábrica do Eugeninho Teixeira Leite, a casa de amarelo e marrom onde, mais tarde, vieram morar as Murgel. Olhando mais longe, depois da rua da Imperatriz, na esquina fronteira, ficava a residência do Almada com sua porta pintada de verde. Do nosso lado, para a esquerda, eu via o movimento de idas e vindas da casa de d. Ernestina e, na esquina de São Sebastião, da do Jacob Becker. Para a direita, eram os Pinto de Moura, os Barra e, na extremidade, o dr. Rosa da Costa, que envelhecera muito e de quem eu perdera o medo. Até cumprimentava. Boa tarde, dr. Rosa. Como vai, menino? O outro quarteirão, no então lado ímpar, depois de Imperatriz, logo mostrava a casa do Paletta. Ele geralmente estava à janela olhando a rua, mas tão imparticipante como os dois cachorros de cerâmica que encimavam as pilastras do seu portão. Eram iguais aos molossos estilistas de sua antiga casa de Santo Antônio e tão antipáticos como um de verdade, da Laliza, a que ela dera o nome de Jagunço, como o do Chiquinho do *Tico-Tico*. Andava sempre com o rabo para cima, o que era um convite à treta que eu fazia — para perseguir a prima. Enfiar traseiro adentro do cão o cabo duma dália. Ficava presa e o bicho, para atingir o cu em flor, entrava em loucura giratória. Encaixei muito cascudo por causa disso. Vizinha do Paletta, a maçonaria. Também tinha perdido o medo da casa e minha Mãe, apesar de não ter aceito o auxílio que lhe queriam dar, já não descia do passeio quando passava em frente. Já contei que meu Pai tinha entrado para o oriente de Juiz de Fora proposto ou levado pelo Mário e pelo Juca Horta. Muito também havia de ter sido por influência do seu padrasto Joaquim Feijó de Melo — grão-mestre no Ceará. Em seguida era a casa do dr. Mendonça, que fumava à janela, sustentando o cigarro com uma espécie de pinça que saía de anel que ele punha no dedo mínimo. Seu filho Aderbal (Babá) rifou certa vez uma águia de varetas e pano que se empinava como papagaio. Comprei o bilhete. Perdi e chorei amargamente. Seguia-se a casa escura e triste do barão do Retiro. Ele tinha hora certa de ficar na porta, sempre com um sobretudo marrom, pitando, as barbas dum branco sujo desse uso do cigarro e do charuto sem parar, a cara longa e nobre de figurante das pinturas do El Greco. Lembrava justamente o *Santo André* do Museu do Prado. Muito. Chamava um doceiro e ficava esperando que passasse o poeta Belmiro Braga, que gostava de passear com seu cão branco, peludo e malhado. Era o Príncipe. O barão (tenho a impressão, por isto, de que era bom homem) aguardava o vate e o cão para dar a este sua ração diária de pão de ló. Bom dia, seu barão! eu também quero. Vem cá, menino, você quem é? O Belmiro dizia e o barão me mandava tirar o que quisesse no tabuleiro porque identificava o primo de seus netos Clóvis e Clotilde. O Príncipe, que era enorme, vagaroso, abanador de rabo e muito mansinho, já fora cantado por seu dono.

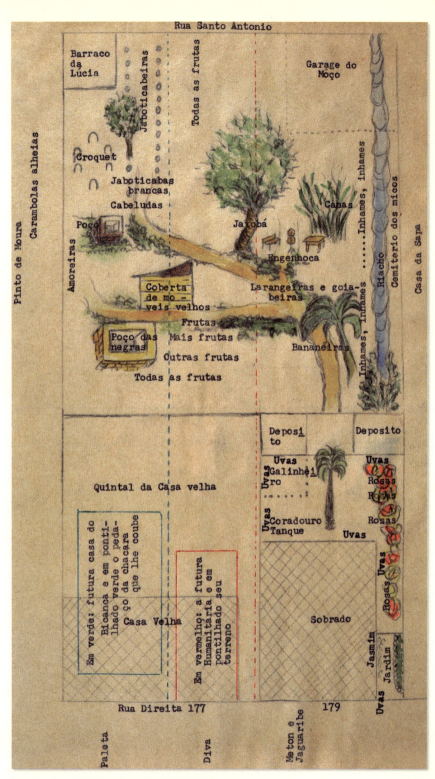

Desenho do quintal da chácara da avó Inhá Luísa,
Juiz de Fora, em página dos datiloscritos de *Balão cativo*.

Sobrado de Maria Luísa da Cunha Pinto Coelho Jaguaribe, a Inhá Luísa, e Joaquim José Nogueira Jaguaribe em Juiz de Fora, avós maternos de Pedro Nava.

Pedro Nava (o mais velho à direita) com seus irmãos, Juiz de Fora, 1911.

Desenho do quintal do Internato Pedro II, em São Cristóvão, Rio de Janeiro.

Caricaturas de pessoas rememoradas em *Balão cativo*.

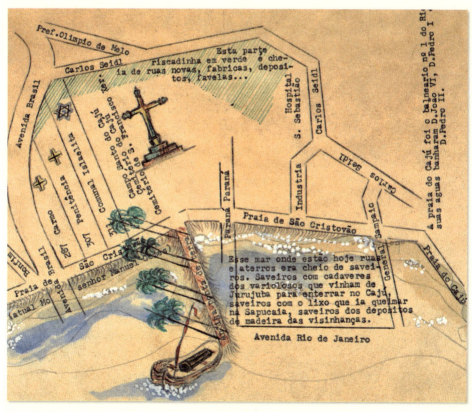

Desenho das praias de São Cristóvão e Caju (hoje aterradas), Rio de Janeiro, com o cemitério do Caju ao fundo.

Desenho da antiga calçada da rua do Ouvidor, Rio de Janeiro, em página dos datiloscritos de *Balão cativo*.

Desenho do interior de um trem em página dos datiloscritos de *Balão cativo*.

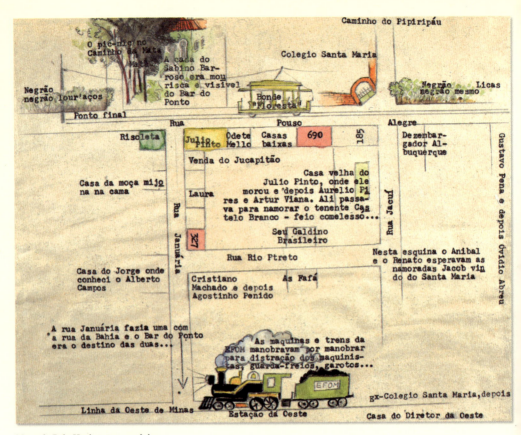

Mapa de Belo Horizonte em página dos datiloscritos de *Balão cativo*.

Pela estrada da vida subi morros,
Desci ladeiras, e afinal te digo:
Se, entre os amigos, encontrei cachorros,
Entre os cachorros, encontrei-te, Amigo!

O seu Belmiro ainda criou cachorro... Ai! dos que não tiveram essa paciência e ficaram sem o dito, dentro desta selva atrocíssima da vida... Depois da casa do barão e do Colégio Mineiro vinha a única coisa realmente bonita de Juiz de Fora. O parque Halfeld das minhas gazetas, cheio de irerês e do grito das araras cujas cores lembravam as das flores; cheio da sombra verde das magnólias e das sapucaias, do sussurro das casuarinas e dos bambus, do murmúrio das águas da fonte central e das que caíam, como cortina de contas de vidro, das pedras rústicas encimadas pela *Cabana*. As águas pareciam um espelho verde de vez em quando riscado de ouro, prata ou amarante pelos peixes um instante visíveis e logo apagados dentro da sinopla dos limos. O jardim tinha a mesma graça tropical da quinta da Boa Vista, do Passeio Público, do campo de Santana. Seu saibro gritava sob os pés e parecia salaçúcar de tão branco. Ninguém ali. Só os meninos fazendo gazeta, uma ou outra criada com seu invariável soldado, desocupados sentados em torno ao repuxo e entregues à tarefa que tanto tinha impressionado Burton durante sua viagem às Minas e passagem em Juiz de Fora — cuspir, guspir, cusparar, cuspinhar, escarrar... Depois vieram os prefeitos progressistas e começaram a melhorar o parque Halfeld. Tiraram suas grades — o que é o primeiro passo para a destruição do gramado onde pés de todos cortam caminho improvisando picadas. Tiraram o repuxo. Derrubaram o prédio central, que era restaurante onde ninguém comia e biblioteca onde ninguém lia. Puseram bustos e estátuas horrendas (a bojuda, do dr. Procópio, parece pilhéria...). Angularam a reta das calçadas, fazendo baias para estacionamento de automóveis — nesse afã de todas as edilidades brasileiras — começando pela do Rio, começando pela de São Paulo — de darem soluções rodoviárias ao problema do tráfego urbano. Derrubaram as árvores. Expulsaram os vagabundos, namorados e meninos. Onde os irerês? e as araras? dos velhos tempos...

Outro local de fuga era o plano inclinado que o Saint-Clair tinha começado a fazer para dar acesso ao morro do Imperador. Depois que lhe morreu a filha, ele parou as obras. O princípio da subida era ali, no fim da rua Dr. Paletta. Eram desmontes e pedras estouradas — como numa cidade em construção ou destruição. Fundação de Roma ou demolição de Persépolis...

Mas para observar bem o povo de Juiz de Fora o bom era sentar no passeio, de tardinha, e ficar olho na rua e orelha no comentário dos grandes, à janela. Às vezes era sensacional, como no dia em que a Antonica Tostes apontou dos lados de Imperatriz e a Alice d'Ávila dos de São Sebastião. Iam passar uma pela outra! Minha avó chamou as filhas — depressa, gente! para gozarem. As duas cargas de nitroglicerina e fulminato cruzaram se raspando, fingindo que não viam. A primeira, empertigada, penteado alto. A segunda, elegante, passos lentos. Aquela, ressumando cólera-que-espuma e esta, um plácido jeito de não-adianta. Como sempre, minha avó falou da falta de motivos para tanta inimizade. Duas pessoas tão distintas, da mesma educação, regulando idade e até, engraçado! parecidas uma com a outra. A d. Alice às vezes passava só, às vezes com o marido, o dr. João d'Ávila, muito míope, de fraque arrastando, caga-baixinho e dando na cintura da mulher, que era alta. Doutras vezes, com um dos filhos — a irrepreensível Hercília ou o galhardo Celso d'Ávila. Quando apontava o Amanajós, era um pânico. Para dentro! Portão trancado, janelas fechadas e todos subiam à sacada para ver, de cima, se ele vinha de paz ou se ia sacar da garrucha e dar tiros a esmo.

Tia Dedeta tinha sempre uma crítica maligna, ora sobre os penteados, ora sobre as joias, ora sobre as roupas — quando passavam as beldades suas rivais. Punha sempre defeito. Os olhos infinitos e doces da Ruth Lobo pareciam-lhe esbugalhados e dando à dona cara de susto. A elegância majestosa da Odete Levi se lhe afigurava pesadona, afetada, e ela não deixava de comentar o brilhante que a moça fizera engastar numa obturação a ouro daquela joia viva que eram seus dentes. Ia metendo a ronca e caçoando de todas as outras. Das Gonçalves, suas amigas. Das Couto, das Moretzhon, das Vidal, das Resende, das Barreto, das Vilela. Que sapatos, que sombrinhas, que matutas! Nossa Senhora! Minha avó concordava. A filha também fazia coro quando a mãe dizia coisas pérfidas das senhoras que passavam. Eram a d. Salomé Ribeiro, com suas *guimpes*. Constância Vidal, com sua pose. A prima Nicota do João Crisóstomo, com o xale em que se enrolava como num manto de rainha. A d. Mariquinhas do dr. Fernando Lobo, com seu jeito quadrado de campeão de luta romana. A d. Clementina do dr. Feliciano e a filha adotiva, as duas fazendo força para conter a cachorra Diana que vinha pela arreata, querendo fugir, pular, entrar pelas casas. Era uma cadela insuportável, peidorreira e conhecida de Juiz de Fora inteira. Pois sim, resmungava a Inhá Luísa — quem não te conhecer que te coma! Cambada de impostoras...

Mas o grande sucesso era a passagem do dr. Antônio Carlos. Vinha sempre andando devagar, desengonçado e airoso. Parava para falar com todo mundo e ia logo pondo a mão no ombro do interlocutor. Aquilo podia ser um gesto de carinho, esboço de abraço ou de afastamento, profilaxia do abraço. Falava um instante, perfeitamente! perguntava pela família, pelos irmãos, pela mãe, pelo pai (às vezes já falecido) e seguia, deixando o eleitor encantado. Nunca andava só. Toda vida gostou de bando, de corte. Vinha com os primos, o João Penido, sempre elegante, o Henrique Burnier, estourando sangue do toutiço apoplético, o Oscar Vidal, que parecia um menino disfarçado em *hominho* — carinha clara, careca começada. Vinha com os amigos, o Chico Valadares, com ar pachola. O Fortes Bustamante, com a belida no olho. O seu Albino Machado, o Teodorico, o Azarias. Passavam sorrindo, o Antônio Carlos se descobria largamente, varrendo o ar com as plumas do *sombrero*, os outros imitavam o gesto do rei, minha avó se descanjicava respondendo e minha Mãe apenas inclinava a cabeça. Ela continuava duartista ferrenha e não estava nada disposta a enterrar, com o marido, as suas ojerizas políticas.

Ao contrário desse pessoal gregário, de grupo e de bando, havia os misantropos, os passeadores solitários. O dr. Lindolfo, pele da cor do terno marrom, muito brusco e muito ríspido como geralmente o são os parteiros. Não se constrangia e parava, dia claro, para fazer pipi nas esquinas. Ia fazendo e cumprimentando as clientes que passavam. Parecia dizer — podem olhar, porque eu também já vi o de vocês, suas sirigaitas. O dr. Malta, gordote, suadinho, chapéu-coco, a quem o fraque tofraco carijó e mais seu jeito de andar de pernas curtas — davam um ar de galinha. Tinha uma casa de banhos e duchas onde se inaugurou a fisioterapia em Juiz de Fora. Era genro do dr. Candinho. O dr. Vilaça, cenho cerrado, muito austero, pai da cirurgia na cidade e na Zona da Mata. Minha Mãe sempre recordava que ele emprestara sua fazenda da Cachoeirinha para hospedar a Carminha do tio Itriclio, que viera a

Minas em busca de ares. Pois lá ficara mais de ano e voltara para o Rio, forte, corada, curada. Depois é que recaiu, coitada...

Havia dois por quem se podia acertar o relógio. Quatro e meia: o seu Gustavo Reich, alemão, professor de piano, com seu filho Tutu, vagamente aloprado, vesgo e cuja cara brancosa parecia feita de miolo de pão — cinco buracos, olhos, ventas, boca — tudo debaixo da cabeça raspada a zero. Quatro e quarenta: o seu Creusol. Esse era francês e falava com muito sotaque. Trabalhava na higiene, tinha sido guarda sanitário de meu Pai e anos depois, no Centro de Saúde, foi meu subordinado. Eu tinha até vergonha de chefiar aquele velho que respeitava desde criança. Mas... não antecipemos. O Louis Creusol foi um benemérito da cidade, autor das primeiras observações meteorológicas da região, dos primeiros estudos climáticos sobre Juiz de Fora. A Sociedade de Medicina e Cirurgia tomava conhecimento dessas pesquisas, como ficou consignado nos seus boletins de 1907. O dr. Morize, do Observatório Nacional, considerava o Creusol como dos melhores meteorologistas do seu tempo. Pois esse homem cheio de modéstia e valor foi caloteado pela cidade que ele engrandeceu e que nunca se lembrou de pagar o devido, pondo seu nome numa rua. Pego dos guias de minha terra, olho os onomásticos e coro de vergonha. Este era de fora, chegou, viu, bajulou e venceu. Esse era moço rico. O resto, políticos; politicoides, politiquetes. Se ao menos se tirasse um pouco de bronze da barriga da estátua do dr. Procópio... Já dava para uma placa com o nome do Creusol.

Uma de minhas impressões formidáveis dessa época foi a passagem de um circo de cavalinhos em Juiz de Fora. Jamais vi espetáculo semelhante. Representações ao ar livre nas arenas de Lutécia, coros de tragédia grega no teatro de Epidauro, fantasmagorias de luz e som no Foro de Roma e na Acrópole de Atenas, declamações shakespearianas em Stratford-on-Avon, balés da Ópera de Paris, todo o estadear do gesto musical e da dicção de ouro da Comédie-Française — nada, absolutamente nada! ecoou dentro de mim como o que assisti naquele picadeiro armado no largo do Riachuelo. Era circo de cavalinhos dos antigos, dos bons, circo no duro. Tinha palhaço e clóvis pintados de carmim e alvaiade, com estouro de bumbo a cada pontapé na bunda e um batido de pratos a cada tombo. Tinha domador vestido de hussardo, túnica vermelha, calças brancas e altas botas, que entrava na jaula cheia de tigres, hienas, leões e leopardos. O Amanajós denunciou a fraude do homem chegar-se às feras todo ensopado de amoníaco e disse que assim ele também. Xingou, quis bater e só saiu a pedido do barão, que vinha todas as noites aplaudir, da primeira fila — a *ecuyère* vestida de lantejoulas, ereta nas costas do cavalo a galope, que atravessava um arco de papel em chamas e recaía de pé, no lombo do corcel, que passava a caracolar e a dançar ao ritmo da banda de música. Tinha encantador de serpente vestido de hindu e tirando da cesta o fio da naja pela ponta da flauta. Homem-Serpente. Mágico. Equilibristas. Acrobatas em pilha. Hep! um pulo e desmanchava. Trapezistas. A música tem que parar! Ficava só a caixa rufando nos nervos escalpelados da hora do salto mortal. Ah! Aquilo parecia outra humanidade... E tinha *A escrava Isaura*. Era a pantomima. Ela era vista na sua beleza estonteante de mulata, na espiral dos galanteios e da vida dourada de grande dama e depois, no fim, quando ela entrava esgadanhada, sem atavios, entregue ao chicote do feitor e gemendo mais trágico que o mugido de Édipo Rei quando ele começa a descobrir a quem matara, a quem! e com quem estava dormindo, com quem!

Tínhamos ido ao espetáculo a convite do Nelo, que estava vencendo a parada. Já amansara as cunhadas por intermédio do *Moço*, com quem colaborara na escalada em automóvel do morro do Imperador. Meu tio Meton foi o autor dessa façanha. Ele e o Antonico Horta. Foram pela Borboleta e cada dia faziam um pequeno percurso. Tomaram a montanha palmo a palmo. Tinham de construir caminho para progredir; tinham de derrubar árvores, capinar, aterrar, entulhar. Prosseguiam. Faziam testemunhar até onde tinham chegado pelos acompanhantes a cavalo. Lavravam uma ata. Deixavam o carro sob a guarda do moleque Antônio, com medo da sabotagem de um *Periquito* morto de despeito. Desciam montados e no dia seguinte retomavam a subida titânica. Ao fim de uma semana chegaram ao alto do Cristo Redentor e de lá soltaram os foguetes que foram respondidos, na rua Halfeld, pelos rojões e morteiros do Nelo, do Paulo Ferreira e Costa, do Romeu Mascarenhas e da rapaziada esportiva do Turnerschaft. O Nelo fora formidável durante essa luta, colaborara e, por intermédio do Meton, teve os primeiros entendimentos com minha avó toda emburrada e dizendo que ia escrever ao marido. O Major, de Guanhães, mandou as exigências que fazia para consentir no noivado. O cônsul italiano, conde Belli de

Sardi, cav., uff., comm., escreveu para Lucca. Foi nesse meio-tempo de noivos-entre-si que minha tia organizou, com outras moças, chaperonadas pela d. Cecília Andrews, aquele piquenique na Cervejaria Weiss, que ficou famoso em Juiz de Fora. A imprensa tomou conta do assunto e no dia anunciava o evento em letras garrafais: "É hoje o convescote das moças de Juiz de Fora". Minha tia estava fabulosa, com um vestido de palha de seda, vivos vermelhos, chapéu de tagal cheio de fitas soltas de veludo negro, de uvas de cera, de papoulas de cetim, de folhas de parra, de cerejas de celuloide e de espigas de trigo verdadeiras. Era campestre e luxuoso. Vejo o retrato tirado na ocasião, onde aparecem moços de chapéus-coco e chapéu bilontra, minha tia de Clara d'Elebeuse; as Carvalho, as Resende, as Ferreira e Costa, as Modesto, todas usando os chapéus de linho de pala pespontada — que na época faziam furor. Num canto da fotografia, a figura devastada e trágica de minha avó trazendo estampadas no rosto as marcas augustas da Morte.

Quando chegou a resposta da Itália, o cônsul veio exibir a papelada a Inhá Luísa. O nosso Nelo, segundo o redarguido ao questionário do Major, era solteiro, não fugira de sua terra, fizera seu serviço militar nos *Bersaglieri* e era filho legítimo do conde Napoleone Selmi Dei e de sua esposa, a condessa Heloisa Corrieri Selmi Dei, conhecida escritora toscana. Sua família era das mais antigas de Lucca e ligava-se por parentesco aos condes de Guidi, de Porciani e aos príncipes de Altomonte-Comitini. Tudo isto ia sendo declamado por um Belli di Sardi de barba em riste e à medida que ele passava às mãos de minha avó as folhas tabelioas, timbradas, seladas, carimbadas e chanceladas que comprovavam aquele rio de sangue azul. A Inhá Luísa não se entusiasmou e mandou tudo para Guanhães. O Major demorou a responder. Afinal chegou a carta com o sim. Logo o Nelo apresentou-se para o pedido oficial, ladeado pelos tios maternos que moravam em Juiz de Fora. O seu Roberto Corrieri, alto, ossudo, vermelho e com bigodes ferozes. O Ettore Corrieri, de olhos muito azuis, belo homem, dotado daquele andó *mordoré* de que lhe vinha o apelido por que era conhecido de Mariano Procópio ao Alto dos Passos — o *Barba de Bronze*. Andava sempre acompanhado de dois cães peludos, da cor exata dos cabelos da cara. O noivado foi participado a Juiz de Fora. Ficou combinado que o jantar de gala seria a 1º de setembro. Ora, nessa época é que se deu o caso da Justina. Minha avó com o casamento a contragosto, com as amolações que lhe davam o Paletta e os genros dele, com aquela cabeça de negro que o Estêvão (Piá) da prima Zezé fizera estourar debaixo de suas saias — ia de tonteira em tonteira, de dormência em dormência e já fora sangrada várias vezes pelo Almada. Andava nervosa e explodia por qualquer coisa. Naquele dia bateram à porta, a Justina foi ver e voltou dizendo que tinha uma senhora querendo falar com a sinhá. Pois então mande entrar e diga que já vou. Quando minha avó chegou à sala, imaginem! encontrou uma negra abancada e esperando. Além do mais, de óculos. Era uma empregada da d. Maricota Ferreira e Costa com uns sapotis. Foi logo despachada aos gritos, porque a Inhá Luísa não admitia negro de óculos e, feita essa execução, ela entrou para ajustar contas com Justina. Olhe, cachorrona! negro aqui espera do lado de fora. Onde é que você aprendeu que negra é senhora? Negro é negro, mulato é mulato, pardo é pardo e senhora é dona branca. E tome. As costas da mão na boca da Justina, quebrando a boca da Justina. E se quiser, saia, porta da rua, serventia da casa. Mas a silenciosa Justina não saiu, não disse nada, não limpou o sangue que lhe escorria dos beiços. Só que olhou minha avó longamente, depois riu e pegou o trabalho cantando de boca fechada. Para agradar a sinhá. Sempre sem limpar o sangue. Isso foi mais ou menos a 20 de agosto. No dia de são Bartolomeu minha avó, indo para a chácara, passou perto da Justina, que rachava lenha no terreiro. Foi andando e, quando ela estava já bem de costas, a negra sacou dos peitos um pedaço de palha, deu uma laçada, olhou através dela a Inhá Luísa e foi apertando o nó, apertando o nó, apertando o nó, aos poucos, até fechá-lo. Na horinha em que ela acabou o arrocho, minha avó parou e passou a mão na cabeça feito quem está tonta. Reafirmou-se e seguiu arrastando um pouco a perna esquerda. Tia Iaiá, que assistia a tudo da varanda de trás, desceu correndo para despedaçar o diabo da negra. Mas cadê Justina? Pelo fundo não saíra porque minha avó estava lá. Pela frente também não, que a Rosa não arredara o pé do portão, com a Naíde no colo. No quarto das negras ninguém, nem roupa, nem pano, nem trouxa da Justina. Mandaram chamar o Pedro, na Serra, e ele foi ao Botanágua, ao barracão da gente da feiticeira. Ninguém e nem ao menos barracão. Informaram que tinha caído há muito tempo e que não era de hoje que todos tinham ido embora. A demônia entrara mesmo no chão adentro. Nunca mais foi vista.

> [...] Tous sommes sous mortel coutel.
>
> FRANÇOIS VILLON, *Le testament*

O festivo jantar seria a 1º de setembro de 1913. O dia amanheceu como os outros, só que às nove horas ouviu-se o estrondo e o cascalhar argentino de vidros se partindo. O que é? Onde foi? Era num quarto que dava para a sala de jantar e onde a tia Dedeta instalara seu ateliê de pintura. Num canto, enviesado, ela colocara um espelho enorme, grosso, sem moldura, antigo, dos velhos tempos do Halfeld e da *Outra-Banda*, o aço comido aqui e ali, mas mesmo assim fazendo linda figura. Ele se encostava às paredes, era sustentado embaixo por um pedaço de tronco cujos galhos faziam o apoio. Tudo, mais que pregado, aparafusado e atarraxado. Seguríssimo, armado pelo *Moço*. Dourado a purpurina pela tia artista. Ninguém entendeu aquela queda do objeto e ainda mais num quarto fechado. Só tia Iaiá adiantava uma explicação. Era feitiçaria da Justina, porque ela estava contando o caso da negra à Ernestina do Hilário Tucano e quando dissera "aquela cachorrona da Justina!", a essa palavra, "Justina", ouvira o estouro. E logo espelho quebrado. Que agouro! Mas ela ia pegar-se com são Francisco do Canindé e não havia de ser nada. Varreram os cacos e foram arrumar a mesa. Estenderam a toalha adamascada e puseram, aos pés, os travessões carregados de uvas, peras e maçãs — as frutas que só eram comidas em ocasião de festa. Em torno, as velhas compoteiras cheias dos doces que tinham sido preparados com antecipação, na casa da tia Regina. Almoçamos todos no corredor de trás e lá para as duas horas minha Mãe e Inhá Luísa foram fiscalizar a Lúcia e a negrada de forno e fogão. Minha avó ia cuidar da sua velha especialidade: a maionese. Ninguém fazia igual à dela. Pois começou a bater firme; de repente minha Mãe deixou de ouvir aquele ruído ritmado que foi substituído por uma raspação esquisita no fundo do prato. Olhou e viu a Inhá Luísa como que abestalhada, derramando tudo, a cara puxada para um lado, metade do corpo se firmando e metade, de pedra, resvalando. Cortada ao meio. Correu com a Rosa, impediram a queda e vieram trazendo a velha, trôpega, para a sala de jantar. Eu vi sua entrada, lembro! arrastando as pernas. Assombrou-me o desvio do rosto e a expressão distanciada do olhar — pasmo, vidrado, fixo nos aléns. Surpreendi, depois, muitas vezes, essa expressão terrível que resulta do golpe de clava da congestão cerebral. O Almada chegou correndo. Examinou minha avó na cadeira de balanço em que a tinham colocado. Sangrou, logo, generosamente. Levar para cima? Nem por nada. Armem uma cama aqui mesmo, nesse quarto de baixo e mandem já chamar o Elias. E que ele venha com as sanguessugas. Mandem também no Altivo, comprar um capacete de gelo. As crioulas saíram voando. Espero, espero. Está visto que espero, gente! Uai! Vocês tratem de parar de gritar porque eu só saio daqui deixando a prima Maria Luísa muito bem medicada. Sentou e ficou segredando com tio Meton — que arriara os bigodes que nem cortina — nele, sinal de raiva, de preocupação, de tristeza. O seu Elias era talvez o último representante de uma raça extinta — a do cirurgião-barbeiro. Cortava os cabelos, fazia os cavanhaques, peras, andós dos cavalheiros de Juiz de Fora, tratava das barbas floridas e bourbonianas do dr. José Cesário, é verdade, mas tirava ventosas simples ou sarjadas, era sangrador perito de qualquer veia, passava o sedenho para os médicos que ainda utilizavam esse recurso e aplicava com maestria as sanguessugas mesmo em regiões delicadas como a margem do ânus ou melindrosas como aquela plicatura dentre os grandes e pequenos lábios. Essa função meio médica e mais a dignidade de maçom — 2º Vig∴ 18∴ — obrigavam-no sempre ao uso de roupas discretas, e foi de fraque, chapéu-coco sobre as pastinhas louras do cabelo aberto ao meio, desprendendo um forte aroma das loções, das brilhantinas e dos talcos, que ele entrou em nossa casa. Conferenciou com o Almada e meu tio, desembrulhou o boião de vidro em que se mexiam os helmintos e iniciou sua aplicação. Ele fazia uma rodilha de pano úmido, como as dos que levam um peso à cabeça, nelas punha quatro, cinco, seis sanguessugas e aplicava contra a região da mastoide que ele desbastara um pouco dos cabelos. Quando ele tirava, tinham pegado uma, duas e ele recomeçava até que atrás das orelhas ficaram, bem presas e puxando, umas oito bichas de cada lado. Elas iam crescendo, inchando, ficando lustrosas e latejando. Caíam de fartas. Então o Elias metia-as numa terrina de água salgada onde elas bolsavam o sangue e recolhia-as ao boião de água limpa que viera com ele. Durante a operação, a Inhá Luísa, com os anéis moventes daquele serpentário, parecia uma Górgona* sem sentidos e respirando ruidosamente. Depois que tudo caiu, continuou o sangramento feito

---

* Impossível fugir dessa comparação apesar de idêntica à descrição da morte da avó do narrador da *Recherche*. É pseudoplágio inevitável.

uma baba empapando devagar o pescoço, o colo, os travesseiros, a camisola. Aí, puseram o capacete de gelo. Era feito de uma espécie de tecido impermeabilizado com trama cheia de quadradinhos pretos e brancos, assim como pena de galinha carijó, prendia-se embaixo do queixo e enchia-se por cima, onde havia uma rosca para abrir e fechar. Lembrava um barrete frígio e com ele arvorado, toda rubra, minha avó parecia uma alegoria sangrenta da República. Quando o Elias, o Almada e meu tio Meton acabaram, a Inhá Luísa (segundo aquela expressão de humor negro do nosso jargão médico) — *cachimbava*. Isto é, a cada respiração enchia a bochecha frouxa e depois deixava o ar sair fazendo pufe nos beiços que nem quem fuma. E estava para sempre sem olhos e sem ouvidos para os sons e as formas deste mundo. Mergulhada nas águas negras do coma — nas águas negras e profundas do coma cárus. Coitada de minha avó. Nunca mais que ela boiaria à tona da vida. Logo ela, que amava tanto a vida, com o que ela lhe dera, com o que ela lhe tomara — ia morrer, segundo a sentença que o Almada sussurrara a meu tio. Desesperador, inútil, nada a fazer. Morrer! ela tão contra a Morte que, tendo ido visitar as covas dos parentes, em Santa Bárbara, recuara e se negara a entrar no cemitério, cuja porta arvorava dístico igual ao da capela famosa de Évora: "Nós, os ossos que aqui estamos, pelos vossos esperamos". Pois agora ela ia levar os seus para juntar-se aos que os aguardavam debaixo da mole pesada dos sete palmos... O Almada saiu dizendo que voltaria à noite. Recomendou que se renovasse o gelo derretido, que se entretivesse o sangramento, esfregando com linimento de linhaça a região onde as bichas tinham chupado, que se desse a aguardente alemã. E as injeções de óleo canforado. Quando as filhas ouviram que era caso de óleo canforado, puseram a boca no mundo. Então mamãe tá perdida? Os convidados para o jantar chegavam, caíam das nuvens, e iam ver a doente estertorar, aceitavam um sorvete compungido e voltavam para casa. Sempre ficaram uns poucos. O Antonico, que logo reclamou vinho do Porto para a vigília. O Mário. A d. Maricota Ferreira e Costa. A tia Dadinha, a Titita e o Clóvis Jaguaribe com a Zima. O Nelo — o noivo — que chegara de fraque, plastrão e camélia branca no peito. Nas suas águas tinha vindo o Cícero, que aproveitou e foi se preparando para passar a noite. Estava impecável, cabelo aberto ao meio e colado à cabeça, como os dos retratos do Max Linder. Terno cinzento, sapatos de verniz cujos ilhoses eram atravessados por largas fitas de seda. Ao entrar, tirara o vasto chapéu de palha e desapertara de um dos botões do paletó o cordão que vinha da copa do cujo. Usava-se assim, para o *XPTO London* não ser carregado pelos grandes ventos. Dos bondes a nove pontos. Dos automóveis vertiginosos. Cada um foi se servindo, ao deus-dará. Para um menino aquilo foi uma orgia de doce, queijo e uva-branca à tripa forra. O Nelo e o Cícero, prestimosíssimos, consolavam, noivavam, namoravam, entravam francamente até à cozinha, tinham acesso aos armários, distribuíam as rações de água de melissa e flor de laranja, davam logo os sais ingleses para cheirar, quando o mulherio elevava o diapasão dos gemidos e alteava a escala noturna dos ais. Na incerteza do paradeiro do Major, tinham telegrafado para Guanhães, Minas Novas, São Miguel do Jequitinhonha, Diamantina, Januária, Malacacheta, Araçuaí, Teófilo Otôni, Brejo das Almas, Itinga — chamando perdidamente. A resposta chegou no dia seguinte, à noite. Desolado, sigo. Vinha da Diamantina. Nesse segundo dia da doença, minha avó, desidratada pelas sangrias, pelos drásticos — tinha afilado o rosto e deixado transparecer os traços da raça ornitológica dos Pinto Coelho da Cunha. O queixo lhe fugira, as têmporas tinham se salientado, o nariz adquirira o ar adunco e rapace dos antepassados. Despersonalizava-se, perdia de si e virava numa espécie de síntese familiar que ia morrer (na sua expressão provisória de indivíduo) subsistindo nos filhos, netos, bisnetos — inclusive o que nunca a viu nem ela a ele e que quando ri, não ri como o pai, nem a mãe, nem os avós — ri com o riso que eu conheci na sua bisavó e minha avó. Ri de Pinto Coelho — mal sabendo direito que nome é esse. Entretanto, lá lhe corre o sangue inexorável. Essa mesma carga que todos carregamos, igual para todos. Não morri jamais de amor por minha avó. Mas sei quando ela coça dentro do meu corpo e quando nele pesa. Pedra. E agradeço o que dela me veio da ancestralidade que tanto prezo. Por ela é que subo os troncos de mineiro, de paulista, de ilhéu, lusíada e galego que misturo aos outros sangues cristãos e latinos que me chegaram do setentrião. Ela estava morrendo e eu sentia confusamente que cada um de nós morria um pouco daquela morte da filha do Luís da Cunha. Ali estava se rompendo um elo e começavam as separações. O caleidoscópio familiar ia mover suas pedras e formar novas rosáceas...

Aquilo foram dias de balbúrdia, de liberdade dos meninos, de calaçaria das negrinhas, dum entra e sai, dum servir de café, dum abrir de garrafas de vinho do Porto como nunca se vira no 179. Não se fechavam mais portas nem janelas. Havia sempre dez, quinze, vinte pessoas, entre filhas em pranto, netos, visitas, parentes, comadres e curiosos — dentro do quarto da agonizante. Todos davam palpites, sugeriam remédios, que se despachasse o Almada e se chamasse a rezadeira de Milheiros, traziam imagens, fitas santas, palhas milagrosas, bentinhos, orações fortíssimas, terços que tinham tocado na santinha Bernardette, no Menino de Araceli, no Santo Sepulcro, contas do rosário do padre Júlio Maria, água de Lourdes, água da Aparecida, água de Lagoa Santa, água do banho do monsenhor Horta. O Nelo e o Cícero regiam a orquestra e tomavam todas as providências. Na noitinha de 3 de setembro a Inhá Luísa já era coisa diferente, pessoa que eu nunca vira. Tinha a face cor de cinza e cor de vinho. As mãos, amarelas. Os pés, de gelo. Os olhos entrados de crânio adentro, pálpebras coladas. Tal como se sua substância fosse do aço do Luís da Cunha — uma ferrugem pulverulenta que lhe dera nas narinas, nos lábios, na língua seca e curtida. E aquela respiração formidável. Parecia parar. Depois, retomava fraca e espaçada, como ruído que viesse do fundo da chácara. Ia chegando perto, crescia, invadia o quarto, a casa, a rua, a cidade e era como um sustenido de órgão que podia ser ouvido da Creosotagem a Matias Barbosa. Depois do pico, começava a descer, feito água de enchente, amainava, distanciava, entrecortava, voltava para os fundos, para a rua de Santo Antônio. Sumia um instante. Todos olhavam para ver se estava na hora da vela. Não estava e o ruído recomeçava mofino, ia chegando perto, empolando, tomando novamente conta de tudo — num vaivém de onda que incha, arrebenta, desmorona, recua. E volta. Dia 4, de madrugada, a harmoniflauta parou de repente. Mal deu tempo para a vela. Houve aquela gritaria das filhas e das negrinhas, tia Dedeta perdeu os sentidos e tio Meton chegou, diante da boca de minha avó, um espelhinho que não embaçou. Deu tudo por acabado e, aplacado o rodamoinho do primeiro momento, já se começava a combinar a mortalha, quando a respiração tornou a vir subindo de longe — que nem vaga que avoluma, chega, estoura, desaba, retrocede. Foi uma alegria. Mamãe está viva, mamãe está viva. Vai curar. Foi milagre de d. Bosco. Pode ser que tenha sido. Entretanto, foi milagre de pouca duração porque às nove horas da manhã o negócio entrou mesmo para valer. A Senhorinha, atenta, teve tempo de pôr a vela de acordo com a hermenêutica. As filhas se ajoelharam e não houve segundo desmaio. O Cícero soluçava. Todos se entreolharam quando parou o estertor e ouviu-se aquele longo e descansado sopro de esvaziamento. Logo minha avó ficou cor de marfim, sua boca voltou ao lugar e seu perfil destacou-se da meia-luz do quarto como lâmpada se acendendo, como fino camafeu se recortando. A musculatura da face, não mais turbada pela alma, coagulou-se na placidez absoluta da ausência de toda expressão. A defunta embelezou de repente, remoçou de vinte, de trinta, de quarenta anos, retomou a figura que o Inácio Gama vira passavalsando — linda como passa um anjo. Aquilo foi tão extraordinário que o dr. Aroeira, impressionado, foi chamar seu Lemos para fotografar a morta. Primeiro fizeram uma chapa, ela deitada, vestida na matinê de quadrinhos brancos e pretos. Um retrato íntimo. Depois o de cerimônia, minha avó no caixão, cercada de tocheiros e dum mundo de coroas. Amortalhada de Nossa Senhora do Carmo, hábito de veludo marrom, touca e peitoral de opala branca, véu de cetim preto, escapulário e rosário. Essas fotografias vieram nos acompanhando e assombrando pela vida afora, até que minha Mãe, quando se sentiu velha e começou a pensar na morte, queimou as dela. Não sei o que minhas tias fizeram de suas cópias. Dentre as coroas, a mais linda e luxuosa, de amores-perfeitos de tafetá vidrado, foi a da neta querida, cujo marido, implacável, não permitira que ela viesse ao velório. Tia Iaiá queria devolver e mandar jogar tudo na rua Santo Antônio, de mistura com um bom pombo sem asa, mas acabou cedendo às ponderações de tia Regina e diminuindo o destampatório. Lá falando e xingando e descompondo, isso continuou — que ninguém mandava na boca dela não! Imaginem! Ainda estava por nascer o pintado que segurasse sua língua forra. O enterro, que devia ser às nove horas do dia 5, foi sendo protelado porque as filhas, apavoradas com a síncope da véspera, tinham medo de enterrar a mãe viva. Só quando ela começou a invadir o ar é que consentiram. O Paletta, chegado à última hora, respirou com deleite aquela atmosfera corrompida. O cheiro clássico do inimigo morto... Ele mal conseguia disfarçar. Estava radiante e fazia grupo à parte com os irmãos e parentes dele. As manas Vitória, Teresinha, Nhanhá e Cecília, o mano Filipe, a cunhada Marocas e a irmã desta, a Zilda do Quixoto. Tia Iaiá, entre dois soluços, rosnava imprecações contra aquela *bicancagem* (como ela dizia) que ali estava salvando as aparências. Duas vezes o Antonico Horta tomou providências para o saimento.

Apagava as velas, fechava o ataúde, distribuía as alças e, quando tudo ia seguindo, as filhas desmandadas atracavam-se no caixão, faziam voltar, abrir, para beijar mais e despedir outra vez. Na terceira investida, o Antonico já estava uma onça e disse que o enterro agora saía e saía de qualquer jeito. Onde é que já se vira semelhante despropósito? Aquilo até era uma falta de respeito. Todo mundo reclamando, o padre safado da vida. Afinal saiu. O caixão foi posto no coche fúnebre que seguiu a passo, acompanhado por Juiz de Fora em peso e a pé. Duas horas depois, segundo determinara tia Iaiá, as coroas voltaram do cemitério e foram guardadas no quarto em que a avó morrera, para servirem outra vez no Dia de Finados. A lembrança daquela sala fechada e cheia das rodas roxas das flores de pano é um dos assombramentos de minha infância. Eu tinha a impressão de que a Inhá Luísa voltara morta e que estava pendente naquele aposento, como no delas as esposas degoladas do Barba Azul. Aliás sua presença começou a ser sentida na casa em pânico. As negrinhas diziam que de noite ela mexia no piano. Da cozinha ouvia-se, de madrugada, uma batida de colher em fundo de prato: era ela, era ela, fazendo maionese. E uma noite, quando subimos para dormir, meu mano José recuou, vendo nossa avó ajeitando as cobertas de minha irmã Ana — já deitada de mais cedo. Mas pouco a pouco seu fantasma foi se esbatendo...

Durante a doença e nos dias sucedentes à morte de minha avó, os jornais de Juiz de Fora fizeram *notícia* da ausência do Major e da sua desesperada viagem através de Minas, vendo se chegava a tempo de colher o último suspiro da mulher. Publicavam seus telegramas diários e lancinantes. O primeiro, da Diamantina. O segundo, da Gouveia, ele já em jornada. Depois, os demais, um a um. De Inimutaba e do Curvelo. Do Buriti da Cachoeira, da Paraopeba e da Sete Lagoas. Então — dizia o Antonico — é que tio Quincas está vindo mesmo por Belo Horizonte. Era. Confirmando, logo chegaram os telegramas de Pedro Leopoldo e da capital. Como o resto da população, eu acompanhava cada légua do itinerário de meu avô e, durante o dia ia várias vezes à janela, esperando ver chegar sua diligência, sua tropa, suas telegas disparadas. À noite custava a dormir, imaginando seu advento, de madrugada. Eu via a cena. O ruído da cavalhada, a gritaria dos peões, meu avô sofreando à nossa porta e pulando da alimária que ali arrebentava estafada. Ele, sem paletó, sem chapéu, em ceroulas, as barbas empapadas de terra e lágrimas formando aquele barro de cara de viúvo e perdendo os sentidos nos braços das filhas que o amparavam. Havia de ser assim. Pobre avô! Uns quinze dias depois da morte da Inhá Luísa, quando desci para tomar café, dei de cara com o Major chegando pelo noturno. Estava esplêndido. Moreno e corado, cor de cobre, tostado do sol sertanejo, barbas grisalhas e bem tratadas, olhos serenos, longas mãos limpas e cuidadas, magro, coberto de negro, em folha. Sim, senhores! um viuvão. Com sua voz calma e pausada, ele expunha às filhas debulhadas o que pretendia fazer. Íamos todos nos mudar para Belo Horizonte. Vida nova, tudo novo. Não! Não se leva nada. Cada uma que escolha um ou dois móveis, como lembrança da Maria Luísa, porque eu vou vender o resto e passar o martelo nessa cacarecada toda. Tudo em leilão. Tia Iaiá declarou logo que ela e o *Moço*, não. Eram senhores de seus narizes. Ou ficavam ali mesmo ou voltavam para o Ceará. Decidiu-se a ida de minha Mãe, filha dependente, e tia Dedeta, filha solteira. Das negras, iria só a Deolinda. A ideia da mudança encantou-me e eu já me via livre do Lucindo Filho e das fanfarras patrióticas do seu Machado. Que delícia! E de mais a mais, Belo Horizonte, que lindo nome! Fiquei a repeti-lo e a enroscar-me na sua sonoridade. Era longo, sinuoso, tinha de pássaro e sua cauda repetia rimas belas e amenas. Fonte. Monte. Ponte. Era refrescante. Continha fáceis ascensões e aladas evasões. Sugeria associações cheias de nobreza na riqueza das homofonias. Belerofonte. Laocoonte. Caronte. Era bom de repetir — Belorizonte, Belorizonte, Belorizonte — e ir despojando aos poucos a palavra das arestas de suas consoantes e ir deixando apenas suas vogais ondularem molemente. Belo Horizonte. Belorizonte. Beorizonte. Beoizonte. Beoionte. Fui à nossa sala de visitas e apliquei no ouvido a concha mágica que me abria os caminhos da distância. Ouvi seu ruído helênico e o apelo longínquo — beoiooooooo — prolongado como o silvo dos trens que subiam de Caminho Novo acima, *dobrando* o canto dos apitos na pauta das noites divididas.

Depois da missa do trigésimo dia, tudo se precipitou. O Paletta muito mudado, muito amável com o sogro torto e as cunhadas, trazia minha Mãe nas palminhas. Muito acessível, aconselhou a todos como proceder com relação aos bens de sua finada sogra. O Major ficaria aquinhoado com quatro sesmarias do Halfeld, as apólices, as casas da Serra e a metade do 179. A outra metade do sobrado, para a dona Hortênsia. A dona Risoleta teria a casa de Belo Horizonte. O que ele, Paletta, queria era dar parte livre e melhor à dona Diva, por ser viúva: a casa nova construí-da nos terrenos do 177 e mais o pedaço correspondente da chácara que ia até à rua Santo Antônio. Ele e a mulher ficariam com os lotes restantes e duas sesmarias em Antônio Dias Abaixo. O alvitre foi aceito. Como o dr. Paletta estava, gente! Parecia outro! Para terminar com esta história, diga-se que a casa que coube à minha Mãe foi logo alugada pelo próprio Paletta para moradia da filha Estela e do genro Antônio Meton. Mais tar-de, com minha Mãe em Belo Horizonte, ele, para não incomodá-la, ia pagando os impostos — como já adiantara para o inventário. Quando foram fazer o encontro de contas, ele era credor de mais da metade da propriedade. Era impossível pagar e minha Mãe ainda ficou muito grata quando ele, para tirá-la de apertos, comprou o restante. Assim vendemos na bacia das almas nossa linda casa de três janelas no melhor ponto da rua Direita. Mas não lhes aproveitou esse acréscimo, aos compradores... O velho clamor do Êxodo: 22, 22... Pois não é que ele chegou aos ouvidos do Senhor? e que acendeu a sua ira? O que sei é que a herança do Paletta e da tia Berta tem sido um tendepá de filhas, genros e netos engalfinhados.

Também as joias de minha avó foram distribuídas, levando-se em conta que quase todas tinham vindo do Halfeld e portanto a Halfeld deviam voltar. Do restante, a melhor parte enfeitaria a filha solteira. O sobrante, nem era sobrante porque ela já tinha dado em vida à filha predileta. Você, Diva, viúva, não precisa joias. É até esquisito você apa-recer por aí, toda emperiquitada feito a Zezé. Fica com o anel de esme-ralda, a volta de pérolas, a cruzinha de brilhantes e os camafeus de que mamãe gostava tanto. E lamba-se que já é um lembrança. A canga fez-se para o boi e minha Mãe concordou. Mas estou me adiantando demais e contando coisas que, àquela ocasião, estavam nos limbos. O que interessa é que veio o leilão. Vi a casa invadida, uma multidão den-tro de nossa mais absoluta intimidade — como porcos pisando na vida da gente. Os gritos do leiloeiro, o quem dá mais? quem dá mais? minha bicicleta arrematada, eu a pé, as marteladas, os turíbulos espalhados, os cibórios dispersados, a ara quebrada, os altares derrubados e a Inhá Luí-sa morrendo outra vez, outra vez, outra vez — a cada lance que demolia o Templo... Nossa mudança para Belo Horizonte ficou marcada para o dia 25 de dezembro de 1913. Natal. Uma família acabava na rua Direita. Uma família recomeçava em Belo Horizonte. Natal.

> Maravilha de milhares de brilhos vidrilhos,
> Calma do noturno de Belo Horizonte...
> [...]
> Vem, gente! vem ver o noturno de Belo Horizonte!
> MÁRIO DE ANDRADE, "Noturno de Belo Horizonte"

Antes de embarcar tivemos a despedida dos restos de minha avó no Cemitério Municipal. Subi a rampa com minha Mãe e meus irmãos. A Inhá Luísa tinha sido enterrada no alto, à direita, e sua sepultura ficou situada entre a do Pai, Luís da Cunha, e a de sua mãe, Mariana Carolina Pereira da Silva da Cunha Pinto Coelho. Perto ficava a da sogra, viscondessa de Jaguaribe, morta em 1912, e cujos ossos foram trasladados depois, para o Caju, no Rio, onde repousam com os do marido. Naqueles túmulos estão, ainda, meu tio-avô José Luís e meu tio-bisavô Modesto José. A impressão que eu recebi dessa visita ao cemitério, da estreiteza de suas alas e da altura assobradada das sepulturas foi tal, que isto virou matéria do pesadelo que, vez que outra, solta no meu sono a ronda daqueles mortos. Os da família e os mais. Esse sonho é tão nítido que fixou para sempre, em mim, sua representação topográfica, e permitiu que eu, no dia do enterro do tio de minha mulher, o dr. João Penido Filho, a 23 de junho de 1945, fosse, sem hesitação e sem erro, visitar as covas dos antepassados. E havia trinta e dois anos que eu lá estivera... Depois disso, passei a lá voltar, cada vez que vou a Juiz de Fora.

O dia de nosso embarque foi uma balbúrdia, com lágrimas, embrulhos, engradados e parentes dizendo adeus. Seguíamos pelo rápido, para Belo Horizonte, o Major, minha Mãe, meus irmãos, tia Dedeta, eu, a Deolinda, a Catita e mais tia Berta e a Laliza, que aproveitavam a ocasião para irem arejar. O Paletta que ficasse na Creosotagem. Éramos ao todo doze pessoas que íamos nos hospedar em casa do tio Júlio Pinto, à rua Pouso Alegre, esquina de Jacuí, em frente ao Colégio Santa Maria. Quando nos alojamos no trem, fiquei encantado com o aspecto decorativo do carro em que íamos viajar. De cada lado dois bancos simples e dois duplos, de madeira escura e pesada, forrados de uma palhinha de que o carvão da máquina e a sujeira do Caminho Novo tinham escondido a verdadeira cor. Podiam sentar vinte e quatro passageiros, separados de outro tanto, do outro lado do vagão, por uma área em que davam, dum lado, a privada suspensa sobre o abismo (e eu logo descobri a distração lúdica da mijada vertiginosa escorrendo sobre o cascalho da via férrea) e, do outro, o filtro com a água choca imbebível e a bomba de cobre azinhavrado que alimentava o jato intermitente da torneira. Essas pias, filtros, latrinas e bombas separavam-se dos salões dos passageiros por portas de vaivém, envidraçadas com cristal *biseauté*, onde estava gravado E.F.P. ii — Estrada de Ferro Pedro ii. Esses vagões imperiais correram até às décadas dos 20, talvez dos 30. Eram carros anteriores à *belle époque*, coevos do trem fantasma da *Légende des chemins de fer*, dos comboios dos contos de Maupassant e do que esmagara as carnes insuperáveis de Anna Karenina. Entre os bancos, uma passadeira de veludo imunda, em tempos vermelha e tornada parda pelos passos, lama das botas, cigarros atirados, baganas de charutos, pelo vômito dos que enjoavam, pelos escarros dos catarrentos ou pelas esguichadas dos que cuspiam para passar o tempo. Em cima, de cada lado, as grades metálicas dos porta-malas, porta-embrulhos, porta-matalotagem, porta-tudo. No teto cheio de frisos, as lâmpadas de gás que fechavam com hemisférios de vidro bem ajustados pela cerclagem de metal. As janelas abriam-se para novos mundos em movimento, para paisagens mutacionais e mutáveis, para céus cheios de nuvens, de urubus e da lambada dos fios elétricos apressando o trem. Na Creosotagem, pendurados nas janelas, demos adeus! adeus! à Tesinha, que aparecia enchapelada no alto da escadaria dos seus paços. Aquilo foi a última imagem de Juiz de Fora. Diria melhor a penúltima, porque a última foi Ewbank da Câmara — fim das águas territoriais da zona do Paraibuna. O nome, lido na estação, ficou no ar como papagaio preso ao fio e ondulando amarelo no ar azul. Das alturas vertiginosas da Mantiqueira, tia Berta mostrou o lago artificial da fazenda onde nascera Santos Dumont. Parecia um espelhinho visto de cima de um arranha-céu. De vez em quando o trem parava e *bebia água* pelo vasto tubo de couro das caixas postas à margem da linha. Mantiqueira. João Aires. Meu avô descobrira logo um amigo e apresentou-o às filhas. Era o coronel Jorge Davis. Logo os dois se empenharam numa grande conversa de que eu, de dentro do cochilo e da batida monótona do trem de ferro, captava pedaços de frases; palavras soltas (às vezes preciosas e sem sentido, como pedras desengastadas de joias); toponímias espantosas, como as referências dos dois ao *Desterro do Melo*, à *Caveira de Cima*, à *Santa Bárbara do Tugúrio*; à fortuna representada pelo babaçu; às possibilidades do óleo da mamona e da cera de carnaúba; da necessidade de serem ligadas por canais as grandes bacias fluviais do Brasil. Meu avô, num momento, confidenciou ao Davis as ideias do seu mano Dominguinhos que, para economizar a mão de obra, pensava em adestrar macacos para a colheita dos grãos de café. Orangotango ou chimpanzé? perguntou o interlocutor, gozando. Atrasados, já tínhamos devorado as matalotagens e os guarda-freios acendido as lâmpadas. Voávamos, quase chegando a Barbacena, quando vi a Maria Luísa Paletta, que se sentava à minha frente, levitar-se até quase ao teto do vagão e desabar por cima de mim. Vidraças se partiram, tudo se sacudiu como num terremoto e, quando o trem parou, estávamos adernados por um descarrilamento. Numa curva, os dormentes podres tinham soltado os trilhos. Foi um desconsolo. Íamos ficar ali até que viesse nova composição para nos levar a Miguel Burnier, onde baldearíamos para a bitola estreita. Meu avô, que saíra em busca de informações, voltou dizendo que estávamos encostados na Barbacena, pertíssimo do Alto do Cangalheiro. A essa indicação, tia Berta e minha Mãe persignaram-se. O lugar não era dos melhores para passar a noite. De fato, na medida que esta caía e se adensava, começou a vir daquela elevação mal-assombrada como que um riso e um sussurro. Afinal, o trem de socorro. Fomos até a estação em que passamos à bitolinha. A viagem continuou dentro da noite mineira. Madrugada alta (tínhamos um atraso de oito horas), chegamos a Belo Horizonte. O bonde elétrico encostava na estação e foi nele que subimos para o bairro da Floresta. Esperavam-nos, de pé, tio Júlio, tia Joaninha, a Marianinha, a Melila e o Durval. Antes de entrar na casa eu contemplei, da esquina, a vista da maravilha de milhares de brilhos vidrilhos. Dali, daquele alto, olhando um pouco para a esquerda, eu vi luzindo dentro da cidade perfumada duas fileiras de focos elétricos. Eram os da avenida Afonso Pena que começava no Cruzeiro e terminava na praça do Mercado. Mais importante que ela era certo logradouro que a cortava e que se chamava rua da Bahia. Também tinha princípio e fim. Perdeu os dois quando foi descoberta pelo poeta Carlos Drummond de Andrade.

2. Serra do Curral

Nul n'ignore plus que la poésie est une solitude effrayante, une malédiction de naissance, une maladie de l'âme.

JEAN COCTEAU *in* ANDRÉ FRAIGNEAU, *Cocteau par lui-même*

Com dez anos vim para o Rio.
Conhecia a vida em suas verdades essenciais.
Estava maduro para o sofrimento
E para a poesia.

MANUEL BANDEIRA, "Infância", *in Estrela da vida inteira*

EU TAMBÉM. COM DEZ ANOS subi o nosso Caminho Novo, mudado para Belo Horizonte. Já tinha provado tudo que nasce do contato com o semelhante. Amizade, carinho, ódio, rancor, ciúme, rudimentos de amor. Experimentara proteção, ajuda, perseguição, desamparo e a gelatina da indiferença. Fora preferido e escorraçado. Vedete e passado para trás. Sentira o arrocho dos círculos concêntricos do mundo e vira a Morte se intrometendo. Aprendera a carne, começando pela pornografia. Sabia chorar e dissimular. Conhecia, pois, a vida em suas verdades essenciais e estava pronto para a transida solidão da poesia. Vai, Pedro! toma tua carga nas costas e segue.

No dia de nossa chegada, cedo ainda, no escuro da noite que continuava, começou aquele vozerio e aquele movimento na casa — como quando alguém madruga para apanhar o trem. Não era viagem, não. Era a hora de levantar da família. Quatro e meia. O Major recomendara que todos os seus, como hóspedes, se pusessem no mesmo diapasão. Às cinco, tudo na mesa. Torrada escorrendo manteiga, café com leite, pratarradas de mingau de fubá com açúcar e queijo picado, broa de milho,

mãe-benta. Olhei os donos da casa. Tio Júlio, *tia* Joaninha, a prima Marianinha. Os sobrinhos órfãos criados de meninos, o Durval e a Melila Elisa. Os primos pobres agregados — o Juca, o Napoleão Bonaparte. Tudo
de cara amarrada diante do dia-obrigação que nascia e da porca da vida
continuando. Eu já tinha visto o tio Júlio em Juiz de Fora, quando ele
fora consultar o Meton para os olhos. Estava ficando meio cego. Lembro
do médico no gabinete escuro, uma vela atrás da cabeça do paciente,
uma lupa na mão esquerda e dirigindo, com a direita, o raio de luz de
um espelho, que batia no olho como pedra de isqueiro e logo tirava
centelha daquela esmeralda de pupila de Pinto Coelho. Depois pôs um
pouco da urina do velhote numa colher de sopa, levou-a à chama da
vela que ficara acesa e logo tudo coalhou e virou na película leitosa da
albuminúria maciça. Sim senhor, seu Júlio. Esse dr. Cícero tem mesmo
razão. Sua baixa de vista é dos rins. Mal de Bright, como se chama. Não,
senhor! não, senhor! nada disto, homem! Vosmicê vai se curar e ficar de
novo que nem lince ou eu não sou Meton nem me chamo Alencar. Mentia com um descaro e uma jovialidade de médico saudável, batendo nas
costas do parente que ele sabia contado, pesado e medido. Continuou. E
vamos para a mesa que o lombo de porco de sua mana está nos esperando. O doente levantou fungando e foi meter-se nas gorduradas habituais. Era difícil ver outro machacaz bonito como tio Júlio. Com a testa
alta; os olhos dum verde de água-marinha; o nariz aquilino, duma niti-
dez de entalhe de gravura; a boca bem traçada; o lábio superior em forma de arco; o crânio quadrado, o pescoço proconsular e o tronco reple-
to — era ver o busto de Nero da Sala dos Imperadores, no Museu
Capitolino. Até aquelas orelhas ligeiramente acabanadas da *gens Domi-
tia*... Era também difícil saber o jeito de como o dono dessa cabeça romana conseguiria imprimir à beleza incisiva de estátua a permanência de
sua expressão dura e antipática. Eu comia de cabeça baixa, olhava de
esguelha e ia recuperando a repulsa que sentira pelo tio-avô quando ele
estivera consultando em Juiz de Fora. Nessa oportunidade ele levara a
filha e a *tia* Joaninha, que aproveitara a viagem para ir tirar a siá Beta da
rua do Sapo. Lembro da manhã em que ela foi, de carro, buscar a mana
tresmalhada e de quando chegaram. A primeira, num costume preto,
gola alta, cara severa, banhas prósperas. A segunda, num vestido velho,
pescoço engelhado, cambaleando um pouco e desprendendo o cheiro
forte da cachaça com vinagre que tomava — metade como remédio,

metade por deleite. Entrou feito uma gata e já queria ir se meter na cozinha, com as negras. Minha avó é que atracou-a pelo braço, levou-a para banhar-se, para vestir-se da cabeça aos pés com roupas de tia Iaiá e sentou-a depois, perto dela, numa cadeira de balanço. Logo retomaram uma conversa antiga, de meninas e de Santa Bárbara do Mato Dentro. A cada neto ou neta que entrava, a Inhá Luísa ia mandando tomar a bênção da prima recuperada. Tia Regina fazia a mesma coisa. Eu olhava agora para ela também. Tinha largado a cachaça com vinagre, dera para rezar e, toda de negro, cabelos brancos, olhos muito claros e a pele de marfim — parecia o fantasma duma rainha defunta. Era mais descarnada que o jacente de Catarina de Médicis, em Saint-Dénis. Só se animava quando via padre. Então corria e chegava perto se agachando, ajoelhando, chorando, beijando a mão e pedindo perdão, com uma humildade total, horrenda, revoltante ao mesmo passo que aflitiva e comovente. Sua regeneração, começada com a velhice, fora respaldada pela religiosidade espavorida que lhe incutira o padre Severino. Às cinco meia a casa já estava vazia dos marmanjos. Era regra. Trabalhando ou trocando perna, na rua. No gineceu só ficava o mulherio. Meu avô fora com o Napoleão Bonaparte ver a casa de propriedade de tio Júlio, que pretendia alugar. Ficava perto — rua Januária, 327. Tio Júlio saíra com o Juca, que era quem o levava para espairecer — que o *seu coronel*, meio cego, já não podia ir sozinho às matinês com que se gratificava hebdomadariamente à avenida Oiapoque ou à rua dos Guaicurus. Às dez horas, tudo de volta para o almoço que era em ponto. Nem um minuto antes, nem um minuto depois. A cozinha era igual à da casa minha avó, só que com mais gordura. Tudo nadava em banha de porco. O feijão arrefecia, fazendo natas e escamas de banha. O arroz, quando esfriava, ficava preso ao fundo da travessa por um coágulo espesso de banha. Nesse tempo não havia colesterol e o agudo dr. Cornélio dizia que o corpo humano é como máquina: precisa gordura para lubrificar... A conversa, na mesa, era só dos grandes. Menino, moita. Meu avô dizia ao cunhado que estava fechado o negócio: alugava a casa. O proprietário, gentil, propunha ao inquilino fazê-lo sócio da Sociedade de Geografia, do Instituto Histórico. Queria apresentá-lo ao dr. Jacobina, ao Nélson de Sena, ao Leopoldo Gomes, ao Álvaro da Silveira, ao Clodomiro, ao Verdussem. E você precisa acabar seus arrufos com a Guarda. Quero que você conheça o coronel Germano, o major Líbano. *Tia* Joaninha e a Marianinha pontificavam perante tia Berta e minha Mãe, verberando a imoralidade dos tempos, contando da safadagem que passara a lavrar em Belo Horizonte desde que tinham chegado à cidade os trilhos da Oeste de Minas, reprovando a falta de decoro das modas e sobretudo a imodéstia das moças de família de olho pintado que nem *turca* da rua dos Caetés, a cara cheia de Creme Simon e Rouge Daniel. O que as sem-vergonhas *careciam* era ter a bochecha avermelhada não de tinta, mas de tapa. Cambada! Tia Dedeta e a Laliza, caiadas e rebocadas, iam encaixando as indiretas... A Melila e o Durval mastigavam calados. Ela, a Simira e a Marocas ajudavam a Marianinha nas tarefas domésticas. Ele estudava para dentista e, apesar de homem-feito, odontolando de fraque e chapéu-coco, tinha de chegar em casa às sete da noite. Quando queria ir a um cinema, a um baile ou à *zona* — era de fugida e a mana velava, no escuro, para abrir, de madrugada, a janela furtiva que ele pulava. Tinha os olhos muito azuis da família, a cara arquibondosa e arquialvar daquele Carlos de Habsburgo que seria imperador da Áustria por morte de Francisco José. O Juca e o Napoleão Bonaparte eram nossos parentes pelo lado Pereira da Silva. O primeiro era primo-irmão de minha avó e do tio Júlio. Sua burrice era triste e resignada. O segundo, cunhado do falecido tio Carlinhos (pai da Melila e do Durval), era o tipo acabado do imbecil entusiasmado e ovante. Mentia como espingarda velha. Mudara o sobrenome para Mentzerg e fabulava dizendo-se filho de alemães. Logo ele, com aquele seu moreno de *tira-teima*... Eram ambos de São João do Morro Grande e capitães de nascença. Depois do almoço, nova dispersão dos marmanjos. Tia Berta, tia Dedeta e a Laliza foram arejar do ambiente abafado, indo ver as últimas novidades da Casa Narciso. (Ah! Nem podia comparar com a Barateza... Vê lá se Belo Horizonte chegava aos pés de Juiz de Fora...) Minha Mãe ficou para dar uma demão à Marianinha, num tabuleiro de cidra cristalizada e numa tachada de sabão.

Minha prima tinha o nome da avó: Mariana Carolina Pinto Coelho. Não usava o Cunha. Tinha nos traços a mesma pureza antiga e escultórica da cara do pai, que ela reproduzia linha por linha. E os dentes admiráveis. E os olhos dum verde de hortelã. E a pele dum moreno de jambo. Seria uma mulher bonita se não fosse o corpo desastrado. Era alta, espadaúda e, apesar de gorda, tinha pouco busto. De nádegas, neres. O chamado tipo búfalo. Pior, pior, porque tinha um jeitão meio másculo, que durante muito tempo me deixou induzido em erro. Foi o caso de conversa que bispei entre tia Berta e tia Iaiá. A primeira estranhava que a Marianinha, rica e bonita, não tivesse achado casamento. A segunda, baixando a voz, perguntou à outra como é que a prima podia casar? com aquele defeito que tinha... Impossível... Uai! gente, que defeito? Aí veio o cochicho que não pude escutar e mal revi a Marianinha em Belo Horizonte, com seu ar decidido, sua energia, os ombros marciais e a cara venusina, tendo ao mesmo tempo de bela mulher e belo homem, tirei minhas conclusões. Era aquilo. Era aquele negócio da figura que eu vira passar à socapa, de mão em mão, entre os colegas do Lucindo Filho. A prima era hermafrodita! Assim a considerei — temerariamente! — longos anos, até que, já médico, interroguei minha Mãe e dei-lhe notícias de minhas perplexidades infantis. Afinal qual era o defeito da Marianinha? Nenhum. Só que nunca fora regulada. Ora esta! Que ideia a sua! Mas voltemos à cidra e ao sabão. Eu fui atrás de minha Mãe e da nossa *hermafrodita* para a cozinha. O doce de cidra parecia vidro por fora e dentro de cada pedaço havia uma moleza de calda. Eram verdes como os olhos da doceira. Ela preparou tudo para guardar num vidro de boca larga, separando o pratinho que ia mandar para a Cota Miranda provar. Depois segui-a ao terreiro. Num canto, um caldeirão, mais uma espécie de frigideira, mais uma panela, tudo imenso, cada um com três pernas e inteiramente de cobre. Eram utensílios de campo, explicou a Marianinha. Tinham sido do tio Halfeld. Dispensavam o fogão. Aqueles pés altos eram para deixar acender o fogo embaixo da panela, da frigideira, do caldeirão. Sob este foi que a Simira pôs a lenha. A Marianinha ia mandando despejar os montes de sebo, a cinza, um pouco de potassa, misturar uns punhados de *pau-de-sabão* de Pedro Leopoldo, uns molhos de folha de mamoeiro-macho. A mistura negra começou a ferver e a empestar. Enojado, voltei para dentro de casa e fui parar na sala de visitas. Nunca eu tinha visto nada mais limpo e mais geométrico que a residência do tio Júlio. Nem uma poeira, sequer mancha, sujeira, nódoa, pedaço de papel no chão, fio de linha caído. Tudo reluzia de limpeza. Tudo brilhava de esfregado. Cada coisa no seu lugar. Sentei a medo numa beira de cadeira estofada e senti a prisão do silêncio que se adensava, chegando perto do ponto crioscópico. Ia se precipitar o cristal e dentro dele eu ficaria preso, como um fóssil na rocha, entretanto vivo, vendo, sentindo, mas seguro. No exato instante, um ruído duplo, ritmado, surdo e crescente — quebrou o encanto. Era *tia* Joaninha entrando com a batida de suas muletas. Nada não, senhora! Tava só olhando as pinturas. Pois então sente aqui (assim, não! menino, desencoste e fique composto!), sente aqui e venha aprender quem são. Mostrou três telas a óleo. Duas tinham fundo cor de tijolo onde realçavam, na primeira, um velho de vasto topete, barbas fluviais, uma expressão triste e severa nos olhos verdes; na segunda, uma velha de ar gorducho, resignado e insignificante. O quadro do meio representava uma linda moça com o mesmo penteado, as roupas e a expressão da senhora pintada por Renoir em *La Grande Loge*. Começou por ele, agradada. Esta sou eu como eu era... Aquele, meu pai, Modesto José Pinto Coelho da Cunha, irmão de seu bisavô Luís da Cunha. Aquela, minha mãe, Joana Carolina Pereira da Silva Pinto Coelho da Cunha, irmã de sua bisavó Mariana. É por isto que eu sou como tia de vocês, como irmã de sua avó, da Regina, do Júlio. Para distinguir de minha mãe é que assino Joana Carolina Pinto Coelho Júnior. E assinava mesmo, desse jeito esquisito. Mostrou depois o *daguerre* de d. Mariana que acabou nas minhas mãos. Outros *daguerres*, o de sua avó d. Lourença e o da irmã desta, a baronesa de São Mateus. Um *fusain* representava o Luís da Cunha vestido de Alfredo de Musset, barbas de *hippie*, penteado de corte à inglesa, braço dado com a mulher e vítima. Havia também um autorretrato mortuário de *tia* Joaninha, feito com cabelos dela própria, colados numa porcelana cadavérica. Todas as molduras eram enfeitadas com flores monstruosas, artes também da prima, confeccionadas com os veludos e as belbutinas de seus vestidos velhos. Roxas, pardas, azulonas, verde-negras — pareciam de coroa de defunto. Percebendo meu interesse e instalada no seu assunto predileto, *tia* Joaninha ministrou-me a ducha genealógica até à hora do jantar. Minha avó d. Lourença, minha bisavó d. Maria Córdula, minha tataravó d. Maria Inácia, minha tia d. Brígida Inácia, meu tio Miranda, meu tio Felizardo, meu tio Nogueira da Gama — invariavelmente capitães ou coronéis —, minha prima d. Felicidade Perpétua, minha prima Itapagipe, minha prima Baependi, nossos primos Carneiros, Mirandas, Vales, Jales e Nogueiras do Ó. Tudo. Perguntei, depois, se era nosso parente aquele da peanha, o do busto colorido feito santo de altar, peito constelado de ouro e veneras. Não era. Deus me livre! Esse trubufu é coisa de seu tio Júlio e do major Líbano. É o tal. É o Floriano, o que ajudou o

Deodoro a *escramuçar* o nosso imperador. Olhou com nojo o busto do bonzo e tive medo, um instante, que ela o fosse demolir a golpes de muleta. Comecei ali uma amizade que duraria anos, com a velha prima (amizade não isenta de pânico porque sua conversa informativa e pitoresca só vinha de mistura com pitos, ameaças e descomposturas). Já no dia seguinte ela me admitia no seu quarto. Dava na alcova (sem outra saída senão passando em cima de seu cadáver vigilante) onde ela fazia dormir as moças donzelas — fossem da família, fossem criadas. Ah! ela conhecia bem os machos da casa e trazia as virgens debaixo de vistas. Depois do *curfew*, só os marmanjos podiam perambular nos corredores. No cômodo cheio de litografias piedosas, de palhas bentas, de relíquias e perante a *Folhinha de Mariana* — continuou a dar-me o pão nosso genealógico de cada dia. Dentro da casa, só ali havia oratório e santo na parede, porque tanto tio Júlio como a Marianinha professavam um ateísmo ostensivo. Causara escândalo em Belo Horizonte o que ele fizera com o padre Severino, quando este viera trazer a comunhão derradeira e a extrema-unção para o tio Luís. Chamado no Bar do Ponto pelo Napoleão Bonaparte, com a notícia de que o irmão estava morrendo, ele correra para casa cheio da dor que se transformou em fúria quando, subindo suas escadas, dera com a patacoada do pálio e com o padre Severino paramentado, cálice em punho, saindo, depois de ter administrado o mano nas vascas. Derrubou o reverendo com um pontapé na bunda, o cibório rolou, mas oh! maravilha: as hóstias ficaram no ar, volteando como borboletas e voaram para dentro do vaso sagrado assim que o sacerdote levantou-se e pôde apanhá-lo do chão. Pois aquele santo do padre Severino perdoara e ainda viera, anos depois, para confessar a siá Beta, fazê-la renunciar às pompas de Satã e esquecer as alegrias do tempo em que ela se deixara raptar por um cometa e fora exercer na Zona da Mata.

Júlio César da Cunha Pinto Coelho largara o César, o Cunha, o Coelho e era conhecido apenas como coronel Júlio Pinto. Caçula da irmandade de minha avó materna, era filho de Santa Bárbara, onde nascera a 31 de dezembro de 1849. Faleceu a 6 de março de 1916 — segunda-feira de Carnaval. Passou sua mocidade e primeira maturidade em Juiz de Fora, trabalhando com o cunhado Halfeld no nosso Caminho Novo, e depois no prolongamento das linhas da Pedro II até Barbacena. Como o meu avô Jaguaribe, era engenheiro prático e juntava a esta prenda mais a de mestre construtor e arquiteto. Bom arquiteto. Fundou em Juiz de Fora o Colégio Providência e o Liceu de Artes e Ofícios. Foi vereador à Câmara desta cidade, de 1895 a 1897. Sempre entusiasmado pela ideia da mudança da capital — e de mudança para o Curral d'El-Rey (como o Club Republicano do arraial já o reconhecia em 1890!), logo que se legislou nesse sentido, solicitou e obteve um lugar na Comissão. Com outros, foi um dos construtores das secretarias das Finanças, do Interior, da Agricultura, e do prédio de trás da primeira, onde funcionaram o Ginásio Mineiro e o Arquivo Público do Estado. Foi um dos autores do risco do Palácio da Justiça, um dos mais requintados de Belo Horizonte. A beleza de seu acabamento e as frisas da sua platibanda, reproduções de antigos baixos-relevos romanos, alegóricos ao direito — tornaram-se visíveis depois da construção do Automóvel Club. Das janelas deste prédio vizinho se aprecia o que foi o bom gosto e o apuro da ornamentação externa do nosso Tribunal da Relação. Marca do coronel Júlio Pinto: as escadarias excedentes nas calçadas de todas as edificações mencionadas. Em 1883 escreveu o *Roteiro de uma viagem em direção às águas virtuosas de Caxambu, Alambari e Caldas na província de Minas Gerais* — cheio de observações curiosas de naturalista e geógrafo. Publicou, com a colaboração do belga José Verdussem, um magnífico atlas universal e do Brasil, que serviu longos anos aos estudantes mineiros. Em Belo Horizonte foi um dos animadores da Sociedade de Geografia e do primeiro Instituto Histórico. Quando este fechou, entregou seu acervo ao Arquivo Público Mineiro, inclusive papéis de família que me foram mostrados pelo depois diretor Aurélio Pires e que não mais consegui localizar naquela repartição. Eram cartas de fidalgo concedidas aos Pinto Coelho da Cunha e suas gentes colaterais por d. João v, d. José i, d. Maria i, d. João vi de Portugal e por d. Pedro i do Brasil; documentos solicitando vantagens pelo fato de terem permanecido fiéis à metrópole durante a Inconfidência e postulando mercês por haverem comparecido às homenagens ao príncipe d. João, no Rio de Janeiro, tomando parte nas *corridas de argolinha*. Essa prova de destreza consistia em meter pela lança em riste, e tirá-lo, o anel pendurado num barbante, ao galope dum corcel. Ficou disto a frase feita. Diz-se dum bamba, dum bom, dum primeirão, dum destro, dum campeão — ser ele *de tirar argolinha*. Por sua morte e pela entrada da filha para um convento, um número colossal de outros documentos que ele guardava passou para as mãos de *tia* Joaninha. Esta, já velha e doente, não soube ou não pôde impedir que um seu sobrinho os inutilizasse, arrancando deles, como curiosidade para coleção — estampilhas imperiais e selos régios em relevo. Depois o autor dessa traça queimou, no terreiro, aquela papelada que atulhava as gavetas de duas cômodas enormes. Destruiu assim testamentos, inventários, contratos, codicilos, escrituras, recibos, roteiros, promissórias, diplomas, quitações, registros de hipoteca, instrumentos de procuração, convenções de doação, listas de precípuos, formais de partilha, títulos de fidalguia, foros de posse, cartas de sesmaria, patentes da Briosa, certidões de batismo, casamento, morte — duzentos anos de papelada de cartório e sacristia com os fastos de uma família que confunde sua história com a da capitania e da província — que tudo isto flambejou, estalou no fogo, derreteu seus lacres verdes, negros, vermelhos, espalhou-se em cinza e virou fumaça num fundo de casa da rua Pouso Alegre.

O coronel Júlio Pinto foi um dos derradeiros comandantes da Guarda Nacional em Minas e tinha garbo de se apresentar fardado em dias de parada, pátria-latejo, jacobinismo e Floriano. Azevedo Júnior nos seus "Retratos", publicados nas colunas de *A Capital*, descreve a figura do coronel, à época da fundação. "Mora num quase castelo. Jacobino rubro. Chapelão de aba larga, a cuja sombra pode ficar uma legião de florianistas *enragés*. Cavanhaque à general Glicério, ele é o coronel. Não é da idade da pedra, mas faz pedras... plásticas. Acha que Juiz de Fora é muito bonita cidade; não tem, porém, avenida Afonso Pena." O *castelo* era sua residência à via pública referida. Tinha torreões e ameias e era por isto chamado o *castelinho*. Ainda conheci, pintado de verde-bandeira, à sombra dos fícus... Foi demolido pelo progresso; as árvores, cortadas pela burrice. Mas voltemos ao coronel. Juiz de Fora e Belo Horizonte devem muito ao seu saber, experiência, operosidade. O estranho é que esse patriota acendrado, que esse cidadão prestante fosse, como era, um homem insuportável dentro de casa. Exceção feita de sua filha, o resto da família o execrava. A mulher não o aturou e cedo raspou-se para São Paulo, onde morreu. O Durval e Melila comeram fogo nas suas mãos. Sofreram dele crueldades físicas e principalmente os tormentos da crueldade mental e das humilhações. Tinha sido terrível com os escravos. Não suportava antagonismo. Cometia as maiores violências. Deixou tradições famosas entre os sobrinhos. O Mário da Cunha Horta referia que, menino, tinha servido de diversão ao tio, que gostava de fazê-lo rolar escadas. Quando cresceu e botou corpo é que pôde reagir e ameaçou de morte aquele demônio que já lhe quebrara duas vezes o braço. Foi só assim que cessaram calça-pés e tombos degraus abaixo. Ficou célebre a surra de palmatória dada num dos seus filhos. Uma dúzia de bolos puxados. Como o garoto tivesse gritado, outra dúzia, por causa do berreiro. Terceira dúzia pela pirraça de aguentar firme e sem chorar. Mais uma, quarta, por ter se mijado no fim da terceira. E daí por diante, pelo menino ter ficado assim ou assado — vieram a quinta e a sexta. Só não foi até à grosa porque a mãe do pequeno pôs a boca no mundo e amotinou a vizinhança. O Juca contou-me uma vez que o primo Júlio, como ele o chamava, morrera em estado de frustração por minha causa e de meu primo Tom. Caí das nuvens. Por quê? Juca. Ele achava que vocês eram muito paparicados pela Iaiá, pela Diva e dizia que tinha uma vontade doida de consertar os dois. Passar vocês no porrete... Assim por passar, para divertir um pouco, como fazia com o Mário... Lembro o tal porrete. Era liso, polido, nodoso, da altura dele, e servia de bordão para sua meia cegueira. Bem que ele o ensaiava nas minhas canelas, em ar de brincadeira, quando eu chegava perto para tomar a bênção. Ficavam as equimoses. Sacana de velho... Além da fama de crueldade, ele carregava a de derrubador. Saia, só deixava passar a de padre. As outras ele gostava de assungar. No fundo, o que o tio Júlio era mesmo, era um sobrevivente anacrônico, uma espécie de celacanto de outras eras, avatar da colônia, Pinto Coelho do século XVIII, com todas as brutalidades do coronelão do Pitangui, as qualidades todas e os defeitos dos filhos deste — os sátrapas do cascalho e da bateia, os sátiros das *ticoticadas*, que tinham povoado o centro das minas e cuja descendência legítima e ilegítima transbordara e viera descendo o nosso Caminho Novo. A uremia deu conta dele em 1916. Diziam as sobrinhas que ele fizera de propósito, para estragar-lhes o Carnaval. Piorou no sábado, entrou em coma no domingo, morreu na segunda e enterrou-se na Terça-Feira Gorda. Espalhou-se em Belo Horizonte que na noite do velório houvera, de repente, tropel dentro de casa e que enorme cão preto entrara na câmara-ardente, derrubando os tocheiros e querendo pular em cima da essa. Um estouro, um escuro, uma fumaceira enxofrada e quando a luz voltou — nem mel, nem cabaça, nem cachorro, nem defunto. Sumira tudo. Para evitar escândalo, o Juca e o Napoleão Bonaparte fecharam no caixão dois troncos de bananeira. O gozado é que minha Mãe, coitada! se dava ao trabalho de provar tim-tim por tim-tim que isto tudo era mentira, invenção da vizinhança, falatório do seu Raul Mendes — pudera! galego perseguido pelo jacobino... Ele, Júlio, está enterrado numa sepultura megalítica, construída no Bonfim por sua filha Mariana, no gênero das que ele fizera para o mano Luís e para o pai. *Requiescat in pace!*

Aquele agregado da rua Pouso Alegre constituíra-se aos poucos. A Marianinha tinha nascido em Petrópolis, em casa de amigos do pai e lá se criara até cerca de oito anos. *Tia* Joaninha, para tê-la em sua companhia, abrira um colégio para meninas em Juiz de Fora. Internato nos moldes do Colégio Alvarenga, com lava-pés e lava-buncá à noite (*banho de checo-checo*, como era chamado); os castigos clássicos da época — em pé no canto, com as mitras de papel onde figuravam os letreiros "Burra" ou "Vagabunda". No de *tia* Joaninha, havia, ainda, duas invenções dela: lápis e canetas com as extremidades passadas em merda de galinha para as meninas não os levarem à boca e os dedos dos roedores de unha besuntados com pimenta. E vara, que nunca fez mal a ninguém. Nos fins do século e inícios da construção da nova capital, mudaram-se para lá. Moraram primeiro no *castelinho*, para onde foram ter a mãe de *tia* Joaninha e, depois, seus netos Melila Elisa e Durval — quando lhes morreu o pai, Carlos Pinto Coelho da Cunha. A seguir vieram a Maximira (Simira) e a Marocas. Mais tarde os *primos pobres*, capitães Napoleão e José Pereira da Silva, chamado por contração de *Jucapitão*. Chegara a siá Beta. Depois de residir no *castelinho*, tio Júlio recolheu-se à Floresta, bairro onde foi grande proprietário e onde morou em três casas. A chamada *chácara* ou *casa velha*, à rua Jacuí; a da esquina desta rua com Pouso Alegre, onde nos hospedamos; e o casarão do encontro de Pouso Alegre com Januária. Esses Pinto Coelho da Floresta viviam muito recolhidos, recebiam pouca gente e frequentavam ainda menos a casa dos outros. Já com os parentes eram hospitaleiros e foi nas residências sucessivas do tio Júlio que tive contato com gente que hoje me parece de outras eras, de outras idades — gente há muito desfeita em pó, no Bonfim e nos cemitérios que ladeiam o nosso Caminho Novo, que se perdem nas Minas, que descem para o estado do Rio, chegam ao mar — e são aqui São João Batista, Caju, Catumbi. Os irmãos de *tia* Joaninha: *tio* Modesto e *tia* Modestina, de quem descendem multidões de primos. O primeiro é o avô do compositor Hervê Cordovil, em quem desapareceu o nome Pinto Coelho, pois ele adotou como sobrenome o prenome do pai, Cordovil Pinto Coelho (Doque), arquiatra e político em Manhuaçu. A segunda é a avó de minha loura, linda, saudosa prima Sílvia, mulher do médico Abel Tavares de Lacerda, veterano da Primeira Guerra Mundial, sanitarista, polígrafo e tio do grande Fernando Sabino. Ele e a Sílvia escandalizaram muito a família beata quando, hereticamente! adotaram o credo protestante. Guardei de *tia* Modestina uma imagem de brancura: a da última vez que a vi, agonizando numa casa da avenida do Contorno (onde moravam sua filha Cotinha e genro Horácio). Cabelos de prata, pele dum branco mais refulgente que o dos cabelos. Contra a parede escura, o mais puro perfil em que já pus meus olhos — adunco e nítido como borda de lua cortando o azul noturno dos céus profundos. Os parentes de Santa Bárbara, de Caeté — primo Juquita, prima Rosinha, Pedro Mota e aquele magro seminarista que seria depois o padre Carlos Carmelo, em cujos modos sutis já se adivinhava o bispo de Algiza e o príncipe romano do título de são Pancrácio — d. Carlos, cardeal Mota. Este, de todos é o único vivo — vivo-morto! — esperando que Nossa Senhora da Aparecida ponha sobre ele Seus pés piedosos...

Toda essa gente da casa da Floresta — moradores, parentes, agregados, hóspedes ou visitantes — dividia-se em dois partidos. O de tio Júlio, Marianinha e Simira. O de *tia* Joaninha, Melila e Durval. E brigavam como cão e gato. Eu mesmo tive ocasião de ouvir os urros do borguinhão Júlio-Pinto-Sem-Medo e a gritaria da *armagnac* Joana-Júnior-de--Milão. Era um dueto de *basso* profundo e contralto, ritmado pelo metrônomo do bordão do catacego e pela percussão das muletas — rufando no chão de tábua corrida. Verdade seja dita: o segundo partido era o mais numeroso. O primeiro só aliciara o *Jucapitão*. O segundo tinha a adesão franca da Marocas, do Napoleão Bonaparte, dos parentes de Manhuaçu, de Santa Bárbara, de Juiz de Fora e de São Paulo. Minha Mãe era joaninhista ferrenha. Eu também. Excelente *tia* Joaninha... Brava, gritadeira, mas generosa e presenteadora. Vendo meu interesse por coisas de parentesco, ministrava-me papéis para copiar, genealogias para ler, retratos para ver e dava — dado — vários objetos de família. Um lençol que tenho embrulhado no papel em que me chegou — um lençol feito de algodão — plantado, colhido, debulhado, cardado, fiado e tecido por sua avó, mãe de tia Joana e minha tataravó Pereira. As lentes que d. Mariana Carolina usava para auxiliar sua vista cansada e para enxergar melhor o marido Luís da Cunha. Um dia em que ela ficara particularmente agradada com minha atenção, fiquei varado de assombro, quase a perder os sentidos, quando *tia* Joaninha me chamou para um vão do quarto dizendo que ia me mostrar a boceta. A boceta que queria me dar. Cheguei-me a ela numa tontura, pernas frouxas e só quando ela abriu a gaveta e deu-me a *caixinha de prata* é que me lembrei do *Dicionário* de Faria e vi, aliviado! do que se tratava. Pois até que eu sabia de cor, desde Juiz de Fora: "s. f. (Lat. *buxetta*, dim. de *Buxa*, caixa assim chamada por ser feita de madeira de *buxo*, em Lat. *buxus*) caixa pequena de papelão, madeira etc. que se cobre com tampa". Com tampa! senhores, com tampa! Ainda bem... Era nem mais nem menos a dita de rapé de minha bisavó Mariana. A amizade da *tia* Joaninha tinha essas vantagens, mas comportava também a contrapartida de momentos desagradáveis. O da essência de café, por exemplo. O dos curativos no pé. Em casa do Júlio Pinto a rubiácea não era coada na hora. Fervia-se num panelão aí coisa de uns três a quatro quilos do pó e esse angu era espremido fortemente num pano. A borra resultante era refervida, repassada, novamente cozida, outra vez tamisada e comprimida. A tinta que advinha era misturada então a uma caldivana de rapadura e ia apurar em fogo lento, até ao ponto melado grosso. E quem queria café era só trazer uma xícara d'água fervendo e dissolver na mesma uma, duas, três colherinhas da água-mãe infecta. Era uma beberagem de feiticeira. *Tia* Joaninha, sua inventora, orgulhava-se dela e, como era fumante, consumia sempre boas doses — antes, durante e depois da cachimbada. E ai! do luxento que não a acompanhasse e viesse com prosas de café fresco... No seu quarto, os eleitos, todos, tinham que provar. Ali estraguei para sempre meu paladar para a infusão nacional. Fiquei curtido e sem exigências. Tomo o que me dão — fraco, frio, fedorento, espumante, requentado, com açúcar posto antes — tudo, tudo, porque nada destas infâmias é comparável ao que ingurgitava em casa de meu tio-avô com o nome de café. Além desta, a outra provação era assistir aos curativos de *tia* Joaninha. Discutia-se muito, em família, a natureza da chaga que ela tinha no pé direito e que a obrigava a caminhar com muletas. A versão geral era a história do canivete que caíra de ponta e abrira a ferida que arruinara, assanhara e virara numa úlcera crônica. Tia Cândida (do tio Luís) ouvira em Sabará que era humor gálico. Já a prima Babinha fantasiava e dava à lesão aspecto de animal entaipado nas estranhas culpadas da *tia* Joaninha, duma espécie de pulpa ou de dragão punitivo que era preciso gavar com três onças de carne fresca por dia — ou ele iria a mastigar o resto do pé, comeria a perna, roeria a coxa e devoraria devagarinho tronco, braços, cabeça, o corpo todo da dona. Nunca vi alimentar o bicho-horrenda-besta, mas testemunhei, várias vezes, a Melila e a Marocas empenhadas no curativo daquela fístula crônica, decorrente de osteomielite do tarso, numa velha diabética. Tudo isto se processava numa época de cirurgia mineira precária, em era pré-insulínica e pré-antibiótica. Como se vê, não tinha jeito, não, de fechar. Lembro a carne aberta, ruisselante de pus, e o monstro tentacular em forma de polvo que era, aliás, mais vegetariano que carnívoro, pois aplacado diariamente com folhas de malva e de erva-de-santa-maria (para puxar). Sobre esse tópico, a um tempo refrescante e revulsivo, enrolavam-se bandeletas de pano, que nem as de múmia do Egito, confeccionadas em casa, com as anáguas velhas das mulheres da família. A Melila e a Marocas foram, assim, minhas primeiras mestras de curativos e aparelhos e vendo-as agir é que aprendi a enrolar com perícia o *oito* de uma espica de pé. Outras recordações que guardei de nossa passagem em casa do Júlio Pinto. O seu ódio pelo *Chico Cebola*. Seu amor pela música. *Chico Cebola* ou Chico Sales ou Francisco Antônio de Sales era o velho político mineiro que estava destinado a ser arrochado, quebrado, babado e deglutido pela jiboia Bernardes. Não sei por que o *coronel* o abominava e tinha, na parede, uma caricatura de Jota Carlos, na *Careta*, mostrando o presidente a negociar com hortaliças. É que ele as vendia mesmo, e frutas, na sua chácara edênica do Acaba-Mundo, que era estrumada com bosta vinda do quartel de cavalaria e amanhada por praças da polícia do estado. Cebola, tomate, couve, nabo, rabanete, laranja, goiaba, manga, banana. Caro como o diabo! Mais caro que no mercado, pois o soba podia impor os preços... já que a procura era imensa. Com o despotismo de freguesia que aparecia... Quem? Para agradar todos os puxa-sacos. Meio compulsoriamente, o funcionalismo famélico, as pobres professoras, os secretários, os senadores estaduais, os deputados ditos e federais, o próprio Judiciário — salvo velhas ronhas do gênero Saraiva, Vilhena, Hermenegildo ou Tinoco. Quanto à música — era toda noite e a única virtuose, a Marianinha. *Serenata de Schubert*, ao violino. *Capricho espanhol*, ao piano. E velhas árias, à cítara. Sim, cítara, porque ela tocava este instrumento fabuloso vindo da Grécia antiga e cujos sons foram guardados pelos povos da Europa Central. Suas mãos desferiam no ar noturno da rua do Pouso Alegre os mesmos compassos dos rapsodos escandindo a prolongada e as breves do dáctilo ou marcando as longas do espondeu; os tons que se tinham casado à voz outrora de Homero e ao canto rouco dos efebos dançando, pés de púrpura, sobre uvas, nos lagares. Eram as que tinham, nas idades depois, subido o Danúbio e os Bálcãs para vibrar sobre fogueiras, no acampamento dos ciganos; para rodopiar com o vento nas noites de vampiro, diabo e nevasca das montanhas herzegovinas. Era uma pequena caixa negra, toda incrustada de madrepérola, em forma triangular de harpa e cujas cordas geminadas a Marianinha fazia tremer com palheta feito a de tocar bandolim. Quem? hoje viu ou ouviu essa maravilha do passado? Para a cítara é que a prima compusera um hino de amor filial dedicado ao *seu coronel*. Chamava-se *Meu Pai* e era o carro-chefe com que se encerravam as audições noturnas. Ao fim, tio Júlio se mexia na cadeira, espertava e parava de fungar. Bom, agora chega, quase oito horas! Vamos ao chá. Era um chá superior, de Ouro Preto, chá do tesoureiro, tomado com bolo de fubá a escorrer gordura. Seu Juca, feche a casa e tudo para a cama... Palavras não eram ditas que — como contrarregrados — respondiam os repiques miúdos da sineta do Santa Maria. Alta noite... Pois apesar da música e da cuca, o Major, minha Mãe e tia Dedeta tinham pressa de mudar, arre! que ninguém aguentava aquela disciplina, nem o Caraça da casa do Júlio Pinto. Compras rápidas foram ultimadas no Thibau e, com quinze dias de Belo Horizonte, estávamos instalados à esquina da rua Rio Preto, numa casa de platibanda, três janelas de frente e fachada cor-de-rosa. Rua Januária, número 327.

Moraríamos vários anos na Floresta. No quarteirão formado por Januária, Pouso Alegre, Jacuí e Rio Preto, sempre em casas do *seu coronel*. Residimos sucessivamente no 327, do primeiro logradouro; no 690, do segundo; no 185, do terceiro. Mais tarde é que fomos para um prédio do seu Raul Mendes, à avenida do Contorno, mas isto já em período de aculturação e ensaio de abandono do velho bairro do Júlio Pinto. Guardo dessas várias residências imagem superposta e vejo suas salas, seus quartos, como claro-escuro de fotografias diversas batidas sobre a mesma chapa e somando magicamente seus planos. Logo nos primeiros dias de Januária a família entrou em conhecimento com os vizinhos da outra esquina de Rio Preto, em frente. Um moço claro, olhos azuis, pastinha, muito sorridente e cumprimentador — farmacêutico e estudante de direito. Chamava-se Cristiano Monteiro Machado, estava casado de pouco com uma senhora chamada Celina, de quem guardei a lembrança do vulto aéreo e perpassante na varandinha fronteira, uma criancinha no colo e já em *pourparlers* com a "Dama Branca" de Manuel Bandeira. Um dia foi-se, deixando para o filho a mesma herança de morte que o levaria na adolescência. Tinha o nome de Celso, por causa do grande amigo de seu pai, Celso d'Ávila, de Juiz de Fora, filho de d. Alice e do dr. João d'Ávila. Foi ele, aliás, quem nos apresentou ao Cristiano e à d. Celina — pois quando vinha a Belo Horizonte e à Floresta, passava primeiro em nossa casa, e depois é que ia bater na porta do amigo. Logo perdi de vista o moço Cristiano, em quem prestaria novamente atenção quando reapareceu na ribalta importantíssimo, *kronprinz*, testa já desguarnecida e bombeada, dando-lhe aspecto napoleônico e chefiando o gabinete presidencial de Raul Soares, de quem se tornara concunhado por seu segundo casamento com d. Hilda von Sperling, irmã de d. Araci, esposa do primeiro. Mas... isso ainda residia nos limbos, não tinha acontecido e o que estava sucedendo, em cheio, era a rua Januária — ladeira dura de subir e boa de descer. Como num passe de mágica, a figura translúcida de d. Celina tinha sido substituída, no alpendre da frente, pelas barbas brancas do dr. Agostinho Máximo Nogueira Penido. Fomos, incorporados, visitá-lo e à família, exigência de *tia* Joaninha, que recomendara homenageássemos o velho professor que ela dizia nosso primo pelo lado de todos os Nogueiras descendentes do capitão-mor Tomé Rodrigues Nogueira do Ó. Nogueira da Gama, Nogueira de Sá, Nogueira Penido. O tal dr. Penido era um belo velho de perfil judaico e cãs esvoaçantes que lhe davam ar de profeta no ato de. Andava sempre de sobrecasaca e cartola, era extremamente pomposo nos modos e nas suas falas. Quando ele passava, jamais ficava na saudação lacônica do bom-dia, boa-tarde, boa-noite. Declinava títulos e nomes. Meu excelentíssimo parente major Joaquim Nogueira Jaguaribe, bons dias! Minha excelentíssima prima d. Diva Jaguaribe Nava, boas tardes! Certa vez, na plateia do Soucaseaux, levantara-se fremente à entrada do jovem político e quando começou -— excelentíssimo senhor secretário de finanças dr. Antônio Carlos Ribeiro de Andrada Machado e Silva... — o povo bateu as palmas, prelibando discurso e manifestação, enquanto o homenageado *en gerbe*, pálido, esperava em pé, mas tudo foi se sentando, desenxabido, quando o dr. Penido concluiu — ... e excelentíssima senhora dona Julieta Araújo Lima Guimarães Ribeiro de Andrada Machado e Silva, muito boas noites! Disse o nome todo porque era afiado em armoriais e conhecia o dos Olinda e dos Rio Preto tão bem quanto o dos Andrada e dos Lima Duarte. Conhecia outras coisas e era bom professor, bom jornalista. Publicava a *Vanguarda*, órgão oficial de seus interesses pessoais, no início folha diária, depois semanal, quinzenal, mensal, bimestral, semestral, anual, bissexta, finalmente episódica e só dando número no dia em que o nosso dr. Penido tinha qualquer coisa para resolver ou quando queria agradar o presidente do estado, os senhores secretários ou os nobres deputados. Como professor, tinha um processo seguro de ensinar o alfabeto, estimulando a memória dos meninos com uma associação figurativa ou homofônica para cada letra. Meu irmão Paulo, que aprendeu a ler com ele, lembrava-me há tempos algumas. B, por exemplo, fixava-se no bestunto com a frase — *Bezerro torce o pé*. C era *Cabrito sobe a serra*. G, *Goiaba fruta gostosa*; M, *Melado é bom doce*; U, *Uva boa e açucarada*; V, *Veado tem galho*; X, *Xico trança as pernas*; Z, *Zebra arisca riscada*...

Em frente à casa do Cristiano Machado, do outro lado de Januária, ficava uma espécie de escarpa ajardinada, um *rock garden* cheio de cactos, pedregulhos de minério de ferro, touceiras de bambu. Tenho ideia de que era a casa de residência do engenheiro-chefe da Oeste de Minas — a cavaleiro sobre a estação e os trilhos que ficavam pouco abaixo. Nesse tempo o ocupante era um baixotinho de cavanhaque, sempre de boné, delicado e paciente com os meninos que lhe invadiam os domínios para brincar com seu filho Jorge. Subíamos e descíamos, rolávamos e investíamos aquele escabelicastro para conquistar as broas que nos oferecia a dona da casa, miudinha como o marido, cabelos puxados para cima e terminados num coque alto sobre o qual pousava a borboleta preta de um laço de tafetá. O casal devia se aparentar com os Campos, pois lá aparecia, de vez em quando, um menino vivo e moreno que, apesar de ter uma perna ressequida pela paralisia infantil, era dos mais rápidos, dos mais ágeis e mais empreendedores nas brincadeiras de guerra, malha, acusado e barra-bandeira. Chamava-se Alberto e fui assim o primeiro a conhecê-lo — a este constituinte do nosso futuro grupo de rapazes do Estrela, da rua da Bahia, do Bar do Ponto. Por falar em Bar do Ponto, vale explicar o que por tal se entende. É topônimo, falando de Belo Horizonte. Nessas memórias, muito se há de encontrar de referências aos rapazes do Bar do Ponto, a funcionários parados no Bar do Ponto, a senhoras e donzelas pervagando no Bar do Ponto. Dá má impressão. Parece que esses rapazes, burocratas, damas e mocinhas viviam dentro dum botequim. Nada disto, tetrarca. Chamava-se Bar do Ponto o *rond-point* formado pelo cruzamento de Afonso Pena e Bahia, que era onde desaguava também a ladeira de Tupis. Todo o primeiro quarteirão dessas ruas era caudatário da estação de bondes — o *ponto* — que ficava em cima da ribanceira do parque municipal e de um café chamado o Bar do Ponto. Esse nome estendeu-se às circunvizinhanças e era assim que o seu Artur Haas morava no Bar do Ponto e que nele ficavam a confeitaria do suíço Carlos Norder, a residência das Alevato, a do seu Avelino Fernandes, a da d. Lulu Fonseca, o Parc-Royal, a Casa Decat, o Club Belo Horizonte, o Cinema Odeon, a Joalheria Diamantina, a Delegacia Fiscal, os Correios e Telégrafos. Era o centro da cidade, seu trecho obrigatório e todo mundo parava, passava, conversava, atravessava, esperava, desesperava, amava, demorava, vivia no Bar do Ponto. Sem que se entendesse com isso que os povos de Belo Horizonte vivessem num botequim e entregues a libações permanentes. Mas... fechemos esse parêntese e voltemos logo à rua Januária. Ainda do lado da casa do pai de meu amigo Jorge, bem mais para cima, ficava o chalezinho verde que tocou, por herança de minha avó, à minha tia Risoleta. Nele entraremos no dia de seu casamento com o Nelo. Subindo, do nosso lado, havia a casa do seu Dimas Batista, cuja esposa, siá Fina, era, de solteira, Josefina Melo Viana, irmã dum certo dr. Fernando, do Sabará, que começava a ser muito conhecido no estado e que já era apontado na rua quando vinha, magro e airoso, visitar a mana. A siá Fina, alta, pálida, jeitão meio seco, era, no entanto, a melhor e mais paciente das criaturas e prestava-se a satisfazer a molecada da Floresta em todos os seus caprichos. Lembro dum piquenique que improvisamos num caminho da mata que ladeava a chácara do Sabino Barroso e em que ela, evangelicamente, partilhou conosco garrafadas d'água quente, pedaços de linguiça esturricada e um pão bom para serrote. Sentados na relva, digo capim, em torno de lençol estendido no chão (como eu vira numa fotografia da Europa) e que por minha sugestão fora emprestado pela siá Fina, tivemos ali nosso *déjeuner sur l'herbe*... Ela nos acompanhava por causa de sua filha Laura — que, em vez de brincar de boneca, partilhava da vida violenta dos meninos do bairro. Era delgada, flexível, ágil e rápida como uma amazona menina. Ria o tempo todo, dentes claros, olhos lustrosos, cabelos ao vento, pele morena. Azougue. Logo acima da casa de seu Dimas vinha a venda que o Júlio Pinto montara para o *Jucapitão* tomar conta e para aumentar os rendimentos dele, coronel. Não aumentou nada porque a bodega vivia às moscas com as rapaduras empilhadas, os lingotes de sabão da indústria doméstica, as morangas da chácara, mais as cidras, uns fubás, umas gasosas. Não tinha freguesia porque meu tio-avô, antecipando-se à lei seca, proibira o comércio da cachaça para evitar roda de vagabundos. Esquecido que de vagabundos é que vivem as vendas e mais da aguardente que os vagabundos chupitam, cotovelo no balcão, gabarolando e cuspindo no chão. Assim somos chegados à esquina de Pouso Alegre, onde o Júlio Pinto estava construindo o casarão enorme e quadrado em que assentaria seus lares de velhice e onde esticou a canela no Carnaval de 1916. Nessa ocasião estava em obras e seus alicerces figuravam fortins, ameias, torreões, poternas e donjões do *Castelo de Faria* que a meninada tomava e perdia, tomava e perdia nas suas guerras de cada dia... "Sabes tu, Gonçalo Nunes, a quem pertence esse castelo?" O da frente nós sabíamos. Era o palácio do dr. Sabino Barroso. Tratava-se da construção inteiramente insensata, verde, janelas brancas, estilo mourisco, com aquelas portas que se abrem em circunferências superiores, como para deixar passar confortavelmente a galhada de quem entra. É por isto que o grande arquiteto chama-as por pilhéria, quando as vê em nossas edificações, "portas para corno". Pois a casa do solteirão Sabino era dotada das ditas e era tida na Floresta e em Belo Horizonte como verdadeira joia arquitetônica, exemplo vivo de arte mudéjar. O dr. Antenor, quando vinha tratar de política com o *amigo Sabino*, nunca deixava de comparar o risco do seu palacete aos do Claustro de Guadalupe, do Corpus Christi de Segóvia, da Alhambra de Granada, do Alcázar de Sevilha, do Taj Mahal de Agra. O dr. João Luís extasiava-se com os conhecimentos artísticos e com a erudição do *amigo Antenor*, que sorria discreto, escondendo a origem dessas informações: eram as figurinhas que vinham de brinde nas carteiras do cigarro Veado, que o dr. Aurélio Paz de Melo colecionava e gostava de mostrar ao estereoscópio, nas noites de aniversário e PRM mais íntimo. Lembro bem de bispar, da rua, a casa do Sabino, e de vê-lo magro, mofino, cabeleira escura (à Fausto Ferraz, que a usava à Pinheiro Machado), sempre de sobrecasaca, andando para lá, para cá, na sua varanda, entre folhagens. Conversando. Parando para tossir. Era dos que gostavam de palestrar, caminhando. O peripatético acompanhava-se ora de políticos em visita, ora de amigos do Serro, quase sempre dos sobrinhos que moravam com ele — um deles era o Alarico Barroso, de quem eu assistiria, mais tarde, às bodas com Anita, irmã do Cristiano Machado. Sabino Alves Barroso Júnior era nesse tempo deputado federal, andaria aí pelos seus cinquenta e poucos e teria ainda uns cinco anos para andar, palestrar, politicar e tossir. A casa do Sabino ficava exatamente em frente à rua Januária e como essa era extensão da rua da Bahia, quem vinha a pé para a Floresta via suas varandas mouriscas desde o Bar do Ponto. Hoje a rua Januária continua, passa por onde foi essa varanda, caminha para encontrar a rua Itaúna, nos aléns da rua Salinas...

Depois da casa nova do Júlio Pinto, vinha a do seu Melo, pai da Odete Melo, que começaria nessa ocasião sua amizade conosco — amizade que pegou, deitou raízes fundas e vai ficando cada vez mais forte nos seus cinquenta anos e fumaça, de boa duração. Depois, uns prédios de construção antiga metidos no buraco criado pelo nivelamento e aterro da Pouso Alegre. Mais à direita era o 690, vasta casa pintada dum róseo desmerecido, onde moramos quando os Metons vieram de Juiz de Fora. Meu avô e o *Moço* decidiram casa comum. Tia Iaiá começou nessa ocasião período de arte frenética. Com a Marianinha e as irmãs Viana — gêmeas e absolutamente iguais uma à outra, organizavam-se sessões de pirogravura, de desenho *repoussé* em lâminas de estanho, de decalcomania ou de uma técnica especial em que se somavam pintura e escultura. Era o famoso *trabalho japonês* — que fazia furor naqueles 10. Já com a d. Mariquinhas Baeta Neves, novamente a Marianinha e a d. sinhá Paula, eram as tardes de música. Mas o mais importante eram os vasos, painéis e cachepôs feitos de parceria com as Viana — a d. Lalá do dr. Canabrava e a d. Lilá do dr. Paula Câmara. Para preparar os jarrões de barro, primeiro se alisava com lixa grossa. Eram então largamente besuntados e embebidos de azeite de linhaça. Quando estava bem chupado, lixa, outra vez. Primeira mão de tinta a óleo — preta ou vermelha.

Secagem. Lixa mais fina. Segunda mão. Lixa. Terceira mão. Lixa. Quarta mão. Lixa. Aí os vasos pareciam envernizados de laca negra ou charão carmesim e na sua superfície projetavam-se, com um carbono especial, os desenhos a serem feitos: gueixas, pagodes, bambus, íbis, lanternas, dragões, daimios, samurais, pontes, cerejeiras. Era então a parte escultórica da preparação dos relevos e *ronde-bosses* com crostas de goma-laca que pareciam casca de ferida, com tocos, roletes, acolchoados de algodão, pedras. Pedras coladas, pedras de verdade, para acentuar as paisagens rochosas. Havia um verniz mais fino, feito um chocolate espesso, para colar os recortes de madrepérola. Coloriam-se as figuras, realçava-se aqui e ali com purpurina e pós de prata e ouro. Ficava um deslumbramento. Belo Horizonte ficou inçada dessas peças extraordinárias e nenhuma casa deixava de ostentá-las. Mas logo minha tia enjoaria de tanto lixar e tanto envernizar e dar-se-ia toda à música. Abençoada música que trouxe para nossa casa três lindas meninas, justamente as filhas da d. sinhá Paula — a Oraida dos prantos, que pelo nome e pelo tipo parecia saída das *Mil e uma noites*; a Lalá dos risos, egressa dos livros de Joaquim Manuel de Macedo; e a divina Jandira — antecipação, no tempo, das páginas que estava imprimindo Proust. Oriane e Marie Gilbert foram copiadas dessa Jandira dos olhos verdes — que aprenderiam a varar o futuro... As três vieram estudar piano com minha tia. Meu tio tornara-se íntimo do pai delas, o engenheiro cearense Joaquim Francisco de Paula, homem anguloso e simpático, que acabara de adquirir *A Tarde*, jornal fundado em 1912 por Costa Júnior e que já tinha sido dirigido por Leopoldino de Oliveira. Com Agenor Barbosa e Sandoval Campos, o *Moço* fora integrar a redação do vespertino. Por pouco tempo, já que sua passagem por Belo Horizonte seria rápida e ele logo voltaria para o Ceará. Guardo do 690 desse Pouso Alegre a imagem nefanda da última invenção do meu primo Tom. Pegava duma galinha, enfiava a torneira do tanque pelo traseiro da mesma e saboreava, um instante, a aflição aérea do bicho engastalhado. Logo abria poderoso jato. Ou a penosa estava bem empalada e nesse caso estourava por dentro, ou estava mal segura e era projetada pelo esguicho, num fundo de cimento, emplastado de penas, tofraco! ovo quebrado, tofraco! sangue, bico aberto e merda de galinha. Tinha dias de matar duas, três. Tia Iaiá achava graça e de tarde, já sabe — canja de vítimas boiando. Adiante era o canto de Jacuí, era a casa numerada 185 por esta rua, onde o Júlio Pinto tinha nos hospedado e para onde nos mudamos quando ficou pronta a outra que ele foi ocupar e onde morreu, logo em seguida. De sua sala, minha Mãe janelando via o que se passava na casa da esquina, defronte, que era a do desembargador Albuquerque, sogro do Carvalho Brito, e nunca deixava de chamar todos para as janelas, a apreciarem a *Britinha* — entrando para visitar o avô. Moça mais linda! meu Deus... Via também as chegadas e saídas do bonde do Santa Maria — o especial que trazia as deusas externas de manhã, e levava-as de tarde, desfolhando-se e despetalando-se na *volta de Pernambuco* e na *volta de Ceará*. Vestiam *maria--mijona* azul-escura, gorro da mesma sarja, blusa branca de fustão, à marinheira, fitas a tiracolo com as cores de cada classe, gravata idêntica com cruzinha de madrepérola pregada na volta do laço. Elas, dentro do bonde, não podiam rir para os moços nem responder aos seus cumprimentos. Velava, nessas viagens, uma velha irlandesa sempre vestida de preto, tríplice cabeça atenta, toucada do mesmo negro e bochechas de melancia. Chamava-se mrs. Dobson — era mais católica que o papa e mais intolerante que Torquemada. Ia sempre ao 690 e nosso conhecimento vinha de frequentarmos a missa dominical do Santa Maria, onde as internas sentavam, ajoelhavam, sentavam, ficavam de pé, eram arrebatadas, ajoelhavam e adejavam comungando — contrarregradas pelo bater duma caixa d'óculos dura e de tampa de mola, repinicada como castanhola, ora na mão da *mère* Gabrielle, ora na da *mère* Saint-Antonin. Não lembro o nome de outras. Lembro, sim, suas figuras sem idade, no hábito branco e no véu negro de dominicanas — esvoaçando como andorinhas, em torno da roda daquele gordo peru-urubu-peru que era o padre Henrique, redentorista e capelão do colégio. Para me despedir do 690 basta referir que quando mudamos para o 185 foi morar naquele um galego chamado Martins, pai da gorda Celina bem-amada. Logo sumiria esse lusíada tão alegre quanto o Malhadinhas, cuja receita para desacatar padre era palpar-lhes a bunda. Sua figura cheia de chalaça seria substituída pela imagem soturna do dr. Maximiano de Lemos. Este era um médico de aspecto grave, sempre de preto, e exercia, de chapéu-coco, as funções de legista. O trato diário com os cadáveres, que ele manipulava nas autópsias, havia dado ao facultativo um jeito de *croque-mort*. Tinha um filho com que me acamaradei, Gil, que publicava jornal manuscrito chamado *O Cisne*. O periódico era todo escrito e ilustrado pelo talentoso menino e seu número único, precioso e documental, passava de mão em mão na Floresta, levado pelo redator ou pelo próprio pai. Era cheio de poesias exemplares, de perfis delicados dos vizinhos, de desenhos suavíssimos representando aves e flores, ninhos e galhos. A indignação do Gil foi grande e ele teve de refazer todo um *Cisne* no dia em que a preciosidade passou em nossa casa, feito oratório de visitação, e em que eu, indigno! aproveitando um rodapé em branco, emporcalhei a maviosa folha com imunda caricatura do Dudu, embaixo da qual sapequei legenda plagiada do Jota Carlos e em que *ele* considerava melancolicamente, quando da eleição do sucessor: "Agora o marechal é o Venceslau...". Foi minha primeira colaboração na imprensa e ai! de mim — colaboração censurada e recusada.

Abaixo do 185 de Jacui ficava a chamada *chácara* do Júlio Pinto. Era um casarão pintado de cor de cocô, sombrio e úmido, mal aparecendo no meio das árvores, com uma fonte na frente, feita com a mesma técnica que meu tio-avô usara para erguer as sepulturas do pai e do mano Luís. Um fio d'água ali cantava docemente e súbitos peixes relampejavam vermelhos, num limo gordo e verde. Todas as salas eram cheias de vasos atufalhados da folhagem carnuda das begônias. Ninguém como o Júlio Pinto e a Marianinha para o trato dessas plantas. A de jantar era a única peça alegre e clara: dava para um pátio interno ajardinado, transbordando avencas e suas paredes eram cobertas de afrescos pintados pelo dono da casa. Só paisagens de Minas. De suas estradas, de suas montanhas, de seus horizontes perdidos, de seus céus profundos — cheios daqueles cúmulos-nimbos e alticúmulos como só se veem das serras alcandoradas das nossas Gerais — não como os balões cativos de paina dos litorais, mas como a sucessão de degraus invertidos que se afastam nas perspectivas infinitas (outra mais, de novo, outra, ainda, sempre, sempre, sempre) dos ceuterras impossíveis jamais tocados. A chácara era rica dos busca-pés rasteiros das abóboras e do fogo de artifício (turmalina, ametista, esmeralda) de latadas de chuchu, latadas de uva, latadas de morangas que cresciam pelo peso e iam a mais de metro de comprimento. Perto do galinheiro vieram ter, depois, as vasilhas de cobre do velho Halfeld — que as enxurradas e a erosão da parte alta foram enterrando aos poucos. Ainda lá estarão. Para essa casa a Marianinha recolheu-se logo depois da morte do pai. Lembro que nela moraram também (antes? depois?) mestre Aurélio Pires (eu via subirem e descerem os moços Gudesteu e Olavo), seu Artur Viana e d. Querubina (eu via subirem e descerem a radiosa Argentina e o tenente Humberto).

Na calçada da frente, para escândalo da *tia* Joaninha, estacionavam os dois mancebos enamorados. Um, chapéu de pelúcia enterrado até as orelhas, até ao nariz de foice, costeletas, olho fundo, cabelo preto. O outro, palheta, *pince-nez*, também costeletas. Eram os frangotes Renato Augusto de Lima e Aníbal Monteiro Machado, esperando as namoradas descerem a pé, do Santa Maria, acabadas as aulas. Era hora de começarem seu idílio de cada dia, o primeiro com a morena e pensativa Celina (Linita), o segundo com a clara e risonha Araci. Muito depois casaram e logo as moças morreram. Mas naquele tempo, aquele desaforo em pleno dia, nas barbas da vizinhança, de meninas noivando *entre-sis* com dois leguelés — enchia *tia* Joaninha dos descompassos da cólera-que-espuma. Ela insistia para tio Júlio procurar o dr. Benjamim Jacob e dar parte de tudo, ou então ela é que desceria a ladeira e iria, de muletas, se entender pessoalmente com a d. Celina (que na sua onomástica especial seria d. Celina *sênior*). Aquele escândalo é que não podia continuar. Que exemplo! Para dentro, sá Melila! Já para dentro, sá Simira! Os namorados, nem te ligo... Desciam a rua olhos entrelaçados, mãos cingidas, levitados no ouro da tarde, ouvindo harpas e vendo serafins... Ah! mas bom, mesmo, bom, bom, bom era a rua Rio Preto (hoje Célio de Castro), a rua das batalhas, a rua do Aragão e do Zezé Brasileiro. Logo que começou a Grande Guerra de 14, tornamo-nos também beligerantes e atacávamos outros grupos de moleques, dos fins de Pouso Alegre, a braço, pedra e bomba. As *bombas* eram invenção do solerte Aragão: garrafas cheias de areia, pedras, cacos de vidro, pregos torcidos (bem enferrujados, para dar tétano!). Quando éramos carregados, logo estabelecíamos barragem defensiva e eriçávamos de puas o solo da Rio Preto, de modo que nossos inimigos, para virem à unha, como no salmo, tinham de caminhar sobre áspides e basiliscos, de conculcar calhaus mais duros que as escamas do Dragão e ferros mais agudos que o dente do Leão. Meus primos, meus irmãos e eu temos, até hoje, nos pés, essas cicatrizes de batalha e glória. O José Brasileiro era filho do seu Galdino Brasileiro, homem distante, medido de gestos, de uma altura descomunal e parecido com D. Quixote de la Mancha. Sempre silenciávamos, cessávamos fogo e fazíamos alas quando aparecia, à esquina de Januária, sua figura talhada a enxó, coberta de marrom pelo vasto *sombrero* desabado. Ele não abria a boca. Nem olhava. Ao simples aspecto dos seus bigodes levantados e da barbicha em bico, o Zezé e seu irmão metiam o rabo entre as pernas e recolhiam-se à varanda de sua casa de onde acompanhavam — agora neutros — o desenrolar de nossa guerra europeia. Ficavam em companhia das irmãs — Julieta, Lídia e Violeta. Uma delas era viúva de muito nova. Creio que a Violeta. Havia de ser a Violeta porque assim minha narrativa adquire coerência, dando analogias ao nome, às olheiras e aos vestidos roxos da linda moça. Outro José era o Aragão. Morava em frente aos Brasileiro, na própria rua Rio Preto. Lá as beldades eram suas tias Petrina, Odila e Fafá. O último apelido estendeu-se à família e todas essas senhoritas eram conhecidas no bairro como *as Fafá*. Assim como quem dissesse as Pereira, as Pinto ou as Meneses. Eram altas, elegantes, narigudas, prognatas e tinham jeito de figura da história universal. Aí pela Casa d'Áustria, pela Casa de Borgonha... Era o seu sobrinho, Aragão, o Temerário, quem comandava nossas expedições até o ponto final do bonde Floresta. Lá esperávamos o veículo para virar alavanca, bater campainha, marcar no relógio registrador, inverter os encostos dos bancos, trocar as manivelas da trava e dos *nove pontos*. O bonde era nosso — principalmente quando o condutor era o Procópio — que nada recusava ao Aragão. Parece que ele fora admitido na companhia a pedido das Fafá: cria da família, em Sabará.

Tinha dias que eu largava os companheiros por minha dama — a mesma de Cocteau ("*Solitude, ma camarade*"). Ia fazer explorações distantes. Seguia, por exemplo, Pouso Alegre, caminho do oriente... Parava, um instante, diante do portão do seu Licas, patriarca da família Negrão de Lima, que morava numa imensa chácara separada da rua por sebe dentre cujos galhos emergia, agreste, o Quita. Merecia minha total admiração pela sua pontaria com a atiradeira que ele fabricava com forquilha de pessegueiro bem fechada, as duas pernas do V curtas e angulando ligeiramente sobre o cabo, três fitas finas de borracha de câmara de ar de cada lado (têm de ser iguaizinhas, do mesmo comprimento!), funda de couro e zás! lá partia a reta pedra zunindo, silvando, rasgalhando as folhas das árvores, varando caixa de marimbondo-mangangá, rente cortando ao meio o corpo carreira das lagartixas, alto partindo a asa voo das rolinhas e estilhaçando as vidraças multicores do dr. Gustavo Pena — que morava fronteiro, na mesma casa de Pouso Alegre que seria depois habitada por seu genro Ovídio de Andrade. Para lá desses limites, acabava a Floresta. Não sei se administrativamente, como circunscrição urbana. Mas acabava como caráter. Os logradouros assumiam outra fisionomia, na medida que Pouso Alegre seguia para os lados da rua Itajubá, da rua Curvelo e do desaguamento desta na caudalosa avenida do Contorno. Aquilo já não era mais Floresta — parecia Quartel, Lagoinha, Calafate... Bem do bairro eram ainda os *hic sunt leones* da mata que ladeava o latifúndio do Sabino ou a da subida de Jacuí — caminho do Pipiripau, onde muito mais tarde eu orçaria com Emílio Moura, Francisco Martins de Almeida e Carlos Drummond de Andrade para descobrir o Brasil num presépio folclórico. Deixava outra vez de ser Floresta e ia ficando Bonfim quando se tomava Pouso Alegre para o lado do poente. Esse termo de rua era comido pelo mato e ia subindo para o sol que descia e dourava tudo daquele lado — as casas, os vidros, as árvores, as pessoas, principalmente os integrantes louraçudos da outra família Negrão — a da viúva Negrão — dona de chácara do lado de cá, tão grande quanto a dos parentes da banda de lá. Ousei aos poucos novas incursões: as descidas de Januária e de Jacuí até o leito da estrada de ferro Oeste de Minas. Ali eu contemplava as máquinas, tênderes e vagões manobrando para cima e para baixo, parando, bufando, mudando de linha, apitando, partindo, num vaivém gratuito que eu tinha a impressão que era feito não só para meu deleite, como para o dos maquinistas, guarda-freios, dos foguistas lúdicos e chefes de estação semafóricos e chilreantes, bandeira na mão e assovio de metal trinando entre os bigodes. Os heróis engatavam os carros sempre escapando de serem decepados e esmagados. Descobri o casarão vermelho de torre e arcadas onde residia o diretor da estrada. Era o dr. Benjamim Jacob. Lá tinha sido a moradia do conde de Santa Marinha e, depois, a segunda sede do Colégio Santa Maria. Nos seus pátios eu via passar os garotos, as namoradas do Renato e do Aníbal e com elas menina que havia de ter minha idade. Logo lhe descobri o nome meio etéreo, meio de mel, o nome químico e estelar de Etel. Etel Jacob. Ah! ela não duraria na terra e cedo subiria a escada patronímica em demanda dos anjos e dos planos siderais. Não poderia durar, não poderia mesmo! feita como era daquele material perecível, precioso, frágil, sem compatibilidade com o da vida — o material absurdo dos seus olhos, da sua pele, do seu corpo e sobretudo da seda miraculosa de seus cabelos raios de luz onda do mar. Além do seu nome amuleto, sigla mágica — outras se ofereciam aos meus olhos como palavras cabalísticas pintadas na estação, ou nas máquinas, ou nos vagões. Quase sempre era EFOM. Fazia *Efom*, que podia ser nome dum gênio, dum anão, dum elfo, dum silfo. Melhor foi o dia em que li *Efoeste* — logo passado a designação de lugar fabuloso, fuga, nova ponta da rosa dos ventos com o *Loeste* inventado por Vinicius numa das suas elegias, como a *Avatlântica* (ave solta!) e o *Jarleblon* (coleante lagartão!) que Manuel Bandeira e eu descobrimos nas tabuletas indicadoras dos ônibus da Light e dos seus bondes. Inda há pouco dei para escutar *Trebouças* com seu ruído de porcelanas quebrando num guarda-louças que despenca — lendo placa mostrando direção dum túnel. É. Às vezes duas palavras — ácidos, bases, sais — se precipitam noutro corpo, coisa isenta, amálgama diferente como um filho ou cama de gato tirada por mão de fada. Ai! candera sereu que tivesse achado o poliedro *solunar*, o gel *mundominas* e a pulverulência licopódica *milavós* — caídos das mãos alquimistas de Carlos Drummond de Andrade. Mas deixa de patacoada, Pedro! Deixa esses luxos para quem pode, e cuida de tuas descobertas do bairro. Do mundo. Como aquela saída pelos trilhos caminhos de efoeste que te conduziram à esquina de Contorno e da casa viveiro de d. Luisinha Negrão, em cujas varandas, telhados e trepadeiras esvoaçavam a graúna Maria Luísa, a cotovia Amélia e a andorinha Sara; à esfinge de Anita Garibaldi e aos pontilhões sobre as águas de sangue que o Arrudas recolhia dos flancos de José Vieira, do Curral, da Mutuca, do Jatobá, pelas veias dos córregos do Cercadinho, Bom Sucesso, Barreiro, Capão da Posse e Serra — para entregar ao "rio das Velhas, velho", ao marrueiro São Francisco e ao marimenso mar oceano. Mas outras viagens me esperavam: os périplos indizíveis que me entregariam Belo Horizonte — a *volta de Pernambuco* e a *volta de Ceará*... Da Floresta eu guardarei para sempre a lembrança de seus ares lavados, do cheiro das árvores e das flores e da terra que vinha da chácara do Júlio Pinto, da dos Negrão da d. Olinta dito, do Sabino Barroso, do Colégio Santa Maria, dos Negrão de seu Licas, do Gustavo Pena, do Raul Mendes. Cheiro de acácias, cheiro de goiaba (cheiro adocicado de goiaba), terebintina de manga. Manga-rosa, manga-espada, manga-sapatinho. Frescuras de regas e de chuvas estiadas nos fins das tardes de prata clara e pervinca, que ia virando no cobre e na púrpura do crepúsculo lendário e depois no azul-ouro enluarado da noite cheia de cantigas e conversas. Era na fase em que o Major se mudara para o chalé da esquina de Pouso Alegre e do noivado arrebatado do Nelo e tia Dedeta. De noite o jardinzinho ficava assim de primos e primas. A Melila e o Durval do tio Carlinhos. A Alzira, a Edite (Petitinha), a Ana (Nazita), o Osvaldo (Zadinho) e o Cordovil (Doque) do tio Modesto. Outro casal de noivos: a Sílvia, neta de tia Modestina, e o Abel Tavares de Lacerda. O Napoleão Bonaparte trazia sua velha sanfona de São João do Morro Grande, o *Jucapitão*, sua flauta lancinante pingando cuspe, o Doque, o violão mais sentido de Manhuaçu e aquela voz de barítono que enchia o bairro com as letras da "Meiga virgem", do "Varrer-te da memória", da "Flor do céu", do "Chora, morena", do "Elvira, escuta". Essas noitadas eram malvistas pelo Júlio Pinto, reprovadas pela *tia* Joaninha. Fechavam acintosamente as janelas em frente, mas, pelas suas frestas, esgueiravam-se, ironicamente, os descantes do "Oi-calango-dê".

> Dentro da viola tem,
> Dentro da viola tá
> Duas perereca seca
> P'ra cantá calango-dá.

Amo Belo Horizonte...
ABÍLIO BARRETO, *Belo Horizonte — História antiga*

Quando se olham os mapas históricos de Paris, vemos seu início, Lutécia, circunscrito à *Cité,* à ilha de São Luís; depois seu extravasamento nas duas margens, sua progressão até às muralhas de Filipe Augusto — englobando a superfície que hoje nos mostra a Sorbonne, o Panthéon, o Instituto e, do outro lado, o Louvre, Saint-Germain l'Auxerrois, Les Halles, o Hôtel de Ville, o Marais e a Place des Vosges. Vêm as muralhas de Carlos v e em seguida as de Luís XIII. Prosseguem os círculos concêntricos nas linhas dos *fermiers généraux* e de Thiers. Mas a cidade enjamba cada limite que se lhe dá e Paris continua... Assim também Belo Horizonte. Quem caminha nas calçadas de Aimorés, Sergipe, João Pinheiro e Guajajaras, que se avizinham da Boa Viagem, está perlustrando, na *Cidade de Minas,* o que foi a *Cité* para Paris. Está na Lutécia sertaneja e, andando naqueles quarteirões e em mais alguns que os circundam (até um pouco do parque, até Bernardo Guimarães, um pouco de Bahia, de

Goiás, um pouco de Afonso Pena), está pondo os pés nas marcas dos passos do pai nosso João Leite da Silva Ortiz, o primeiro que amou a serra das Congonhas, que viraria serra do Curral, o mesmo que fez o *Cercado*, donde sairia o Curral d'El-Rey, a Cidade de Minas e por fim Belo Horizonte — Belorizonte belo. Está pisando o asfalto que capeia os pedregulhos carregados e as terras densas da rua do Sabará, da rua Congonhas, da de Trás, dos becos da Fonte Grande, do Pimpão, do Gervásio, do largo da Matriz, do largo do Rosário. Está andando pelos caminhos daqueles Santos Brochado, Batista Vieira, Ferreira de Melo, Ferreira Passos, Vaz de Melo, Bolinas, Bessas, Martins e Nogueiras, cujos nomes e descendentes mantêm, no Belo Horizonte, a presença do arraial da fundação, do Curral das igrejas douradas e do *cercado* dos bandeirantes. Depois dessa *Lutécia*, vem o Belo Horizonte de Filipe Augusto, isto é, do seu Júlio Bueno, do dr. Cícero, do dr. Olinto, da Faculdade de Medicina, dos tempos heroicos do futebol, das bebedeiras de vinho do Porto, do Mingote, dos cabarés parisienses instalados em plena avenida Afonso Pena e roubando o nome aos congêneres de Montmartre — *Chat Noir*, *Rat Mort*, *Moulin Rouge*. A urbe poeirenta e pobre acabava no quartel, na rua Maranhão, na avenida Paraúna, na rua Tomé de Sousa, na rua dos Tupis, na avenida Paraná, no mercado, no Arrudas, nos leitos da Central e da Oeste. A avenida Amazonas só tinha quatro quarteirões e a cidade mandava tímidos prolongamentos para a Serra, a Barroca, o Calafate, o Bonfim, a Floresta. Mais tarde vieram as *enceintes* de Carlos v, a de Luís xiii, do dr. Artur Bernardes, do coronel Cristo, da Olímpia, do dr. Melo Viana, da Elza Brunatti, da Petronilha (*Petró*), do dr. Antônio Carlos, da Leonídia (*Lió*), da sessão Fox no Odeon, dos porres de cerveja gelada, da decadência do Clube Belo Horizonte e esplendor do Automóvel Clube, da universidade, da sua invasão, dum moço baleado chamado Viana, da retirada do reitor e da dispersão dos Pimentéis. Era ainda uma cidade triste, de donzelas enclausuradas, de estudantes desmandados, de agiotas insaciáveis (o duro Murta, o gélido Moreira), de funcionários contidos e carentes, dos primeiros desfalques, das negociatas inaugurais e quase honestas... Entretanto crescera para além do Cruzeiro, materializara o círculo da avenida do Contorno, tomara conta do Barro Preto, canalizara o córrego Leitão, asfaltara o centro e ligava-se, sem descontinuidade, ao Calafate, ao Carlos Prates, ao Bonfim, à Lagoinha. Estendeu-se mais ainda, em todas as direções; pulou os limites dos *fermiers généraux*, dos interventores da ditadura, dos enriquecimentos mirabolantes, dos imensos negócios. Excedeu a de Thiers, a de Milton Campos (este — dizia Rodrigo — é um prêmio que Minas não merecia!), a de Juscelino, Bias, Magalhães Pinto, Israel, está na de Rondon, mas não vai parar! porque a cidade sem limites continuará, passará a Baleia, as Mangabeiras, o Curral, o Rola-Moça, o Pindorama, a Pampulha, a Providência, Santo Agostinho, a Severa... Está livre dos velhos complexos sexuais do tempo de Totônio Pacheco, é a mais linda do sertão, a terceira do Brasil, passou aos pileques de uísque, tem *inferninhos*, instalou a livre-fodança, mas jamais, ah! jamais sacudirá o jugo do velho crepúsculo, daquela tristeza da tarde morrendo varrida de ventos, da lembrança submarina dos fícus e dos moços que subiam e desciam a rua da Bahia. Não a rua da Bahia de hoje. A de ontem. A dos *anos 20*. A de todos os tempos, a sem fim no espaço, a inconclusa nos amanhãs. Nela andarão sempre as sombras de Carlos Drummond de Andrade, de seus sequazes, cúmplices, amigos, acólitos, satélites...

Assim que começou esse crescimento, Belo Horizonte precisou outra condução além dos cavalos de que todos se serviam. Da gente do povo aos professores de direito que vinham dar aulas na faculdade — de chapéu-coco, fraque, colarinho alto e botas. Estas eram indispensáveis, até para os pedestres, como único meio de vencer a poeira vermelha que tingia tudo na cidade nascida sobre o solo de ferro. E a lama? tempo de chuva... Os primeiros a pensarem em bondes foram meu tio-avô Júlio Pinto e o dr. Hermílio Cândido da Costa Alves, engenheiro da fundação e sogro de outro, da dita, o dr. Alberto Alves da Cunha Horta, sobrinho do primeiro, filho de sua mana Regina Virgilina. Em fevereiro de 1899, organiza-se a companhia de veículos de tração a burros e em maio são aprovados os riscos de sua estação e cocheiras, para o que a prefeitura cedera os lotes 5 e 12 da xiii secção urbana. Não iria adiante o projeto e logo passou-se à ideia dos bondes elétricos, de que se tornou concessionário, em dezembro de 1900, Júlio Viveiros Brandão. Foi ele que, na madrugada de 3 para 4 de setembro de 1902, fez as experiências preliminares com os veículos que conduziriam, nesse dia, o vice-presidente do estado em exercício e pessoas da administração, pelas ruas da capital, entre alas duma população em delírio. Em 1905 inauguram-se as linhas das ruas do Chumbo e Pouso Alegre. Estavam lançados os bondes Serra e Floresta. Em 1906 o quartel corre até a Santa Casa e em pouco iria até a praça Marechal Floriano. Em 1909 começam o Prado e o Bonfim — este logo mal-assombrado com uma passageira defunta que se desfazia aos poucos e entrava, na meia-noite mineira, as portas fechadas do cemitério. Em 1910 está feita a *volta de Pernambuco* e logo depois completa-se a *de Ceará*. A primeira saía do Bar do Ponto, tomava Afonso Pena, entrava na rua Pernambuco, subia Cristóvão Colombo (onde ficava o *Abrigo Pernambuco*), seguia, costeando, o altiplano da praça da Liberdade, descia Bahia até chegar novamente ao Bar do Ponto. Às vezes ia mais longe porque os bondes deslizavam, sem freios que os contivessem, até para lá dos Correios. Nessas ocasiões havia sempre cavalheiros e senhoras despedaçados, por pularem dos veículos de freio nos dentes. O que estamos contando era a *volta de Pernambuco — via Afonso Pena*. Porque quando era *via Bahia*, o trajeto era inverso e os tobogãs soltavam-se nas ladeiras de Cristóvão Colombo. A *volta de Ceará* começava no Bar do Ponto, como a outra. Ia por Afonso Pena, mas, em vez de virar à direita, fazia-o para a esquerda, entrando por Guajajaras e tomando Ceará depois de ladear o Colégio Arnaldo. Seguia essa rua até seu encontro com Afonso Pena (onde ficava o *Abrigo Ceará*), descia Paraúna, entrava em Rio Grande do Norte, por esta chegava a Contorno, prosseguia até encontrar Cristóvão Colombo, subi-la, rentear o palácio e as secretarias, descer Bahia. Isto era a via *Afonso Pena*. Porque, como para a *volta de Pernambuco* — havia também um bonde *Ceará, via Bahia*. Esses trajetos eram extremamente românticos e permitiam aos namorados passar e repassar nas casas das eleitas janelando; multiplicar essas passagens mediante trajetos retomados quando os *via Bahia* e *via Afonso Pena* se encontravam nos abrigos. Esses abrigos eram barracões de madeira por onde se engolfavam as ventanias soltas e as chuvas. Pelo escancarado Abrigo Ceará passavam as águas dos lados da serra do Curral e os uragões que desciam do Pico; pelo Pernambuco de par em par as avalanches do Acaba-Mundo e os ciclones da serra da Piedade além-fronteira. Seu interior era pontilhado de escarros, de mijadas e cagadas noturnas de guarda civil. Neles, as senhoras e as moças só entravam acossadas pelas intempéries. Preferiam esperar os bondes nos passeios circundantes para evitarem a vista dos desenhos das paredes de dentro: alegorias fálicas com proporções de salame e ênfase de zepelins, de permeio a triângulos e a fusos vulvares — representação, aliás, muito mais rara. Os desenhistas canhestros, para evitarem dúvidas, escreviam em letra de imprensa as designações masculinas e femininas adequadas a cada símbolo. Além dos desenhos, havia quadrinhas obscenas, pensamentos pornográficos, injúrias ao presidente do estado, aos secretários, aos deputados, ao Carvalho Brito, aos doutores delegados, à egrégia relação, à *tarasca* do PRM, ao clero diocesano, aos senhores professores, fora a distribuição ampla de capelas de cornos e de putas-que-o-pariu à população em geral — o eterno desabafo, que aliviava, de baixo para cima, os que sentiam, de cima para baixo, o peso das prerrogativas, dos direitos adquiridos, da mais-valia, da piedade exemplar, das delicadezas de sentimento e da moralidade irrepreensível da *Tradicional Família Mineira*.

Quando descíamos no Floresta, a viagem começava a ficar interessante já na descida de Contorno. O moço Orosimbo Nonato nunca esperava o bonde perto do poste. Decolava de seu alpendre verdejante, vinha correndo, fraque ao vento, mantendo o coco com a mão esquerda e zás! a direita atracava firme o balaústre e ele pegava o estribo em pleno voo — com a precisão dos acoplamentos espaciais das cápsulas astronáuticas. Nem estremecia — na face sorridente do bacharelando — o *pince-nez* de trancelim. A varanda da família Guilherme Leite estava sempre cheia dos pacientes do cirurgião-dentista Célio de Castro, genro do capitalista e cujo gabinete era em casa do sogro. Logo engrossamos a clientela da varanda. A travessia dos trilhos da estrada de ferro... A beleza da praça da Estação, a árida subida de Caetés, os oito renques de árvores de Afonso Pena: no centro da avenida corriam duas filas de palmeiras-imperiais, as primeiras sacrificadas. Nos passeios, nas sarjetas, outras filas vegetais. Entre estas e as palmeiras, a teoria gloriosa dos fícus recentemente assassinados. Morte! aos prefeitos, cuja carapaça lhes impede a percepção das paisagens impregnadas do passado das cidades que eles desgovernam. Baldeação no Bar do Ponto. As *voltas de Ceará* e *Pernambuco* eram passeios com que nos gratificava minha Mãe. Vinha sempre conosco uma das Fafá servindo de cicerone. Ia mostrando as famílias durante a lenta subida da rua da Bahia, quando o bonde tirava dos trilhos gemido mais prolongado que a nota sustenida do arco sobre as cordas dum contrabaixo. Aquele primeiro quarteirão... O Cinema Odeon... Logo o sobrado do seu Fonseca com a varanda fervilhando das moças suas filhas. Certas janelas pareciam quadros. Na casa do dr. Bernardino o perfil da Auxiliadora fazia um Sandro Botticelli. *Primavera.*

Santa Cacilda, de Zurbarán, debruçava-se no peitoril do terraço da família Tamm. Em cada esquina a Petrina ia satisfazendo as curiosidades de minha Mãe. Diante de Álvares Cabral e Guajajaras? São as Bernardo Monteiro. Acima eram as Teixeira morenas e logo apareciam as louras Amador, as louras Moss, a loura Gutierrez — bem chamada de Aurora. Contornava-se a praça do tempo das rosas e do tempo em que diante da Secretaria da Agricultura levantava-se miniatura em cimento do Itacolomi, diante da qual se reuniam em protesto gandiano (todo 12 de dezembro, aniversário da negregada instalação!) os antimudancistas ferrenhos. Saudades do Ouro Preto... Frente àquele Muro das Lamentações, choravam os manos Felicíssimos, os irmãos Santos, e os *eleapês* de Vasconcelos, o desembargador Camilo de Brito, o professor Juscelino Paraíso. "Se eu não me lembrar de ti, Jerusalém, que minha destra se resseque; pregue-se-me a língua ao céu da boca, se eu me esquecer de ti, Jerusalém..." *Saudades de Ouro Preto*. Mas... larga essa valsa, Pedro! e toca o teu bonde. Em Cristóvão Colombo era aquela alegria baiano-gaúcha das Germano. Mais telas, como o desenrolar das salas do Museu do Prado. Na casa da família Pimentel, Federico de Madrazo deixara os olhos de abismo da *Marquesa de Montelo*. Velásquez esquecera na calçada o seu *Esopo*: era a Chichica. E Pedro Paulo Rubens andara no Bairro dos Funcionários, fundindo as cores radiosas de Maria de Médicis às linhas das Leal exímias: a donairosa Carmelita, a Carmem majestosa e a divina Cocota... Lembrai-vos por acaso de sinhá Brandão? O bonde continuava e quer em Ceará, quer em Pernambuco — cada esquina era um buquê de meninas, um buquê de moças... Aimorés, Timbiras, Inconfidentes, Bernardo Guimarães. Vinde a mim! ruas do passado, vinde a mim! com vossos nomes de poetas do passado... Rua Gonçalves Dias... Rua Cláudio Manuel... Rua Santa Rita Durão... Onde estais? ruas dantanho com vossas flores de neve e vossas moças do tempo *jadis*, Bertas, Beatrizes, Alices e as rainhas Brancas, como lis, cantando serenas com voz de sereia...

Pois num desses passeios decidiu-se muito de minha vida. Minha Mãe resolvera aconselhar-se com a d. Mariquinhas Ferreira e Costa Baeta Neves, sua amiga de solteira, irmã de sua tia afim Alice Julieta Ferreira e Costa Jaguaribe, mãe de meninos regulando comigo, sobre o colégio de Belo Horizonte que me convinha. Tinha ouvido falar no duns ingleses, que estava para se abrir, e queria saber, de pessoa de confiança, se valia a pena o sacrifício de matricular-me nele. É que era caro como o diabo.

Enfim... Vamos ver o que diz a Mariquinhas. Fomos e logo a d. Mariquinhas foi esculachando minha Mãe. Nada disso, Diva. Você está doida? Enfiar seus filhos no meio de metodistas? Os meus vão para o Claret e é lá que você vai pôr os seus. Eu, que estava doido pelo Anglo, quase ajoelhei para pedir a d. Mariquinhas que calasse a boca e afastasse de minha vida a sombra sebenta da batina dos padres que ela inculcava. Saímos da visita meio enfiados e fomos andando pelo passeio. Na esquina, quem aparece? O próprio marido da d. Mariquinhas, o dr. Lourenço Baeta Neves, com aquele seu riso franco e jovial e aquele jeitão que eu classificaria mais tarde como o de um tipo que ficasse equidistante do Carlito e de Oswaldo Cruz. Por aqui? d. Diva. E vindo lá de casa? Que pena eu não ter chegado mais cedo. Não vê? fui longe da cidade, dos lados do Cruzeiro, ao Ginásio Anglo-Mineiro. É. Fui matricular o Cecinho e o Roberto. Ah! a Mariquinhas fizera questão... Estou voltando entusiasmado com o colégio e com o diretor. Um cavalheiro admirável. É o dr. Sadler, *master of arts* oxoniano. Nada, absolutamente nada! melhor para a mocidade que a educação que eles estão pretendendo dar. *Mens sana in corpore sano*. Minha Mãe não entendeu nem o inglês do dr. Lourenço, nem o latim, tampouco que negócio era aquele de oxoniano. Mas o que ela bispou imediatamente é que a d. Mariquinhas, na sua posição de esposa de engenheiro ilustre, estava indignada de ver a amiga viúva e pobretona pretender educar seus filhos sudros nas mesmas condições dos pequenos brâmanes dela, Mariquinhas. Minha Mãe chorando de raiva tomou o bonde Cruzeiro, recém-inaugurado para servir ao novo colégio, foi recebida pelo secretário-tesoureiro, mr. Rose, pediu os estatutos, as instruções para o enxoval e matriculou-me imediatamente. Fui dos primeiros e recebi o número vinte e dois. Era caríssimo! 90$000 por mês, mas minha Mãe decidira. No outro ano ela ajeitaria o José. Agora ia eu, mais velho, para quebrar a castanha na boca daquela impostora da Mariquinhas. Eu ia interno e lá conviveria com outros sudros das casas B de Belo Horizonte. E — não sem curtir humilhações e tomar lanhos fundos no meu orgulho — com os vaicias das C, os sástrias das D e com os inacessíveis brâmanes das F. Porque as castas da Cidade de Minas tinham sido demarcadas duramente! pelo número de janelas das fachadas das casas dos funcionários. Dos intocáveis dos pardieiros A, aos desembargadores dos palacetes F de inumeráveis janelas. Sem mistura, cada um no seu lugar, lé com lé e cré com cré. E tendo a cota de ar e sol que lhe cabia por uma janela, duas janelas, três, quatro, cinco janelas. Janelas, janelas, janelas...

Mens sana in corpore sano.

JUVENAL, *Satirae*

A educação e a vida do Internato seguirão o sistema inglês, reconhecido como o melhor em seus efeitos sobre a formação do caráter e o desenvolvimento físico dos alunos [...].

VITA, anúncio do Ginásio Anglo-Mineiro

Destinado a abrir-se em princípios de março de 1914, o Ginásio Anglo--Mineiro, com sua piscina, seus recreios e pavilhões luxuosos, devia vir se construindo desde 1912. Foi possivelmente nessa época, por iniciativa de Mendes Pimentel, que os "homens bons" de Belo Horizonte se reuniram para criarem uma instituição que fosse, em Minas, o seu Eton e o anti-Caraça. Todas essas figuras importantíssimas intentavam dotar a cidade de uma instituição moderna para nela matricularem seus meninos. Bueno Brandão, Delfim Moreira, Francisco Sales, Artur Bernardes, Afonso Pena Júnior, Edmundo Lins, Estêvão Pinto eram os planetas desse sistema em torno dos quais gravitavam os satélites, Carvalho Brito, Nélson de Sena, Carneiro de Resende, Fausto Ferraz, Vieira Cristo, Coelho Júnior, Juscelino Barbosa, Vieira Marques, professores como Hugo Werneck e Marques Lisboa; altos funcionários como Carlos Prates e Leon Roussoulières; homens de dinheiro como Garcia de Paiva; políticos amigos do interior, como Antônio Salvo; *pessoas gradas* da sociedade como Olímpio Moreira e Gomes Pereira, os Jacob, os Dantas, os Baeta Neves, os Rothier Duarte, os Joviano, o coronel Davis. Toda essa cúpula da tradicional família mineira girava em torno do astrossol Francisco Mendes Pimentel. Não pleiteando favores, não pedindo nada, recusando tudo, esnobando a política, renunciando mandatos, dando a César o que é de César, dizendo suas verdades na cara do presidente do estado como na de qualquer tipo da rua — Mendes Pimentel inspirava verdadeiro pânico e seu poder sobrelevava os do Executivo, do Legislativo e do Judiciário, que acorreram pressurosos e mais a Finança, quando sua destra onipotente cobriu a pessoa de Joseph Thomas Wilson Sadler, que queria abrir em Belo Horizonte colégio anglo-mineiro que pudesse rivalizar, suplantar, esmagar, o que se fundara em São Paulo com o nome de Ginásio Anglo-Brasileiro. O Sadler que lá tinha sido professor de conversação inglesa e vice-diretor, quando se incompatibilizou com o *headmaster* Armstrong, viera vingar-se em Belo Horizonte, abrindo portas rivais. A revista *Vita* e o *Diário de Minas* faziam a propaganda da futura casa de educação. O *Minas Gerais* endossava, com aquela autoridade que só encontra símile na do *Pravda* ou na do *Osservatore Romano*. Eram artigos, sueltos e anúncios onde se falava nos 49 200 metros quadrados da gleba onde se erigira o Anglo, na competência do seu corpo docente, nas suas amplas salas de aulas, espaçosas dependências, piscina, galpão de ginástica, campos de futebol, *lawn tennis*, críquete e hóquei. Insistia-se muito na existência de uma enfermaria especial para os meninos que adoecessem, na enfermeira inglesa destinada a tratá-los, na liberdade de crença ("A diretoria não se encarrega da instrução religiosa, porém atenderá cuidadosamente aos desejos dos senhores pais nesse respeito, mandando, nos domingos, acompanhar os alunos ao templo do culto preferido por aqueles"), no aprendizado das línguas vivas, no atletismo, no *mens sana* e no sistema de educação inglesa "reconhecido como o melhor em seus efeitos sobre a formação do caráter e o desenvolvimento físico dos alunos". Badalava-se a figura do diretor e batia-se repetidamente na tecla de ele ser um *master of arts* da Universidade de Oxford, na Inglaterra. Minas que acorresse com sua mocidade; Minas e os outros estados do Brasil. Quem quisesse informações que as procurasse na capital federal, à Casa Crashley, rua do Ouvidor, n. 58; à Casa Lidgewood, engenheiros, avenida Central, n. 39; à Casa Uslander, rua Primeiro de Março, n. 112. Em Belo Horizonte, com o coronel Jorge L. Davis, esquina da rua Tupis, caixa 37, ou com a administração do colégio, diretamente, por cartas à caixa postal 47, ou por mensagens ao endereço telegráfico ANGLO. A imprensa convocava o povo a visitas, referindo-se às que fazia o presidente Bueno Brandão — que já tinha matriculado meninos da sua família. Uma destas ficou documentada em fotografia. Mostra, justamente, Bueno Brandão fazendo roda com Mendes Pimentel e Olinto Meireles. Mais para o lado, um Bernardes juvenil, cabelo aberto ao meio, mão à cinta, costeleta e bigodes, pontifica para uma roda de oficiais de gabinete onde se distinguiam a testa de José Osvaldo de Araújo, a corcova de Abílio Machado, as bochechas de Bueno Brandão Filho e os alamares do então tenente-coronel Cristo. Entre a de todos, avultava a bela figura do diretor — atlético, elegante, ar fino, trazendo enrolada no braço a beca preta que tirara por cortesia com os visitantes, mas de que não se despojava. Era como insígnia imponderável flutuando sobre seus ombros, mesmo quando ele a despia — tais os mantos inseparáveis dos reis — sentem-se eles num trono ou nus, numa banca de latrina. O seu Júlio Bueno, nesses instantâneos, como em todos que deixou, ostenta aquele ar concentrado e fixo do tocador de requinta que ele era e o jeitão sungado do seu feitio — como o de alguém que estivesse sendo enforcado, não pelo pescoço, mas pelos sovacos e com nó anterior.

Minha mãe lia alto esse noticiário, orgulhosa como se eu já fosse *master of arts* como o Sadler, o Jones, o Cuthbert, o Goodburn e o Carlyon, que brilhavam com suas becas de Oxford e Cambridge entre os outros professores. Ah! desta vez a Mariquinhas tinha tomado mesmo na tarraqueta... Os padres do Arnaldo e do Claret, no princípio, tinham ficado em pânico com a propaganda do Anglo, com o apoio escandaloso recebido pelos *metodistas* do dr. Pimentel e do governo. Depois foram se tranquilizando, vendo que o movimento dos ingleses não ia além da cidade, com pequenos focos no Curvelo e no Teófilo Otôni. Os outros municípios mineiros continuavam bem-pensantes e até que se escandalizavam um pouco com aquele colégio sem latim, nenhum catecismo e excesso de esportes. Era futebol demais. E logo futebol — coisa que puxava pelos peitos, meu Deus! que era um verdadeiro despropósito... O Arnaldo e o Claret abriram cheios como sempre e o Anglo só matriculou noventa e poucos alunos em 1914. Mas o Sadler estava tranquilo e esperava confiante o ano próximo. Pouco antes da abertura, minha Mãe arrastou, um dia, a Marianinha, o Durval, a Melila, minha tia Risoleta e minha prima Maria Luísa para uma visita ao colégio. Ganhava-se o Anglo de duas maneiras. Descendo do bonde no Abrigo Ceará, que ficava no *rond-point* formado pelo duplo cruzamento Paraúna-Afonso Pena e Ceará-Cláudio Manuel, daí subindo a pé o trecho da segunda via pública, ainda sem calçamento, feito de terra vermelha onde as enxurradas abriam longas crevassas sinuosas e de bordos polidos — mostrando erosões tão desenhadas que pareciam nascidas duma intenção artística, da composição de um módulo como florões talhados em madeira ou cinzelados em metal. Quem não queria subir esses esbarrancamentos, em vez do bonde da volta, tinha de esperar o Cruzeiro — nova linha criada pelo Carvalho Brito para comodidade de seus meninos (já matriculados no colégio) e como um agrado ao diretor Sadler, ao dr. Pimentel. O Cruzeiro vinha do Bar do Ponto e — via Bahia ou via Afonso Pena — chegava ao Abrigo Ceará, onde tomava Cláudio Manuel, virava na esquina do dr. Coelho Júnior e subia Piauí até chegar ao portão do colégio.

Os 49 200 metros quadrados do Anglo estavam situados em dois quarteirões vizinhos. O primeiro, demarcado por Inconfidentes, Piauí, Tomé de Sousa, Maranhão, continha os pavilhões construídos para os maiores, os menores, os refeitórios, sanitários, galpão de ginástica e piscina. Aí funcionariam depois, sucessivamente, o Ginásio Mineiro e o corpo de bombeiros — que ainda lá está. O segundo era limitado por Piauí, Inconfidentes, Tomé de Sousa e Ceará. Destinado a campo de esportes e sendo íngreme, foi aplainado — cavando-se do lado dos dois primeiros logradouros e aterrando-se em direção dos últimos. Quando o Anglo fechou, esse quarteirão foi loteado. Hoje está cheio de construções. Lá chegamos para a visita e fomos logo incorporados a um grupo de pais de alunos que acabara de entrar. Eram o dr. Vieira Marques, futuro chefe de polícia, com seu filho Fábio. A firma Garcia de Paiva & Pinto, com o mancebo Stênio Garcia e o garoto Antônio Pinto. O coronel Salvo, do Curvelo, com o menino Antônio Salvo. O dr. Estêvão Leite de Magalhães Pinto, com seus rebentos Clóvis e Willer. Uma simpatia irrresistível atirou-me logo aos braços do Salvo e do Antônio Pinto. Mais do Salvo, logo amigo. Os dois vestiam à marinheira. O Salvo, de azul-marinho, gola celeste sobre camisa riscada. O Antônio Pinto, de cinza — só que a pala de sua blusa abria deixando ver colarinho em pé, de ponta virada e o nó duma gravata rósea. Era tudo o que havia de mais matuto e menos marítimo. Ele foi nos apresentando ao Stênio, a quem eu e o Salvo começamos a dar senhorio, pois não era possível que aquele latagão barbudo e de olhar alucinado fosse ser nosso condiscípulo. O Sadler, côncavo, dividia-se entre o poderoso Vieira Marques e o *Estevinho* opulento. Atendia o coronel Salvo num degrau abaixo e tratava Garcia de Paiva & Pinto, alto e condescendente. Minha Mãe era comboiada pelo mr. Rose. A Marianinha, o Durval, a Melila, pelo mr. Cuthbert. Tia Dedeta e minha prima Maria Luísa tinham como *chaperon* o Moacir Chagas — Moacir Lafaiete Macedo Chagas — também professor (sem beca) do colégio e um dos dez brasileiros mais ingleses do planeta. Ele fora atraído pelas moças de roupas esvoaçantes, saias arrastando na poeira vermelha, de cujos chapéus saíam alongados pontos de interrogação feitos com arame revestido de seda. Esses enfeites pareciam antenas de borboleta. O Chagas começou logo a namorar e, num intervalo de conversa, subira, correndo, ao seu quarto e de lá voltara sobraçando pacote de brochuras de capa entre o róseo e o roxo desmaiado, onde se atravessava, em diagonal, o nome do livro. Chamava-se *Turibulário* e continha os desesperados poemas de sua autoria. Ofereceu um à linda prima. Um à minha Mãe, um à tia, um à Marianinha, um à Melila, um ao Durval, um a mim e ainda nos confiou mais uma boa meia dúzia para ofertarmos em casa. Ele os espalhava como prospectos do seu desespero, como volantes de sua musa pessimista e amarga. Ai! que dor... Durante anos rolaram em nossa casa volumes dessa coletânea. Lembro-me deles na Floresta, em Timbiras, na Serra, duns dois na rua Padre Rolim e do último, já no Rio, à rua Laranjeiras, quando a família mudou-se para cá.

Entrava-se por largo portão e ladeira recém-arborizada, levava à escadaria do prédio da frente, novo em folha, três andares: porão habitável, primeiro e segundo piso. Neste eram os dormitórios dos alunos maiores e os quartos dos professores. Embaixo secretaria, tesouraria, sala de visitas, de aulas, a residência do diretor e da família: sua esposa, os filhos Eduardito, Paulino e dois de colo. Por um passadiço ganhava-se o pavilhão onde ficavam sala de jantar, cozinha e despensa. Por trás deste — nova escadaria e era a passagem coberta onde davam as latrinas dos menores — que não sei em que diabo de dicionário o Jones aprendeu a traduzir por "oficinas". (Posso ir às *oficinas*? mr. Jones. Ele próprio, no fim do estudo da noite, para elas nos mandava. Now, boys, go quietly to the *oficinas* y después vengan para subirmos as escadas and enjoy un bon sono with gorgeous dreams. Em pouco tempo eu iria adquirir prática do charabiá baraguinado pelo nosso vice-diretor — que era uma mistura de castelhano, português e inglês.) À passagem das *oficinas* angulava-se para a esquerda e, sempre coberta, ia ter à entrada lateral do térreo do pavilhão dos menores. Mais para o alto era a magnífica edificação da ginástica e por ela se ganhava o famoso "tanque de natação" dos anúncios do colégio. A casa dos grangazás era supervisionada pelo mr. W. W. L. Cuthbert, M.A., Cambridge; a dos menores, pelo vice-diretor, mr. H. W. Jones, M.A. esq., Oxford. Tudo eu decifraria com o tempo. M.A. era *master of arts*, alguma coisa como o nosso *bacharel em ciências e letras*. O *esq.* era o *esquire* dos detentores de títulos universitários que conferiam a situação honorária de *escudeiros de sua majestade graciosa*. Decifrei também o H. W. do Jones. Era o seu nome Horace William.

Horace William Jones. Mas jamais penetrei o W. W. L. do Cuthbert e morrerei sem saber os nomes encobertos por estas iniciais. O pavilhão dos menores era igual ao dos maiores (só não tinha a varanda com trepadeiras das dependências da família Sadler): embaixo, depósitos, rouparia, quartos de empregados, mais *oficinas*, vestiários e lavatórios para antes e depois das pugnas esportivas; no primeiro andar, salas de aulas, de professores, o escritório do Jones. Em cima, o quarto dele, o do Chagas, o de outros mestres, dormitórios de quatro e cinco camas para os alunos, os chuveiros e outra *oficina* no fundo do corredor. Os visitantes estavam encantados com as classes ensolaradas, a piscina, a ginástica com as cordas, os halteres, as massas, as luvas de boxe, as máscaras para a esgrima, os floretes abotoados e de copos reluzentes, os clubes do críquete, os *sticks* do hóquei e as raquetes para o *lawn tennis*. O diretor sorria orgulhoso e fazia valer a localização do colégio. A vista estupenda sobre o crepúsculo, o palácio, as palmeiras da Praça, as secretarias. Mais longe era o farol do posto veterinário dentro do mar de verdura de que emergiriam os bairros de Lourdes, Santo Agostinho, Cidade Jardim. Olhando suleste, era o Cruzeiro, braços abertos sobre o fim da avenida Afonso Pena, confundindo sua silhueta com a de uma das torres de alta voltagem que desciam até à distribuidora do Carvalho Brito. Para trás era a serra do Curral, cor de violeta àquela hora da tarde. Era abrupta como uma parede, imensa, e lembrava a imobilidade de pássaro gigantesco, caído de asas abertas. Quando li Baudelaire, dei sua forma ao "Albatroz". Todo o colégio era claro e alegre, recendendo ao pinho-de-riga dos assoalhos, à tinta a óleo dos portais e à cal fresca das paredes. Nunca eu tinha morado em casa nova e aquele cheiro ficou, para sempre, em minha lembrança, associado a ideias inaugurais e juvenis. Até hoje, quando sinto a cal virgem dos prédios em construção, recupero o Anglo e aquela sombra propícia da serra do Curral da minha infância. Minha Mãe não cabia em si de contente. Vejo-a até hoje, magra, moça, toda de preto, rindo para tudo e todos, entrando comigo no escritório do mr. Rose, para as últimas formalidades. O Rose era mesmo róseo: um inglês desempenado e esportivo, calmo e medido, que nunca arreganhava a boca nos risos que lhe brotavam dos olhinhos miúdos e alegres. Era tesoureiro, secretário do Anglo e seu professor — dos que não tinham beca. Trabalhava em carteira alta, encarapitado num banco de guarda-livros, descomunal e sem encosto. Enquanto ele prestava os esclarecimentos finais a minha Mãe, eu admirava, na parede, as armas do Ginásio Anglo-Mineiro: escudo partido em dois hemicampos, um de blau e o outro de goles, tendo como peças três abelhas de ouro postas em triângulo. Divisa: *Mens sana in corpore sano*. Dele, havia bordados em seda, para coser no bolso dos paletós; de esmalte, para prender nos gorros e bonés. O Rose sugeriu a compra de meia dúzia. Minha Mãe recuou escandalizada com a exorbitância do preço. Imaginem! dois mil e quatrocentos réis... Aquele *bife* estava mesmo é doido. Logo chegou o dr. Estêvão Pinto e eu, de constrangido, fiquei aliviado quando o forreta recusou secamente os escudos. O Clóvis e o Willer também ficariam sem aquelas insígnias. Descemos na tarde ouro púrpura luzazul. Vinha um vento que vinha alegre, vindo do Rola-Moça, fazendo o ruído do zumbido dum enxame de abelhas chamando. Chamando para um trabalho escolar alegórico, fácil, florescendo (ao vento!) e abrindo em corimbos (ao vento!). Pesados de mel... Corre! Pedro, corre como vento no vento! Cheguei ao Abrigo Ceará, mal podendo, pés doendo e alados dos impulsos da ladeira, coração disparado, alma pela boca, atropelando o riso, as palavras em pedaços, o choro daquela alegria sem aliagem que vinha do colégio novo em folha — onde pousavam abelhas.

Minha Mãe mal dormiu naquela noite. No dia seguinte, cedo, saímos, com a Marianinha, para as primeiras compras do enxoval cuja lista fora fornecida pelo Rose. A prima, com autoridade, comboiou-nos até a avenida Afonso Pena e nos fez entrar em O Preço Fixo. Vendo a filha do coronel Júlio Pinto, o Oscar Marques veio nos servir em pessoa. Ele é que tinha encomendado do Rio os artigos esportivos exigidos pela rouparia do Anglo. Chuteiras rangentes, uniformes de futebol. Compramos ali um par daquelas botinas ferradas, cheias de traves na sola, de acolchoados laterais para defender os tornozelos das outras bicancas; as meias pretas de cano alto terminando por *sanfonas* de riscas vermelhas e artigo ainda desconhecido em Belo Horizonte: calções de banho. De fato o "tanque de natação" do Anglo foi a primeira piscina construída na cidade e ali se estrearam aquelas malhas de riscas azuis ou vermelhas alternando com as brancas — que naquele tempo, mesmo para meninos, vinham até ao meio das coxas, quase aos joelhos. É bem verdade que os rapazes e garotos da cidade nadavam no *Banheiro dos Estudantes*, nos outros *banheiros* da Caixa de Areia e do córrego Leitão — mas nus em pelo. A inauguração do traje de banho, na capital mineira, foi feita por nós, alunos do

Sadler, em 1914. E moça nadando? Isto ainda havia de passar muita água debaixo da ponte. Elas deram para se mostrar e as pernas aí pelos 30, quando o América construiu sua piscina. Lembro do comentário de Aníbal Machado, na ocasião: — Começou, seu Nava, começou... Foi-se tudo que Marta fiou... Desmoronou a família mineira... Mas já estou adiantando. Para trás, Pedro, para aquela rua dos Caetés (mais seca e dura que um coco-velado) onde tua Mãe e a Marianinha, de *turco* em *turco*, completam teu enxoval. Os *americanos* para os lençóis. Panos felpudos para os chambres de banho. Sapatos de sola de borracha para o *lawn tennis*. Brins para três dólmãs. Quando tudo chegou em casa, minha Mãe, auxiliada pela Marianinha e pela Cota Miranda, pôs logo mãos à obra. Os *americanos* foram alvejados dentro de bacias de zinco, equilibradas alto, sobre pedregulhos, para poder acender fogo debaixo delas. Veio sabão preto da indústria doméstica do tio Júlio; de sua chácara, os apanhados de folha de mamão. Um jacá de bosta de boi, encomendado a um negro do Periripau. Ferviam-se os panos longamente, pondo mais água, um dia, dois dias, três dias. Primeiro com folha, sabão e bosta. Depois, sem bosta, finalmente, sem sabão, só no infuso de mamoeiro. Enxaguação. A cor amarela do tecido ordinário era roída, digerida, desbotada e, quando ele secava no varal, reluzia ao sol, branco como linho, macio como crepe da China. Ficaram lindos, os lençóis; mais as colchas e o cobertor de *farofa* de Itaúna — marcados com minhas iniciais e número de matrícula: P.S.N. — 22. Mas eu acompanhava apreensivo outros detalhes da costura. Tive dois ternos de cerimônia, recortados em roupas de meu Pai. Cinza e azul-marinho. Eram casimiras inglesas de primeira, mas seu aproveitamento resultou de segunda. Receita da Cota Miranda para aproveitar fato de adulto, fazendo vestimenta de menino — paletó à *caçadora*. Tinha de haver emenda nesta peça, era do molde. Só que era baixa e, para ser encoberta pelo cinto, este descia, ficava inferior à cintura e todo mundo via logo que aquilo era coisa *homemade*. Não ficava mal, mas estava longe da elegância dos completos, também à caçadora, do Fábio Marques. Aquela roupa e os lençóis de *americano* iam me desclassificar dentro da hierarquia colegial. Mais ainda, meus calções de futebol que não passavam de calças velhas encurtadas. E o pior, um dos meus uniformes do diário. O enxoval previa três. Dois eram anônimos e perfeitos. Um, cáqui-esverdeado, outro, cáqui mais vivo, puxando para cor de cobre. O diabo era o terceiro, azulão, dum zuarte evidente que veio ofender tudo que de aristocrático havia dentro de mim. Aquele trem infame parecia ter relentos de orfanato e graxas de oficina. Uma em cada três semanas chegava sua vez, com as assuadas dos outros, os apelidos alusivos. Eu contornava o vexame, dando parte de frio, fizesse o dito ou abrasasse o calor. Ficava o dia inteiro de capote. Esse me reabilitava porque era elegante, resto ainda dos malões de Paris. Mas foi ficando curto e, no fim do ano, tive de deixar esse tapume. Até aí era só vaidade ferida. Horrível foi com os calções de futebol, que mereceram tal reprovação do Álvaro Sales, do Gérson Coelho, do Camilo, do Dinho, do Guy Jacob e do Zé Megali, que, aos poucos, fui me afastando das partidas e de minha posição de *goalkeeper*. *Evém* o Saracura, olha o calção do Saracura! Eu evaporava lágrimas de raiva na cara fervendo e passei a não ir mudar a roupa na hora dos *matches*. Disfarçava. Remanchava. Escapulia. O Jones é que não queria saber daquilo. I say, Pedro, ar'n't you coming to the juego? Sorry, mr. Jones, but estou com a garganta doendo tanto que I couldn't bear with it this afternoon. Um dia ele foi inflexível, quis ver as amígdalas, danou-se e obrigou. Pedro, you are not going to stay out of the game today. Come on and let me see this damn throat of yours. *Yea*, you have nothing at all. Change your clothes immediately or I'll wring your neck! Fui. Quando entrei em campo, fui recebido com tão grandiosa vaia que o próprio Jones compreendeu, de repente, minha humilhação. Fez recuar as feras. Shut up, there, and stop with that wild noise or I'll thrash you all. Depois, brandamente, para mim: Well, Pedro, you may go and in the future you will play football only when you like. Deixei a cancha definitivamente, a partir daquela tarde. Ficaria para o futuro, quando eu quisesse... À noite, um Jones desajeitado (fazendo que não tivera a indiscrição de adivinhar) decidiu meu destino quando chegou-se à minha carteira e entregou-me o livrinho. Read it, Pedro, it's very, very beautiful. Se era e quanto... Tratava-se duma história de fadas traduzida para o inglês por Edith Renouf — *The grateful mouse-princess, or, Rooster, Pouletta and Cluckeglinda*. Havia crianças perdidas no mato, pais chamando nas florestas, velinhas acesas caminhando entre as árvores, o bruxo abominável, gente virada em burro e desvirada em gente, o castelo do Rato-Rei que era todo de queijo, um príncipe de verdade chamado Egbert, que chegava no seu corcel para pedir a mão de Cluckeglinda linda, as bodas... Guardo até hoje, desmerecido, todo bichado, o presente de meu inimitável mr. Jones — como lembrança do lúcido instante de comunicação que tivemos e da amizade que lhe dei ali — sem reservas e para sempre. Mas... tudo isto ainda era por vir e eu, como sempre, me adiantando. Demais. Como é difícil recordar sem superpor os planos do Tempo cristalino e ver — sem ser em conjunto — as várias cenas que se passam nos quartos separados de uma casa toda de vidro. Imaginamos o Tempo numa sucessão. Sua lembrança, entretanto, pode ser ora seletiva, ora cumulativa e de revivescência simultânea. Mas vamos ficar no primeiro caso e assim tenho de começar pelo começo, isto é, entrando no colégio. Cheguei nos primeiros dias de março de 1914, levado por minha Mãe. Meu enxoval vinha numa canastra de cedro das antigas, das de encaixe, sem um prego, ferro só nas dobradiças e fechadura — objeto que me desesperava e que vejo, hoje, era peça de museu. Era uma arca do Major, dos tempos do Bom Jesus. Nela, as roupas à *caçadora*, o demônio do azulão, os calções malfadados que seriam a gênese de minha insegurança, de meus recuos, de minhas demissões pela vida afora. Um bauzinho azul (destes que ensinavam sua cor a Portinari) vinha também, para as escovas, o pente, as bolas de gude, o sabão de coco e a bucha para lavar o corpo, a carrapeta do rapa-deixa-tira-e-põe, meio sabonete de Reuter para arear os dentes. Todos os meninos tinham assim e eles ficavam embaixo da cama junto com um grandioso penico de louça branca.

Aquilo parecia coisa ensaiada de véspera. No saguão do prédio da frente, o mr. Sadler, de beca, recebia os meninos, pais, mães, embrulhos e malas. Imediatamente entregava o garoto a um professor que sumia com ele para as profundas do colégio, o que era um meio de despedir depressa os progenitores, acompanhantes e correspondentes. Uma turma de empregados carregava a bagagem atrás do dono. Tudo ia ter na sala de jantar onde a enfermeira dos anúncios fazia a triagem. Abria as malas que eram recolhidas ao depósito junto à cozinha, enquanto seu conteúdo ia para os escaninhos das rouparias, nos térreos dos dois prédios. Era ainda a tal enfermeira que separava os alunos em dois grupos. Os pubescentes, maiores, que eram despachados para o mr. Cuthbert, e os infantes, menores, encaminhados ao mr. Jones. Cada um destes conduzia seus jurisdicionados até o seu dormitório e pedia que ali ficassem esperando a hora do jantar. Escolhessem as camas à vontade. Lá encontrei os que seriam meus companheiros da noite, durante dois anos.

Eram uns garotos do Sítio, irmãos, igualmente obesos, Lincoln e Moacir Andrade, que receberam, imediatamente, os apelidos de *Pipão* e *Pipinha*. Era o meu querido Antônio Salvo, do Curvelo. E era, finalmente, um menino de cinco ou seis anos que todos tomaram sob sua proteção porque era uma maldade dos pais, hem? internar um garotinho assim. Chamava-se Juscelino Barbosa Filho. Ficamos tomando posse de nossas camas, admirando os formidáveis penicos debaixo delas, colocando nossos bauzinhos, olhando o Cruzeiro e o Curral pelas janelas que o Jones nos recomendara jamais fechar e dormir com elas abertas fizesse frio, calor, ventasse ou chovesse. Era o *sistema inglês*, começando a funcionar. Olhávamos também as entradas do dormitório onde as portas completas tinham sido substituídas por umas de mola, de vaivém, envernizadas de castanho e guarnecidas, em cima, de uma série de torneados parecendo peões dum jogo de xadrez. Rangiam ao serem abertas e ficavam largo tempo pra-lá-pra-cá — diminuindo aos poucos. Não chegavam ao chão nem à bandeirola, no alto. Finalmente, olhamo-nos, os cinco, e começamos a tomar posse uns dos outros.

No Colégio Andrès, na Escola Pública do Rio Comprido, no Lucindo Filho, eu tinha sido aluno externo e, preso à placenta doméstica, mal reparara, mal convivera com meus colegas. Tinha vivido em família, no meio de velhos — velhos mesmo ou que pelo menos assim pareciam para mim. Ainda não tinha convivido, concorrido, dado de cotovelos com gente de minha idade. Ia ter essa experiência, como interno, no Anglo. Ia viver por mim mesmo, arranjaria novos amigos e começaria a ter os primeiros inimigos. Não no dormitório, felizmente! onde tive sorte de cair no meio de meninos formidáveis. Logo verificaria a existência de outros, odiosos, felizmente dormindo em quartos diferentes. Quando o mr. Jones reapareceu, foi para nos chamar para o jantar. Juntamo-nos à roda de sua beca — todos os menores — e fomos descendo as escadas — de que o sétimo, o oitavo e o nono degraus, de cima para baixo, estalavam sob os pés passantes. Perto das *oficinas*, vimos que o dia tinha mudado e que uma manada de nuvens negras estourara por cima da serra do Curral e despejava-se aos trancos e relâmpagos pra cima de nós. De repente houve um clamor, um arranco no ar parado e o velho vento hercúleo de Belo Horizonte começou. Ele chegou como doido, parece que do Pico, d'além do Pico, do fundo de Minas, rodamoinhando, revolvendo tudo, suspendendo trombas marinhas de terra solta se levantando como troncos vermelhos que logo coleavam jiboias gigantescas. Encarniçou-se um instante contra o colégio — para derrubá-lo. As paredes resistiram, tremendo no esforço, e o vento começou a assoviar nos beirais, a rodar a mudar de direção a quebrar galhos arrancar telhas, árvores, chaminés, folhas, roupas, jornais abertos, impelir mangas de chuva que inundavam tudo e desciam no Curral, do Cruzeiro, escachoando Afonso Pena abaixo, improvisando araguaias, pratas, amazonas, inventando niágaras, iguaçus, urubupungás e os trambolhões e baques das sete quedas. Já estávamos sentados e começando a comer quando faltou a eletricidade do Carvalho Brito — jamais coincidente às chuvas. Mas não ficamos no escuro porque o prateado intermitente e lunar dos raios era quase contínuo e podia dispensar as velas que os professores espalhavam acesas sobre nossas mesas. Acabamos de jantar ouvindo trovões roncando como leões, mugindo, harmônios em sustenido. Quando a chuva parou e pararam as lufadas, as faíscas e os estrondos, continuou aquele gemido de águas correndo dentro da noite e descendo para encher o Arrudas, o rio das Velhas, o São Francisco e o mar oceano com o cascalho de diamante, ouro e ferro arrancado do flanco das Gerais. Subimos para dormir. Nossas camas estavam arrumadas e meus lençóis de *americano* esticados. Fui fechar a janela, mas logo o Jones trovejou. Do-not-clo--se-tho-se-win-dows. Mind-you-if-you-do-it. Não entendi sua frase, cujas notas escandidas eram acompanhadas pelo repiquetéu das castanholas da dentadura postiça — mas percebi a intenção do seu gesto veemente e a cólera que lhe esbraseara a careca. Arreganhei as janelas, prendi suas bandeiras e fui me deitar. Um ou outro raio se atrasava no céu e mandava, de vez em quando, um rabo de cometa iluminar nosso quarto. A cama do Salvo era perto da minha e eu sentia seu fungado. Pensei que estivesse chorando — saudades do Curvelo — quando um derradeiro relâmpago iluminou sua cara. O que ele estava era morrendo de rir e tinha sido ele o primeiro a pegar, em cheio, genialmente, a balda toda de Horace William Jones, M.A. esq. Eu pensei bem, considerei, subitamente tive uma iluminação e emendei também, às bandeiras despregadas. O nosso vice-diretor acabara de dar ali, para nós, a sua *avant-première*.

O Salvo e eu ainda ríamos quando subitamente fui invadido pela revelação de que aquela tempestade era o anúncio do fim do mundo. Uma fanfarra de trombetas arcangélicas confirmava, chamando para o Julgamento Final. Sem saber como eu já me encontrava, agora com minha família, no vale de Josafá que se estendia do Alto dos Passos a Mariano Procópio. Era na rua Direita e era em Juiz de Fora. Toda a corte celeste estava presente — multidão de eleitos numerosa como a dos personagens dos afrescos da capela Sistina. Cada santo aparecia ao alto, num retábulo aberto entre alticúmulos redondos como as nuvens seio e as nuvens nádegas de Fernand Léger. Só que em vez de alvas ou cinzentas, elas eram douradas como as dos primitivos. Eu, num pavor, ia identificando o Menino Jesus, sant'Ana e a Virgem, Nossa Senhora do Perpétuo Socorro, o Sagrado Coração, são José isolado e repetido com a Sagrada Família, a Imaculada Conceição, o Senhor Morto, Nossa Senhora Aparecida, Cristo Crucificado, são Pedro, são João, são Paulo, santa Bárbara, são Jerônimo. Não conhecia os outros santos nem as outras santas que, indignados, me viravam as costas. Todos se apresentavam não em carne, mas como estátuas dum bronze reluzente, de tamanho sobrenatural e, posto que de metal, falavam, moviam-se, viviam. Apesar de minhas rezas espavoridas — santo Onofre! santo Onofre, padroeiro dos ladrões e dos homens maus. Meu santo Onofre, valei-me! —, aquela maioria que desviava de mim o rosto e que eu não conhecia pedia minha condenação a Nosso Senhor. Eu me perdia porque estava metido com os *metodistas* do Anglo. Cerrei as pálpebras arrependidas e aceitei o Inferno. Senti na testa o calor da mão do Demônio, mas, quando arregalei uns olhos espavoridos, o que vi foi a cara enorme do sol dardejando sobre a minha e que ficou por trás do Salvo, quando ele se levantou e se interpôs entre o astro rei e eu. Reassumi, lembrei, olhei o Salvo que me olhava e estouramos novamente de rir no exato instante em que um Jones sem desconfiança abria as portas do dormitório e nos mandava tirar as camisolas, vestir os chambres, apanhar o sabão, as escovas and make haste do the *oficinas* and bath. Precipitamo-nos para o fundo do corredor. O hábito, logo aprendemos, era deixar os roupões do lado de fora e entrar nus para escovar os dentes e cair na água fria. Na porta, o nosso bando, tiritando, parecia o dos anjinhos pelados da *Virgem do baldaquino*, de Rafael, ou os das *Anunciações*, do Tintoretto e Tiziano Vecelli. Ia entrar, tangido pelo Jones, mas hesitou, parou, recuou com o despropósito que via. Era um dos colegas, certamente o mais miúdo, que chegara primeiro e já estadeava, sob o jorro, sua anatomia indecente. Os mais pequenos tiveram a impressão penosa de estar diante de um aleijado, o próprio Jones pareceu ofuscado com as abundâncias que se lhe mostravam e assumiu um ar digno para indagar. How old are you? Sí, pregunto que edad tiene usted? O garção aparvalhado não entendia e sorria — genitália ao vento. Afinal compreendeu e respondeu. Tinha onze anos. O nosso vice-diretor bestificado com aquela exuberância e precocidade tropicais — Good heavens! — mandou o adolescente se cobrir e foi providenciar a remoção imediata do pestiferado to mr. Cuthbert's house, isto é, a casa dos maiores. Mas logo voltou para nos dar regras de asseio. Que escovássemos os dentes de um lado para o outro e também de cima para baixo. Que lavássemos direito os pés, as orelhas e o pescoço. Que limpássemos bem as unhas e que cheirássemos a égua. Cheirar a égua? que égua? Vendo-nos atônitos o Jones resolveu dar uma demonstração prática de como se cheirava a égua. Tratava-se de limpar perfeitamente o nariz, assoando as ventas, depois de ter aspirado um pouco d'água para amolecer as catotas. *Aspirar*, na sua meia língua, era *cheirar*; e água, no seu sotaque de gringo, virava *égua*. Todos fomos afogar as gargalhadas debaixo do esguicho dos chuveiros. Ele é que não pegava o porquê daquela hilaridade. What have you to laugh at? you little scoundrels!

Lavados, descemos para nos integrar num cerimonial que se repetiria cada dia, invariável como os regimentos da Royal Navy e rígido como a etiqueta da Corte d'Áustria. Entrávamos na sala de jantar por uma porta, enquanto, sincronicamente, pela sua fronteira, apareciam os maiores. O menor dos maiores era o Sílvio Barbosa, sempre acompanhado de seu mano Leopoldo. Logo vinham falar com o Juscelino, o irmão pequeno, do nosso lado. No primeiro dia, já íamo-nos sentando sem cerimônia, quando fomos advertidos pela enfermeira. Que ficássemos de pé e que olhássemos para a mesa dos professores. Eles estavam também eretos, à nossa espera, e quando todos os alunos se perfilaram diante de seus lugares, o mr. Jones assumiu um ar episcopal and said Grace. A oração de antes da comida. Íamos ouvi-la durante dois anos, cada dia em quatro refeições e logo a tive decorada: For what we are about to receive, may the Lord make us truly thankful, for the Christ sake, amen. Compreendemos e abancamos. Na cabeceira de minha mesa, a dos maiores dos menores, veio sentar-se a enfermeira que, com muito bons modos, explicou que ela era a *nurse* e que, para doenças e roupas, procurássemos logo por ela. Disse que se chamava Margareth Morris, mas que devíamos chamá-la mrs. Morris. Estava de linho azul-celeste, avental branco muito engomado, saias curtas mostrando pernas gordas, apertadas em meias também brancas e de trama grossa. Sapatão de homem. Tinha um busto opulento, suas faces eram carmesim e pareciam as metades sangrentas de um queijo do reino. Tinha o perfil fino das libras da rainha Vitória, ligeiro buço e tanto quanto consigo rememorá-la, pondo-a no meu julgamento atual, vejo-a frescalhota, com um ou outro cabelo branco, mas nada despicienda, nem de se mandar para o bispo. Com o passar do tempo, não era mistério que muitos dos maiores tinham paixão por aquela Eva em idade canônica, mulher única, no deserto do colégio interno. Seria ela, talvez! a causa da frequência com que se periciavam certos rastos de lesma nas privadas dos maiores e da advertência sibilina que o Cuthbert fazia encarando os mancebos de sua casa, à hora do ajuste de contas, no fim da *Whole Communion*. Boys, mr. Sadler has still found some eggs in the water closets! This is a very disgusting custom! Nós, menores, ficávamos a zero. Que ovos? Ovos na latrina? Os maiores riam e se cutucavam, fungando, conhecendo os ovos e sua viscosa clara. Voltando às refeições da manhã, digamos que ela era excelente: mingau de fubá com queijo de Minas picado, café com leite, pão com manteiga. Na mesa dos professores havia bifes, presunto, omeletes, *ham-and-eggs*, chá, leite, torradas, biscoitos. À inglesa. Estávamos no meio da refeição quando a porta dos maiores deu passagem à figura imponente do diretor. O nosso mr. Joseph Thomas Wilson Sadler ia por entre os quarenta e os quarenta e cinco. Apenas grisalhava. Era alto, espadaúdo, desbarrigado, sorria sempre, tinha densos bigodes e muito pretos, fazia valer seu perfil, seu gesto, sua elegância. Era a dignidade e o compasso em figura de gente. Seu andar era régio, seu ar, profundamente britânico, mas, fisicamente, não tinha nada de inglês. Era moreno claro, um pouco pálido, olhos muito negros — pele e fâneros fazendo dele mais um homem do Mediterrâneo que indivíduo do Norte. Digamos um grego, um siciliano, um andaluz, um português, um sefardim. Estava encantado de nos encontrar no dia seguinte ao da nossa chegada e queria aproveitar para dizer que, no escuro da véspera, não vira quais, mas que percebera muitos meninos usando a faca para levar alimentos às fauces, com risco de se degolarem, e servindo-se do garfo para palitar os dentes — o que podia furar o céu da boca. Aquilo não era bonito para *gentlemen* como seus alunos, mocinhos das melhores famílas do estado de Minas. E que todos fizessem um pequeno esforço para comer de boca fechada. Sussurrava tudo isto com doçura e ironia e, em seguida, saiu conosco em direção do recreio. Ficamos à roda, esperando mais. Ele mesmo é que nos mandou embora — sempre sorrindo. Well, my boys, you may dismiss... Não entendemos, mas um gesto soberano da mão bem tratada traduziu a ordem.

Por morte de minha Mãe e de tia Alice, chegaram-me às mãos lembranças guardadas por elas: as cartas que lhes escrevi em 14 e 15, do Anglo. Assim, as que em vida me deram vida e convivência, mortas, legaram de volta minha infância. É por estas folhas amareladas que posso reconstituir o internato dos ingleses. Escrever para a família era cortesia a que nos obrigavam os professores. À falta de assunto, eu fazia sempre uma espécie de relato do meu dia a dia e é neles que encontro nossas atividades e horários. O primeiro recreio era de sete às oito. Nesse preciso instante víamos passar vários professores, de beca, em direção à sala de jantar. Eram capas negras que desciam até abaixo dos joelhos, não abotoando na frente, mas caindo, primorosamente talhadas. Eram largas, tornadas mais rodadas pelos plissês das costas. Pareciam iguais, mas sua diferença estava nas mangas. Eram aladas e perdidas nos oxonianos como o Sadler e o Jones. Eram longos tubos em que os braços saíam por fenda no meio, deixando continuar as pontas onde faltava um semicírculo do pano — como que tirado a saca-bocados, nos cantabrigianos como o Cuthbert, o Carlyon e o Goodburn. Outros professores, o Rose, o Hyghmes, o mr. Chagas, o mr. Columbano Duarte, a d. Célia Joviano, o francês Albert de Capol e o alemão Heinrich Friedrich Gotfried Westerling — não tinham beca. Os dois últimos eram inseparáveis. Dióscuros. O De Capol, bigodaças de ouro, queixo rapado. O Westerling, guias do mesmo metal e barbicha *à la royale*. Em ambos, olhos de água-marinha. O primeiro, sempre de calça de flanela branca, paletó azul-escuro e, se saía, *canotier*. Quando folheio a iconografia proustiana, sempre o reconheço nos retratos de Swann-Charles Haas, sobretudo o deste, moço, braços cruzados, pupilas sonhando. O segundo, invariavelmente de dólmã de linho branco fechado à militar e, na rua, chapéu do chile ou *sombrero* cinzento. Também quando corro meus álbuns do Museu do Prado, vou encontrá-lo em Velásquez, no meio dos cavaleiros da *Rendição de Breda* ou em Van Dyck, no autorretrato em que o artista figura ao lado de sir Endimion Porter. Parecia ainda com minha prima Sílvia Terra. Muito. Ambos causavam profunda impressão nos alunos: o mr. De Capol, com esse nome que tinha sons escapulindo de bola de futebol batendo no chão, pulando estalado — decapol; o mr. Westerling com o seu, cujas sílabas deixavam cair as vogais como contas de prata na face dum lago, como enfeite, flor de neve despencando dum galho de Natal, rimando com a ourivesaria de Poe nos "Sinos" *tinkling, jingling* — vesterlingue... Por falar em sino, justamente ouvíamos o Jones carrilhonando and ringing his own bell — chamando os meninos de sua casa para o refeitório. Entramos sob as asas de sua beca e ele subiu aos céus de um estrado onde já estavam os outros professores. No meio, Sadler na sua glória. Tinha na mão caderno encapado de couro preto. Abriu e leu. Eram períodos curtos, breves sentenças, frases aforismáticas, máximas de moral, pensamentos filosóficos, casos edificantes, situações exemplares que ele declamava e comentava. Dai-nos, Senhor! o pão espiritual de cada dia. Foi ali que ouvi pela primeira vez os nomes de Bacon, Montaigne, Rousseau, Catão, Pascal e do nosso Maricá. Depois da boca adoçada com esses tropos *mozarlescos*, com o correr dos tempos, vieram as reprimendas. Jamais diretas e nominais, mas coletivas e sob a forma de carapuça talhada num pedaço da túnica de Jesus — que cada um podia passar adiante olimpicamente, ou enterrar até aos ombros, para cobrir a cara cimentada pela culpa. Eram casos de picardias com professores. De material devastado. De tinta pelas paredes. De bobagens escritas no quadro-negro. De escarros. De privadas borradas por little dirty swines de cócoras sobre as bancas. De brigas no futebol, de palavras porcas, de mandar à merda ou mais longe ainda. De má-criações com a d. Célia. Don't you realize, my boys, that d. Célia is a lady? — jogava-nos o Jones às bochechas. E o Cuthbert cada vez mais consternado, denunciando o achado cotidiano, invariável, iterativo, nos water closets — e sempre por mr. Sadler! — de mais eggs. Eggs, eggs, eggs and eggs. How disgusting! I'm ashamed for you all. Do you think that you can play your football as well as before after giving into those solitary incontinences? No! Era a esta lição de moral e a esse lavar de roupa suja que no Anglo chamava-se a *Whole Communion* — o encontro, a comunicação de todos os professores uns com os outros, dos professores com os alunos, dos maiores e menores, internos e externos, meninos e meninas. Porque tínhamos mocinhas matriculadas: Dulce Brandi Pereira, Conceição Garcia de Paiva, Rose Haas e outra, a quarta, filha dum *bife* de Morro Velho (bigodes em ponta, como cornos) — cujo nome deixei no Tempo. Era a hora em que nos misturávamos aos externos, cuja elegância e roupas mudadas diariamente deixavam num chinelo os ternos dos internos — surrados uma semana inteira. Árbitros eram o Roberto Furquim Werneck, seus primos Otávio e Flávio Marques Lisboa, o Agnaldo Barcelos, o Olimpinho Moreira, o Lourencinho e o Roberto Baeta Neves, o Leslie Clemence, o Isaac Brown e o Moses Spector. Acima destes, só o Arturzinho Bernardes, o Delfim Moreira Júnior, o Fábio Marques, que chegavam de carro do governo e pilotados pelos oficiais de gabinete dos mais importantes — que desde os tempos do Chico Sales tinham sido adestrados em acumular, com as políticas e burocráticas, as funções de babá, ama-seca e *baby-sitters*. O resto dos meninos, comparsas. Depois da moral, da *mens sana*, éramos entregues ao mr. Hyghmes, na sala de ginástica ou no campo, atrás do pavilhão dos menores, para meia hora de *corpore sano*.

O que foi admirável na organização do Anglo é que já no segundo dia tudo funcionou perfeitamente, sem erros, sem tentativas, sem essa desculpa de cretinos que é a de que *ainda estou tomando pé*. Deviam tomá-lo na bunda, os incompetentes. Parecia que já tínhamos meses de aula, tão bem a máquina demarrou e logo andou, como automóvel de classe. É por isso impossível dar lembranças cronológicas desses dias logo iguais e temos de tratar de um ano do colégio como se fosse um dia do período letivo. Vamos começar, pois, pela ginástica da manhã. Antes de iniciá-la, íamos trocar nossos calçados por sapatos de tênis e deixar as blusas no lavatório de baixo, onde cada um tinha seu escaninho. Subíamos, então, ao encontro do Hyghmes, que, no campo ou no pavilhão de ginástica, nos distribuía em quatro filas para os trinta minutos de sueca. O nosso *gymnasium* era uma edificação retangular, de altas janelas basculantes e telha-vã. Não sei por quê, tenho sempre vaga ideia de claustrofobia quando penso nele. Mil vezes os exercícios no pequeno campo de futebol, largamente aberto aos ventos, devassado pelas janelas do prédio dos menores, onde apareciam, para assistirem à performance, ora a mrs. Morris, ora a d. Célia Joviano. Esta, por causa do irmão Albino, nosso companheiro — um dos gordos mais ágeis que já tenho conhecido: parecia bola ou pneu cheios de ar, balão, de fluido inda mais sutil, e tinha deles a esfericidade funcional e a miraculosa leveza. O Albino não andava, antes rebondissava; não corria, era como se decolasse. Atrás do colégio havia casa perdida nas alturas do Cruzeiro, onde não faltavam moças para nos verem, de arquibancada. Uma delas, namorada do Carlyon, ensinara seu papagaio a chamar por ele. O bicho de quando em quando trombeteava nos ares da Serra o nome do nosso professor. A vista, desse campo de futebol e recreio dos menores, era maravilhosa: dava para os lados do Rola-Moça, que década depois seria cantado por Mário de Andrade; dava, mais para baixo, para a torre do posto veterinário, onde trabalhava o pai do Flavinho e do Otávio Lisboa. O Hyghmes colocava-se à nossa frente e encetava as extensões, torções, supinações, flexões, pronações, aduções, rotações e circunduções que devíamos imitar. Estabelecia-se a confusão porque nos primeiros dias não entendíamos patavina de inglês e a alimária era incapaz de se expressar em português. Aliás, nem no seu próprio idioma, porque os sons que ele emitia, os grunhidos que dava e os roncos, em nada lembravam a língua falada pelo Sadler, pelo Jones, pelo Carlyon, pelo Goodburn. O Hyghmes era gorducho, pançudo, atarracado, ruivo. Estourava de sangue e unto. Vivia fervendo de cólera. Os mais velhos de nosso grupo não passavam de dez, onze anos. Pois assim mesmo, dessa ingenuidade infantil, sem meio de tradução ou de comunicação com ele — logo vimos o que valia nosso professor de ginástica, começamos a reinar, a fintar o touro. Ele, babando, procurava os autores dos assovios à direita, quando eles silvavam à esquerda. Virava-se de repente, para apanhar o culpado e deparava um anjo — enquanto à sua ré avolumava-se uma onda de guinchos, apitos, zumbidos e cacarejos. Passou a fazer a figuração da ginástica de frente e nós, cinicamente! acompanhávamos o modelo *em espelho*, isto é, fazendo com a esquerda o que ele executava com a direita. Fora de si, numa fúria de surdo-mudo, ele vinha, segurava-nos braço, perna, certos, indicava a posição devida, e nós, virando-nos uns para os outros, mimávamos dois a dois, repetindo o que era feito para nos mostrar o errado. Ele urrava, ríamos, o animal desistia. Quando não era hora de aula, ele — num "esplêndido isolamento" — cachimbava, para lá, para cá, como jaguar na jaula, em frente às *oficinas*. De repente punha o boné e ia beber na cidade. Voltava aos bordos. Uma noite aquilo acabou em tal escândalo e gritaria que os maiores acordaram. O Edson Jacob, que meio descera, a espreitar, viu o Jones pondo sangue pelo nariz, a mrs. Morris pedindo socorro e entrando portas do diretor adentro, a mrs. Sadler tendo um vágado, o Cuthbert e o *headmaster* acorrendo e espancando o jumento bebido e no cio. Manhãzinha, o sargentão foi expulso. Se é que era... Para efeitos da propaganda do Anglo, ele passava por suboficial da Grenadier Guard, com serviços na Índia, gilvaz e medalhas. Pelo misterioso sistema de comunicações do colégio, logo se soube, nos menores, do esporro da véspera e que o Hyghmes não passava de um reles *private*. E já na *Whole Communion* ouvimos um Jones de face tumefacta, declarando, com ar cheio de promessas e olho exultante — que ele próprio passaria a ministrar o *drill* aos seus meninos, durante a ausência de mr. Hyghmes, que viajara e who was not expected to come back. Os tempos tinham chegado e o destino do Jones ia se cumprir.

Mas nem só de sueca vivia o *corpore sano* do Anglo. Havia ainda as competições atléticas. O críquete só era jogado pelos professores e por outros *bifes* que vinham especialmente do Morro Velho. Era a ocasião de admirarmos equipamentos desconhecidos: luvas articuladas, a trindade do *wicket*, os bonés especiais, os calções, o *bat* e a bola que diziam ser feita com fio de tripa de gato e arame enrolados em torno dum núcleo de chumbo — depois de terem sido passados em borracha derretida. Era duramente capeada e seu golpe na cabeça, mortal. Por isso mantínhamo-nos longe, enquanto os britânicos faziam voar semelhante torpedo. O hóquei era para ser disputado com patins de roda ou patins de gelo, sobre pistas adequadas. Planejava-se sua construção e, enquanto ela não se fazia, transformávamos o elegante jogo numa espécie de *pelada*, de futebol com pelota de pau, levado a efeito não com os pés, mas com os *sticks* — cuja canelada era mais contundente que a das chuteiras. Quando não das tíbias, o movimento de ceifa arrancava nacos do chão vermelho e enchia o ar de poeira. Mas nobre mesmo era o *lawn tennis* e grandes jogadores, o Rose e o Carlyon, cujas raquetes corta-vento chiavam no ar à hora dos serviços, dos voleios, dos *drives* e dos *smashes* triunfais que aplastavam a bola de borracha e de *white melton cloth* contra o chão, e que este devolvia a alturas elásticas — já não mais brancas ou cremes, mas flavas e acobreadas da tinta da terra que nós tínhamos preparado, dirigidos pelo Cuthbert, pintando a riscas de cal: a *centre mark*, a *baseline*, a *service line*, as *sidelines* — limites dos *courts* e *alleys*. O traje do tênis era camisa clara, calça de flanela creme, meias e sapatos brancos, de borracha. Elegantíssimo, entre os professores, era não usar cinto e apertar o cós com uma gravata de seda passada nas alças — gravata com as cores do *college* que tinham frequentado: King's, Trinity, Caius, Magdalen, Queen's. Os alunos maiores e mais altos faziam duplas com os professores. Eram o Justo Dantas, o Ataliba Carvalho Brito, o Augusto Otôni, o Fausto Ferraz Filho, o João Batista Prates (Titita). Este, aliás, brilhava também no esporte por excelência do colégio, que era o futebol. Se brilhava... Brilhava em tudo: pela simpatia, pelo gênio adorável, pelo riso que não parava, pela ubiquidade dos movimentos, pela agilidade felina, por aquele bate-pronto que punha a bola de volta que nem morteiro. Às vezes ele chegava perto da gente, segurava pelos dois braços, perguntava de frente — gargalhando, já se sabe! — você quer me ver correr? Nem esperava resposta. Logo, puro-sangue, cervo, lebre, alípede, ave-andorinha, já estava rindo *and panting*, lá no fim do outro lado do campo.

Uma das razões da popularidade do Anglo entre os meninos de Belo Horizonte foi a notícia que se espalhou, antes de sua abertura, que o colégio teria no currículo cátedra e professor titular de futebol. Foi uma demência. O Joãozinho Teixeira (depois Teixeirão) encheu-se de coragem e teve um entendimento com seu pai, o temível Leopoldo Gomes. Queria ir para os ingleses e interno. O *velho*, que conhecia o filho como fujão das aulas e contumaz nas gazetas dos barrancos do córrego Leitão, desconfiou. Por que o Anglo? e por que interno? Por causa do professor de futebol. Ah! é? Pois então você vai mesmo é para o Arnaldo, ou pro Ginásio Mineiro. E suma-se já das minhas vistas... E João quase morreu de inveja quando soube que seu amigo Lilo Canabrava já estava matriculado naquela maravilha de educandário... Não havia propriamente um professor de futebol, mas uma equipe inteira de professores, porque todos os nossos mestres eram *footballers* de alta classe. O Sadler e o Jones, *center halves*. O Carlyon e o De Capol, parelha de *backs*. O Rose, extrema-esquerda. O Westerling, meia-esquerda. O Cuthbert, um artilheiro só comparável ao tigre Friedenreich. O Chagas jogava em todas as posições e invariavelmente mal — apesar de fazer muita fuleragem para impressionar as arquibancadas. O Goodburn, míope, portando *pince-nez* de trancelim, só servia mesmo para juiz de linha. Logo os clubes da cidade disputaram os campeões. Tenho ideia de que o De

Capol foi para o América. O Rose, idem. O grande Cuthbert, para o Atlético. O Chagas foi atraído pela malha escarlate de negra gola esvoaçante dos Esportes Higiênicos. A influência dos ingleses foi grande no futebol mineiro. Fizeram sentir o seu jeito na técnica, nas regras, no espírito esportivo, na *gentlemanhood*, no treinamento, na seleção do material e até nos uniformes dos jogadores — numa época em que a revista *Vita* publicava retratos de times vestindo calções que se apertavam abaixo do joelho, sobre meias de mulher e camisa fechada de colarinho duro e gravata. Isto foi reconhecido pela Liga Mineira de Esportes Atléticos, quando esta fez do Sadler seu presidente honorário. Foi logo visível o *improvement* dos grandes *players* mineiros como Morethzon Americano, Valdemar Meireles, Octacílio Negrão de Lima, Mário Neves, Otávio Pena e outros. Tudo exemplo dado pelos professores do Anglo, que serviram de padrão para a reformulação do Atlético, do América, do Yale, dos Esportes Higiênicos. Se é lícito afirmar que houve Rafael e Leonardo porque, antes deles, houvera Cimabue, Pietro Cavallini e Duccio di Buoninsegna — podemos dizer que na *escola mineira* há Pelé e Tostão porque antes deles tinha havido Rose, Carlyon e Cuthbert. Nós, alunos do Anglo, jogávamos futebol às terças, quartas e sextas-feiras. Éramos divididos em dois times de menores e dois de maiores, cada um com dez alunos e um dos professores para formar os onze. Nessas partidas, esses professores iam ensinando a boa técnica e o bom comportamento no jogo, a saber ganhar e a saber perder. Havia disputas sensacionais. Internas, entre selecionados dos maiores e menores contra os médios, entre alunos e professores. Externas, como as formidáveis partidas que tivemos dos professores do Anglo reforçados por maiores, contra o América. Combatia por esse o Lucas Machado (Suíço), que, em dado momento, rasgou o calção de fora a fora e, para não jogar com as partes à mostra, teve de fazê-lo de capa de borracha. Do mesmo time, contra os *bifes* do Morro Velho. Contra o Colégio Arnaldo, quando demos verdadeira lavagem naqueles meninos canhestros, treinados mal e porcamente por *irmãos* de batina arregaçada. Contra o Isabela Hendrix, que, apesar de instituto de ensino para meninas, tinha uma seção de garotos. Pois eles vieram jogar contra nós e foi nesse dia memorável que prestei atenção no *center forward* Chicó — nem mais nem menos que Chico Pires, o meu inimitável Francisco de Sá Pires. Há pouco tempo ele dizia que me conhecera rapazola, aluno do Pedro II, passando férias em Belo Horizonte, num Carnaval em que ambos enrolávamos serpentinas em torno ao pescoço de cisne de certa Cacilda, piracicabana em flor, cujo coração disputávamos e que — ai! de mim — ele empolgou. Não, senhor! seu Chico Pires. Nosso conhecimento é mais antigo e vem daqueles futebóis de 1914. Lembrado, o Chico concordou — isso mesmo! — e deu-me a explicação. O Isabela Hendrix recebia meninos desde que eles seguissem todo o regime escolar das garotas, inclusive aula de costura. É por isto — acrescentou o psiquiatra — que até hoje sei embainhar e chulear.

Guardo várias recordações do nosso futebol. Dos uniformes: camisa de flanela às riscas pretas e vermelhas; bonés, como os de jóquei, do mesmo pano, ou gorros de malha enterrados por cima das orelhas, até aos olhos e à nuca, calções brancos, chuteiras de couro cru amarelas ou esverdeadas, com travas transversais ou cilíndricas. Eram acolchoadas, enfiadas com longos cadarços que era moda pôr em espica — dando voltas em oito em torno aos maléolos e em torno aos pés. Lembro do Willer Pinto e da sua palamenta de caneleiras, tornozeleiras, joelheiras e enchimentos prudentes para atenuar o baque dos trancos. Ele, aliás, me impressionava muito! não por esses instrumentos, não por jogar pessimamente, mas pelo fato de ser parente próximo do rei de Espanha. Pelo menos assim passei a considerá-lo, num dia em que ele, falando de seus progenitores, confiara à roda dos colegas: minha mãe é *infante*. Eu, que ainda não tinha ouvido falar da família Infante Vieira, tomei a d. Cecília como infanta (feito as duma história de *O Tico-Tico*) e, esnobe, regozijei-me de ser condiscípulo dum príncipe da Casa d'Áustria. Lembro-me dos nossos grandes jogadores como o Titita Prates, seu irmão Gilberto, o Antônio Otôni (Parrinha), Leopoldo Barbosa, Camilo Pimentel, Edson e Guy Jacob, Gerson Coelho, Francisco Brandão, Zé Megali e Álvaro Sales — que faziam o primeiro time — o dos maiores. O dos menores tinha como estrelas o Carlinhos Prates, o Áureo Renault, José Vaz, Fábio Sena, Clorindo Valadares, Tobias Rothier Duarte, Clodoveu Davis (Vevete), Oto Jacob, Paulo Gomes Pereira, Otávio Marques Lisboa e Francisco Negrão de Lima. E o dia em que este caiu? mordeu a língua e foi retirado de campo, sem sentidos, banhado em sangue — está morto! está morto! — nos braços do Sadler. E quando o próprio Sadler, *calçado* por um aluno, aluiu também, quebrou o braço esquerdo — ocasião em que o *gentleman* desapareceu para dar lugar ao homem de Neandertal, apanhando duma pedra e acertando-a em cheio no responsável pelo seu tombo. Essa fratura do Sadler foi oportunidade que tive de aprimorar minha experiência humana. Eu, que estava penalizado, fiquei bestificado com o espaventoso júbilo mostrado pelo Paulo Lins com o acidente do diretor. Logo quem? o Paulo Lins, justamente um dos reizinhos do colégio, filho de pai desembargador — daqueles meninos que o Sadler trazia nas palminhas, punha sempre nos primeiros lugares dos boletins. Outra memória que guardo do nosso futebol prende-se à figura de meu colega Randolfo Bhering. Ele era mais míope que o Goodburn e, quando se tornava réu de crimes contra a disciplina, o Jones castigava-o de maneira *sui generis*. Fazia-o vestir sua roupa de jogo, confiscava-lhe os óculos e soltava-o inerme entre as feras do campo. O pobre menino só percebia a bola quando ela martelava seu corpo ferozmente. O mais eram sombras hostis, despejando-lhe trancos e caneladas até o Jones, vingado, dar-se por satisfeito. All right! Randolfo! 't is enough. *Ger'out!* Take yourself out of the field. Nosso companheiro saía, não sem que um calça-pés derradeiro o atirasse fora do campo, cabeça erguida e braços para a frente — na postura dos cegos desequilibrados de Brueghel.

Além do banho da manhã, três vezes por semana, tínhamos o do tanque de natação. À tardinha. Era numa piscina magnífica que ficava por trás da sala de ginástica, como esta coberta de telha-vã e largamente aberta nas paredes laterais. Rasa dum lado, para os menores e os que não sabiam nadar, seu fundo ia descendo até que se perdia o pé no declive. Água limpa, mudada sempre de próximo. Era proibido pular de ponta-cabeça e os que o faziam eram privados da natação uma semana. É que o Sadler não queria saber de quengo quebrado no fundo de cimento. Entrava-se saltando em pé ou, como ensinavam os ingleses, ajoelhando na borda, onde passavam corrimões logo acima da superfície da água. Havia um jeito especial e torcido de segurá-los e, a um apito, todos davam um galeio de banda e caíam no banho — seguros à trave de madeira. Sempre atracados, os que não sabiam nadar aprendiam o movimento das pernas. Depois de adestrados, faziam em seco os gestos da braçada de frente, do *à la brasse*, do nado indiano e começavam a atravessar a piscina, no princípio, devagar, sem jeito, bebendo água, respirando água, sufocando, perdendo pé — depois como seta na reta dos peixes. Sempre um dos professores estava dentro d'água, conosco. Grandes nadadores o Cuthbert, o Carlyon, o Sadler, o De Capol, o Westerling, cujos bigodes e cavanhaque ficavam escorrendo feito os de leão-marinho. O Jones, com uma malha inteira, de manga e vindo até aos joelhos, era uma antecipação das comédias aquáticas de Mack Sennett e da figura dos amorosos bigodudos e carecas que se moviam no meio das *bathing girls* que iam aparecer, logo depois, no cinema. Toda a sua figura, seu jeito de nadar eram gags inimitáveis. Teórico perfeito, nada o irritava mais que ver os veteranos dos *banheiros* do Arrudas, do Serra ou do Leitão — nadarem de arranco, peito emergindo, jogando água para os lados e para cima com a batida ruidosa dos pés — ti-bum-bum. Ouço sua voz furiosa — como sinto ainda a friagem dos calções úmidos do outro banho e com um vago cheiro de mofo. Couldn't you try to swim like human beings? and not in the way of dogs and horses, you stubborn mules! Nem ouvíamos, banhados na alegria da água batida e dos nossos gritos. Mergulhados, nossa audácia crescia e tentávamos dar caldos no Chagas, que era um prego, ou no Goodburn, que, sem óculos, ficava mais indefeso que o Randolfo entre as panteras do campo de futebol. Também gostávamos de tomar o salva-vidas de que se munia o Willer Pinto para vê-lo soçobrar como pedra. Um Carlyon atento repescava logo o náufrago.

É nas cartas que escrevia a minha Mãe e tia Alice que encontro as descrições de outra atividade esportiva a que nos entregávamos. A marcha. Tínhamos excursões três vezes por semana. Às segundas-feiras, com o Jones; às quintas, com o Goodburn; aos sábados, com o Westerling. Passeio frequente era à Caixa de Areia. Ah! onde estarão hoje suas águas e sua floresta? Parece que o nome lhe vinha do processo de filtragem da água, que passava por grandes tanques de cimento, divididos por separações que eram como os dentes de dois pentes entrando nos intervalos um do outro. A água saía, aspirada por um bulbo de ferro todo furado, imenso como cabeça de jiboia sem boca, que tivesse mil olhos. As folhas e detritos ficavam de fora e só passava a límpida linfa, fresca da sombra das árvores cultivadas pelo Bambirra. O seu Bambirra era o guarda, o zelador ou o que o fosse da Caixa de Areia. Não só ele mantinha a floresta, como o pitoresco dos caramanchões de todas as formas e alturas, copados de colmo e enrolados das trepadeiras em flor. Tinham bancos. Tinham mesinhas. Serviam para piqueniques com moças usando aventaizinhos engomados e rapazes de colarinho duro e chapéu de palha. Com violão, flauta e cavaquinho. Com banda de música. Só o que o Bambirra não deixava era banho naquela água de beber e sacanagem dentro do seu bosque. Aí, já se sabe: tiro de sal na bunda — pra fazer mesmo ferida zangada. O sol ficava sobre as árvores que nem a fiagem amarela do cipó-de-chumbo. Embaixo, as sombras que me lembravam as de Mayne Reid nos *Náufragos de Bornéu*: eu espreitava a ver se desciam serpentes do alto ou se não se arrastavam gaviais nas águas... Naquele tempo a Caixa de Areia era coisa longínqua, nas áfricas. Ia-se pelo Cruzeiro, depois caminhos da roça onde ficam hoje a rua Caraça, os altos da do Ouro e a Trifana recém-aberta. Há pouco tempo eu quis redescobrir onde era. Não consegui. Fiquei hesitando entre as direções a tomar, naquela esquina cumeeira de Pirapetinga, de onde se vê a cidade (tão enobrecida pelo crepúsculo que parece que se está olhando, de cima do Museion, a Acrópole que guardou o sol como brasa esfriando, aos poucos). Outra excursão apreciada era ao reservatório d'água, cercado de araucárias, logo acima e à direita do Cruzeiro. Entre ela e este ficavam erosões profundas cujos barrancos eram duma espécie de talco arroxeado, róseo, lilás, pardacento e cinza-claro, todo clivado em lâminas que gostávamos de separar como a grossas folhas de papelão empilhadas. Aquilo era greta funda, sombria, desbarrancando a nossas solas. Mas suas paredes davam o apoio de reentrâncias, saliências, galhadas, avencas, tufos de samambaias. Já não era mais como nos *Náufragos de Bornéu*. Eu vivia aqui a história dos *Mergulhadores do abismo* e procurava no paredão as três entradas de que uma ia dar na Cidade Santa subterrânea e as outras duas nos perigos, nas emboscadas, no engano e na Morte. Tudo isto foi aterrado e por cima desses caminhos da infância estão agora as ruas Albita, Martinho Campos, Prata, Maceió, Ouro Fino. Mas as grandes aventuras eram as escaladas da serra do Curral. Lá estava ela de asas abertas e avançávamos contra seu peito pela rua do Chumbo ou pela rua do Ouro. Por um lado ou pelo outro, íamos além da casa do seu Silvério, ou da chácara do Arquimedes Gazzio, onde bebíamos água, ganhávamos laranja, manga e pequi. Íamos além, para adiante dos caminhos, tomávamos picadas ladeira acima, a montanha diminuía, subíamos até os íngremes que de tão, viravam numa parede, num muro em cima do qual corria a inacessível crista de metal. Voltávamo-nos para o sol que também descia. Fazíamos poeira, de propósito, para ver as mutações daquela terra de Siena esfarelando nos mildedos dos raios de púrpura da mão do rei. A vegetação era pouca naquele solo de ferro onde cintilavam pedregulhos e minérios em flor. Partíamos pedras pelo meio como a pomos de bronze para ver-lhes o miolo seco açoprata. A serra, de longe, parecia de veludo — como os mosaicos de Ravena. De perto, tocada, era dura e áspera como as facetas dos mosaicos de Ravena. Era ainda dia claro, mas havia um peso, em tudo, como aquele pânico geométrico que se desprende das paisagens irremediáveis de Edgar Poe — cujo encontro de linhas é marcado pelo escaravelho prumo na ponta dum fio. Voltávamos cobertos de poeira vermelha e inundados daquele sol que subia à cabeça como vinho. A prova dessa bebedeira era o Westerling correndo ladeira abaixo atrás de valquírias, falando sozinho, recitando, cantando e chamando pela rainha da Islândia. Um dia de sábado o Jones decidiu que iríamos ao pico. Saímos cedo, todos os internos e alguns externos que tinham aderido. Passamos pela Caixa de Areia. Acompanhamos as torres de alta voltagem que balizavam o caminho. O platô final foi ganho a unha e de quatro, como sua descida foi feita de bunda esfregando no chão, de medo daquele funil despejando no abismo. Lá no alto do alto olhamos a rodamundo Minas Gerais. Cada morro ia se desfazendo aos poucos e se resolvendo em ondas, na distância. O centro era terra, ilha, cercada por oceanos de montanhas azuis entre as quais se encrespava a crista da serra da Piedade. O próprio Jones — *tamed* — subjugado pela paisagem prodigiosa, nos explicava que comparável ao que víamos, só as Chiltern Hills, os maciços de Cumberland, e as falésias de Cornwall com o oceano depois, como aqui — tanto as sucessões onduladas que desciam dos penhascos do Curral lembravam mar, margens, golfos, penínsulas se prolongando e repetindo num céu do mesmo azul profundo. Apoiado à sua bengala ferrada e alpina, o Jones tirava o capacete de cortiça que ele ousara arvorar para nossa alegria e olhava o sol poente cara a cara, metendo a língua entre o lábio inferior e a dentadura de baixo — num cacoete muito dele. A luz que o banhava dava-lhe tanta grandeza e tanto ouro, que não rimos.

Às vezes nossas excursões tinham finalidades de cortesia, como a que fizemos ao Acaba-Mundo, à chácara do Chico Sales e a convite de seu filho Álvaro, aluno do colégio. Guardei a lembrança da cor incomparável das suas mangueiras e de seu solo. O pardo deste e o verde daquelas alteravam-se e adquiriam o valor cromático especial que uma tonalidade assume quando é avivada pela vizinhança de outra. Todo pintor conhece isto, de teoria. Mas poucos são capazes dos *acompanhamentos* que Portinari fazia, por exemplo, com seus amarelos, segundo eles ganhavam ou perdiam, cresciam ou minguavam à custa de azul, de roxo, de vermelho, de verde, de branco, de preto. Às vezes, de propaganda, para que os outros meninos da cidade nos vissem descer de bonde e baldear no Bar do Ponto, como no dia em que outro aluno, o Áureo, nos levou a visitar o Instituto João Pinheiro — dirigido por Léon Renault, seu pai. Fomos para um amistoso e demos uma lavagem de oito a três no time de lá. Foi quando, pela primeira vez, divisei, de longe, o mancebo Abgar Renault, irmão de nosso colega. Quando voltamos ao centro da cidade e esperávamos o bonde do Cruzeiro, chegou-se a nós o coronel Jorge Davis, para conversar com Sadler e com os filhos, nossos condiscípulos, o Otaviano (Nhonhô) e o Clodoveu (Vevete). Nessa época eu já estava pegando um pouco do idioma do Jones e fiquei assombrado. O velho Davis manejava o português com um forte sotaque britânico — diziam. Mas o que ele estava falando com o nosso diretor, se era inglês, tinha sotaque era mesmo de Java, da Jamaica ou da Austrália. Ele próprio sabia disso porque a cada instante perguntava ao Sadler se compreendia. D'ye 'stand? Logo o outro muito correto, que sim, yes, very well, perfectly — mas desmentia-se com a quantidade de vezes que queria repetição. I beg your pardon, colonel Davis. O outro vinha de novo, pontuando sempre com o seu invariável — D'ye 'stand?

Havia outro gênero de atividade no Anglo, que tenho de colocar com as esportivas. Pelo menos tinha o caráter de atividade física. Era a de amanhar a terra, plantar, regar, colher. O diretor inventara aquilo. Todo o fundo do colégio, dando para Maranhão e Tomé de Sousa, fora dividido em canteiros para serem tratados pelos alunos que assim o quisessem. Tive o meu. Recebi regador, tesoura, ancinho, pá, picareta, enxada mirins — tudo parecendo de brinquedo. Aprendemos a riscar o local do canteiro, a revolver a terra dura numa profundidade de três palmos, a misturá-la com estrume, a regá-la dias e dias até que cessasse a fermentação, que o solo perdesse a acrimônia e se tornasse apto a receber o grão. Foi quando nos deram os envelopes cheios de sementes e tendo do lado de fora a figura colorida do vegetal que delas nasceria. Assim plantei minhas couves, cebolas, alfaces, tomates e rabanetes. E plantei com mão de Luís da Cunha, de Inhá Luísa, de minha Mãe. Plantei com boa mão horteloa cheia de veias com sangue português. Germinal. Tinha tanta impaciência que às vezes abria a terra para ver o trabalho da vida, como em Juiz de Fora tinha feito com os macacos enterrados e os ratos — para acompanhar o da Morte. Logo compreendi que minha pressa matava e aprendi a esperar com a lenta Natureza. Finalmente colhi. Messidor... Assim ganhei meu primeiro dinheiro dado pelo trabalho, pois o Sadler, para nos estimular, comprava toda a colheita dos lavradores improvisados. Nada igual aos meus rabanetes. Hoje, cada vez que mastigo a casca ardida e vermelha ou a polpa branca que estala e resiste ao dente — sinto logo sabor de infância. É uma de minhas madeleines. Mordo: nas minhas mãos o cheiro cru da terra; nas roupas e botinas encharcadas, a frescura das regas à hora da noite descer...

Quando o Sadler julgou seus meninos aptos para uma boa demonstração no terreno do *corpore sano*, deu a Belo Horizonte o espetáculo sem igual da festa atlética em que nos exibiu em futebol, provas de chute, de dois grupos puxando a corda, corrida rasa, corrida de obstáculos, corrida de saco, *relay race*, pulo de altura, pulo de vara, pulo de distância. Tomei parte numa corrida de sessenta metros, para menores, turma 4, disputando com Artur Bernardes Filho, Paulo Gomes Pereira, Moacir Andrade, Rodolfo Mendonça e Clorindo Campos Valadares, que foi o vencedor. Aliás, por ser miúdo, ele tinha levado sobre os outros uma vantagem de dois metros — como está no programa que conservo até hoje. A banda de música da Força Pública executava dobrados, enquanto o Sadler se desdobrava para receber o presidente do estado, que vinha ver correr e chutar seu filho e homônimo, o menino Delfim Moreira da Costa Ribeiro. O político de Santa Rita estava, então, na força do homem e nada fazia suspeitar que cinco anos depois ele ia querer nomear o Arquimedes Gazzio, diretor do Loide Brasileiro. Lembro-me dele, de fraque, chapéu-coco, um riso de boca fechada desmentido pela testa vincada. O Jones, impressionado com seu silêncio cheio de intenções, dizia, depois, tê-lo achado a very strong man!

Já contei meus dissabores com a roupa de futebol, de como o Jones me dispensara desse jogo e me despencara, assim, na leitura, na contemplação e no isolamento. À hora em que todos desciam para o campo, eu ficava para trás e me sentava no meio da escada de cimento que conduzia a ele. Quando levantava a cabeça e deixava meus personagens de ficção, via, agitando-se embaixo, meus companheiros de infância. O Tempo tornou-os irreais e esbatidos, matou porção deles — mas não pôde prevalecer contra os heróis daquelas páginas — sempre na mesma e cada vez mais vivos. Ia buscá-los, primeiro, no *Tico-Tico*, cuja assinatura me era garantida por meu tio Antônio Salles, no Rio, e de que minha Mãe trazia os exemplares nas suas visitas. Eu me desinteressara do Chiquinho, Jagunço, Faustina, Zé Macaco, Lulu, Zezé e Vovô. Entretanto lia avidamente as histórias onde se tratava de Barba-Roxa, da Rainha dos Piratas e do heroico Paulino. De outras figuras históricas como as de Ana d'Áustria e Luís XIII, do sombrio conselheiro Laubardemont, do terrível cardeal de Richelieu, do miserável Ruptil (que secreta de merda!) e do pobre Cinq-Mars cuja cabeça decepada inundava de sangue o horizonte para além do palácio e das secretarias, enquanto Marion Delorme nele ensopava a cauda de seus vestidos. Com Lavarède, amei miss Aurett, viajei com cadáveres de chins e fiz a volta do mundo com cinco vinténs. Com Idain e Gardner fui traído por Kuty, desci o abismo, escapei das najas, passei fome, sede, frio; conheci a Cidade Santa resplandecendo dentro dos ocos imensos do Himalaia e saí do profundo na jangada vomitada pelo rio subterrâneo.

Os jornais diários também me forneciam heróis, como foi no caso do naufrágio da barca *Sétima*, das lágrimas que derramei pelos meninos afogados, jamais esquecendo nas minhas rezas o nome dum deles — Inocêncio Ciraudo — que não se quis mais espancar de minha memória. Já não me bastavam os jornais com seus crimes, nem o *Tico-Tico* — logo devorados. Passei aos livros da "biblioteca" do colégio. Essa biblioteca era um armário do corredor de entrada dos aposentos do diretor, onde o Sadler pusera livros que pudessem interessar aos meninos e rapazes. Bastava pedir ao Rose, que tinha a chave, e ele vinha, abria e escolhia-se o volume ouvindo as recomendações de não sujar, não riscar, não forçar a costura, não dobrar o canto das páginas. Jamais esqueci, desde então, de tratar bem os livros — nossos escravos da lâmpada, amigos de sempre, senhores despóticos de nosso tempo. O mundo foi se abrindo para meus onze anos e multidões passaram a desfilar diante de meus olhos. Eu fitava o sol sentado na minha escada e via as lavas do crepúsculo correndo e engolindo Pompeia nos seus últimos dias. De Bulwer-Lytton pulei para Henryk Sienkiewicz, que me levou para a Roma com Petrônio, Vinicius, Acteia, Popeia Sabina, Tigelino, orgias imperiais, triclínios, clepsidras, chuvas de flores, ânforas de vinho, coroas de louro, o mundo todo verde dentro da esmeralda de Nero, virgens nuas atiradas às feras de circo, gladiadores, touros, Ursus, rediários, policeversos, o Peixe, os corpos acesos dos mártires, minha fuga de Roma acompanhando o apóstolo, e nosso encontro com aquela luz do Oriente diante da qual nos rojamos cara no pó enquanto meu flébil xará perguntava chorando — *Quo vadis? Domine...* Vieram depois os dois Robinsons. O Crusoé. O chato suíço. O nosso José de Alencar, com Iracema, o Guerreiro Branco, o frágil madeiro, os verdes mares bravios, a jandaia, as frondes da carnaúba e a informação de que havia talhes de palmeira, lábios de mel, sorrisos doces como o favo do jati e índias cujo hálito recendia a baunilha... Pensando nelas eu desconfiava e me espreguiçava, Ubirajara, senhor da vara... Chegou a vez de Mayne Reid, do *Cavaleiro sem cabeça*, dos *Plantadores da Jamaica*, dos *Náufragos de Bornéu*. Em seguida Júlio Verne com *Miguel Strogoff*, as *Vinte mil léguas submarinas*, a *Ilha misteriosa*. Todos os livros desses últimos escritores eram da coleção Horas Românticas, *à tranche dorée*, capas de percalina escura onde se viam, gravados também a ouro, desenhos alegóricos de anjos, relógios, ruínas góticas, namorados, cupidos, rosários, taças, armaduras, mitras, punhais, o Demônio lendo, um velho lendo, um menino lendo... E que ilustrações fabulosas! as que se olhavam, engolindo fôlego e tentando adivinhar o conteúdo das legendas reticentes. Estas eram feitas com pedaços decepados dos períodos do livro e seu sentido hermético era mais um convite. "Alguns cadáveres flutuando..." — "Um só, brandindo a vítima..." — "Vastos lanços de rochedos..." — "Por fendas apenas visíveis..." E nas figuras, tal como diante de mim, sempre, sempre a presença do sol. "Tomou a altura do sol..." — "Adeus, sol! exclamou ele..." — "O sol, cujo disco declinava..." E à hora em que eu lia, sentado na escada de cimento — ele declinava mesmo, atrás da praça da Liberdade, transformando suas edificações numa cidade incendiada — Persépolis ardendo, Roma em chamas e Pompeia anoitecendo suas brasas sob uma chuva de cinzas... Ora, naquele dia eu tinha descido os degraus, rodeado o campo que era batido como um tambor pela bola and the tramps of twenty-two men e fora ver o crepúsculo a meia altura do aterro que despejava sobre a esquina mais elevada de Tomé de Sousa e Ceará. Ali, deitei na terra escura e tomei, para sempre, posse daquele nunca assaz cantado poente de Belo Horizonte. De todos os seus ouros, seus cobres, seus bronzes, seus cinábrios, suas chispas de diamante, cintilações de ametista, profundidades de opala, durezas de turquesa. De suas ilhas, reentrâncias, golfos, continentes suspensos no meio de nuvens compactas, pesadas duma densidade especial que não implicava ausência de volatilidade. Elas enchiam o céu inteiro e só a custo perdiam a cor dos lados do oriente por onde, agora, a noite vinha esfumando o contorno das casas e apagando as vidraças ainda em brasa. Eu tinha ficado olhando o sol, forçando a vista, até ver seu contorno pulsando — amarelo-claro, prata, dentro da cintilação dum espelho de aço. Abria e fechava os olhos. Fitava de novo e de cada vez surgia um disco roxo, gravitando dentro do rosado da pálpebra fechada. Esqueci o colégio e quando dei acordo de mim, era quase noite. Subi o barranco que desmoronava comigo. O campo vazio. Corri e já encontrei todos abancados no refeitório. Não ouvi uma censura, no momento. A mrs. Morris mandou me servir. O Antônio Salvo disse que todos pensavam que eu tinha fugido e que o mr. Rose já saíra para me procurar. Ao fim da refeição, espavorido, vi chegar perto de mim a figura do diretor, voz gregoriana, cara impenetrável. Pedro, you must come to see me in my office at eight o'clock. Don't forget it. Santo nome de Deus! O que seria de mim? at eight o'clock... Quando depois do estudo o Jones nos mandou às *oficinas* e todos subiram para os dormitórios, eu arrisquei tudo pelo tudo e subi também. Daria o bolo. Decidira to forget it and surely mr. Sadler would forget it too — pensava eu espavorido. Meti-me na cama tremendo de medo e frio. E se fosse expulso? E minha Mãe? Com que cara aparecer diante do Major? depois de escorraçado. Os ruídos foram diminuindo, só se ouvia o ronco do *Pipão* e um vento ruim, sacudindo mortalhas nos altos do Curral. Eu estava entregue às Fúrias de minha consciência, mas, aos poucos, elas afrouxaram as garras e já iam me deixando cair num tombo de algodão que não parava, quando ouvi estalar os degraus da escada, passos no corredor, a porta de vaivém se abrindo e o aparato judiciário do Jones, chegando com o Westerling para acordar o padecente, avisar que o pedido de graça fora rejeitado e que era hora de expiar. Pedro, *ger'up*, dress yourself and go immediately to mr. Sadler's house. He is waiting for you and I can't realize how could you dare... Não disse o quê. Eu já estava vestido, pernas bambas, descendo escadas, atravessando pátios, parando um instante, para me esvaziar, nas *oficinas* àquela hora desertas. O refeitório me pareceu mais imenso que o oco da *Ilha misteriosa* do capitão Nemo. Sombras de Goodburns, espectros de Carlyons, fantasmas de Roses iam me mostrando, no escuro, o caminho do cadafalso. Qual novo Briareu, mas verdadeiro, um Cuthbert gigantesco apontou-me a porta fechada. Bati. Come in! Entrei no escritório. Só uma lâmpada iluminava a silhueta de costas, a papelada que ela assinava, as coisas de sua mesa, entre as quais se destacava um revólver. Numa tonteira senti que ia ganhar ali meu tiro na nuca. Ia cair, desmaiar, vomitar, quando o Sadler voltou-se sorrindo, na cadeira giratória. Why didn't you come at eight? as I had told you. Eu engasgado não achava a adequada mentira e devia estar cor de cinza quando o diretor estendeu-me um livro aberto na primeira página onde, caindo das nuvens, li a dedicatória. From J. T. W. Sadler to Peter Nava, for good progress in English. Era uma das obras da famosa biblioteca e chamava-se *Nature myths*. A história dos mitos da natureza. Por que o sol? e a lua? e a sucessão do dia e da noite? De onde vinham os homens? O que eram os mares, as nuvens e os ventos? O verão e o calor, o inverno e a neve, a primavera e as flores, o outono e os frutos? O raio, o trovão, o terremoto e o vulcão? A Morte. Na capa, a figura dum índio de costas, braços e pernas abertos como aspa, saudando o rei dos astros, fonte da Vida, que nascia no horizonte e desfraldava as asas de luz do Amor Triunfante — vencedor do nada, pela renovação. It was only this, Pedro. Now you may go to bed. I guess you are very tired today. Se estava. Subi aos trambolhões e deitado na cama não pude dormir. Pela madrugada os galos começaram a cantar e então — chorei amargamente! — porque também era um fraco Pedro. E da Silva Nava.

Devorei os mitos antigos inspirados ao Homem por sua descoberta da Natureza. Li, reli, tornei-me insaciável e, quando acabei todos os livros das duas primeiras prateleiras da estante, passei-me à terceira e à quarta, onde só havia tomos iguais, enormes, atochados, encadernados em percalina verde, impressos num papel grosso e macio como mata-borrão. E ilustrados. Tinha de todas as literaturas do mundo. Era a Biblioteca Internacional de Obras Célebres. Corri primeiro as figuras. Guardo até hoje a lembrança de muitas. Os retratos de Tolstói, de Teófilo Braga, de d. Pedro ii, de d. Carolina Michaëlis Gonçalves de Vasconcelos — com aquele riso e aquele chapéu no alto do coco — parecendo gato aninhado na sua cabeça. As gravuras do circo romano, o gladiador com seu gládio, pé no peito do rediário abatido, olhando as tribunas cheias de patrícios, vestais, senadores, matronas, cônsules, hetairas e no meio — um césar coroado de louros, togado de púrpura e virando o polegar que mandava matar; do rei cru sentado ao trono, ao lado da que depois de morta foi rainha, cujo corpo inteiriçado escorregava e se dobrava que nem o da moça fantasma do bonde do Bonfim; Joana, a Louca, passeando nos descampados dos seus reinos o funeral errante do arquiduque belo, parando aqui e ali para olhar desvairada o caixão, enquanto o vento desenrolava seus cabelos e a fumaça dos incensários; lady Godiva de lado, no cavalo, envolta só nos cabelos de ouro quando, "vestida de pureza, foi" atravessar Coventry de casas fechadas... Sentado no cimento quente da escada do campo de futebol, eu participava desses dramas e só levantava os olhos das páginas abertas para a glória do céu em carne viva e do sol "cujo disco declinava". Embaixo havia baques sobre o solo que se me afiguravam percussões num vasto gongo. E gritos longínquos. Eram meus colegas jogando a bola de ouro com seus vinte e dois pés de bronze, tal qual como no "Forty years on" — a canção esportiva que o Cuthbert nos ensinava na aula de canto.

> *Follow up, follow up, follow up, follow up,*
> *Follow up!*
> *Till the field ring again and again*
> *With the tramps of the twenty-two men.*
> *Follow up! Follow up!*

Logo depois da *Whole Communion* começavam as aulas. Eu fora matriculado na third class primária e tinha como colegas, entre outros, Rui Mendes Pimentel, Moacir Andrade, Roberto Baeta Neves, Willer Leite de Magalhães Pinto, Paulo Gomes Pereira, Olímpio da Mota Moreira, Otávio Marques Lisboa, Agnaldo Barcelos. Nossa sala de aulas ficava para trás do colégio, era batida pelo sol da manhã e, enquanto o mesmo não subia, as persianas eram encostadas e a luz tamisada dava ao aposento tonalidades de aquário. Mais se acentuava essa cor pelo reflexo que vinha do quadro-negro que não era negro, era verde e ocupava toda a parede. Tratava-se duma espécie de oleado fosco, colado diretamente ao muro das classes. O primeiro professor a entrar era o Jones. De beca. Ensinava inglês por uma espécie de processo Berlitz, animado por ele próprio. Não nos permitia lápis nem papel. A coisa tinha de entrar pelos olhos, pelas orelhas e ser guardada na memória. Com uma paciência evangélica, ele ia mostrando. O dedo. Finger. Batia no peito e continuava a mostrar o dito dedo. My finger. Levantava a mão do Agnaldo, segurava-lhe o indicador. This is Agnaldo's finger. Apontava um interlocutor. Your finger. My finger and your finger. One finger. Two fingers. Passava para a mão, antebraço, braço, pescoço, face, cabeça. Olhos, eyelids, eyelashes, ears (Silence! there, or I'll box your ears...), my nose, your noses, nostrils, one nose has two nostrils. Mostrava, repetia. Começava a boca. Acabava. O queixo, meu queixo, dois queixos, três queixos. Voltava ao pescoço, que ele tanto ameaçava de torcer (I'll wring your neck!). Pegava dos peitos, da barriga com os recheios, arriscava a bunda — buttocks — mas saltava pudicamente as partes. Descia pelas coxas, joelhos, pernas, panturrilha — calf of the legs — calcanhar, pés. One foot. Two feet. This is my right foot. This is my left one. Repetia uma, duas, cinco, dez, vinte vezes até que todos entendessem cada parte do corpo, o que ele tinha por dentro, para que serviam boca e dentes e língua, para comer, to eat, para cantar, I sing, para gritar, you shout, I laugh, I breathe, I hold, I walk, I kick, I fight, I kill, I am standing up, you are sitting in your benches. The desk. Ink. Tudo que tinha na sala, na casa, no jardim, a mais linda flor — the rose sweetens our gardens; no campo, na mata; na chácara, a mais fabulosa fruta — the orange sparkles like the sun; no galinheiro, a perfeição do módulo vivo — is the egg white or yellow? O que é? o que é? joga pra cima é prata, quando cai é ouro. A casca do ovo é branca. The egg's yolk is golden. Tudo o que tinha no campo, na mata, na montanha, no céu, na terra. High and low. The stars. The earth. The dust. I close the door. The boy opens the window. Night and day. The moon is pale. The sun is bright. Life. Death. Dust to dust. Earth to earth... Tudo isto o Jones fazia com uma meticulosidade e uma perfeição incomparáveis. E que pronúncia! Que maneira de fazer valer as sílabas, as letras, de acentuá-las ou de deixar só sua sombra como quando ele dizia lord, bird, ears, years, tears — em que o R era suspeitado pelo jeito especial por que ele alongava a vogal que o antecedia fechando-a, às vezes abrindo-a — como se tivesse um diafragma na garganta throat. À custa de paciência e dessa água mole em pedra dura, ao fim de pouco os alunos bípedes estavam arranhando sua fala. Os quadrúpedes, não! e pior para eles. De longe, tio Salles completava, só me escrevendo cartas em inglês. Em junho eu já lhe respondia sofrivelmente, redigindo quase sem erros. E guardei para sempre, dessas aulas, o gosto pelo idioma admirável e pelos desenhos e músicas que se tiram de seus verbos, seus adjetivos, seus substantivos — sobretudo de seus nomes próprios... Como desenhar melhor um galo vermelho e ouvir seu canto, que repetindo a prodigiosa fanfarra frescura da madrugada que é cockrow? E o estalo esforçado dos paus de jangada galgando uma onda e sua nova descida no côncavo das águas — Galloway... O súbito despencar de nêsperas douradas numa bacia de cobre — Lidderdale... Um esqueleto se desarma em Marylebone; um trigal circular e amarelo, Van Gogh contém-se num chapéu de palha de Harrow; a chuva chove fortemente, tamborilando, numa lâmina de metal em Drumlanrig. Avon, só — é vaga morrendo, nuvem esbatendo. Somada a Stratford — Stratford-on-Avon — vira trovoada seca de verão em céu escampo. O nome Baccleuch faz ruído de sono, com estalo de garganta na primeira sílaba e doce som respiratório que se prolonga em *leuch*, que melhor realizaria a imagem com mais Hs estirando a expiração — leuchhhhh... Mas, ai! nem sempre as aulas do Jones corriam calmas. Éramos tomados de risos coletivos e histéricos, unânimes, paroxísmicos, intermináveis, que punham o professor fora de si. Why are you screaming in such a panic? Se ele dissesse só em inglês, vá lá... O diabo é que ele traduzia para um português meio espanholado. Por que gritan ustedes? Por que están en tal *penico*? Era fatal que ele pronunciasse pânico desse jeito e aí é que todos fazíamos o coro de ruídos — o *pan* e o *ekhos* da etimologia. Rebolávamos de rir. Sufocávamos. Mas... por que? essa hilaridade que se alastrava de repente, irreprimível como o disparo duma boiada... Era uma entonação da voz do Jones, um jeito seu de olhar, aquele meter da língua entre o lábio inferior e a dentadura, um erro de pronúncia ou de tradução, um reflexo da sua careca, *talvez folha de arbusto, talvez ninguém* — os meninos eram arrebatados pelo repente do chiste e o estouro dos risos começava. O Jones.

J'avais, en ce temps-là, une prodigieuse faculté de rire. Je l'exerçai tout entière [...]. Ceux qui n'ont pas été secoués à quinze ans par un fou rire sous une grêle de pensums ignorent une volupté.

ANATOLE FRANCE, *Le livre de mon ami*

Não sei mais como guardei eternamente o dia do aniversário do Jones: 18 de junho, e lembro-me dele dizendo que em 1914 fazia quarenta e quatro anos. Fora, pois, em 1870, o nascimento de Horace William Jones, *master of arts* pela Universidade de Oxford e *esquire* de sua majestade graciosa. Conservo dois retratos do meu amigo. Um, só a face e nela predominam dois olhos bondosos dentro da expressão sorridente, simpática e cheia de curiosidade. Tinha a palavra fácil e o gesto desastrado. Calado, imóvel no estrado da *Whole Communion* ouvindo pontificar o nosso diretor — assim envolto na beca oxoniana, o nosso Jones era cheio de dignidade. Exprimindo-se em inglês, ia... O movimento e a tradução é que lhe eram funestos. Acentuavam logo o cômico de sua careca polida e como que esculpida no marfim rosado das bolas vermelhas dos bilhares. Mais, as maçãs salientes, o nariz arrebitado, de ponta fina, mas de vultosas ventas móveis, suscetíveis, vibráteis e farejeiras como as dum cão de caça. Havia ainda a cortina da bigodeira arriada sobre o lábio superior, tal qual a que reapareceria anos depois, exornando as fachadas dos cômicos Chester Conklin e Ben Turpin. Seus dois fabulosos cacoetes: o eclesiástico, de ficar com mãos e dedos em concha, batendo as polpas das falangetas direitas contra as esquerdas; o selvagem, de segurar a dentadura de baixo, esgueirando a língua entre ela e o lábio inferior, enquanto cerrava a boca com força — o que lhe dava uma catadura de botocudo. Fazia ora um, ora outro, às vezes os dois, conjuntamente — e era o delírio. E seu castelhano misturado de inglês e, ainda por cima, dum português em pedaços. O espanhol ele o aprendera no Uruguai. Lá fora professor do colégio anglo-cisplatino, onde o buscara o Sadler. Havia mesmo, no seu escritório, um retrato dele com os discípulos, todos mergulhados até a cintura nas águas mar e rio de Punta del Leste. A segunda foto que possuo do Jones mostra-o com o Cuthbert, o Rose, o Chagas e o Sadler, misturados aos meninos do time de futebol dos maiores. Confirma os traços do primeiro e exibe-o numa espécie de blazer muito nosso conhecido, que era gonçalves gaio e rodado qual uma saia. Ele envergava-o sempre, durante o dia, com calça cinza-escura, sapatão e a gravata do seu *college*. Além dessas roupas, usava, para nosso deleite, o casaco colonial aba forrada de verde por baixo, nas escaladas da serra do Curral; certo chile ondulante aos ventos, se fazia sol; o coco dos dias frios e da igreja dominical. Mais ainda: as porcelanas das dentaduras duplas, os cachimbos. E a mímica prodigiosa. O que *irradiava* dele era magnífico. Um professor de primeira classe: com três meses de ensino, eu estava falando inglês para o gasto, e o Sadler, quando queria mostrar o bom resultado do seu sistema a qualquer curioso — era a mim que chamava para a exibição de conversa com boa pronúncia britânica, diante da visita deslumbrada. (Come on, Pedro, let us show to mr. So and So your progress in English.) Era bom e participante, simples e admiravelmente bem-educado. Tinha leitura e as estantes do seu escritório estavam abarrotadas de livros. Gostava de música e era convivial: sempre que chamado, ficava horas visitando tio Meton e pedindo a tia Iaiá que fosse para o piano to play Chopin, Liszt, Beethoven and Bach. Ouvia em silêncio, ar entendido, a língua fazendo protrusão sob o beiço de baixo, os dedos reunidos como os aros de uma esfera armilar. À sua hora em ponto, retirava-se very, very grateful. Que diabo? tinha tirado esse universitário das brumas do Norte, que inadaptação? jogara esse lonesome bachelor às agruras desta América do Sul e para o entrevero com os pequenos pícaros e canalhas dos colégios de Montevidéu e Belo Horizonte — cuja cabeça ele abria — penosamente! para as possibilidades de Shakespeare, Milton, Byron, Tennyson, Shelley, Wilde; Defoe, Walter Scott, Dickens, Stevenson, Shaw, Kipling; Swift, Pope, Johnson, Carlyle. Por todos eles, mr. Jones, pelos que eu fiquei conhecendo bem e pelos que conheço apenas pela rama — eu lhe estou extremamente grato — very, very grateful.

Tinha manhãs que ele aparecia esquisito, a careca mais vermelha, a paciência curta e como que um desafio em cada olhar e cada gesto. A experiência de hoje me faz crer que aquilo era nas alvoradas que sucediam às noites que ele teria passado na Maison Moderne ou no Parque Cinema — diante de palcos baratos e de mulatas dos Montes Claros — afogando em gim a lembrança de um lugar de origem chamado Inglaterra; da juventude de futebol universitário disputado por times bigodudos; da proeminência que lhe competira, num estrado de rua, entre outros *esquires*, no dia da coroação de Jorge v — rei da Inglaterra, imperador das Índias e senhor of the dominions beyond the seas. Todas essas glórias passadas nós as víamos encaixilhadas nas paredes de seu escritório. Agora era aquela pendenga com os alunos e consigo mesmo para não deixar extravasar o cômico que era sua essência. Se ele tivesse aproveitado o físico, teria sido um palhaço de gênio, quem sabe? um rival de Carlitos no *richora* das pantomimas. Mas preferira mestre-escola... Procurava conter-se, medir o gesto, cortar sua espontaneidade que era chiste em estado nascente. Não conseguia. Instintivamente pegamos suas baldas e ele foi logo um formidável sucesso. Não podia falar, andar, olhar, levantar a mão — sem tocar fogo no rastilho de pólvora e provocar a explosão de gargalhadas dentro de cujos anéis ele se retorcia como um Laocoonte. Ficava indignado, puto, safado da vida! mas dir-se-ia, curioso, interessado em decifrar ele próprio as causas profundas daquela hilaridade. Às vezes ele como que a determinava, experimentalmente, para analisar o fenômeno de que era vítima. Fazia-o com a mesma estranha avidez do supliciado que acompanha, atento e aos urros, o trabalho de seu verdugo. O Oto Jacob não podia fitá-lo sem rebentar. Por isso desviava os olhos. Pois o Jones, vendo aquela cabeça virada, não se punha diante dele? e intimava à queima-roupa — I say, Oto, *olha 'ra mi.* Chegava a cara, o menino desolhava, afinal forçado, encarava a máscara prodigiosa e desfalecia de riso e de volúpia enquanto o Jones o arrastava pelo gasnete — hold by the neck — para o ângulo da parede. Eu também não podia e, apesar de minha ternura pelo professor amigo, estourava como os outros, sob as tempestades de doestos e de *pensums.* Pedro! Copia! Eu já sabia que tinha de ficar na sala escrevendo cem, duzentas, mil vezes que eu era um menino corrupto, depravado, aborrido, falso ou nocivo — conforme eu quisesse traduzir o naughty com que era marcado a ferro em brasa. Galé, peguei calo no dedo, de tanto escrever. I am a naughty boy a naughty boy a naughty boy a naughty a naughty a naughty boy I am I am I am I am a naughty I am a naughty boy. Era.

Tínhamos um colega, coitado! meio prejudicado. Andava mal, falava mal e aplicadamente. Desses meninos paparicados pelas mães viúvas porque tiveram meningite. Chegava cedo, sempre arrumadinho, seguia as aulas com dificuldade, mas vinha para o colégio como para uma matinê de cinematógrafo — sôfrego do filme do dia, featuring mr. Jones. Prelibava. Quando começava a inana, bem que ele tentava segurar o riso, ficar quieto, mas, aos primeiros compassos, explodia literalmente. Explodia por todos os lados. Pela gargalhada aberta até as orelhas, pelos esfíncteres de que ela suprimia a superintendência. Mijava primeiro, depois borrava de rir. Era mandado para casa, para limpar, voltava correndo para não perder a segunda parte da performance do Jones. Meu filho adora o colégio — dizia sua mãe à minha. E tinha razão — porque aquilo era um espetáculo e o Jones não dava aulas, executava números. Suas lições eram um encadeado de gags que faziam nossa delícia. Pagávamos caro, copiando, indo para o canto cheirar a parede, passando por princípios de estrangulamento quando o homem literalmente out of his brains começava o gesto de wring our necks. Quando entrava para dar a aula, o Jones já nos encontrava engatilhados, no antegozo da sorte do dia. Ele sentia essa latência, fechava a cara para tornar-se inacessível, mas era-lhe impossível espancar o chiste da própria fisionomia — tal o ator da *Histoire comique*, que, mesmo nas situações mais trágicas que interpretava, não podia extirpar a *joie indécente* que era sua expressão inarrancável. O nosso mestre era assim. Quieto, passava. Quando falava e agia, começava a mostrar intencionalidades, profundidades de expressão, densidades de mímicas que o faziam despencar no cômico consagrado, no cômico chapa (nas situações que estão para o riso como a frase feita e o anexim para a sabedoria) que dele, e malgrado ele próprio, extraíam um artista de estatura chapliniana. Isso se explica, porque o nosso herói devia realizar um tipo terminal de inglês (como a fruta termina o galho, o tronco) da raça daqueles figurantes que Chaplin iria buscar nas suas reminiscências de Kennington, da Victoria Station, Waterloo Bridge, dos pubs de Soho, Lambeth e Paddington, dos *embankments*, *lanes*, baldios, *terraces* e *squares* de Londres — tipos violentamente acentuados, símbolos, esquemas, padrões de brutos, polícias, boxeadores, vagabundos, ébrios e ladrões — genialmente encarnados em Mack Swain, Eric Campbell, Ford Sterling, Chuck Reisner, Tom Murray, Hank Mann e mais, na série dos gorilas dos Keystone Cops. Como estes, o Jones era um personagem digno dos grandes clássicos porvindouros do mestre do cinema como *The count*, *Easy street*, *The pilgrim*, *Pay day*, *Dog's life*... É a que nós lhe dávamos. A que eu ajudava a lhe dar. Eu, ingrato, que a ele devo as chaves da língua que me abriu uma das portas do mundo e mais a adivinhação de certo cômico que me faria, a partir de 1916, o rastreador que fui dos filmes de Carlitos, no cinema em que eles estivessem.

Já contei a bebedeira do mr. Hyghmes, sua expulsão a toque de caixa, sua substituição, na ginástica, pelo Jones, cujo sucesso tornou-se então sem precedentes. Houve números formidáveis, verdadeiros *masterworks*. O exercício respiratório, por exemplo, em que ele comandava a inspiração e a expiração. Breath in. Breath out. Breath in. Breath out. In. Out. In. Out. Tudo foi indo muito bem até o dia em que ele o traduziu e, em vez de inspirar, começou a mandar um negócio de põe ar dentro, tira ar fora. Depois, resumindo: põe dentro, tira fora, põe dentro, tira fora, põe, tira, põe, tira, dentro, fora, dentro, fora. Ora, esse entra e sai não podia passar despercebido a sacanetas de dez, onze e doze anos, já informados de outro vaivém. Perdíamos a força para a ginástica e a que sobrava, empregávamos em apertar a boca com a mão aberta na baldada tentativa de travar as gargalhadas. Mas elas faziam pressão, espocavam, num barulho espremido de traque. Outro sketch descomunalesco era o da flexão dos joelhos. O instrutor recomendava que a fizéssemos ao máximo, agachando bem — taking the breech to the heels. Um dia em que o *meningitezinho* não estava fazendo certo o movimento, o Jones (que o demônio dos dicionários fazia escolher sempre a tradução mais inadequada), em vez de mandá-lo chegar aos calcanhares o traseiro, a retranca, a culatra ou o que fosse — disse que o menino levasse até lá o seu cu. A palavra explodiu como bomba e o garoto, que já ia a meio caminho, perdeu o equilíbrio e desabou no chão mijando, ganindo, se rasgando, fazendo tudo, rindo numa espécie de convulsão. O Jones trovejava: Si no fuera un loco, já estaria *expulsado*! o que dementava os outros e provocava ondas, *maelstroms* de gargalhadas sucedentes e subentrantes — feito retomada de frase harmônica numa fuga musical. Surpassando-se, ele inventou uma ginástica cantada tão fabulosa, que o Oto Jacob, sem querer, aplaudiu. Ouvindo suas palmas, secundamos. Nesse dia o mr. Sadler teve de intervir. Copiamos mil vezes e durante um mês ficamos sem natação, sem excursões e sem sobremesa.

Depois do ato cômico do Jones (e o estranho é que aprendíamos bem o inglês!), tínhamos ópera, com o maestro Westerling. Era a matéria chamada de "numeração", dada nos primeiros anos primários e que antecedia a aritmética que só começava no quarto. Destinava-se a gravar de cor as contas de somar, diminuir, multiplicar, dividir. Os noves fora. O Westerling em pé, impecável, marcava o compasso das tabuadas como se regesse ouvertures, cavalgatas e coros wagnerianos. Começava por baixo, nos dois e dois, quatro, subia: sete menos quatro, três; galgava de repente às multiplicações por oito, por dez; arrasava tudo nas divisões por onze, doze, quinze e disparava nos *trens de ferro* como o sete vezes oito cinquenta e seis menos dezessete mais vinte e cinco noves fora — um! Quando ninguém errava e a coisa era seguida por todos na alegria do compasso martelado pelos seus braços, o Westerling entusiasmado queria mais e desandava a gritar: outra vez! todos juntos! Retomávamos a carga numa galopada cheia de brio. Rubro, à frente da brigada, ele clarinava — *Noch einmal, alle zusammen!* Arrebatados acompanhávamos a frase do virtuose com altissonante — *Não faz mal, Suzana!* Ele ria, baixava os braços, o pano caía subitamente e descíamos para o almoço. Onze e meia...

O almoço era engolido sem mastigar porque, quanto mais depressa o acabássemos, mais tempo nos sobraria de recreio até meio-dia e meia — quando começava o segundo turno das aulas. Ficávamos no campo de cima ou em frente ao prédio dos menores. Fazíamos nossas rodinhas de preferidos. Eu aproveitava os amigos externos e eram conversas de não acabar mais. O mais espanéfico e falador era o Olimpinho Moreira, que impressionava pela elegância e pelo fato de, tão menino! já estar banguela — deixava estragar os dentes um por um, com medo de ir ao dentista. Tinha cabelos muito pretos, sempre bem penteados, olhos enormes e negros, ligeiramente divergentes e boiando numa admiração do mundo e do seu arquétipo que era o dr. Afrânio de Melo Franco. Porque — dizia o Olimpinho — ele recebera o mano Pedrinho e seus colegas da Faculdade de Direito num pijama de seda bordado a ouro e envolto nas pregas de capa espanhola de reverso carmesim. Os moços tinham ido convidá-lo para paraninfo e saíram bestificados de tanto chique. Mais tarde conheci Melo Franco e passei a duvidar da narrativa do meu amigo de infância. O Olimpinho pertencia a velhos troncos ouro-pretanos. Era Moreira do pai, seu Olímpio Moreira, funcionário dos antigos. Era Mota pela mãe, d. Cocota, excelente senhora que só posso evocar de boca cheia d'água porque logo me acode o gosto das brevidades e do pão de ló com que ela atufalhava os amigos do filho que iam visitá-los. Com café ralo e cheiroso, à moda mineira, pelando, dentro da xícara grande. Eu gostava de ir à casa do Olimpinho, quando tinha saída, atraído pelos sequilhos da d. Cocota e pela prosa variada e fantasiada do menino. Era um nunca-acabar das grandezas de Ouro Preto, suas procissões de Semana Santa, seus embuçados, são Jorge *de-a-cavalo* comandando a Tropa de Linha e a Guarda Nacional, o Itacolomi de ouro maciço, o Palácio dos Governadores, as sombras dos inconfidentes, a cabeça do Tiradentes pingando sangue e salmoura, os estudantes, os fantasmas, as noivas geladas de Alphonsus... Eram as histórias da família do meu companheiro, seu parentesco com os povoadores do Ribeirão do Carmo, seus relatos sobre a fidalguia e a fartura que reinavam no velho solar dos Mota, na Vila Rica. Devia ser porque a casa de seu Olímpio, na rua Rio Grande do Norte, era uma das mais requintadas de Belo Horizonte e com a do seu Fonseca, cunhado dele, a do comendador Avelino Fernandes — as três únicas de soalho encerado. Meu fascínio pelas histórias do Olimpinho era tal que nem nas aulas eu desgrudava dele. Sentávamos juntos, na mesma carteira, e continuávamos de palestra até que o Jones nos virasse em estátuas com um olhar furibundo e o seu — Shut up, there! Outro da roda era o Moses Spector, pequeno norte-americano, que morava vizinho do colégio, embaixo do campo de esportes, na rua Ceará. Com a liberdade que tínhamos no Anglo, muitas vezes, à tarde, sem licença ou satisfação aos professores, eu e o Paulo Vaz pulávamos nossa cerca e íamos tomar chá em casa do menino estrangeiro. Havia um mistério nas suas janelas sempre cerradas, cortinas passadas, sedas e tapetes por todos os lados; no quarto profundo, num leito baixo envolto em rendas, damascos e cheio de almofadas. No meio dessas coisas suaves e desusadas para mim, evoluía a mãe do amigo. Era uma senhora pequenina, com o coque meio caído sobre a nuca, como se fossem rolar suas tranças. Tinha olhos imensos e verdes, tornados maiores por dois riscos negros que os alongavam para as têmporas; unhas dos pés e mãos laqueadas de vermelho e movia-se sem ruído dentro de uma onda de perfume e ao adejo das mangas perdidas do seu penhoar. Eu adorava essas visitas clandestinas à mrs. Spector, sua nice cup of tea cortada dum pingo de leite, seus cakes, suas tortas, suas frutas cristalizadas e o cheiro dos cigarros *bout de rose* e *bout doré* que ela fumava. Porque ela fumava, o que me enchia de mais assombro que a harmonia de sua voz rouca que consentia sempre que tivéssemos mais leite, mais chá, yes, dear, mais torta, mais biscoito, mais cake, surely, dear, mais manteiga, mais doce, why not? my dear... O Moses exultava, orgulhoso de sua mãe, do modo como ela nos recebia e nos gavava. Duas vezes fomos surpreendidos lá, nessas visitas feitas sem autorização. Uma pelo Cuthbert, outra pelo Rose. Estremecemos, pensando nos castigos. O gozado é que não aconteceu nada e os professores é que ficaram parecendo terem sido apanhados com a boca na botija. Guardaram a maior moita e não nos denunciaram ao Jones. O Moses era todo arrepiado e o coradinho de suas faces fazia círculos perfeitos como aqueles dos anjos dos pintores primitivos. Seu nariz era cheio de sardas. Tinha os olhos da mãe e falava, diferente dos professores, um inglês de Nova York, mais particularmente de Brooklyn e especificamente da Pitkin Avenue — onde ficava sua casa dos Estados Unidos. Ele gozava de regalias especiais no colégio, o que todos atribuíam ao fato dele ter como correspondente o coronel Emygdio Germano, cuja figura de alvas suíças floridas e sobrancelhas muito pretas era vista no Anglo, também frequentado pelo seu filho Caetano. Os dois meninos se detestavam. Quando o Moses fazia alguma, o Jones sempre o ameaçava de contar tudo ao coronel *alemão*. Era inevitável. O nosso professor não podia perder a oportunidade de traduzir Germano, como o inglês *German*, para o português alemão. O coronel Alemão. Ríamos. Outro, cuja lembrança figura nesses recreios da manhã. O Flavinho Marques Lisboa, sempre elegante, vestido com aqueles apuros cariocas dos Eiras e dos Lisboa. Sua mãe era d. Alice Brandon Eiras Marques Lisboa, neta do fundador da Casa de Saúde Dr. Eiras. Seu pai era o médico Henrique Marques Lisboa, neto do almirante marquês de Tamandaré. Essas origens aristocráticas refletiam-se nos bons modos e na educação do meu colega. Por intermédio dele e por seu empréstimo, cevei-me de outros livros de Júlio Verne que não figuravam na biblioteca do colégio: *Os filhos do capitão Grant*; *Cinco semanas em balão*; *A volta do mundo em oitenta dias*; *Viagem ao centro da Terra*. Outros. Os primeiros que pedi emprestados e que o Flávio prometera foram recusados por seu avô, o farmacêutico Juquinha Eiras, que tomava conta da livraria dos netos. Mas, quando soube do meu nome, reconsiderou a decisão e foi ele próprio quem veio, uma manhã, trazer-me os livros. Perguntou logo como é que eu tinha ido bater em Belo Horizonte, perguntou por minha Mãe, disse da amizade dele por meu Pai — frequentador de sua casa ao Mundo Novo, quando o mesmo fora interno de seu irmão Carlos Eiras. Recomendou ao Flávio e ao Otávio que fossem meus amigos. Ficamos logo íntimos e mais tarde, como meu Pai em casa do seu, tornei-me diarista da de d. Alice e mestre Lisboa, na rua Ceará. Do recreio, levantávamos os olhos e víamos sempre, na varanda do Sadler, seus filhos, Paulino e Eduardito. O primeiro gordo, rosado, plácido, tinha alguma coisa de jovem paquiderme. O segundo, magro, escuro e agitado, lembrava um pequeno sagui-caratinga. Eles tinham vontade de descer, de vir para o meio dos meninos, de sair daquela gaiola em que viviam — que era a varanda do pai. Mas parece que este temia o contato dos filhos com os pequenos nativos seus alunos. Mal começávamos a nos interpelar que logo a mrs. Sadler chegava e punha os dois imbelegos para dentro. Só me lembro dela assim, de costas, arrastando os meninos e jamais dirigindo palavra aos alunos do marido. Era uma senhora clara, gordota, cabelos escuros, olhos muito negros e perfil hebraico. Mas já o mr. Jones aparecia novamente, de beca, trazendo às mãos o sino prateado e de cabo negro que repicava a todo o pano. Corríamos para a aula deliciosa da d. Célia Joviano. Ela era simpática, alegre, saudável, tinha olhos rasgados e noturnos, boca sanguínea de alvorada rindo sem parar de dentes brancos. Tinha a mesma pisada pesada, firme, dos irmãos Rômulo, Fausto e Albino. Ensinava bem e para valer. Caligrafia, português, os verbos, a gramática, rudimentos de análise. Tudo obedecendo a um programa. Dentro do ensino meio fantasista dos ingleses, o de d. Célia distinguia-se pela organização, seguimento e método. Tinha de quem sair, pois era filha de seu Artur Joviano — professor e diretor da Escola Normal. Além da estrutura da língua nossa, d. Célia fazia-nos estudar seu funcionamento em prosa e verso. Mandava-nos decorar trechos de José de Alencar, Macedo, Coelho Neto, Bilac, Alberto de Oliveira, Raimundo Correia, Augusto de Lima. Foi este que me tocou para recitativo que me deixou perplexo. Era a história de um inquisidor, de mãe lacrimosa rojada a seus pés — pedindo o perdão do filho. Tocado no coração, o dominicano concede a graça e manda que o herético, em vez de queimado, fosse esquartejado apenas. Eu tive horror dessa história, onde busca raízes certo vago anticlericalismo jamais de todo espancado do meu de dentro. Sobretudo porque ao horror misturava-se a confusão. "*O Grande Inquisidor escreve à luz d'um círio,/ corre do seu tinteiro o sangue do martírio*" — é como, parece, rezava o poema. Pois a mim a coisa se afigurava não "à luz dum círio" mas como sendo "a luz dum sírio". Sírio, sírio de armarinho, *turco* da rua dos Caetés, e eu ficava bestificado, conjecturando como é que o grande inquisidor podia escrever iluminado por uma daquelas figuras rebarbativas de grandes pestanas e metro na mão. Qual deles? seria lamparina bastante. O seu Abras? O seu Bedran? Cada bigode um pavio, eles haviam de arder em chama dupla...

Pois uma tarde estando descuidados, dessas aulas colhendo o doce fruito — percebemos movimento desusado em direção à sala da quarta classe. Um dos meninos veio buscar o Jones no seu escritório. Ele foi, demorou pouco e reapareceu gritando pelo *mr.* Chagas. Sumiram um instante, este disparou para o prédio dos grandes e minutos depois voltava acompanhado do Sadler, do Cuthbert, do Westerling, de vários alunos maiores, da mrs. Morris, do *mr.* Columbano Duarte. Alguma coisa extraordinária estava se passando ao lado, morte, ataque, sangria desatada, crime ou desmaio. A d. Célia parou *a luz dum sírio* e espiou de nossa porta. O Jones, excitado, chamou-a — yes, miss Joviano, come on you also and bring your boys to see something really wonderful! Fomos num tropel para testemunhar assassinato, desastre, menino em flagrante ou sangue, acotovelamo-nos com os que trepavam de carteira acima e, no silêncio que se cavava cada vez mais côncavo, ouvimos uma voz de nariz entupido respondendo ao interrogatório cerrado que lhe fazia o professor de português, *mr.* Jacques Maciel, que acabara de descobrir entre seus alunos um menino que sabia tudo e que estava justamente discorrendo sobre o que era uma estrutura oracional *patáctica*, o ramo ascendente da frase ou *prótase*, o descendente ou *apódose*; explicando o que vinha a ser *hipotaxe*, *sintagma*, letra *anafórica* e construção *assindética*. Todo mundo estava de boca aberta diante do fenomenal mancebo. Logo correu seu nome. Era o Túlio, o mais velho dos manos Robustiano. Havia outro, também prodígio. Era o Caio. Tinham de herdar. Eram sobrinhos maternos do genial dr. João Vieira e seu pai tinha-os iniciado desde cedo no latim, que era a língua em que ele conversava com o latinista seu progenitor — o avô dos garotos. Não me foi possível, aquele dia, abordar o Túlio, mas pude abeirar-me do Caio, que, generoso, deu-me a copiar os ditongos franceses escritos na capa de sua gramática com letra maternal e carinhosa. Aprendi com ele que, na língua do De Capol, *ai* dizia-se *é*; *au*, *ô*; *eu*, *ê*; *ou*, *u*; e *oi*, *oá*. Para esclarecer, explicou-me que *diphtongo* era sílaba com duas vogais, ambas se pronunciando numa só emissão de voz. E humilhou-me completamente acrescentando que a palavra vinha do grego *dis*, duas vezes, e *phtongos*, som. Voltei para a d. Célia, morto de vergonha... Pobre de mim diante das rosas, incapaz de decliná-las, rosa rosae, roseiras roseirando roseirais, pobre de mim apenas sensível a suas cabeças rosicleres, fazendo que sim nos jardins, nos jardins fazendo que não, despencando aos ventos sensíveis, ao tempo...

Nem bem eles, ventos, acabavam de soprar os círios e os sírios de d. Célia que já era hora do café. Não guardo lembrança de sua qualidade, de sua manteiga, do seu pão. Uma ideia me ficou dessa refeição que aboliu a recordação de todas as outras. O surupango da vingança — se Mário de Andrade me dá licença... É! que eu já não podia mais com aquela perseguição do latagão odioso, maior e mais forte. Se ele estava no sul, eu tinha de fugir para o norte. Ele dum lado, no tanque de natação, eu havia de nadar para o outro, e a vida naquele alerta de bicho acuado já não estava valendo mesmo a pena de tanto pescoção, tranco, calça-pés até o que jurei ser o último, no dia em que estreei uma chuteira de sola mais aguda que aresta de pedra e afiada que nem navalha. Sentávamos em frente, à mesa do café. Antes mesmo dele começar, eu olhei para baixo, marquei a posição de sua tíbia, recuei meu pé e lasquei a canelada com um ímpeto e uma força que nunca mais tive para nada nesta vida. Silêncio depois do crime e olhei avidamente a cara do menino — tão vermelha de dor e surpresa que seus olhos ficaram logo como postas e poços de sangue e lágrimas. Lágrimas tragadas no calado. Eu esperava que a forra surra viesse no recreio. Não veio. Dias depois começou a me procurar de amigo, a canela ainda escalavrada e toda roxa. Jamais esqueci sua submissão. Lembro sempre do porqueira manquitolando em roda de mim quando releio a frase de Rabelais: "*Oignez villain, il vous poindra; poignez villain, il vous oindra*". Tal qual. Foi um bom e sábio pontapé. Dele, nunca me arrependi. Arrependi-me, sim, dos que não dei por essa porca de vida afora — com tanta canela precisando, tanta bunda pedindo...

O café era às duas e trinta seguido dum recreinho de minutos, depois do qual vinha a aula deleitável do Carlyon. Essa matéria era chamada "trabalho construtivo", do título do livrinho que tínhamos para consultar — *The pupils' book of constructive work*, da autoria de um benemérito: Ed. J. S. Lay, headmaster of the Chadwell Council School, de Ilford. Usávamos o *Book II or middle divisions*. Os trabalhos construtivos eram o início de uma série de generalidades dadas em todo o curso do Anglo com esse nome e depois com os de "lições de objetos" e os de "conhecimentos gerais". Era um ensinamento objetivo e lúdico, paralelo à numeração, às tabuadas, à matemática, à física, à química e à biologia. A do Carlyon era a aula preferida entre todas. Ele chegava, muito alto, louro, elegante, apenas um pouco mais velho que os alunos da casa do mr. Cuthbert, sempre vestido de cinza e coberto da beca universitária que, já se sabe, ele ia emporcalhar de grude. Este vinha numa lata de banha das de dois quilos e servia mesmo podre — que era como colava melhor. Com ele o Carlyon trazia papel quadriculado, tesouras de vários tamanhos, curvas e retas, papel de seda de todas as cores, réguas, lápis, espátulas, borrachas, raspadeiras, percevejos, compassos, papelão, cartolinas, tabuinhas finas, serrinhas, lixas e *binding strips*. Faziam-se desenhos e módulos a eles se aplicando proporções e correlações que implicavam a ideia de números, frações simples, algarismos arábicos e romanos, do círculo, da circunferência, do raio, do diâmetro, da esfera, do cubo, do poliedro, do peso, volume, área, escala; do plano, da planta, da medida das coisas e da mensuração do homem. A aula era dada em inglês, por um livrinho inglês e, assim brincando, iam entrando em nós um pouco de matemática e regras de conversação. Fazíamos caixinhas. A atenção era o centro da esfera do mundo. Num silêncio enorme. Make a model of a crayon box with divisions for the crayons just as in figure five of your book. Are you all there? all right, go ahead and pay attention: the partition must be made of separate strips of paper with long flaps at the bottom and small flaps at the ends. Dedicávamos toda atenção. Cortávamos os papelões, às vezes os dedos e o colorido vermelho já não era só do papel de seda, mas do sangue das nossas mãos. Fazíamos as caixinhas divididas. As simples. Outras, with a lid, de madeira, papelão, de dois materiais in combined wood and cardboard. Mark the cardboard deeply with the knife where it is to be bent. Lá ia o cardboard, o pano da calça, a pele da coxa and more blood. Passávamos aos modelos mais complicados de uma casa, of a table, do teacher's desk, de match stands e letter racks. Precisava atenção, um silêncio enorme — principalmente quando pulávamos para a figura humana. Measure your friend beside you. How many inches is he high? How many steps does he take to go across the room? Medíamos, calculávamos, sempre num silêncio enorme only broken by the cricking of the knives on the wood in strips, enquanto lá fora até o vento calava e a serra do Curral abria, gigantically, suas asas de albatroz. Quando não dava constructive work, o Carlyon ensinava desenho. Cópia de sapatos de tênis, botinas de futebol, punhos e colarinhos em natureza-morta de mistura a mamões e laranjas, e quando veio a guerra, o professor pintava a giz de todas as cores, no quadro-negro (que era verde), formidáveis batalhas navais em que canhões de dreadnoughts ingleses despedaçavam os reles cruzadores alemães. Estes eram atingidos em cheio, partidos ao meio, suas metades subiam ao ar, caíam no mar, mergulhavam para sempre... Copiávamos, estraçalhando a bandeira alemã e pondo, em todos os mastros vitoriosos, a Union Jack no esquartelado e na sinistra da cruz de blau da flâmula de guerra da Grã-Bretanha ruling upon the waves...

Às três e meia da tarde o sino do Jones anunciava o fim dos trabalhos de classe e nós todos nos reuníamos na sala de jantar para a aula de canto ministrada pelo Cuthbert. Possuo velha fotografia dos alunos posando ao lado do piano de cauda, preto e polido, que tinha incrustadas iniciais de ouro — um P e um S — entrelaçados. Por essa fotografia reconstrói-se a pintura do refeitório, o imenso pé-direito, as lâmpadas penduradas e o nosso grupo de meninos cantores fazendo um coro de serafins — a choir of seraphs, of singing angels, just like those of the *Natividade* de Piero della Francesca, os do *Gloria in excelsis* de Benozzo Gozzoli. Outros. Os do *Tríptico da virgem gloriosa* e o da *Madona* dos mestres de Moulins e da "folhagem bordada", os de Memling, Van Eyck, os das iluminuras das *Horas* e dos *Apocalipses* de Cluny, de Chantilly e dos *cloisters* de Nova York. Fazíamos exercícios de vocalise e íamos ganhando alturas celestiais de oitava em oitava, subindo alto, mais alto, ainda mais, sempre mais alto — Dó, dóóóóó, si, lá, sol, fá, mi, ré, dó, dóóóóó — ouvindo nossa própria voz, sentindo aquela vibração especial do som, carícia de dentro para fora que nos dava aos músculos da face aquela doce contração de entrefechar os olhos, elevar as sobrancelhas, arredondar a boca, dilatar as narinas e emitir o fio dourado das notas engatadas umas às outras. O Cuthbert fazia para nossa voz de tenorinos impúberes um duplo fundo — o do piano e o da sua garganta de barítono que modulava como um órgão. E ficava indignado com os que desafinavam e que mereciam sua invariável ameaça. You, there, se continuar a cantar como uma vaca, I'll break your nape! Cada um de nós recebia, para acompanhar a letra, um livrinho amarelo — *Selected songs* — onde estavam os que cantávamos. Esqueci o título de quase todos, mas lembro suas melodias, seu primeiro verso. *Hail, smiling mornings!* Manhãs para sair com os companheiros. Vamos. *Boys come along,/ House to house/ We'll raise the song!* Vamos. As meninas também. Rosa, Conceição, Dulce.

Come lasses and lasses! Que linda a palavra *lass* — que é a moça e rapariga. Lasses and lasses, vamos nesse grito de alegria, nesse song of joys, arrastão prendendo vocês e laçando todas as outras de Belo Horizonte — do Carlos Prates ao Curral, do Calafate à serra da última moça, the last falling lass, a moça do Rola-Moça... Cada uma destas músicas se destaca com um contorno especial nos céus do passado, céus da infância. O "Sweet and low" arredonda velas brancas ao sol de ouro ou à lua de prata; bochechas de nuvens sopram as trompas do *Feeling extra lion-hearted,/ zim zirim zim zim zim zim*; como astros, sobem as bolas do "Forty years on"; e de dentro das neblinas das manhãs de outono, surgem as formas dos cães de caça de John Peel e logo a dele próprio, com seu vistoso paletó. Parece que era assim.

> *D'ye ken John Peel*
> *With his coat so gay,*
> *D'ye ken John Peel*
> *At the break of day,*
> *D'ye ken John Peel*
> *When he's far, far away*
> *With his hounds*
> *And his horn*
> *In the mooooooorning!*

Começava então o grande recreio, conforme os dias, ocupado pelas partidas de futebol, pela natação, pelas grandes excursões. Desde que fiquei de fora dos matches, quando não estava lendo nas escadas que desciam para o campo, estava de conversa com os amigos internos. Eram o Múcio Emílio Nélson de Senna, o Paulo Queirós, o Paulo Barbosa da Rocha Vaz e um mulatinho que tinha de sobrenome Fernandes. Não sei o que nos fez adivinhar uns aos outros e procurarmos mútuo apoio, num meio vagamente hostil e que nos discriminava um pouco. O Fernandes, pela cor. Nem os meninos nem os professores toleravam bem aquela intromissão africana que o Sadler só aceitara porque precisava de alunos e o padrinho do moleque era cheio de dinheiro. O Paulo Vaz, pelo espírito diferente e grave que fazia dele um adulto cheio de melancolia — repelido pela inconsciência geral dos meninos. Aquele seu riso triste era compreensão da advertência que lhe subia do fundo do ser, avisando que não ia durar e que sua vida era para ser cortada logo na adolescência. Era filho do seu Libânio da Rocha Vaz, antigo vereador à Câmara Municipal de Juiz de Fora, e de d. Genny Barbosa da Rocha Vaz, se não me engano, da família da baronesa Homem de Melo. Em solteira ela tinha sido amiga de minha Mãe. Seu Libânio também o fora de meu Pai. Fiquei devendo muito a esse homem generoso e bom. Duma feita que minha Mãe tivera de ir a Juiz de Fora, por tempo longo, eu teria de ficar preso no colégio, sem saída. O seu Libânio soube disso, entendeu-se com o Jones e, quando vinha a Belo Horizonte ver os filhos internos (o Paulo tinha um irmão, sua antítese, chamado José) e tirá-los para o sábado e domingo fora, eu ia também com eles para os fartões de doce nas confeitarias, os passeios ao Prado Mineiro, as voltas de bonde, as matinês de cinema, os sorvetes de rua, os farnéis de sanduíche comidos no parque e aquela noite dormida na Pensão Alemã — que era onde se hospedava o seu Libânio. Estou a vê-lo, barrigudo, moreno, de bigode, sempre de brim, botina de elástico e chapéu do chile, nos apanhando no colégio e fazendo subir no bonde Cruzeiro para descermos até à babilônia do Bar do Ponto. Nessas expedições, o que ele dava aos filhos oferecia a mim, e eu abri no coração um vasto lugar para sua memória. O Paulo Queirós era expelido do meio dos alunos pela sua diferença. Era paulista, era bem-educado, naturalmente cerimonioso e fora indexado por suas roupas. Não por simplicidade e pobreza, como no caso das minhas, mas por requinte, riqueza e pelo apuro de suas meias compridas, dos seus largos colarinhos engomados de linho azul, de suas pastas de livro lavradas em couros preciosos, dos sapatos numerosos, dos chapéus de marca inglesa. Tinha um vago sotaque estrangeiro e rolava os Rs. Dirigia-se a todos com uma urbanidade perfeita — colegas e professores — num português meio arrastado, aos companheiros; em alemão, ao Westerling; em francês, ao De Capol; em inglês, ao Jones. Aquilo tudo era uma ofensa à mineiridade dos outros e nada se poupava ao paulista que vivia chorando de raiva. Sumiam seus lápis, borrachas, livros. Mãos misteriosas dilaceravam suas pastas e laceravam suas roupas. No futebol, as chuteiras encarniçavam-se contra suas canelas, no tanque de natação ele passava por caldos prolongados. Afinal não pôde, escreveu à família e o pai veio buscá-lo. O quarto excluído era o Múcio de Senna. Pelo gênio esquisito, pelo feitio tristonho, pelos repentes, pelas desconfianças. Era fininho, alto, um pouco mais velho que os outros e vivia espavorido com a ideia de ser mandado novamente para o Seminário de Mariana, de que ele nos contava a vida conventual e presidiária. Os dormitórios gelados onde se tiritava sem cobertor. O sino batendo, às quatro horas da manhã, para o levantar e a ida direta para as missas e matinas em jejum, onde os meninos comungavam de fé e de fome também. O café tardio, aguado, com uma toreba de angu frio, em vez de pão. Mais capela, confissão, catecismo e latim. Os castigos inquisitoriais, horas braços abertos meninos crucificados no espaço. Os rosários desfiados, joelhos nos grãos de milho. O banho quinzenal. A comida reles. Os formigões de batina preta, se espionando e se delatando. O pavor das noites com vento assoviando. Os morcegos. A cidade desolada e triste — mesmo de dia, mesmo ao sol — com os sinos dobrando a finados. O Múcio tinha arrepios só de pensar em voltar e caprichava no boletim para não dar nenhum motivo ao pai. Todo mês ele tirava o primeiro lugar. Grau dez de cima a baixo, em cada matéria, em cada detalhe da vida escolar ali discriminado. Numeração, tabuadas, aritmética, geometria, português (leitura, ortografia, gramática, composição), inglês (leitura, ortografia, gramática, conversação), francês (conversação), alemão (conversação), geografia, história da pátria, caligrafia, ginástica, desenho, trabalhos construtivos, lições de objetos, conhecimentos gerais, canto, música, comportamento, asseio, pontualidade — tudo 10, e o Múcio não era desbancado por ninguém. Morria de estudar porque: Mariana? Isso não, nem morto!

Essa hora do recreio da tarde era também a hora das execuções. Os *bifes* não eram lá muito rigorosos e havia pouco castigo. Verdade, também, que poucas infrações, porque nossa liberdade de ir e vir era muito grande e maior ainda o nosso bel-prazer. A educação brasileira é que tem a mania de proibir. Ali, à inglesa, quase tudo se podia. Só em casos excepcionais havia punição. Copiar. Era a chamada *imposition*. O Jones usava esse recurso coercitivo para vingar-se das gargalhadas. Os ingleses (educados no *fagging* de suas escolas, onde os alunos maiores escravizam os menores até que estes adquiram forças para surrar seus donos e por sua vez cominarem a servidão a um mais fraco, os dois grupos — *faggers* e *faggeds* — sujeitos à pancadaria dada pelos professores) — os ingleses, ia eu dizendo, tinham a mão um pouco leve e, apesar de saberem a coisa proibida no nosso regime escolar, de vez em quando arriscavam tapona. Levei uma do Carlyon e aprontei tal escândalo, ameacei tanto de ir embora e dizer que fugira por ter apanhado — que ele assustou-se e danou-se a me bajular o dia inteiro. No lanche, como não houvesse mais café e eu quisesse repetir, ele, para reconquistar minhas boas graças, começou a espremer o bule, acabou metendo a mão dentro e tirando pelas orelhas um dos porquinhos-da-índia do Eduardito. Foi como se verificou que era mágico e não houve mais jeito de a aula de *constructive work* ir para diante sem uma sorte no início da mesma. Tirava sempre giz dos nossos narizes e fazia aparecer, no fundo da sala, o lenço que ele apertava e amassava na mão até sovertê-lo. Seguindo o exemplo dos britânicos, o *mr.* Columbano Duarte nos revoltou a todos quando agrediu o Antônio Otôni (Parrinha) a murros no coco, batendo exatamente em cima dum curativo que fora feito no garoto por motivo de queda de cabeça para baixo. Estou vendo até hoje a cena, a vaia dos meninos, a gritaria, a combatividade do Parrinha enchendo de caneladas o seu agressor, auxiliado pelos seus primos Leopoldo e Sílvio Barbosa, que vieram *à la rescousse*. Sempre que havia destas tentativas, havia revolta e, no fim, o mr. Jones inventou o derivativo de convidar os infratores para uma partida de boxe, durante a aula de ginástica. Nesse caso o desgraçado apanhava de calção e luvas, acertando uma na careca do professor, enquanto lhe choviam vinte na cara e nas costelas marteladas durante os *clinchs*. Havia também o contrário dos castigos e desse boxe à força. Os *five-o'clock* a que o Jones convidava, no seu escritório, os alunos que tinham se distinguido durante a semana. Havia torrada, chá especial, biscoitos, boa conversação, distribuição de revistas inglesas aos meninos, outras cortesias. Um dia que o nosso professor mostrava fotografias de Oxford ao Gastão Brito e ao Guy Jacob, eu e o Clorindo Valadares entupimos com miolo de pão toda a bateria dos cachimbos arrumados em cima da mesa. Crime perfeito, jamais descoberto.

Vinha depois a hora de lavar as caras e as mãos para o jantar. Os professores tinham mesa à parte. Mudavam sempre a roupa, apareciam de escuro e tiravam as sapatrancas do diário, que eram substituídas por escarpins de verniz, rasos e com laçarote. Destas refeições guardei a impressão da figura do Gustavo, mulato que servia às mesas; do crepúsculo mandando ondas de ouro e púrpura sala de jantar adentro; das janelas abertas para os lados ocidentais da cidade, onde o sol descia em majestade, logo ali adiante, na vertente de lá da praça da Liberdade; finalmente, de certa sempiterna sobremesa inglesa que era o próprio grude dos *constructive works* — só que com um pouco de açúcar e escassas passas... Depois desse jantar, banzávamos um pouco, o tempo de dar uma passada nas *oficinas*, e íamos subindo para a sala do estudo. Não havia propriamente um estudo. Cada noite tínhamos ali um dos professores — o Westerling, o De Capol, o Goodburn, o Carlyon — que vinha para reprisar um ou outro ponto das aulas, explicar coisas que não tinham sido esclarecidas durante as lições, simplesmente conversar ou mandar um dos meninos ler alto um romance, uma história, um poema, um trecho de geografia para os outros ouvirem. Com o Jones, já se sabe: eram Tennyson e "Light brigade" obrigatórios:

> *Half a league, half a league,*
> *Half a league onward,*
> *All in the valley of Death*
> *Rode the six hundred.*
> [...]
> *Into the jaws of Death,*
> *Into the mouth of Hell*
> *Rode the six hundred.*

Mas o bom mesmo era o dia do Chagas. Principalmente depois que ele fora a São Paulo buscar a senhora e de lá trouxera também a linda moça sua cunhada — e mais a biblioteca. O caso era que o Chagas, quando viera para Belo Horizonte a trabalhar no Anglo, dera-se como viúvo. Com as liberdades deste estado namorava à grande, inclusive aluna que diariamente lhe trazia uma flor "para o retrato da falecida". Pois a *falecida* veio com ele e a irmã quando as duas perderam o pai e quando o Chagas foi para o funeral e o inventário do sogro. Quando voltou, deixou de morar no colégio e botou casa na vizinhança. Fomos lá em grupo, ver sua barata, ajudá-lo a arrumar os livros que acabara de adquirir em edições primorosas. Admiramos a coleção de roupas, chapéus e botinas que comprara na mesma ocasião. Eram rigorosamente iguais. Uns dez ternos cinzentos, da mesma casimira, calça bombacha, bainha dobrada, paletó à caçadora, com cinto e aberto atrás. Uns cinco chapelões de caubói — aba reta como folha de metal, copa amolgada em quatro negativos como os dos soldados americanos da Primeira Guerra. Uns vinte pares de sapatos e de botinas com as pontas levantadas qual proas de barcos varinos. Pois apesar de estar morando fora e de ter herdado, o Chagas vinha uma ou duas vezes por semana presidir o estudo da noite. Esperávamos essa oportunidade ansiosamente, porque ele trazia sempre um livro para ler alto para nós. Lia bem, usando os recursos de sua bela voz e sua mímica nada ficava devendo à sua declamação. Parece que fazia essas leituras muito para seu próprio deleite, mas, assim como assim, foi quem me iniciou literariamente. Dele, ouvi, apavorado, os versos sacrílegos de *A velhice do Padre Eterno* e as estrofes satânicas de "A morte de d. João". Comecei a ter ódio àqueles padralhões bestiais que comiam melros com arroz, lavavam astros numa pia e pediam confessadas a santos alcoviteiros — "é melhor casadas, bem sabeis por quê...". Aprendi a expressão "funâmbulos da Cruz", dela gostei e dela comecei a fazer uso. Do Chagas ouvi, deslumbrado, a leitura dos *Contos* de Eça de Queirós. Estremeci de horror com os irmãos entrematantes Rui, Guanes e Rostabal e da sua inútil descoberta daquele tesouro de dobrões de ouro — que ainda lá está, na mata de Roquelanes. Vento zumbindo nos ouvidos, um suor na testa que parecia o congelamento daquele luar impossível, eu também galopei com d. Rui de Cardenas tendo rente ao estribo um enforcado serviçal. Fui também salvo da adaga de d. Alonso de Lara e andei novamente a pendurá-lo no cerro, até ele se quedar, suspenso, negro no ar, como um enforcado natural entre os outros enforcados. Pedi o livro emprestado ao Chagas. Reli, sozinho, na escada do campo de futebol, estas histórias e mais as da rapariga loura, de Macário, do tio Francisco, do beneficiado da Sé, das manas Hilárias, do poeta Korriscosso, da Maria da Piedade, do Jacinto, de frei Genebro — e fui aos poucos me desinteressando de *O Tico-Tico* que minha Mãe trazia em todas as suas visitas. Muito obrigado, meu caro Chagas — Moacir Lafaiete Macedo Chagas, muito obrigado! pelos batentes que você me abriu do mundo queirosiano... Assim chegavam as oito da noite — hora de nova volta pelas *oficinas* e de subirmos as escadas de que o sétimo, o oitavo e o nono degraus, de cima para baixo, sempre estalavam...

Jamais dormíamos imediatamente. Um professor nos acompanhava, fiscalizava a escovação de dentes, novas idas às *oficinas* do fundo do corredor e quando via tudo acomodado, descia as escadas e ia conversar e cachimbar com o Jones no seu escritório. Esperávamos um pouco e começávamos a reinar. Levantávamos de camisola e lençol fazendo mal-assombrado para o espavorido José Valadares. Preparávamos mutucas incandescentes para colocar na pele pouco susceptível dos dois *pipas* que só acordavam aos urros, quando a brasa verrumava-lhes o couro. A clássica pancadaria com os travesseiros, os guinchos, os assovios, cantos de galo, balidos de cabra, zurrar de burros, tudo se ouvia e depois, em coro, o ruído traquejante obtido pelo apertar súbito do braço sobre a mão prendendo ar de encontro ao sovaco. Isso indignava o Jones, que pensava que era o que ele tinha o costume de chamar "barulho sujo", mesmo quando soprado sem ruído e pressentido só pelo cheiro. Ele gritava de baixo que parássemos. Will you stop with that wild row? Eu nunca soube direito se o Jones gritava *row* — bulha, estrondo — ou *riot* — galhofa, tumulto, motim. A coisa rugida por ele — o wild row ou wild riot — chegava aos meus ouvidos e aos de todos como *Will you stop with that uauau?* Sufocávamos de ver nosso mestre latindo assim e emendávamos em formidáveis uauauaus. Afinal ele decidia subir, a pôr cobro à calaçaria dos nativos. Esperávamos num silêncio onde corriam riscos de risos como fios em brasa num bolo de papel de seda acabando de queimar. Ele vinha espumando, pé ante pé, mas o estalo do sétimo, oitavo e nono degraus (de cima para baixo), denunciava sua presença na escada. Quando ele abria as portas de vaivém dos dormitórios — só via anjos dormindo...

Nesses dormitórios é que se revelou minha vocação de enfermeiro, primeiro degrau para a de médico. Era sempre nas noites de domingo para segunda, quando os meninos voltavam da rua e das saídas, entupidos de cocadas, brevidades, doces d'ovos, pés de moleque, coxinhas de galinha, camarões recheados, empadinhas, pastéis e bolinhos de feijão. Era fatal a dor de barriga. Eu acompanhava o menor de todos nas suas correrias desabaladas pelo corredor escuro, deixando um rasto de merda mole de sua cama à porta das *oficinas*. Era o que o indicava ao Jones que se indignava com a porcaria e a imprevidência. Why did you wait? and why damn, didn't you get to the *oficinas* at the first sign of your gripes? You dirty, incontinent, miserable swine! Coitado do menino. Ele tinha medo do escuro e só quando não podia mais é que chamava e me pedia pelo amor de Deus para comboiá-lo. Mas pior era nos dias das dores de barriga do outro, do menino gordo. Ele não resistia e em todas suas saídas se enchia de vitualhas. Já voltava estourando e assim mesmo ainda jantava e comia doses dobradas do grude com açúcar de mrs. Morris. Alta madrugada amotinava o dormitório com urros que pareciam mais de parto que de miserere. Verde, banhado em suores, não tinha forças para se arrastar até o fundo do corredor. Tinha de ser no penico. Prevenido por minha Mãe contra as emboscadas dos urinóis de louça e das consequências funestas dos cacos incrustados na bunda — eu, o Salvo, o Moacir e o próprio Juscelininho sustentávamos no ar aquela massa gemebunda e obesa. E era um borrar sem conta. Enchia um, dois, três vasos e, às vezes, perdendo a pontaria, esguichava aquele ciclone de trampa nas beiradas do bacio, nos rodapés, no chão, nas paredes, nos nossos pés. Nunca, na minha longa prática médica, tornei a ver coisa igual. Jamais revi debacles intestinais como aquelas, tanto pela quantidade como pela qualidade. Era uma espécie de pasta branca, feito a de vidraceiro, feito papel mastigado fazendo montanha, que empestava tudo e sob cujas avalanches se soterrava o bispote. Nesses dias, a indignação do Jones era tal, que ele preferia o silêncio. Na manhã seguinte o menino, são como um perro, já acordava reclamando comida e seco pelo mingau de fubá com queijo picado. Quinze dias depois, na outra saída, recomeçava aquela inana caganeira...

Eram frequentes as festas organizadas pelo Sadler para receber os pais dos alunos, seus correspondentes e convidados. Para fins de propaganda. Além das esportivas, havia às vezes serões literomusicais em que brilhavam conferencistas convidados (lembro-me, uma vez, dos poetas Carlos Góis e Franklin Magalhães), mas, principalmente, a prata da casa: o Chagas recitando suas elegias desesperadas, os professores, de várias nacionalidades, a quem se fazia cantar, a cada um, o hino de seu país. Começava com o Cuthbert, cara de cabra, balindo o "God save the king". Entrava em seguida o Westerling, bigodes eriçados, topete ao vento, barba em bico e olhares terríveis clarinando o "Deutschland über alles" — censurado a partir de julho de 1914. Mas o carro-chefe era o De Capol, tremendo da cabeça aos pés e lançando aos ares de Minas os acordes heroicos da "Marseillaise"! Eletrizados encerrávamos, em coro, perfilados — com o de um povo heroico o brado retumbante! Tomem, seus *bifes*. Mas nem só de cantos de orgulho e cantos vingadores viviam essas festas. Os professores cantavam também *folk songs* de sua terra e as canções brasileiras eram moduladas pela Nasinha Prates, irmã do Titita, que com outras moças vinha sempre a essas reuniões. Minha Mãe nunca faltava e comparecia trazendo com ela ora a Marianinha, ora a Melila Elisa, ora os *noivos* — minha tia Risoleta e o Nelo, uma vez arrastado até o piano pela mão de ferro do Cuthbert. Não sabendo de cor o hino de sua terra, derramara sobre a assistência o melado de uma *canzone napoletana*. Ele, o Cuthbert, o Rose e o De Capol eram íntimos do futebol. Meu futuro tio era do América.

Os alunos do Anglo tinham saídas semanais, quinzenais ou mensais. Eu pertencia ao grupo de alunos que tinha essa folga no último sábado do mês. Havia, entretanto, as saídas extraordinárias. Lembro a sensacional que me coube para ir ao casamento do Nelo. A cerimônia foi no chalé onde iam morar os nubentes, pintado de novo, paredes verdes, janelas brancas. Ficava à esquina de Januária com Pouso Alegre, em frente à casa de tio Júlio, as duas fazendo face ao alcáçar do Sabino Barroso. Guardei viva a lembrança da noiva envolta numa nuvem de gaze e toucada de flores de laranjeira feitas com pelica; do noivo, de fraque; do tio Júlio, capacete de plumas e nos dourados da grande gala da Briosa; de meu avô, abrindo o leque das suas barbas imperiais; da beleza de tia Berta, de *aigrette*; do cortejo de carruagens, capotas arriadas, seguindo para a igreja; finalmente, da mesa fabulosa cheia dos perus, dos leitões, dos doces e de certa decoração alegórica organizada por tia Iaiá: uma balança prateada cujo prato carregado de moedas de chocolate chapeadas de ouro elevava-se leve, no ar, enquanto descia, pesado, o oposto, ao só peso dum pequenino coração. Simbolizava o Amor mais precioso que a Fortuna...

Todos os domingos íamos em charola à missa das dez, na Boa Viagem. Era ainda a velha Boa Viagem colonial, com seus altares dourados, as tábuas do assoalho rangendo e vergando (com os números entalhados dos carneiros que lhes correspondiam na terra, embaixo), as antigas imagens e o lindo teto onde os santos da corte celestial debruçavam-se pintados no forro branco, inclinando-se para olharem os fiéis e o sacerdote no altar-mor. Tudo foi destruído estupidamente, quando se tratou de construir a atual Boa Viagem gótica. Assisti a essa derrubada, mais tarde, quando eu morava em Aimorés e vi o trabalho das picaretas demolindo o templo dos fundadores do arraial; vi os arquivos da sacristia espalhados no chão; e vi os montes das tábuas do forro, umas com as mãos, as outras com as caras e os resplendores dos santos. Descíamos para a missa a pé, acompanhados de um professor. Ora o Goodburn, ora o Rose, ora o Cuthbert — mas geralmente o Jones, que, apesar de protestante, gostava de vir conosco para deleitar-se com as práticas do monsenhor João Martinho — a quem nosso professor considerava pregador emérito e grande orador sacro. Realmente, o reverendo impressionava. Era alto, desempenado, moreno, longo pescoço musculoso, espadaúdo e tendo muito mais de militar que de padre. Aliás, sua vocação era a farda, dizia aos íntimos, e só fora para o seminário por vontade materna. Era vigário da Boa Viagem e figura popularíssima em Belo Horizonte. Entrou na literatura de ficção. Ele é o padre Torjal, de *Numa esquina do planeta*, o romance de Romeu de Avelar, e é o padre João Batista, do conto "Iniciação", de Rodrigo Melo Franco de Andrade.

Ah! as Missas da Boa Viagem! Aquilo, sim, eram missas para valer, das verdadeiras, das antigas! O sacerdote de costas para o povo, de frente para o altar de Nosso Senhor, cercado dos coroinhas de vermelho e das nuvens de incenso. Missa em latim, com *Oremus, Dominus vobiscum* e *Kyrie eleison*. Missa de verdade, missa da minha infância, missa de uma igreja enfraquecida e ferida pelos golpes que a cortavam de fora, mas não consumida nem roída pelo câncer de dentro que lhe nasceu depois. Lá nela, coitada! Mas a glória maior dessa missa a que assistíamos não vinha da beleza simples da velha igreja, tampouco do Santíssimo, da eloquência do vigário nem da imagem de Nossa Senhora da Boa Viagem ao altar-mor. Vinha dela, da deusa encostada à porta da sacristia — onde destacando a pureza de seu perfil e irradiando a luz de seus olhos — disputava à Virgem súplicas e genuflexões. E se pedisse meças, ganhava a partida... Por que não escrever aqui seu nome mágico? uma a uma as letras que a tornavam única dentro da cidade? as das sílabas imantadas do nome próprio? Cocota... Para que o saibam os pósteros: Cocota Leal.

Grandes e deleitáveis eram as saídas mais raras em que íamos ao Cinema Odeon. Com nossa melhor roupa, revisados pelo Jones, aprovados pelo Sadler, em companhia dum mestre, descíamos incorporados para a primeira sessão. Nesse tempo os filmes eram anunciados pelas suas partes e sua metragem. Grandioso drama em seis partes e novecentos e sessenta metros. Eu tinha visto vagamente o Kinema com meu Pai, no Rio, depois umas projeções tremeluzentes no Farol, de Juiz de Fora. Mas o impacto foi em Belo Horizonte. As bilheterias de metal dourado, astiquês a caol; a sala de espera forrada de papel cor de musgo sobre o qual se destacavam painéis feitos com cartazes coloridos dos velhos filmes da Nordisk; a orquestra; a sala de espetáculos cuja escuridão era cortada pelo farol que vinha da cabine de projeções, onde o filme chiava no aparelho e onde chiavam queimando, em branco, os carvões do arco voltaico; a orquestra gemendo; o pano molhado com grandes esguichos d'água, nos intervalos. Auxiliavam a dar brilho e prateado à imagem — as gotículas presas na trama do tecido. E começava o sonho acordado daquela noite prodigiosa. Nunca me esqueci dum romance tão longo que sua projeção foi feita em duas noites seguidas. Milhares de metros. Decerto, um dos primeiros seriados e havia de ter sido produzido em 1911, 1912 ou 1913, pois foi passado em Belo Horizonte em 14 ou 15. Seria anterior às séries de *Judex*, de *Fantomas* e dos *Mistérios de Nova York*. Talvez se situasse entre esses clássicos e os *Nick Carter* de 1908. Não sei qual sua fabricação, procedência, ou nome dos artistas. Nem qual o título original. Eu o vi como *Filibus*, que era o nome do herói bandido, ora vestido de homem e dom Juan irresistível, ora travestido e mulher de beleza fatal. Matava de todos os modos. Filibus. Roubava de todas as maneiras. Filibus, Filibus. Era onipotente e onipresente. Saía da terra e descia dos ares. Filibus, Filibus, Filibus. Aterrorizava as cidades. Desafiava os países. Agia só ou em quadrilha. Dispunha de barcos, locomotivas e dum dirigível que parava no ar à custa de maquinismos que os helicópteros copiariam depois. Desse balão descia uma espécie de caçamba metálica contendo Filibus que assim ganhava os telhados — por cima das polícias, das brigadas, dos exércitos — e descia pelas chaminés para matar em silêncio e roubar sutilmente. Esse filme, de que não encontro referência nas histórias do cinema que compulsei, é da maior importância. Além de clássico do seriado, foi precursor da mulher fatal gênero Theda Bara e Valeska Suratt; do travesti; do bandido elegante, como nos romances onde agia Lupin, e finalmente da *science fiction* com aquele dirigível pai dos helicópteros. Quem se lembrará ainda? comigo? do prodigioso filme... *Filibus*.

Outras saídas extraordinárias e jamais esquecidas foram aquelas que eu tive quando tio Salles veio nos visitar em Belo Horizonte, fins de 1914. Dele ganhei nessa ocasião um fabuloso sobretudo novo, comprado no Oscar Marques. Guardei nossa imagem dessa época, num grupo meio tremido, batido por ele. Nossa Mãe sentada, moça, moça. Nós à volta, eu de pé, apenas excedendo sua altura na cadeira. Os outros irmãos em cacho, as meninas no colo do vestido preto, junto da roseira, do gradil e tendo ao fundo as plantas da chácara do Sabino Barroso. Passando no meio a rua Pouso Alegre — alegre. Nunca me esqueci da noite em que acompanhei tio Salles a uma casa perto do Anglo, onde ele foi visitar homem de feia catadura, casado com uma linda moça. Era o poeta Antônio Francisco da Costa e Silva, cuja cara amarela parecia um bolo de miolo de pão com os furos dos olhos, das ventas e da boca. Estava recém-casado com a bela Alice Salomon, a dos cabelos mais negros que a asa da graúna, das pupilas noturnas, do rosto oval, da pele de leite, do pescoço de cisne e do colo-de-alabastro-que-sustinha. Linda, assim, mesmo linda, não via o Quasímodo e apaixonara-se pelo talento e pelo estro do vate simbolista — cuja fisionomia trancara-lhe a carreira diplomática. Era o que corria. Fora várias vezes indicado para o Itamarati e sempre com boas proteções. Rio Branco, contra. Até que o nosso *Dá*, exasperado, enchera-se de razões e de coragem e fora interpelar o implacável barão. Ousou perguntar-lhe, afinal, o que tinha contra ele. Eu? nada, meu caro amigo. Até gosto dos seus versos e aprecio seu talento. Contra sua pretensão o que está é seu físico. Eu só deixo entrar na carreira homens de talento que sejam também belos homens. A diplomacia exige isso. Desejo-lhe boa sorte em tudo. Agora, no Itamarati, não! o senhor aqui não entra. Tire seu cavalinho da chuva. Hoje, que o Paranhos virou estátua, podemos replicar. Belos, belos — vá lá... Quanto ao talento, nem tanto, barão. Um ou outro... Pois foi nessa visita à casa do aedo que passei por grande vexame. Já saí de casa inundado de água com açúcar. Na cidade, tio Salles pagou-me água de coco. Em casa do poeta, a d. Alice ofereceu refrescos de maracujá aos grandes e deu-me uma garrafa inteira de soda. Setecentas e cinquenta gramas daquela delícia efervescente. Eu estava encantado, ouvindo a conversa das xarás — que minha tia também era Alice — e a palestra dos dois Antônios. O cearense ouvindo, o piauiense apontando a distância, declamando e conclamando: ao Zodíaco, ao Zodíaco... Mas qual Zodíaco. O que eu comecei a sentir foi a ação diurética de tanto líquido, mais, mais, mais forte, ao Zodíaco, ao Zodíaco e, num último esforço vão, abandonei-me e inundei minhas calças, a cadeira, o chão da casa — para as gargalhadas do Da Costa, vergonha de minha tia, indignação de meu tio. Por que não pediu? menino! A d. Alice, maternal e risonha, é que me levou para dentro e entregou-me à criada divertida que enxugou minha roupa a ferro enquanto eu esperava enrolado num lençol. Nunca mais pude encarar o poeta nem a beldade sua esposa. Quebrava esquina. Estudante de medicina, essa história ainda me perseguia, contada, em Belo Horizonte, pelo Evaristo Salomon.

[...] uma besta que tinha sete cabeças e dez chifres, e sobre seus chifres dez diademas, e sobre as suas cabeças um nome de blasfêmia.

SÃO JOÃO, *Apocalipse*, 13,1

Pois de repente veio a coisa e foi aquele estouro dentro do colégio, da cidade, de Minas, do mundo. O barulho de um tiro de revólver que reboou como um trovão. O arquiduque caiu e a esposa morganática, com ele. Sarajevo. Era a guerra começando, nós todos na mobilização geral. Logo entramos violentamente na geografia e vimos a Terra se encolhendo repuxada pelos fios telegráficos que fizeram o Marne desaguar no Arrudas, que trouxeram as regiões do Somme, das Ardennes, de Tannenberg sertão adentro e baralharam Liège, Palmira, Sabará, Nancy, Soissons, Matias Barbosa, Lille, Curvelo, Juiz de Fora, Bagdá, Jerusalém, Três Corações, Arras, Laon, o Ouro Preto, o Inficionado, o Paracatu, Yprès, Reims, Haifa, Malines, Gaza, Zeebruge. A cidade de Ostende ficou muitos anos no ar até cair como um solnovelo neutro e fofo dentro dum verso de Carlos Drummond de Andrade. Além da geografia foi a história que despencou brutalmente em cima de nós. Lloyd George, Lord Kitchener, o general Allenby e o almirante Jellicoe deram para se acotovelar nos nossos corredores com o Chagas, o Columbano, o Jones e o Cuthbert. Íntimos. Atrás deles vieram Joffre, Foch, Pétain, Gourraud, Pau e Gallieni dizendo merda! na hora da mobilização dos táxis de Paris. E cabeças coroadas. O rei Jorge V, com seu jeito de songamonga, parecidíssimo com o czar Nicolau II. O rei Alberto I, um arcanjo; o rei Vittorio Emanuele, um gnomo. E aqueles canalhas do Ferdinando da Bulgária, do Francisco José da Áustria e do kaiser da Alemanha. Ódio contra eles, de morte! ódio contra o *kronprinz* imperial, e contra os monstros "von": Kluk, Moltke, Mackensen, Falkenhayn e o cachorrão Hindenburgo. Porque eram monstros mesmo e logo se ficaram conhecendo suas "atrocidades alemãs". Massacravam crianças, como Herodes. Matavam mulheres, como Átila. Incendiavam cidades, como Nero. Destruíam igrejas, profanavam cemitérios, torpedeavam navios mercantes, bombardeavam colégios e hospitais, deportavam, violavam, atiravam gases asfixiantes, fuzilavam, degolavam, estrangulavam, estupravam, empalavam e tinham crucificado na Bélgica um sargento canadiano, senhores! canadiano como o Ned Land das *Vinte mil léguas submarinas*. This is what those Huns call *kultur*! dissera-nos o Jones, num dia em que passara de classe em classe pregando nas paredes um mapa-múndi onde se viam, em vermelho, as ambições tedescas. Os miseráveis queriam, além da Europa, os melhores bocados da Ásia e da África; a Oceania inteira, toda a América Latina, do México à Patagônia — nosso Brasil de cambulhada. Era demais! Contra eles lutavam exércitos cheios de jucunda esportividade. Os aliados iam para a guerra como quem vai a um piquenique. Rindo alto, rindo de braço dado, cantando o "Tipperary" e a "Madelon". As fotografias vindas de Londres e de Paris mostravam o que era aquela diversão. Alegria de homens naufragando e sendo bombardeados nas trincheiras. Alegria de permissionários, de feridos nos hospitais, de mutilados, de estropiados. Cada qual na sua farda. Conhecíamos todas, das páginas duplas de *O Tico-Tico*. Os *bersaglieri* com um tufo de penas de galo no capacete; os caçadores alpinos com uma só, de águia, nos chapéus postos de lado; os *highlanders*, com saia de menina, mas *lion-hearteds*; os dragões, com rabos de cavalo nos capacetes; os *pioupious*, com túnicas como sobrecasacas que eram abotoadas de lado e viravam fraques — para não prejudicar a marcha nem as cargas de baioneta. Os hunos figuravam do seu odioso *feldgrau* e com aquele chifre acerado de unicórnio encimando o casco de aço. Bandidos! Logo o relato das batalhas navais e os nomes dos barcos invencíveis da esquadra inglesa — o *Iron Duke*, o *Warspite*, o *Vindictive* e outros navegando em cauda — *Thetis*, *Intrepid*, *Iphigenia*, *Sirius*, *Brilliant* e mais e mais e mais se perdendo nos horizontes do mar do Norte. Vejo-os imensos e pesados como eu os colava nas extensões marítimas de meus álbuns de guerra... E os primeiros combates aéreos? os primeiros aeroplanos de campanha com bombas jogadas à mão, fazendo despencar milhares de dardos sobre regimentos em marcha, trazendo aviadores que atacavam de revólver, carabina e metralhadora da trincheira aberta de suas carlingas. Os balões simbólicos de observação parecendo as ereções representadas nas paredes dos abrigos Ceará e Pernambuco. Aquilo era uma capoeiragem entre as nuvens com o rabo de arraia dos *looping-the-loops*. Exultávamos com as fotografias de revistas inglesas que o Jones exibia — de trincheiras cheias de cadáveres ulanos ou de prisioneiros pigmeus ao lado de apolos britânicos. Aquilo era uma guerra em que os alemães, austríacos e turcos morriam como moscas e onde os aliados sempre escapavam. Um ou outro é que se deixava abater para dar enredo ao drama.

Logo que a guerra foi declarada soube-se que iam partir o Westerling, o De Capol, o Carlyon. O Chagas nos contara o último encontro dramático dos três, na Maison Moderne, onde, alagados de uma cerveja heroica, juraram não se matar caso se defrontassem nalguma batalha. Dias depois seguiam para o Rio. Embarcaram para a Europa o francês e o inglês. O alemão não pôde, porque os navios de seu país estavam bloqueados nos portos neutros pela esquadra britânica. Mês e pouco e chegariam os retratos do Carlyon e do De Capol fardados. Este, de zuavo. O primeiro de *bagpiper*, de kilt, apoiado a um bengalão e alçando o bico. Bela ave que pouco voaria e logo seria abatida pelos alemães. Foi um Sadler consternado que nos deu a notícia no silêncio angustiado de uma fúnebre *Whole Communion*. Boys, you have no need to go on writing letters and cards to mr. Carlyon. Pausa no silêncio aumentando e se solidificando. He was killed last month somewhere in France. You may dismiss. Fizemo-lo em silêncio e fomos chorando para o recreio. Ninguém ousou achar graça no Jones, que soluçava. Ai! de nós, pequenos canalhas que não mostraríamos o mesmo sentimento, meses depois, quando o mesmíssimo Jones, novamente em pranto, invadiu bruscamente o estudo da noite. Boys! mister De Capol morreu *cagando* contra as trincheiras alemãs. Aquele português do Jones... Tinha de ser. Na sua boca, era inevitável que carregar virasse cagar. Respondemos com uma gargalhada unânime e o Jones retirou-se indignado para o seu gabinete. Era um equívoco e resolvemos desmanchá-lo. Como eu tivesse um bom inglês, os colegas delegaram-me para dar pêsames, pedir desculpas e explicar o engano. Fui claro. *Carregar* contra uma trincheira era to charge against a trench. Era *charge* como na "Charge of the Light Brigade" — até que acrescentei, para brilhar e trazer Tennyson para nos apadrinhar. Tínhamos achado graça porque ele, Jones, em vez disso dissera que o De Capol morrera shiting agains the German trenches. Only this and nothing more. Pois foi pior porque nosso professor ainda furioso pespegou-me uma imposition em que repeti duas mil vezes que I cannot mention improper words when talking to my masters.

Pobre De Capol. Até que se ele tivesse morrido como dissera o Jones, ficaria imortal. Iria encontrar na legenda seu compatriota Cambronne. De seu nome poderia derivar verbo heroico e escatológico — decapolizar, décapoliser, to decapolise — nada inferior ao cambronizar. Poderia figurar em uma frisa de pedra, *en train de décapoliser* — tal qual aquela figura agachada e roupas arriadas que está na guirlanda de granito da catedral de Valença no Minho, cagando de esguicho na direção do Tui, da Galiza, das Espanhas.

Com o pobre do Westerling é que as coisas correram mal. Não podendo embarcar, tentou ficar no Rio e arranjar-se de qualquer modo. Mas quem é que naquela altura queria ajudar a boche? O coitado voltou para Belo Horizonte e apresentou-se novamente no Anglo. Soubemos pelo Chagas (que era suspeitado veementemente de ser o que se chamava então de *germanófilo encapotado*) que o Sadler quisera correr com ele e que só não o fizera porque o Jones e o Cuthbert tinham ameaçado ir embora se o Westerling não fosse readmitido. O Sadler engoliu a exigência, mas passou a fazer vida dura ao pobre do alemão. Isso explica frase que lhe surpreendi uma tarde, conversando com nosso vice-diretor. I am tired, mr. Jones, I am very, very tired... Parece que o coitado tivera ainda desgostos amorosos, pois, à sua volta, encontrara a namorada (irmã de colega nosso) noiva de um jovem médico da cidade. Assim o professor de alemão e numeração foi vegetando até 11 de novembro de 1914. Nesse dia, à hora de sua aula nos maiores, que era à uma e trinta, não aparecia. Ficou dormindo depois do almoço — disse o Miguel Pizzolante — e vou *chamá ele*. Subiu, abriu a porta do quarto e deu com o cadáver ensanguentado do Westerling deitado de costas e segurando o revólver com que rebentara os peitos. Ao sol, que entrava, era um jacente precioso: marfim da pele, ouro dos cabelos, púrpura do coração partido. O Sadler deu logo saída extraordinária ao Pizzolante e fez tudo para escamotear o defunto. Não conseguiu. O Chagas ia nos transmitindo em segredo os detalhes da retirada do corpo, da autópsia e do enterro no Bonfim — o caixão de pobre seguro por ele, Chagas, pelo Jones, pelo Cuthbert e por uns vagos alemães que tinham surgido na última hora.

Hóstia na boca
Deus na boca
céu no céu
da boca
não machucar
não triturar
não bobear
não pensar coisas
de satanás [...]

CARLOS DRUMMOND DE ANDRADE,
"A impossível comunhão"

Esse novembro vesterlingue foi-se e com dezembro chegaram as férias. Guardei desse período lembrança espavorida. Minha Mãe decidira que eu faria a primeira comunhão no dia 8, festa da Imaculada Conceição. Diariamente e duas vezes, toda a segunda quinzena de novembro, eu ia ser preparado pelo imenso padre Henrique, na Casa dos Redentoristas, atrás da igreja de São José ou na capela do Colégio Santa Maria. Ele marcava de véspera o local dos encontros. Em dois ou três virou-me pelo avesso e logo fez-me sentir toda a extensão de minha malícia, da minha imoralidade, maldade, corrupção e miséria. Mostrou o Inferno de portas abertas e Satanás à minha espera. Eu morria de medo, não dormia mais, vivia rezando, falando sozinho eu pecador e remoendo minhas infâmias por pensamentos, palavras e obras, ave cheia de graça agora e na hora assim como perdoamos nossos devedores vida doçura esperança nossa no espírito santo comunhão dos santos ressurreição da carne carne carne carne. Confessava e logo pensava pecados. Arrobas de carne. Voltava reconciliava e logo reincidia por pensamentos palavras e obras. Contei meus furtos ao padre Henrique e as bandalheiras de que me recheara no Machado Sobrinho, no próprio Anglo. Rezava as penitências de joelhos, recaía, morria de medo de morrer em estado de pecado, voava para os pés do padre Henrique, tornava a esvaziar, recebia novas penitências de cem ave-marias, mas já nas cinquenta eu estava novamente atolado em pecado mortal e beirando a danação eterna. Voltava. Queria mais confissão, mais absolvição, mais penitência. Até que o padre Henrique, cheio, farto, não podendo mais com a monotonia, a iteração, a constância, a invariabilidade, a fastidiosidade de meus pecados, mandou-me de vez e absolvido de tudo que tinha feito ou pudesse fazer até a hora da comunhão. Arre! Assim perdoado por adiantamento, larguei-me no rio das culpas irremissíveis e nadei de braçada nas ondas da luxúria, da soberba, da inveja, da avareza, ira, gula e preguiça. Absolvido de tudo, timbrei em não amar a Deus sobre todas as coisas, tomei Seu Santo Nome em vão, dei uma banana para os dias santificados, descuidei-me de honrar pai, mãe, tias e irmãos e o Major; tive avidez de matar, pequei contra a castidade, furtei, levantei falso testemunho, desejei a mulher do próximo e cobicei as coisas alheias. Assim perdoado por antecipação é que, no dia, tive de apanhar para aceitar o laço de seda branca no braço e foi remoendo pensamentos de cólera contra minha Mãe e imagens indecentes de coitos em sarabanda que me aproximei da mesa para receber o Corpo do meu Salvador. Mas, de repente, tomado de pânico, fui alumbrado e ouvi a capela do Colégio Santa Maria reboando ao clamor celeste. Pedro! Pedro! por que me persegues? Como Saulo, desabei na estrada de Damasco, arrastei-me de joelhos e foi de olhos fechados de medo que recebi na boca aberta a Hóstia logo colada no céu da boca e que não machuquei nem triturei. Lavado das bobagens que fugiam — eu refulgi puro com o trigo transubstanciado que se derretia docemente acariciado pela ponta de minha língua. O resto das férias foi de santidade, de comunhões dominicais, de leituras infindáveis do Goffiné, da *Imitação de Cristo*. Abria ao acaso. "Sugere-te mil pensamentos maus, para te causar enfado e turbação... Aborrece-lhe a humilde confissão dos pecados e, se pudesse, faria que deixasses de comungar! Não o creias... Atribui-lhe os pensamentos criminosos e torpes que te inspira e dize-lhe: Vai-te daqui, espírito imundo..." Era tal e qual e eu logo identificava o inimigo. *Vade retro. Vade retro, Satana!* — e lavava-me da cabeça aos pés com a água pura das ave-marias.

Em março voltei para o colégio, cursar o quarto ano primário. Eram meus companheiros os meninos da terceira classe de 1914 e mais — José Barbosa da Rocha Vaz, Roberto Furquim Werneck, Clodoveu Davis, Jair Dantas, Ivan Lins, Albino Joviano, Antônio Roussoulières e Afonso Arinos de Melo Franco. Este menino surgira no colégio como um príncipe. Ele e o irmão Afrânio. Tinham acabado de chegar da Europa e sua própria mãe é que os trouxera para a matrícula. Lembro-me dela, correndo nossas salas, toda de branco, chapéu de fustão com uma fita colorida enrolada à copa, cheia de corpo, bonita de rosto, olhos claros e o seu nariz de qualidade Alvim. A uma pergunta do Sadler, ela respondeu que sim, que os meninos falavam inglês, que pelo menos *deviam* falar inglês. Yes, they *must* speak English. Ela própria o falava com admirável fluência a um Sadler obsequioso e côncavo. Foi a única vez que vi essa bela senhora. Também seus filhos poucos dias ficariam no colégio. O Afraninho, que já era aluno do Pedro ii no Rio, estava indignado de ser matriculado em plenas férias, noutro colégio, em Belo Horizonte, só para o bem-bom da d. Sílvia e da sá Donana. Querendo gozar a cidade, o córrego Leitão, o banheiro dos estudantes com o Otávio Machado, o Juvenal Sá e Silva, o Henriquinho Moura Costa e o primo Rodrigo — tomara a decisão de ser expulso e, para este fim, acabou provocando o Jones, atracando-se com ele. Rolaram os dois no chão poeirento, em escandaloso pugilato. A d. Sílvia teve de tirar os meninos do Anglo e eu fiquei privado do novo amigo e companheiro de carteira. Afonso. O destino me reservava reencontrá-lo em 1917, no Internato do Colégio Pedro ii e depois, sempre, pela vida afora, numa amizade que vai agora no seu meio século e pico de duração.

A sala do quarto primário era ampla, espaçosa, recebia luz por dois lados e tinha vista por eles. Sobre a cidade. Em direção oposta, sobre a serra do Curral. Tinha a orná-la uma grande oleogravura representando a paisagem do rio Nilo. A corrente era olhada da sua margem esquerda, onde se espapaçavam crocodilos. Do outro lado da água sagrada, sob o esmalte do céu azul, derrubavam-se ruínas de uma pedra cor-de-rosa. Mas essa sala se me afigurava triste. A sala e o colégio todo. Ele parecia o mesmo, mas passara por transformações consideráveis, se bem que apenas perceptíveis. Morrera a esposa do diretor. Havia desânimo no Sadler, no Cuthbert, no Jones. Menos dez matrículas que no ano anterior. Estava dando resultados a terrível campanha que lhe moviam os padres do Arnaldo e do Claret. Os alunos escasseavam diante da propaganda feita pelos reverendos contra o nosso aprendizado sem latim, com futebol demais e oferecendo os perigos de ser ministrado por protestantes. De mais a mais, a casa desfalcara-se das figuras legendárias da primeira hora e procedia sua troca por elementos autóctones ou então por uns ingleses encanacados de Morro Velho — avacalhados por uma longa convivência nacional — já jogando no bicho, bebendo cachaça e comendo negra. Não havia mais *constructive works* e o Carlyon tinha sido substituído por um carcamano que ensinava desenho, desprendendo um cheiro insuportável de queijo ardido, cebola, alho e podre — que lhe vinha do hálito, do chulé e do fartum da sovaqueira. O lugar do Westerling fora ocupado por um austríaco de Belo Horizonte, o dr. Joseph Thon, personagem longuíssimo e que ensinava um alemão sem bravura, através de um Berlitz chatíssimo. Der Bleistift. Die Feder. Was ist das? Das Zimmer. Was ist das? Das ist die Türe. Ist das die Türe? Ja, das ist die Türe. Em vez do De Capol, tínhamos agora um monsieur Vuille, muito míope, fartas bigodeiras e que nos fazia revelações porcas sobre os cabarés e as putas de Belo Horizonte. Exibia um postal que trazia no bolso, desses que as "artistas" passavam em benefício próprio aos fregueses do Parque Cinema. Representava um mulherão de peitos transbordando do decote, cintura espartilhada (de vespa), vastas nádegas (de bandolim) e as pernas meias pretas saindo grossas dos godês do saiote para os canos das botas altas. Usava toucado e estava de tala em punho. Era *La Bella Greka* — que deixou fama no meio prostibular de Belo Horizonte, aí por volta dos anos 10. Enquanto o De Capol representava o lado heroico da França, seu *panache*, seu *côté Marseillaise*, o Vuille era a figuração da sua banda *paillarde*, *grivoise* e ribalda. Gostava de pornografia e ensinava francês fazendo os alunos cantarem as estrofes do "Père Dupanloup".

> *Père Dupanloup, père Dupanloup,*
> *Père Dupanloup est un cochon...*

E vinha toda a versalhada onde se explicavam claramente as *mignardises* que o Dupanloup fazia *avec la pine de son père* — antes de nascer e quando estava *encore au ventre de sa mère*... Hoje tenho impressão de que o Vuille foi um *devancier* e que poderia ocupar com brilho o lugar de professor nos colégios atuais. Ninguém ombrearia com ele no ensino da educação sexual... Além do Vuille, aparecera outra figura extraordinária no corpo docente. Era um inglês de ar tímido, bigodes muito encerados, grandes colarinhos e ar apalermado. Respondia pelo nome de mr. Wenlock e os alunos chamavam-no pelo apelido de *Cavalo Baio*. Nas suas *Memórias*, ainda não publicadas, Euryalo Cannabrava dá o Wenlock como grande homem e, para ele, o revelador de Shakespeare. Pode ser. Para mim, o que ele era é um poeta de bala de estalo. A prova são os versinhos que nos fazia decorar. Repito-os, depois de cinquenta anos, e parece-me que eram mais ou menos o que vai embaixo. Uma comparação da rosa e da papoula.

The poppy fades
So soon, man says
It dies as fast
As pleasure goes,
But roses sweeten,
Day by day,
The lovely gardens
Where they grow.

O nosso *Cavalo Baio* era, um pouco, pau para toda obra. Dava aulas de inglês, aritmética e corografia. Para esta, ele adotara um processo muito cômodo para quem não conhecia patavina de português. Fazia-nos ler alto a *Geografia* de José Maria de Lacerda. Líamos e, entre as descrições dos golfos, as superfícies dos países, a extensão dos rios e o enunciado das toponímias — entremeávamos injúrias ao nosso professor e repetíamos com ênfase seu apelido de *Cavalo Baio*. Era uma festa. Foi uma festa até o dia em que ele desconfiou e segurou o Roussoulières pelo gasnete, perguntando — What do you mean by *Cavalo Baio*? Who is *Cavalo Baio*? Well, you will write *Cavalo Baio* two thousand times and you w'n't go home before you finish it. Passou o dia, jantamos, fomos deitar e o menino na imposition. Acabou cerca de meia-noite. Outra coisa que o Wenlock também descobriu foi aquele negócio da dobra dupla da página de rosto da *Geografia* de modo a, invés de José Maria de Lacerda, ler-se o nome do autor como José Merda. Para perder o gosto da dita, a imposition era escrever o vocábulo cambroniano mil, duas, três mil, quatro mil vezes. Era de fartar, de dar nojo. Foi assim que o nosso *Cavalo Baio* do dito passou a peão e acabou nos amansando. Inclusive a um dos piores, meu primo Meton de Alencar, cujo nome ele escrevia e pronunciava como sendo Methon Allen Quart.

Foi justamente no ano de 1915 que tive mais contato com o nosso diretor. Julgando-o retrospectivamente, vejo que era homem contraditório, com gestos às vezes fascinantes, de outras, odiosos. Entre os últimos, posso lembrar sua bajulação com os filhos dos homens importantes de Belo Horizonte e a tranquilidade cínica com que lhes dava os primeiros lugares e os melhores prêmios — fossem eles madraços, malcriados, estúpidos ou porcos. Tinham notas altas por direito de nascença. Outra coisa imperdoável: sua ironia contra os indefesos pela idade. Manejando a adaga que seu patrício Robert Croft-Cooke chamaria um dia — "that most merciless weapon for attacks on small boys, a sarcastic tongue". Poucos anos depois eu encontraria coisa exatamente igual, no Pedro II, na figura de Carlos de Laet. Dois diretores que me desgostaram para todo o sempre dos que turvam de veneno a água do contato humano. Mas, defeitos à parte, que magnífico professor! O Sadler, na quarta classe, deu forma ao nosso inglês. Se no ano anterior só tínhamos tido lições de conversação, apenas uma ideia musical e fônica do idioma, agora, com o novo mestre, passávamos a uma visão plástica das palavras. Havia livros. Eram dois. O *Royal Prince Readers* — second book da Royal School Series, da Editora Thomas Nelson, e o *Guia de conversação inglesa*, de autoria do próprio Sadler. Suas aulas eram diárias. Um dia tínhamos lição bitolada pelos trilhos do *Guia* e no outro alcançávamos as velas da fantasia com o *Royal Prince*. Abro-o hoje e, na medida que viro suas páginas, vou mergulhando nos oceanos profundos e luminosos de minha infância. Uma vaga vem que me toma e leva mais silenciosa que a Morte. This book belongs to Pedro Nava. Assim escreveu na primeira página um menino com sua letra canhestra. Quem é ele? É o que ficava coração batendo quando lia a linda história do rei Alfredo que era tão noble, just and true, that he has been called Alfred the Great, Alfred the Truth-teller, and England's darling. Que linda palavra! pingando de repente da crista desaprumada para cair no côncavo da onda. Darling, darling, darling, como na sineta do Jones chamando. Chamando para o mais fundo... Ring the bell, ring the bell, ring the bell, como no caso que vinha mais adiante do *Sino da Justiça*, que um soberano pendurou na praça do mercado. When all was ready, the king called the people together and said, "This is the Bell of Justice. It is meant for all, rich and poor, young and old (and old, senhor! então também posso tocá-lo e pedir. Ainda?). If anyone is wronged, let him come and ring the bell". Mas é que logo adiante se fala que a corda do sino gastou de tanto ser tangida e dele tanto bater para lá para cá, abaixo, acima, subindo e descendo como o joão-gualamarte-see-saw da outra página que era o poema de Edward Shirley que decorei e que fiquei recitando a vida inteira para mim mesmo. Up and down, and high and low,/ gaily through the air I go...

Airs, airs, ares, ares, que eram os ventos, ventos, ventos empurrando as velas enfunadas da viagem de Jack, comigo, no nosso *Ocean Queen*, o fabuloso barco que rodava o mundo entre goldfishes, esqualos, alcatrazes, delfins, seagulls, espadartes e mermaids até molhar sua proa na ilha de Panam. Minha ilha. Minha e do Olimpinho. Situada dentro dos mares duros do *Guia de conversação inglesa*. Ah! tanto tinha o *Royal Prince* de doce como o livro do Sadler de útil, seco e peremptório. Era eficiente e cacete como uma imposition. Não tinha períodos para descanso. Suas páginas eram atochadas, de cima até embaixo, das frases que tínhamos de verter para o inglês. Eram curtas e seguras como vergastadas. De fazer chorar na sua monotonia de matraca de Semana Santa. Onde está meu caderno? Não tenho lápis aqui. Ele está no estudo. Quero giz. Onde está o giz? O menino está preso no estudo. Era então que não resistíamos, o Olimpinho e eu — que éramos companheiros de carteira e fugíamos para a ilha que tínhamos inventado. Já disse que seu nome era Panam. Resta agora descrever seu contorno mais recortado que uma renda e onde o golfo Gitoia abria-se entre os cabos Nortles e Salom. Mais para o sul eram a baía Ton e o cabo Finis e, a oeste, a enseada de Cotos. Havia um vulcão chamado Fum encimando a península inominada que entrava no mar Tontado. Mas logo o Sadler, como um pássaro Roca, ia nos buscar para continuar a zabumbar com ele. Vai chamar meu irmão. Meu pai não quer chamar todos os meninos. Quero quebrar este pedaço de giz. Quero quebrar esta janela. Oh! sim, amordaçar o Sadler, quebrar a janela, how I would like it, how I would like to break the window, all the windows, the table, the desks, the walls, to unfold the sails — silver sails — of the *Ocean Queen* and flee out with Olimpinho, and Jack to our island of Panam. Nada havia igual aos territórios dessa ínsula. Nem a Utopia de Morus, nem a Pasárgada de Bandeira, muito menos a Cocanha italiana ou o Pepiripau do norte de Minas. Neste havia barrancos de açúcar-cande, é verdade. Mas para chegar a essa cidade, era preciso a ordália de atravessar túnel escuro com uma vela acesa e atochada no cu. Pelo menos é o que contava a seus netos a d. Bebela do Brejo.

Mas o colégio estava chegando ao fim. Grande foi a decepção de minha Mãe e do meu tio Meton de Alencar quando receberam carta do Sadler informando que o Anglo encerraria suas portas com a terminação do ano letivo de 1915. Em nossa casa ficaram todos enfiados. Logo quando tinham acabado de entrar internos meu primo Tom e meu irmão José. Desse último período guardo a recordação do acabrunhamento do Jones no dia em que o Sadler descobriu rastros inequívocos nas nossas *oficinas*. Slug-snails! Na casa dos menores! Era o fim de tudo, o derrocar de babilônias. O Jones perdeu a cabeça e nos cobriu de opróbrio numa das últimas *Whole Communions*. For the first time mr. Sadler has found some *eggs* in our *oficinas*. I'm ashamed for you all. There is no more difference between you and those pigs of mr. Cuthbert's side. How can you dare to insult me and my own house in such a manner? you miserable swines and dirty masturbators! A palavra estourou como um trovão! Masturbators! Anjos decaídos, recebíamos a torrente de enxofre, pez e lava, de cabeça baixa — entretanto nos olhando uns aos outros, de soslaio. Ai de nós! não era olhar de vergonha. Era oblíquo, desconfiado, hipócrita, mas nele corria um vislumbre de mútua compreensão, adivinhação, de cumplicidade, de íntima ectasia. Se fosse haver lapidação, queria ver qual era o sacaneta capaz de se abaixar e de apanhar a primeira pedra. Mas a cólera do Jones, como sempre, se desvaneceu e ele proclamou-se orgulhoso dos meninos de sua casa, dias depois, quando veio a última solenidade do colégio. Porque o Sadler, querendo morrer em beleza, encerrou o ano com uma grandiosa distribuição de prêmios. Homem curioso! Perdido por um, perdido por mil — e ele virou a mesa! Desta vez, os louros não foram para as cabeças dos meninos do presidente, dos secretários, dos desembargadores. Foram distribuídos escandalosamente pela canalha e a mim tocou-me um fabuloso exemplar de *As vinte mil léguas submarinas*. Era em dois volumes *à tranche dorée*. Trazia na primeira página o rótulo de luxo do colégio e a especificação: First prize awarded to Pedro Nava for general form work. Assinado J. T. W. Sadler, M.A., headmaster.

Afinal chegou o dia de irmos para casa. *Gentlemen* até o fim, o Sadler, o Cuthbert e o Jones, na sala da frente, davam adeus! como dois anos antes tinham desejado as boas-vindas. A cada um que saía, o nosso vice-diretor entregava um papel dobrado com o seu velho endereço no Uruguai. Decorei para sempre, como versos.

MR. H. W. JONES, M.A., ESQ.
CARE OF MAJOR H. SAUMAREZ-DOUBRÉ
THE BRITISH LEGATION
PLAZA ZABALA
MONTEVIDEO
URUGUAY

Durante anos dei notícias minhas e recebi cartas do Jones. De repente sua letra, que era nítida e ampla, começou a ficar pequena e tremida. Demorava nas respostas. Um dia elas cessaram. Que seria do meu mestre? Teria voltado para sua terra? Ou ficou para sempre na do Uruguai? Numa estreita área a que seu corpo, como o do batalhador do poeta — conferiu extraterritorialidade e transformou num pedaço da Inglaterra.

3. Engenho Velho

> Quando eu morrer quero ficar,
> Não contem aos meus inimigos,
> Sepultado em minha cidade,
> Saudade.
>
> MÁRIO DE ANDRADE, *Lira paulistana*

A DATA BISSEXTA ESTÁ NUM CADERNO do meu tio Antônio Salles: "29 de fevereiro de 1916 — Pedro veio para a nossa companhia". Foi o dia em que despenquei Caminho Novo abaixo para me matricular no internato do Colégio Pedro II. Saí de Belo Horizonte, às quatro e vinte da tarde, hora clássica do noturno do Rio de Janeiro. Minha primeira viagem sozinho. Quando largamos, debruçado na janela, fiquei dando adeus até que uma curva fez desaparecer a silhueta fina de minha Mãe e com ela a infância que eu deixava.

Vinha recomendado ao chefe do trem que logo apareceu de grande gala, boné azul cercado duma coroa de galões dourados. Contei mais de seis. O homem sobrexcelia, portanto, a coronéis e realmente, naquele trem, ele era autoridade suprema, uma espécie de marechal almirante ferroviário. Picotou meu bilhete de ida onde eu já tinha lido a palavra "noturno" e a indicação "grande velocidade". E se eu precisasse podia falar com os guarda-freios que não paravam de passar. À hora que um deles acendeu os bicos de acetileno do teto, tirei minha matalotagem e abri o embrulho de papel impermeável: franguinho inteiro com farofa de miúdos e nacos de linguiça, pacote separado com goiabada e uma toreba de queijo de Minas. Os ovos duros, guardei para as fomes da madrugada. Logo dormi a grande velocidade. Fui acordado por um silêncio parado na noite. Estávamos numa estação, atrasando. Olhei pelas janelas e vi, em cima dum morro, a luzinha iluminando a torre familiar. Era o Cristo Redentor e eram Juiz de Fora e as abas do morro do Imperador. A duzentos, trezentos metros ficava, não mais nossa, a casa de minha avó e noutras, dormiam minhas primas, minha tia, o *Bicanca*. Este, possível que não e talvez estivesse pra lá pra cá no corredor, só parando o caminhar na jaula, para meter, de quando em quando, uma talagada de vinho do Porto de goela abaixo. Quando o trem novamente se esticou, estalando e entrando na noite — fui aos ovos duros. Devorava e ia enfiando as cascas na greta onde corria a vidraça — hábito imundo, sempre reprovado pelo Major mas que eu jamais consegui abandonar, viajando na Central. Quando novamente dei acordo de mim, havia um corre-corre dentro do trem, uma agitação dos passageiros, guarda-freios rapidíssimos fechando tudo hermeticamente; havia uma ansiedade, uma expectativa e logo o comboio entrou estrepitosamente no túnel Grande. Mas eu viera equipado para a terrível travessia. Trazia um vidrinho com partes iguais de água-de-colônia, vinagre e amônia, para encharcar o lenço e só respirar através dessa máscara. Carta de prego da d. Diva. O trem, reboando no escuro, era como se estivesse sendo percutido e esmigalhado por clavas de gigantes; cedia, enchia-se duma fumaça grossa e cor de cinza contra a qual não prevaleciam os leques das senhoras se esgolepando, nem o abanar de jornais dos cavalheiros tossindo. Só o cretino à minha frente, de *pince-nez* e chapéu do chile, permanecia impassível e corrompia mais o ar irrespirável com baforadas do charuto em riste na bigodeira. Subitamente cessou o fragor, outro enxame de guarda-freios passou escancarando os caixilhos e o ar puro entrou a flux em todos os compartimentos do *Nautilus*. O chefe do trem que apareceu repicotando os bilhetes lembrou-me a figura do capitão Nemo quando seu submarino emergira das sufocações do Polo Sul. Num repente acabou a descida da serra do Mar e mergulhamos, naquele calor da Baixada Fluminense e no ar de fogo soprado pelo Rio de Janeiro. Cascadura. Nesse tempo, as composições de Minas e São Paulo paravam nessa estação e alguns suburbanos entravam, vindo para o centro. Vi-o penetrar meu carro, nessa ocasião. Velhote, mulato esverdeado, funcionário preterido, dedos cheios de sarro, olho empapuçado da cachacinha, jeito enxovalhado, como se ele é que tivesse viajado a noite inteira, palheta suja, ar entretanto senhoril — carioca dos confins da zona norte, primo de Gonzaga de Sá, irmão natural de Isaías Caminha, sobrinho de Policarpo Quaresma e filho, como todos, de Afonso Henriques de Lima Barreto. Com licença. Bom dia para todos. Sentou, pôs-se a gozar a viagem, assoviando alto a "Cabocla de Caxangá". Agora o trem corria à vontade, entre as casinhas longínquas sobre cujas frontarias águias abriam as asas e desforravam os donos obscuros dos inacessíveis catetes. Quase todas ostentando datas, monogramas, letreiros — Vilino Ventura, Vila Feliz, Villa isso, Villa aquilo, Mon Rêve, Nosso Ninho, Reinado de Tatá, Lar de Alzira, Lar de fulana, de beltrana, dessa, daquela. A cidade se desdobrava, se adensava. Apareces, Rio... Uma euforia subia dos trilhos, descia das montanhas, cantava no ar vibrante do cruzamento dos trens. As estações apinhadas vinham disparadas, em direção oposta. Mal se lhes podia ler o nome. Quintino, Piedade (Saudade!), Encantado, Engenho de Dentro, Todos-os-Santos e de repente a palavra Méier — de cinco pontas, como a estrela apagada da vida de meu Pai. Ali ele tivera a Farmácia Nava e depois trabalhara na Delegacia de Saúde que acabara com a dele... Méier, Méier, Méier. Fui derretendo na boca, repassando a bala do vocábulo — méier, méier, meiermeiermeiermeier — até ficar só com seu travo acídulo, só com seu som e dele varrer qualquer sentido intrínseco. Abrindo apenas os caminhos das associações abstratas. As das palavras mágicas. As das que funcionam isoladas e dizem sem necessidade de frase. Pedra preciosa independendo de joia e de engaste. Cor liberada, não figurativa. As intraduzíveis — porque pássaro, não é bird, que não é oiseau, que não tem nada com oiselle, coisa tão linda que parece inventada por Alphonsus para seu poema... Assim como intraduzíveis, as palavras são imutáveis, incapazes de evolução, apesar de suscetíveis de reencarnação como quando a finura de *phtysica* reaparece nova e mais esquálida em tísica. E quem? precisa saber seu exato sentido, quando ouve as sílabas prodigiosas de petúnia, galáxia, calamar, gerúndio, paralaxe, fêmur e profeta. Na *palavra mágica* soverte-se o significado e suas consonâncias é que determinam o que ela faz nascer. Ela muda, perde seu sentido primitivo. Dele se esvazia. Adquire potencial paralelo de cheiro, gosto, cor. Daí é um passo para a improvisação, para o neologismo que vale quando é inventado por um mestre Guimarães

Rosa, por um mestre Carlos Drummond de Andrade — experimentadores do verbo, claudebernards do fonema. Onde estão nossos psicólogos e psicanalistas? onde estão? que ainda não passaram o pente fino nos neologismos criados por esses prestigiadores, para achar o valor profundo e a confissão representados pelo sentido adicionado às palavras que não vieram mas que surgiram, de repente, na força de sua carga só aparentemente arbitrária. Mais tarde, em Florença, confirmei. Entrando no Bargello, fui inundado do rosaroma e do orvalho fresco de suas pedras. Quando soube que ali tinham morado primeiro os *podestá* e depois os chefes da polícia — logo a informação passou para segundo plano e prevaleceram as flores e os aljôfares do nome. Assim com Calecute, Funchal, Loreto (ângulo de lapidação em pedra dura), Livorno (som imenso e soturno, gravilongos que os gigantescos violinos dos trens de ferro tiram do oco acústico dos túneis). Talvez essas palavras mágicas expliquem a antipatia imediata que outras desencadeiam. Fulcro, por exemplo. Parece até indecência. Pior, parece imundície. Súbito o comboio mudou seus registros e cantou oitava mais alta. Olhei: a cidade agora passava por baixo, estávamos vingando o viaduto de ferro construído em 1906, sobrevoamos as larguras espaciais da praça da Bandeira e desembocamos nas paralelas inumeráveis trilhos da estação da Central. À esquerda, a pedreira, o morro. À direita, no ouro e na poeira, as casas de General Pedra. Além delas, as filas intatas das palmeiras do Mangue que me lembraram o ponto de bondes onde eu esperava o Caju-Retiro com tia Candoca e que me fizeram tiritar à lembrança dos cemitérios. Dois. Sempre presentes. Não adiantava esquecer de dia porque eles vinham de noite nos pesadelos reprisados como velhos filmes. No do cemitério de Juiz de Fora eu venho com minha Mãe, venho passando entre túmulos que ficam cada vez mais altos, mais, num arruamento sempre mais estreito, mais; minha Mãe sumiu, quero correr, não posso, estou seguro, vou ficar aqui pés raízes, apertado e mastigado por estes dentes de mármore. Inerme, imóvel, grudado ao chão inexorável. No do Caju, estou com tia Candoca. Sem saber por quê, em vez de seguir em frente e tomar à direita, enviesamos para a esquerda e nos perdemos no dédalo de covas dos mortos desconhecidos. Impossível sair do labirinto e o dia passando, a tarde caindo, escurecendo. Cadê minha tia? De repente, sem saber como, desemboco no Cruzeiro e o portão está lá, diante de mim. Vou correndo mas não consigo chegar em tempo diante da grade que se fecha irremediavelmente, quando ia ser tocada por meus braços estendidos. Ali preso, na noite, que eu encho dos gemidos que me acordam banhado em suor. Mas agora era manhã e o trem foi parando, rangendo, estacou e sôbolos rios que vão/ por Babilônia me achei...

Na plataforma, a figura do meu tio Heitor Modesto. Paletó azul-marinho, calça de flanela creme, sapatos de lona branca, palheta inclinada para a direita — impecável no seu uniforme completo de verão. Quando o abracei depois de quase cinco anos sem vê-lo, senti novamente o cheiro de sua mesma água-de-colônia e notei que ele grisalhava. Mas ágil, gordo, alegre ele logo arrastou-me em direção ao vagão das bagagens. Lá estava minha feia e vergonhosa arca de madeira. Na mão eu trazia uma valise comprida (a do fórceps e do instrumental obstétrico de meu Pai). Logo o Modesto providenciou o 17, carregador que era seu conhecido, e saímos em direção à rua, meu tio cumprimentando a gente da plataforma e gente que desembarcava. Trabalhando na Câmara e em jornal, conhecia todo mundo, sabia tratar com gregos e troianos. Estava simultaneamente em vários pontos — verdadeiro azougue, com a mesma ubiquidade que Proust poria no seu marquês de Saint Loup. Acompanhei-o a toda pressa enquanto ele me fornecia explicações. Essa curva de trilhos que engloba as retas do centro e onde os trens do subúrbio circulavam, arredondando-se de quase tocar e quebrar as quinas dos vagões, era a única do mundo — arco apertado assim. Um prodígio da engenharia brasileira. Traçada por Frontin cujo busto mostrou-me no hall da estação. Obra-prima. Fundida sob as ordens de Ennes de Souza, na Casa da Moeda. Aliás, escultura do nosso Clérot que você vai conhecer porque ele é certo para o jantar de sábado ou para o almoço do domingo na d. Eugênia. Reconheci a praça da República, o campo de Santana. Logo o Modesto mostrou-me o Ministério da Guerra e falou com saudade de seus tempos de cadete. Despachou minha mala a domicílio, num bonde de carga, e fomos até Frei Caneca esperar o de passageiros. Ele me fazia aprender as ruas onde eu teria agora de me desembrulhar sozinho e ia informando as conduções que nos serviam — o Tijuca, o Muda, o Alto da Boa Vista desde que não tivesse a tabuleta — Direto — porque, então, era mais caro. Eu ouvia, aturdido com o movimento, a musicalidade latente, o sol, o calor, com o tamanho das casas e a beleza dos palácios, dentre os quais mais me impressionara o alcazar da estação. Que coisa! Construíram outra no lugar. Mas linda era a antiga, com as cinco portas monumentais do pavilhão central que parecia pagode chinês flanqueado de puxados laterais de dois andares que por sua vez se esticavam para os lados por vastos lances simétricos, cheios de portas arredondadas no alto, por onde entravam e saíam as multidões. Recuperei minha náusea na rua Salvador de Sá, Estácio, Haddock Lobo. Descemos num ponto depois do Cinema Velo e tio Heitor foi andando até os portões da enorme casa. Número 252. Subi a escada de pedra em cujo topo esperavam tios que me receberam nos braços abraços. Tia Alice deixou-se ficar por último para me ter mais tempo aconchegado ao seu colo, coração de bondade. Saudade. A mesma da epígrafe, ai! que está no poema como a consciência dos eus passados, dos eus futuros, farolizados na ideia dos depois da morte aléns da vida que visitamos pela mão da poesia e de que voltamos para o instante de outro presente porque o que nos dá consciência dele, já passou. Aquela morte antevista onde os Mários vivos e múltiplos ("Eu sou trezentos, sou trezentos-e-cinquenta") se projetavam ainda antes dela e mais se acrescentavam pela própria depeçagem (pés, o sexo, o coração paulistano, ouvidos, nariz, olhos, mãos-por-aí), se projetavam, retomo, como nos refletimos no espelho posto no alto do arranha-céu e onde nossa figura se mexe tal qual sem que até a ela possamos voar. Assim, vogando no tempo, voltando de amanhã para ontem (que nem cápsula espacial que pode girar quatro, cinco, seis dias, sol e noite, claro-escuro, nas vinte e quatro horas dum dia só), volto àquela rua Haddock Lobo na sua eternidade. Saudade. Readquiro outra idade. Saudade. Sim. De mim, na hora em que eu começava outra fase da vida nas ruas da que se destinava a ser minha cidade. Saudade.

Com a morte de meu Pai, o casamento de tia Bibi, a ida de Marout para o Ceará, minha tia Candidinha vira-se só com a filha no casarão de Aristides Lobo — caro de manter, enorme para duas pessoas. Resolveu vender seus móveis, alugar seu sobrado e ir morar à pensão de uma certa d. Lulu que ficava em São Francisco Xavier, lado esquerdo de quem entra, a meia distância da igreja e do largo da Segunda-Feira. Quando meu tio Antônio Salles voltou do Norte, a 20 de junho de 1914, foi morar com seu cunhado Modesto então residente à rua Dona Delfina, 13. Durante algum tempo fizeram casa comum, depois decidiram fechá-la e vendo a satisfação da cunhada na d. Lulu — acharam muito mais cômodo se instalarem também numa casa de pensão e passaram-se para a de propriedade de d. Adelaide Moss — no palacete da rua Haddock Lobo, 252 — onde vim encontrar os dois casais em 1916.

A casa era uma dessas belas construções do fim do século passado, com jarrões na cimalha, florões, monograma, cinco janelaços de fachada, com gradis prateados onde dragões simétricos ficavam frente a frente, ladeando o ornamento central; jardim de gramado liso, duas palmeiras-imperiais e a fonte de pedra que escorria seu fio de prata sobre limos e peixes vermelhos; portão com pilastras de granito; o clássico caramanchão de cimento imitando bambu e o colmo de palha e todo trançado de trepadeiras. O prédio da d. Adelaide era de porão habitável (cujo pé-direito era mais alto que os dos apartamentos de hoje) e de andar superior luxuoso, cheio de ornatos esculpidos nos tetos, vidraças *biseautées*, vastos salões, lustres com pingentes de cristal; um sem-número de quartos; portas almofadadas com maçanetas lapidadas; pias, bidês e latrinas de louça ramalhetada; vastas banheiras de mármore onde a água chegava pelo bico aberto de dois cisnes de pescoço encurvado e feitos de metal amarelo sempre reluzente do sapólio. Bela casa, na segunda etapa de sua existência. Porque a primeira e inaugural era sempre a residência de grande do Império ou figurão da República. A segunda, pensão familiar. A terceira, casa de cômodos. Depois cabeça de porco — substituída pelos arranha-céus de hoje. Lá está o atual, com os apartamentos que encimam a Casa Cabanas e a Papelaria Dery. Mesmo número: 252.

Meu tio Antônio Salles, muito andejo e dum nomadismo de cigano, era de morar pouco tempo em cada lugar. Casa com os cunhados, casa dele e pensões — através de seus papéis e livros de notas, posso acompanhá-lo nos seus vários endereços cariocas. Ladeira do Seminário, 3 — bem no centro, na encosta do morro do Castelo; Marrecas, 24, onde morou com meu Pai; Mundo Novo, com o cunhado Luna, em frente ao portãozinho de fundo da Casa de Saúde Dr. Eiras; Riachuelo, 140 — velho caminho da Bica, velha rua de Mata-Cavalos, onde ele se acotovelava com personagens de seu amigo Machado de Assis; Dona Luísa, 5, perto da Glória; General Caldwell, 143, fundos da Casa da Moeda e hóspede de Ennes de Souza, então seu diretor. Morou também em Senador Dantas, numa pensão familiar, ao tempo em que o logradouro alternava essas coletivas austeras com os lupanares instalados ali, nas vizinhanças da Ajuda e bem no centro da cidade. Ainda conheci essa rua cheia de sobrados recuados, de jardins de árvores copadas, trepadeiras nas grades e subindo pelas sacadas. Assim vegetal e molhada, verlainiana e fresca, cheia de frutos, de flores, de folhas, de galhos — ela parecia muito com a rua Senador Vergueiro (não a de hoje, a outra, onde tiveram casa o conselheiro Francisco de Paula Rodrigues Alves e antes, o conselheiro Nicolau Pereira de Campos Vergueiro — de quem lhe veio o nome). Esta, por sua vez, era ver a velha rua de São Clemente. Porque pelo gênero, pelos ares e pela alma, as ruas se parecem como pessoas. Vocês já viram? por exemplo, que Marquês de Abrantes e Voluntários da Pátria são cara duma focinho da outra e que Bambina e Bento Lisboa são irmãs gêmeas, se correspondendo como duas gotas d'água?

Hoje não existem mais casas de hospedar do gênero da Pensão Moss. Acabaram. Mudaram-se os costumes. No princípio do século elas enxameavam pelas ruas de Botafogo, Laranjeiras, Flamengo; pelo largo do Machado, Catete, Glória, Riachuelo, Haddock Lobo e Conde de Bonfim. Serviam de residência a altos funcionários, a militares entre major e general, a comerciantes na altura da gerência, a viúvas remediadas, a solteirões abastados e de comportamento exemplar, a senhoras — só de reputação ilibada. Tio Salles representava a primeira categoria e ocupava duas dependências na parte posterior da casa, isto é, no corredor, depois da sala de jantar. Eram cômodos enormes. Um, seu quarto de dormir. O outro servia de escritório e sala de receber as visitas mais íntimas. Nele é que me instalaram na cama de vento que minha tia abria à noite e recolhia durante o dia detrás do guarda-roupa de seu quarto, devolvendo à peça seu aspecto de escritório. Familiarizei-me logo com meus novos domínios. Reconheci a mesa de tio Salles, arrumada com o apuro da de Aristides Lobo. Nada mudara: os mesmos pesos, os mesmos lugares para as borrachas, as raspadeiras, as canetas. A caixa de charutos. A prateleira onde o Morais, o Aulete, o Cândido de Figueiredo, o *Petit Larousse* e o *Webster's* se alternavam com jarros de flores, potes de avenca, de malva. A nossa velha tinta roxa. Sua pena grossa e a pena especial para a letra fininha de tia Alice. Nas paredes os retratos dos seus pais. O de minha tia vestida de noiva e abrindo seus enormes olhos pamplonas. Linda. O retrato de Machado de Assis. A reprodução do de Dickens. As seis estantes chegando quase ao teto, suas tábuas vergando ao peso daquele mundo de livros.

> Leu tudo, sem ordem, sem processo e sem medida.
>
> VIANA MOOG, *Eça de Queirós e o século XIX*

Foi assim que eu li. Seguindo o exemplo de tio Salles que tinha imitado, sem saber, o que fizera Eça de Queirós. Diante da livraria que se me oferecia tal qual um mar oceano — mergulhei! E me senti logo como peixe n'água. Depois da biblioteca do Anglo que eu esgotara, eu tinha ali rumas de literatura nacional, portuguesa, inglesa, francesa. Essa ainda fruto proibido, visto que a língua me era estranha. Eu pouco aprendera do De Capol e do Vuille. Já o que sabia de inglês permitiu-me entrar desordenadamente pelas Brontë — Charlotte com *Jane Eyre*, Emily com *Wuthering heights*; por Defoe, Dickens, Ruskin; pelos poetas que entendi mal na ocasião e que só teria recursos para amar mais tarde — Byron, Shelley, Tennyson, Longfellow, Walt Whitman. Fui apresentado a Camões, Camilo, Fialho, Gil Vicente, Bernardim Ribeiro, ao luso-brasileiro Gonçalves Crespo e aos nacionais Lima Barreto, José Veríssimo, Sílvio Romero, Raimundo Correia, Coelho Neto, Artur Azevedo, a seu mano Aluísio, a Afonso Celso, a Bilac, a Taunay, a Nabuco, a Machado de Assis — todos nas suas primeiras edições e em volumes com dedicatória autógrafa a Antônio Salles. Mais ainda. Os outros livros que eu corri mal-mal. Os de arqueologia, biologia, sociologia, crítica, história, botânica, religião, filosofia e gramática. Dessas havia gregas, latinas, alemãs, italianas, espanholas, francesas, inglesas, portuguesas e seus escravos submissos — o despotismo de dicionários que meu tio manejava. Não tenho nenhuma ideia dele me inculcando esse ou aquele livro. O que ele mandava é que eu lesse. O que fosse. Livro. Revista. Jornal. Até catálogo de telefone. Tudo era sagrado porque tudo era letra impressa. Foi assim que eu li. Meio pantagruelicamente, muitas vezes começando pela sobremesa, acabando pela sopa; comendo peixe com vinho tinto e entornando do branco na cambulhada dos assados. Entretanto, devorando, digerindo e esquecendo. Não falo do esquecimento como perda mas de esquecimento como assimilação. Destruição das formas oferecidas e arquivamento de suas frações nos recônditos mais profundos da memória, para a recriação de outros módulos agora nossos. Tal qual bife digerido que vira os aminoácidos do metabolismo intermediário que vão se reagrupar nos músculos, nervos, unhas, cabelos. Na carne, agora nossa. Eu passava a mão num livro e fugia com ele. Para a varanda lateral da casa, para a sala de visitas da d. Adelaide. A primeira dava para uma vasta garagem cheia de lamas oleosas, de galegos de tamanco, palavrões admiráveis, da balbúrdia de caminhões e carros entrando e saindo. Ficava exatamente nos terrenos onde foi aberta, depois, a rua Alberto de Siqueira. Além, muito além do telheiro dos automóveis era o céu transponível do bairro livre de grandes edifícios. Eram ares de vento onde rolavam nuvens desabaladas. Já a sala da frente dava para a rua Haddock Lobo e para os jardins fronteiros do palacete onde o mineiro La-Fayette Cortes estava justamente instalando o educandário que logo se tornaria famoso.

Nunca eu tinha visto tanto livro como na biblioteca do meu tio. Do impacto com eles é que deve ter ficado a substância de um sonho que às vezes me visita e inunda daquele contentamento fugaz cuja gratificação é o próprio material que provoca o despertar. É sempre de tarde, duas horas, três, com sol alto, que me vejo na sala em que a luz se esbate porque entra por janelas sombreadas das cortinas das mangueiras e das cajazeiras daquele parque onde a peça se contém, não sei em que casa de Belo Horizonte, do Rio ou Juiz de Fora. Mais morre a luminosidade porque não tem onde se refletir senão nos frisos e letras de ouro velho das lombadas. Meu Deus! é uma biblioteca fabulosa que eu não sabia existente naquela residência e que descubro ao acaso de abrir porta nunca dantes percebida. Desço dois degraus, corro para ver minha propriedade (porque tenho a consciência de que tudo ali é meu) e extasio-me diante das estantes atulhadas e das mesas cheias de livros. Mais livros empilhados nas cadeiras, nos sofás, em pilhas pelo chão. Todos encadernados em couro velho. São volumes inumeráveis, de códices quadrados, de rolos com umbigo, de incunábulos da minha altura, dos in-quarto, dos in-oitavo, dos in-dezesseis, dos in-fólio, dos in-jesus... Estendo ávidas mãos mas ao primeiro tomo que tiro, desarrumam-se as estantes bichadas, ruem as pilhas, esfolham-se as encadernações apodrecidas, vou ser soterrado, estou sendo! sob a cachoeira dos pergaminhos, velinos, papéis foscos, papéis lustrosos, gravuras, iluminuras e letras soltas — quando acordo. Fecho os olhos para recomeçar. Inútil. Tenho de esperar semanas, meses, anos, até que o acaso de perturbação visceral específica acorde sua ordenança e empurre do subconsciente sua representação. No caso, gentil. É que existem também as terríveis. Mas... tempo haverá para eu contar outros sonhos. Onde estávamos? Ah!

na janela da sala de d. Adelaide, descansando os olhos do livro e acompanhando os mil braços das palmeiras dos jardins do La-Fayette. Acompanhando o movimento da rua. Rua do Engenho Velho, depois rua Haddock Lobo em honra do médico Roberto Jorge Haddock Lobo. Vai do Estácio e da Matriz do Espírito Santo até Segunda-Feira, esquina de São Francisco Xavier. Já foi mais estreita e mais ajardinada. Mas nela ainda descubro prédios do meu tempo. Suprimo os arranha-céus (como quem tira da boca um rote deixando os velhos dentes que entremeiam a peça protética) e restos cariados da rua se apresentam para minha saudade. Sobretudo no pedaço de Haddock Lobo que vai da esquina de Bispo à de Barão de Ubá. Quando nele passeio em meu próprio rastro, faço sempre o mesmo itinerário. Começo por subir um pouco a rua do Bispo. Até mais ou menos onde fora a casa apalacetada dum seu Almendra, velho bruxo português que curava com fumigações e remédios da homeopatia depois de perscrutar as vísceras dos pacientes — não aos raios X — mas pelas oscilações dum pêndulo de cristal. Eu ia lá com minhas tias... Desse ponto torno a descer para desaguar em Haddock Lobo e ir procurando meus conhecidos. Em frente, entre o 302 e o 290, meio em abandono e princípio de ruína, o fabuloso sobrado com seus dois andares de varandas que formam o mais extenso sistema de gradis guarnecendo uma casa que já vi no Rio de Janeiro. Pareciam rendas de prata de vestido de casamento, que o tempo foi tornando nas rendas negras duma roupa de viúva. A mesma filigrana se repete no leque aberto da escadaria fronteira. Depois da rua Manuel Leitão, do mesmo lado, vem a igreja episcopal cuja construção pretensiosa substituiu a do antigo templo que era leve, modesto e alegre como um *cottage* da Virgínia — todo pintado de marrom, varandinha à frente, com colunas brancas. Sempre foi o mesmo número 258 e era colado à Pensão Moss, de cuja sala de jantar via-se seu telhado. Outro conhecido do lado ímpar é o 269, lindo prédio com três janelas de granito onde funciona hoje uma faculdade de filosofia, ciências e letras. Logo depois o Instituto La-Fayette cujo palacete escuro dá saudades do antigo, mais recuado, amarelo e branco, onde funcionara o Colégio Progresso. Outras eras... Seguia-se a Escola Doméstica Maria Raithe, sem as escadas da frente que hoje desonram o sobrado outrora tão genuíno e cuja capela se ganhava subindo a vasta varanda lateral que as freiras suprimiram. Minhas tias frequentavam sua missa dominical e eu com elas. Até foi nessa capela que, distraído, em dominga qualquer duma Quaresma ou dum Advento, comunguei de barriga cheia e sem confissão. Minha tia Bibi aterrada queria correr, gritar, impedir o sacrilégio. Foi obstada por tia Alice que não gostava de escândalo, que ia à missa por automatismo e que logo declarou que aquilo não fazia mal nem tinha importância. Menino dessa idade tem lá pecado? Ai! de mim que já os tinha e negros... Mas a primeira não esteve pelos autos e levou-me (espavorido, gemendo e chorando, já lembrado do padre Henrique e de suas tremendas rezas expiatórias) — levou-me, dizia, a esfocinhar aos pés do reverendo que depois de rápida reconciliação deu-me como desobriga a penitência de assistir à missa seguinte e de comungar novamente. Dessa vez como um santinho! hem? — disse o confessor, rindo e divertido. Para mostrar como era vaga a religião de tia Alice, quero contar outro fato. Tempos depois de minha chegada ao Rio, passou a almoçar na nossa pensão o pastor do templo vizinho. Para manter o inglês que eu trouxera do Anglo, tio Salles aconselhou-me a fazer amizade com ele e com a esposa. Ambos viram em mim catequese fácil e convidaram-me a frequentar sua *Sunday school* e a cantar com eles nos ofícios dominicais. Tio Salles rindo, deixou. Tia Alice, precursora do ecumenismo e dos padrecos prafrentex de hoje, disse que, por ela, também podia e que igreja por igreja uma religião valia a outra. Minha tia mais moça e mais beata é que não se conformou e acabou por fazer a ovelha desgarrada voltar ao aprisco e abandonar a heresia evangélica adotada nos seus meses de huguenote. É verdade que minha reconversão foi auxiliada pelo fato de os ofícios dominicais, a leitura bíblica da *Sunday school*, os hinos e as cantorias serem ainda mais cafardentos que a missa da Escola Doméstica Maria Raithe e que os sermões infindáveis e confusos do capelão. Mas voltemos às casas da rua Haddock Lobo e olhemos aquela maravilha que eu chamava o "palácio do pavão". Era o número 195 e mantém-se exatamente o mesmo. Chama-se hoje a "Casa da Vila e Terras de Santa Maria"; é branca como era e na sua janela de baixo a serralheria das grades representava um imenso pavão fazendo roda, cauda toda de ferro e corpo e cabeça e bico e crista de metal amarelo e polido. O pavão lá continua, na casa idêntica que era um arrojo de arquitetura naqueles princípios de século. O pavão lá continua mas, onde? onde estará? a menina da casa do pavão... Estou a vê-la, a seus cabelos duros como juba, enroscados como molas e a seus olhos cintilantes. Vejo como se estivessem em minha frente, suas maçãs salientes, seu vestido branco, seu corpo de menina-e-moça e as fantásticas pernas que ela sempre calçava de meias pretas. Eram duas mas multiplicavam-se como raios de roda veloz quando — deusa centopeica e miriapódica — ela pulava corda. A idade? Teria seus doze, treze anos. Era esquiva e orgulhosa. Não adiantava parar diante da grade de prata, nem pasmar para suas evoluções no jardim de que ela era uma estátua só que animada e nem-te-ligo.

Eu batia o trecho de Haddock Lobo entre o 252 e Matoso várias vezes ao dia. Fazia o trajeto ora com tia Alice, ora com tio Salles, com os dois, sozinho, até à esquina deste logradouro onde havia uma padaria, que frequentávamos e onde nos sortíamos de biscoitos, bolachas e craquenéis. Lembram? Craquenel era um sequilho torrado por fora, pulverulento por dentro que o calor do fogo arredondava em corola, avivava a cor das pétalas e transformava num pequeno girassol. Era duro à dentada e de gosto neutro logo que posto na boca. Um gole de café com leite, um gole de chá ou a saliva amoleciam-no e logo sua consistência hostil transformava-se em carícia para a língua. Ficava fino, difusível e deixava um resíduo de gosto e de cheiro que era como se a gente ainda o estivesse ruminando, meia hora depois de engolido. Minha tia falava pouco mas cada gesto de suas mãos e cada expressão do seu rosto eram sempre um agrado. Sorria docemente com grandes olhos estelares. Era pródiga de mão na cabeça, alisando os cabelos dos sobrinhos. De mão no rosto, no ombro, de mão pondo no lugar o laço sempre esguelhado de minha gravata. Pródiga de boas palavras, de apelidos gentis. Dela recebi batismo novo e gratificante. Ela havia de tê-lo achado em algum romance russo ou talvez no balé de Stravinsky, Petrouchka. Petrouchka que aos poucos foi virando o Pedruca que durou na sua boca até que fui crescendo, barbando e ela então me deu a crisma de Grande Filho Amado. Tia amada. Com ela e o marido batíamos em datas marcadas para a Farmácia Capelleti. Eram as manhãs de óleo cinzento. Tinha sido prescrito pelo dr. Austregésilo para os males dos dois. Não sei que demônio terá inspirado aos médicos a ideia de injetar entre as carnes de seus pacientes mercúrio vivo na sua forma metálica. Havia várias fórmulas para sua aplicação. As de autoria de Vigier, Lafay, Balzer; as dos códices farmacêuticos dos vários países. Parece que meus tios usavam a mais difundida no Brasil que era a de Duret, onde um centímetro cúbico continha dez centigramos de hidrargírio puro — o bastante para, ao fim de algum tempo de aplicação, trazer as estomatites e as quedas de dentes que os colegas da época tinham como sinais favoráveis e vendo neles a certeza de que o remédio estava agindo. Isso, fora os males acarretados ao intestino e aos rins. Pois os meus tios tinham dia tomado para essas injeções que exigiam agulha grossa para deixar correr o mingau, paciência de quem injetava e resignação do injetado. O produto geralmente se enquistava e formava no músculo aqueles pelotes duros como pedras que tio Salles e tia Alice levaram para a cova — ele nas nádegas, ela nos braços. As laboriosas injeções eram feitas pelo próprio Capelleti, velhote simpático, risonho, bigodes arriados e topete branco. Lembro de sua cara, ora escarlate, ora verde, segundo recebia o reflexo de um ou outro dos grandes bocais que lhe ornavam a botica. Porque esta era das clássicas, das parecidas com a da gravura de Debret. Grade fronteira, os dois imensos recipientes contendo os líquidos coloridos, os armários escuros, a bateria dos potes de louça onde ramos de papoulas e cachos de dedaleiras eram enlaçados pelas cobras simbólicas. Traziam, gravados na porcelana, o nome dos símplices em abreviaturas misteriosas e pontuadas como escrita maçônica: Ung: Citrino. Asa Foet: a. Hung: Hydr: S. Filonio: Ron. Oxi: Mel: Co. Sem: Frigid. Ung: Rosado. But: cacao. Hydr: Tiliae. E outros, outros, da farmacopeia defunta. Havia também os vidros azuis, vermelhos, verdes, cor de mel e brancos, cintilando como pedras preciosas dentro da semiobscuridade de veludo da Farmácia Capelleti. Seu prédio ainda lá está, geminado ao contíguo, ambos escalavrados, parecendo duas velhas mendigas que se encostam uma à outra para não cair. Cada um tem três portas altas e redondas no alto — fantasmais como as das fachadas de De Chirico. Fui vê-las há pouco tempo. Têm os números 204 e 206. Estão desabitadas e mortas, esperando a picareta e a substituição por um arranha-céu. Reminiscência da Farmácia Capelleti e de sua bateria de potes é o ex-libris que adotei: dentro de uma cercadura de dedaleiras (flores que prolongam a vida) e de papoulas (flores que amortecem algias) a divisa deliberadamente humilde do médico consciente das limitações da sua arte: Adio a morte, dissipo a dor. Quando inventei esse dístico, para dar-lhe maior dignidade, pedi a meu parente afim frei Martinho Penido Burnier que o vertesse para o latim. Ele fê-lo: *Mortem procrastino, doloremque dissipo*. Ligada ainda à Farmácia Capelleti, a lembrança de meu amigo Sílvio, mulato pouco mais velho do que eu, ourivesado de espinhas e moleque empregado pelo Capelleti para a entrega das encomendas. Ele fazia isso de bicicleta e não corria, voava. Ia até pra lá do Estácio, até Segunda-Feira, São Francisco Xavier, Mariz e Barros, praça da Bandeira, Matoso, Estrela, Bispo, Itapajipe — até onde se estendia a influência da farmácia. Deslizava entre os bondes, os automóveis, as andorinhas, pendurado nos galhos, nos beirais, nos fios elétricos. Mal se pedia o remédio pelo telefone, ele aparecia com sua bicicleta imediata e seu chapelão preto rindo e entregando o embrulho. Tinha um bolso especial, no paletó, só para as gorjetas — que ele reservava para esbanjar no Cinema Velo. Um dia de chuva em que, quase deitado de lado, descrevia uma órbita prodigiosa, ele deslizou, resvalou no asfalto ensaboado e deu de cheio num Matoso a nove pontos. Um instante ficou encolhido, escuro, menino como mosca morta, o chapelão na sarjeta, a cabeça aberta de que escorriam flores vermelhas. Mas já estiava e o sol reaparecendo nos restos de chuva mandou um arco-íris que o Sílvio galgou numa bicicleta fosforescente como as dos palhaços nos picadeiros escuros. Está agora sentado, à direita...

Inevitável na porta da farmácia, onde ia para a conversinha matinal, era nosso primo médico o dr. João da Cruz Abreu. Sempre asmático, sempre falante, parecia-me velhíssimo com sua cara adunca e seus cabelos arrepiados. Pois nessa época ele não passava dos cinquenta já que nascera a 24 de novembro de 1866. Era de Fortaleza, bom médico, bom historiador de sua terra e vinha a ser nosso parente porque ele e minha avó paterna eram ambos bisnetos do mestre de campo Pedro José da Costa Barros. Ele faleceu velho, no Rio, a 15 de abril de 1947. Tijucano convicto, sempre morou nas vizinhanças de Haddock Lobo. Quando eu saía sozinho demorava mais, pasmando para a menina do palácio do Pavão, para as acrobacias do Sílvio, as vitrines, o movimento da rua, o vaivém colorido e aquele ruído urbano indefinido e musical que distinguia o Rio Comprido e toda a freguesia do Espírito Santo como sinfonia à parte dentro da harmonia compacta, inoceânica e terrestre dos bairros da zona norte. Ficava tão zonzo que quase esquecia os telegramas. Porque eu tinha saído com incumbência do Heitor Modesto de levar sua correspondência para a *Federação* de Porto Alegre. Ele passava a manhã cortando as notícias mais importantes dos jornais do dia. Colava os recortes no papel verde de telegrama e amputava o texto, dando-lhe concisão cabográfica, punha uma chancela especial, endereçava *Federaçãopalegre*, numa palavra só, e eu ia entregar no guichê da agência que ficava à esquina de São Vicente e Haddock Lobo. Demorava lá admirando os metais polidos e os barulhos da máquina pneumática que recebia o invólucro das mensagens nos seus canos de cobre com um ruído de chupão e ia cuspi-los nos subúrbios, no centro, em Botafogo. Ah! manhãs de Haddock Lobo na manhã da vida... Não vê? sou capaz de lembrar cada coisa, cada detalhe, cada um-por-um. As pedras, as calçadas, os bondes com seus reboques; os de carga, altos e verdes, os taiobas cheios de quitandeiros e peixeiros; os dedos do João Abreu escuros do cigarro; os postes pretos de cinta branca; as casas, as pessoas, as tampas dos bueiros da Companhia do Gás e o gradeado de ferro dos esgotos. Basta um esforço da memória e vou vendo cada pormenor, cada pessoa, cada lugar. Mas o conjunto de tudo isto, a amálgama desse passado só me invade integralmente coesa ao estímulo das impressões casuais e raras que funcionam para a memória — como ponto crioscópico. Um cheiro de asfalto quente à primeira pancada de chuva, um pregão cortando os ares, a penca de estrelas tirada do fio pela lança dum bonde e logo, como numa solução pesada, os sais se cristalizam na exatidão sem fissura do poliedro. A vida presto se coagula, um instante estaca (como banda de cinema em máquina de projeção enguiçada) e amanhece novamente Haddock Lobo, rediviva em sons pontiagudos, cheiros estridentes e é a luz, a luz, a luz do seu céu sem nuvens e dum azul inconsútil: todo lustroso, preso dentro de um ar comprimido, inteiriço, resistente mas penetrável na transparência, como se fosse feito de um bloco de acrílico. De noite era o Cinema Velo com meus tios Modesto e seus amigos Zélia e Octávio Briggs. Eu tinha visto na mais recuada infância a fantasmagoria do Kinema, na rua do Ouvidor; em Juiz de Fora, filmes arfantes do gênero *Honra e amor*, no Farol. Em Belo Horizonte *Filibus*, um dos primeiros seriados, no Odeon. Mas o alumbramento veio no Velo. Virginia Pearson — rosa, sabonete, prodigiosa compota, onda, espuma. Em seguida aquele demônio de perversidade, unhas e boca cheias de sangue qual vampiro, que era a dinamarquesa Theodosia Goodman — aliás Theda Bara. Tedabarismo... Seus beijos eram mortais e deles decorriam parricídios, incestos, adultérios, concussões, naufrágios, traições à pátria porque todos que tinham provado daquela maconha queriam repetir. Mesmo à custa da própria vida, da própria honra. Por falar em honra, essa é que não faltava nos filmes fabulosos de William Farnum ou como diziam — *Viliã Farnúm*. Era sempre a mesma coisa. Aquele touro ingênuo de cabeleira e olhos azuis que ia embarcar em busca de ouro do Alasca, de coral dos atóis dos mares da Malaia, de diamantes das rochas de Kimberley ou do cinábrio das estratificações de Huencavalida. Longe, longe. Voltaria rico. Deixava na casinha que era ora num arrabalde de San Francisco, ora num rancho do Texas, ora à beira das águas do Mississippi — às vezes a irmã donzela e a mãe velhinha, outras a esposa gentil e a mãe velhinha ou então a filha pubescente e a mãe velhinha. Ia. Confiava seus negócios e sua família ao amigo fiel que ao fim de pouco tempo se desmascarava num filhodaputismo sem jaça. Roubava primeiro os bens materiais do amigo, depois sua honra. Deflorava-lhe a irmã, desencaminhava-lhe a mulher ou estuprava-lhe a filha. A velhinha tinha de morrer de desgosto e as moças se matavam de vergonha. Então era a volta de Tom, ou de Bob, ou de Ted — em suma, a volta de *Viliã Farnúm*. Vinha rico e feliz. Não percebia o constrangimento de todos ao vê-lo, a ele, todo leve levado na crista duma onda de alegria. Corria para sua casinha ao longe já gritando e acenando de longe. Ninguém. Chegava perto. Ruínas. Entrava. O fogão apagado, flores secas num jarro, o pássaro morto na gaiola. Janelas abertas batendo e portas rangendo. Saía desvairado e arrancando a cabeleira. Interrogava. Desviavam a cara. Acabavam dizendo tudo. Sabia. Realizava. Então era aquela expressão de pedra que suspendia a plateia em lágrimas. Era aquele rochedo chorando. Depois era a vingança, ai! inexorável como um martelo. As últimas cenas mostravam-no sempre encalçando o amigo infiel morro acima e então, ele precipitava-o dum vórtice; ou praias enfora e ele acabava afogando-o, vencedor na luta submersa; ou nos défilos de um bairro prostibular onde o miserável sucumbia ora à faca, ora estrangulado, ora a cabeça moída de encontro às pedras do meio-fio. Tudo ia sumindo aos poucos e escurecendo nessa cena de horrores, substituída de repente pelo tremular da bandeira americana e o estalar da palavra — FIM. Mas acontecimento de importância do esfacelamento do império de Alexandre, da invasão dos bárbaros, das cruzadas, das Descobertas, da Reforma, da queda da monarquia absoluta, da Revolução Industrial, da nossa Proclamação da República, da Revolta da Armada, do motim de João Cândido e do talento de Rui — foi a chegada ao Brasil, ao Rio, mais particularmente ao Cinema Velo das latas contendo as bandas de *Os mistérios de Nova York*. Logo imitamos aqui o sistema de anunciar que tinha sido usado em Paris. *Lisez dans* Le Matin *et puis venez voir au cinema Les mystères de New York*. No Rio: Leia na *Noite* e depois venha ver no cinema *Os mistérios de Nova York*. Saía em folhetim diariamente e os de cada sete dias correspondiam à série cinematográfica semanal. Esse fantástico filme que fez vibrar as multidões na segunda década do século fora rodado em 1914. Esse clássico chegou ao Rio em 1916 e tive a honra de vê-lo no Cinema Velo. A estrela bem-amada das multidões era Pearl White, no papel de Elaine, filha do milionário Dodge — perseguido pela astúcia de um bandido misterioso que acabou sendo desmascarado pelo "detetive científico francês Justino Clarel". Era nem mais nem menos que o miserável Perry Bennet — sobrinho do próprio Dodge. Elaine saía isenta de todos os assassinatos complicados planejados contra ela mas seu pobre pai foi vítima de morte pelo telefone. Tudo preparado pelo bandido. Ao atender à campainha, foi eletrocutado pelo próprio aparelho. A cena era terrível. O velho Dodge inchando, estufando as bochechas, arregalando os olhos e afinal caindo em campo vermelho. Sim, porque assim como os efeitos de luar nos filmes de então eram obtidos com celuloide azul, a morte do velho milionário torrado em alta voltagem foi rodada em celuloide vermelho. Via-se-lhe de perto a cara nas vascas. Via-se em close-up. No mais convencional close-up, senhores historiadores do cinema que colocais esse recurso cênico em 1927, com a *Aurora* de Murnau. Engano, pois eu assisti o velho Dodge morrer cara encostada na minha, e Rodrigo Melo Franco de Andrade referia ainda a presença de close-up num filme pornográfico exibido no Rio, à socapa, aí pelos fins da segunda década. Chamava-se *O mate saboroso* e era a história da empregada que ia, num hotel, de porta em porta, levando a bandeja do dito. Mas saborosa era ela e o ocupante de cada quarto cubultava-a numa nova posição e na hora culminante, o balacobaco era visto de perto porque a máquina encostava nas partes dos parceiros. A salinha secreta era uma dependência traseira do Teatro São José e entrava-se nela pela rua Silva Jardim. Era conhecida como Cinema Alegre. Voltando a Pearl White contemos que ela se confundiu de tal maneira com a heroína dos *Mistérios* que o nome Elaine, com os cabelos de Elaine, a boina da Elaine, o sorriso de Elaine passou para a personagem de outros dos seus filmes e era sinônimo da alegria, da saúde, da esportividade e da coragem da moça americana. E que olhos. Contra ela e contra os *Mistérios de Nova York* não prevaleceram *Os vampiros* nem a sugestão francesa do maiô colante da velhota Musidora. Para fora, mijona! Isso era nas sessões do Cinema Haddock Lobo, que vivia às moscas. Já o Velo... Só perdi uma série do filme formidável. Foi quando chegou de Belo Horizonte a notícia da morte do Júlio Pinto. Tia Alice obrigou-me a ficar em casa. Menino! pois você acha mesmo que pode ir ao cinema? na semana da morte dum tio-avô... Na verdade... Não podia, mas tive ódio do velho e desejei-lhe o Pão de Açúcar por cima, com o Corcovado de quebra — pela falta que representou na minha vida a perda daquele episódio cinematográfico. Desforrei lendo na *Noite*. Mas acima de William Farnum, de Virginia Pearson, de Theda Bara e de Pearl White com os *Mistérios de Nova York* foi, na ocasião, o advento de uma das coisas mais importantes de minha vida: o conhecimento de Charles Spencer Chaplin e a adivinhação imediata, posto que ainda obscura, do gênio de Carlito. Já em 1916 eu alfinetara na parede recorte igual ao pôster que hoje tenho no meu escritório e onde está, de corpo inteiro, a figura de um dos maiores gênios do nosso século. Quem era aquele homenzinho? de coco, como um corretor da City; de bengalinha de junco flexível, como um elegante; geralmente de colarinho e gravata, como um burguês; de fraque, como um membro da Casa dos Lordes ou como um mordomo, um *maître d'hôtel*, um leiloeiro ou ventanista que tivesse cambriolado a loja dum adelo. Quem era ele? com aquelas calças de defunto e aquelas imensas botinas de esmola ou de lata de lixo. Quem era? assim sem amigos, sem família, sem casa, sem conhecimentos. Um clandestino, um apátrida, um fugitivo? Certo sem outro crime além da roupa desmentida pelo seu estado, a falta de dinheiro, a falta de domicílio, a falta de identidade legal. Os seus documentos, você aí... Logo a fuga, a permanência da fuga, o estado de fuga. Tenho para mim que aquilo havia de ser solteirão e filho único de velha mãe falecida há pouco tempo. Também, recentemente penhorado, despejado e atirado à rua inimiga. Boas maneiras ele tinha, sempre teve, e o charme do sorriso convivial da boca de dentes ainda bem tratados. Conservava a compostura dos cabelos apartados, da barba feita. Fundas olheiras de uma fome que ainda não devastou. Um decaído *gentleman* contra o qual houve aquela convergência de puas do mundo-ouriço-às-avessas de Raul Pompeia. Sob seus pés abriam-se os abismos das ribanceiras, das encostas, dos esgotos sem tampa, dos ascensores sem fundo, dos degraus movediços, dos cais sem amurada, da corda bamba, das escadas sem corrimão. Jamais queda para morrer mas sempre para machucar, contundir, doer, tornar grotesco e abrir os alçapões do ridículo atrocíssimo. Encostado ao limite de sua pele o mundo hostil das quinas duras para as canelas, dos murros, dos equívocos, das máquinas, dos pontapés, das luvas de boxe, da reprovação geral, dos bancos eriçados de pregos, das bofetadas, dos cactos, das saraivadas de cassetete, das cusparadas, dos pastelões, dos esguichos de sifão, do olhar dos polícias, dos ricos, dos sargentos, dos pastores de alma, dos donos de botequim, dos donos da rua, dos donos da vida. Como paisagem humana, brutos hirsutos e volumosos — partidários da ordem, partidários dos impostores, partidários das trancas e fechaduras. A ameaça das caras dos seres hediondos e cotidianos encarnados em Eric Campbell, Albert Austin, Henry Bergman, Leo White, Ben Turpin e Chester Conklin. A das caras formalizadas de velhas vacas das reuniões mundanas para quem ele tinha sempre um sorvete a atirar na lombada gelatinosa e nua, sempre um alfinete para enterrar na bunda majestosa e ardida. E os elementos. Os ventos e as neves. Jamais um capote, nunca um aquecimento, um fogo-lar, uma trempe, uma comida preparada. Calor, só o seu, mantido no agasalho dos monturos, no aconchego de velho trapo pelos ombros, no abraço dos braços dum menino abandonado ou no contato dum cão vadio. Jamais um cômodo, um leito: só os cantos sem dono, os bancos da rua (que são postos para a autoridade proibir sentar e mandar circular), o chão das delegacias, as bocas de esgoto, os pilotis dos cais, as arcadas das pontes, as pedras das esquinas desertas e o colo de bronze, ou mármore, ou granito das estátuas alegorias da pátria. Colo duro... Sempre o mais açodado na sopa dos pobres, nos albergues noturnos, na proa dos emigrantes. Sempre mantendo sua prestança, a dignidade do gesto — tão frequentemente desmanchadas pelo escorregão. Entretanto, capaz de cantar ao olor das flores do campo e à carícia das madrugadas. Tocando violino, piano. Patinando. Dançando ovante e valsarino. Cheio de delicadezas inconcebíveis com certas mães, alguns emigrantes, com órfãs acrobatas, crianças, violeteiras e ceguinhas. Capaz de amores lancinantes como os que teve por Edna Purviance, Paulette Goddard, Virginia Cherrill, Merna Kennedy e Georgia Hale. Sabendo tirar da vida tudo que ela podia lhe dar, deleitando-se com a bagana de um charuto atirado e com o perfume da flor despencada no asfalto que ele logo recolhia e com que iluminava a botoeira. Frágil, frágil. Mas solerte e aproveitando como ninguém o momento único, a ocasião fugitiva, o instante preciso para sua forra. Era então cruel e não havia outro como ele para aplicar a pancada de malho num crânio oferecido, a cabeçada na barriga, o pontapé na bunda, o tapa na cara e o pastelão na cara — feito um tapa. Em 1916 ele ainda não estava tão integralmente Carlito como ficou depois. Mas já se desenhava e se encorpava no herói definitivo (que a meu ver apareceu tão completo e acabado no *Conde* e *Rua do Barulho*, como nas obras-primas posteriores chamadas *Luzes da cidade* e *Luzes da ribalta*) através de uma verdadeira inflação de seus filmes nos programas do Rio de então. Eram os de 1914 e 1915. Os trinta e cinco da Keystone e os doze da Essanay — contados até *Carlito no music hall* que foi o último, de 1915, rodado para essa companhia. Já era ele, terminando sua desilusão na cortesia de tirar o chapéu, girar a bengala luminosa, limpar os pés e ir andando para o horizonte (com licença! Carlos Drummond de Andrade) — e ir andando para o horizonte, ó Carlito, teus sapatos e teu bigode numa estrada de pó e esperança.

Meus tios Modesto e seus amigos Briggs iam ao cinema e sempre ao Velo, uma, duas, três vezes por semana, eu com eles. Íamos de segunda classe, quinhentos réis por cabeça, porque só a gente besta do bairro ia de primeira e sentava-se espaçadamente em cadeiras tristonhas. Galegos apatacados, proprietários, senhoras de chapéu de plumas, moças preciosas, a menina dos cachos duros da casa do pavão. A segunda classe ficava à cunha e nos intervalos, entre as partes do filme, era uma alegria de amendoins, pipocas, sorvete-iaiá e baleiro-balas. Todos se cumprimentavam, as senhoras davam adeusinho, os meninos falavam e corriam e subia aquele ruído de conversas e programas amarrotados se misturando a pios de flautim, gemidos de violino, bolhas sonoras de saxofone — regulando o tom pela batida repetida do pianista do lá-3. Do lado de fora a campainha batia sem parar chamando para entrar, só calando depois dos cômicos e para o drama. Sempre nos sentávamos com todo cuidado. Ponta esquerda o Briggs, depois sua mulher, depois minha tia e ponta direita o Modesto. Esse me instruía para ficar na fila de trás e de vez em quando reparar se algum malcriado não estaria cutucando as senhoras ou soprando-lhes o pescoço. Eu vigiava, um olho na tela e outro no grupo de parentes amigos. Tudo isto, a colocação das damas enquadradas no centro, as sentinelas dos extremos e da retaguarda, era defesa contra os bolinas que infestavam os cinemas da cidade. Verdadeira praga. Mas ai! deles que eram tratados pelas mais discretas a golpes acerados de alfinetes de cabeça, ditos de fralda, espetos de broche, grampos de chapéu e até furador de gelo — adrede posto na bolsa. Isto as discretas, porque as escandalosas davam o brado. Ao grito de bolina! bolina! respondia o lincha! da plateia. As luzes se acendiam imediatamente e o canalha era corrido a murros, pontapés, cachações, caneladas, calços, para enfim, exausto, sangrando, moído, contundido, halali e literalmente brochado — cair nos braços da polícia, na sala de espera. Essas execuções eram frequentes no Velo. Terminada a sessão saíamos devagar para casa. Outro sorvete na beira da calçada. Os jardins despejavam lufadas cariocas de jasmim-do-cabo, dama-da-noite, magnólias e madressilvas. Raros bondes passavam como bolas de ouro na noite de Haddock Lobo. O céu baixinho, baixinho. A gente, se quisesse, podia segurar os galhos da treva, baixá-los e colher nas suas pontas as frutas de prata das estrelas...

> Lembras o anúncio do "eu era assim"?
>
> MÁRIO DE ANDRADE, *primeira versão* de "Danças"

Isso era nos bondes, caminho da cidade, nas minhas idas e vindas com tio Salles. Lá estava o famoso anúncio: primeiro cara gemente e acabada (Eu era assim...), depois a horrenda caveira (Cheguei a ficar quase assim...), finalmente a figura robusta, bigoduda, depurada, livre dos males do mundo. Havia outra droga para as mesmas desgraças, estadeada também nos bondes. Era o Elixir de Nogueira Salsa Caroba e Guáiaco Iodurado, do farmacêutico gaúcho João da Silva Silveira, cuja efígie aparecia no rótulo do vidro representado na propaganda. Outro cartaz era o retrato de um casal de noivos confiantes nas virtudes do Elixir de Taiuiá Caroba e Velame, do boticário mineiro Fernando Pinto Coelho. Havia o homem com o peixe gigantesco da Emulsão de Scott, a mulher deitada seminua das Gotas Salvadoras das Parturientes, as quatro bolas da Lugolina fazendo bocas lipudas para o U, o O, o I, o A e convidando ao beijo do "Diga conosco: Lu-go-li-na!". Todos diziam. Não havia tosse que resistisse ao Bromil, calos que não caíssem inteiros com o Calicida Sanabia, cuja valorização era a figura, primeiro, dum pé chorando (Antes!) e logo a dum pé se rindo

(Depois!). Outra beldade, sempre em menores, dizia das vantagens da Saúde da Mulher; a figura, epicena, cabelos nos ombros, cartola, punhos engomados nos tornozelos e as partes encobertas por imenso colarinho era a da Camisaria Progresso que se repetia, imensa! nos altos da fachada da dita, à praça Tiradentes — e não se sabia se aquilo era mesmo mulher gorda, criança de gigante ou arcanjo adiposo. Mas nenhuma, até postas de cambulhada com as três mulheres do Sabonete Araxá — mesmo às quatro da tarde — nenhuma! podia se comparar com aquela cujos seios imensos e empinados proclamavam as virtudes da Pasta Russa de Madame Potocka. A moça figurava de lado, para realçar o busto, mas virava o rosto, encarava e sorria. Como convidando para os macios da pasta e da massagem que dava orgulho e ênfase às muxibas mais abatidas. Jamais esqueci aqueles seios que aliás eu reencontraria farta e eruditamente nos nus de Renoir e naquelas alegorias de Rubens às carnes da rainha Maria de Médicis. Mas nem o Louvre nem o Jeu de Paume me deram a sensação de beleza abundante que eu encontrara nos bondes do Rio de Janeiro naqueles anúncios imperiais da Pasta Russa. A tristeza do eu-era-assim, as sugestões dos elixires, as academias femininas das gotas salvadoras, da saúde da mulher; a figura apolínea que batia o sino do Tintol; os noivos com seus pombos, flores e o riso imaculado; os peixes, as grindélias, as caveiras, o homem sem nariz — levaram-me a descobertas tão profundas quanto as que fiz posteriormente, nas grandes pinacotecas. Confirmando o Proust da primeira parte de *Albertine disparue* ("*on peut faire d'aussi précieuses découvertes que dans les* Pensées *de Pascal dans une réclame pour un savon*") que logo se repete na segunda ("*comme il peut y avoir de la beauté, aussi bien que dans les choses les plus humbles, dans les plus precieuses*") — mostrando que se a obra de arte depende do seu intrínseco e imutável, subordina-se muito mais ao extrínseco que é contribuição do observador. Contribuição oscilante, variável, arbitrária porque difere conforme a hora, os acasos, a ocasião, disposição e atenção.

Tudo isto me vem da lembrança de minhas excursões com tio Salles. Tomávamos o bonde em Haddock Lobo e descíamos no largo da Carioca. Ele gostava de seguir por Gonçalves Dias até Ouvidor, ir rapidamente à Livraria Alves, fazer torna-viagem para atravessar a avenida e demorar um pouco na Garnier. Lembro até hoje a primeira vez que entrei na livraria ilustre. Antes tínhamos ido à Casa Colombo (a das roupas feitas), quase em frente (local em que fica hoje o Banco Nacional de

Minas Gerais), onde eu tinha passado por uma transformação. Lá tio Salles me comprara tudo novo, da palheta à camisa, da gravata aos sapatos, um terno cinza como eu jamais pensara poder vestir e tínhamos ido assim os três, ele, tia Alice e eu, tirar um retrato para mandar a minha Mãe. Fazíamos uma família bem apresentável e esta é a fotografia que guardei dos meus tios mortos. Ele, cabelo aberto ao meio, bigode curto, a expressão séria. Ela com seus olhos mansos, seu ar meio endomingado de quando ia à cidade, o chapéu de copa de seda (azul, estou vendo!) e o esguicho da *aigrette* branca. Eu que me olho e não me reconheço naquele menino de expressão aberta e deslumbrada... Mas entremos na Garnier. Tio Salles tinha me prevenido e me preparara para ela e para a rua do Ouvidor, fazendo-me ler, de manhã, o "Tempo de crise", e quando subi os degraus da livraria, fi-lo com a esperança de dar de cara com o próprio Machado de Assis.

Podia-se dividir a loja em três partes. Duas sequências de estantes — as mostras laterais e a banqueta do centro. Lembro até o lugar dos livros. Durante anos a arrumação conservou-se a mesma, para conforto dos fregueses que sabiam onde achar o que queriam. Nas estantes, à esquerda de quem entrava, aquele sorvete de creme das encadernações da Coleção Nelson, a cor clara das capas avivadas por motivos verdes e pelas letras douradas do dorso (*Peau de chagrin, Anna Karénine, Mon oncle et mon curé, Les misérables*); mais para adiante, os portugueses onde destacava-se Eça de Queirós, alguns volumes ainda encadernados em carneira e os mais modernos em percalina verde, parda ou vermelha. Já desapareceram essas edições bem cuidadas, boas de ler e manejar com o retrato do autor e o seu monóculo e o seu riso sarcástico e atarraxado de homem bom fingindo de homem mau. Lelo & Irmão, editores, Livraria Chardron, Porto. À direita de quem entrava e fazendo face às outras, as prateleiras com o mar das encadernações cor de vinho da Lutetia, que era uma variante, um ramo da Nelson. Literatura francesa e traduções internacionais (Ronsard, Alfred de Vigny, Carlyle). No centro, numa espécie de banca alta, as edições da casa ora em brochura amarela ora na encadernação de percalina verde-clara que vemos desmerecidas no nosso Carlos Ribeiro e que se ofereciam novas em folha, lustrosas, cheirando a cola e verniz lá no Garnier. Era a produção nacional. O velho

Machado, Graça, Alencar, Veríssimo, João do Rio, tio Salles, dona Júlia... A luz do alto vinha de claraboias distantes e distribuía-se num dourado atenuado e nítido sobre os livros e pessoas. Estas, tão interessantes como os livros. Quando penso nas que conheci na Garnier (conheci porque meu tio fazia questão de me apresentar, fazia questão que eu apertasse suas mãos) fico aterrado com minha idade, com a passagem do tempo. Figuras remotas como os fantasmas da história e sobre os quais eu pus meus olhos mortais! com quem falei e de quem segurei a destra! Para mostrá-los, tenho de superpor minhas reminiscências de 1916 e 1917, os anos em que convivi com Antônio Salles e em que várias vezes fui com ele à cidade, a seus passeios habituais, às compras, à Avenida, ao Alves, ao panteon da Garnier.

Sempre à esquerda de quem olhava o fundo da livraria, havia um intervalo entre as estantes para um grupo de vime. Sofá, quatro cadeiras. Todos eles, a cada movimento de quem estava sentado, estalavam como ossos. Lá estavam sempre, como soberanos no trono, as duas figuras extraordinárias de Lopes Trovão e Melo Morais Filho. O primeiro, muito descarnado, parecia um poste dobrado e redobrado depois do impacto de um caminhão. Era fino, comprido, mais alongado por uma cartola de ébano, de sob cujas abas saíam os cabelos crescidos, de um louro branco sujo, grudados em farripas encurvadas ao jeito de penas. O homem era vermelhoso, usava monóculo e ostentava o nariz em bico que lhe valera a alcunha de *Arara*. O pescoço seco, todo nodoso dos esternocleidos e do gogó, parecia o dito, nervoso e batido, dos galos de briga. Emergia de vastos colarinhos. As mãos se superpunham sobre o castão do bengalório — a cabiúna escalavrada e lascada dos comícios desmanchados a pau pela Guarda Negra da princesa Isabel. As pernas enroladas uma à outra e as duas no fuste do porrete acabavam por duas botinas prodigiosas, cano de elástico, bico fino, solas varinas, negras como um corvo e tendo aquele *quid*, aquele jeitão das coisas pretéritas que um milagre trouxe até nós como elas eram — Pedra Roseta, manuscrito do mar Morto, abotoaduras de exumado, inscrição etrusca, sapato inteiro de defunto... O republicano já não conversava, ficava quieto, recebendo as homenagens dos que entravam, pousado na cadeira de vime como negro pássaro. Um negro pássaro, ali, imóvel — perched, and sat, and nothing more... Nascido em 1847 ele tinha na época, ai! de mim, mais ou menos a idade que tenho hoje. Entretanto se me afigurava como ser antediluviano, um pterodáctilo, um fóssil, um espantalho jurássico. Fui apresentado a ele e a seu companheiro de cadeiras pelo tio Salles. Venha cá, meu filho, aperte a mão de dois brasileiros ilustres. Este é o dr. Lopes Trovão — dr. José Lopes da Silva Trovão, e aqui é o dr. Melo Morais — dr. Alexandre José de Melo Morais Filho. O segundo ainda me parecia (e era) mais antigo e fazia antítese com as linhas agudas do outro velho. Qual mamute, conservado nos gelos da Sibéria, era gordo, espapaçado, duma brancura rósea de toucinho, bigodudo, eriçado de cerdas, tendo de circunflexo e de til o que seu amigo tinha de acento agudo e ponto de exclamação. Usava meia cartola fosca feito chapéu-coco achatado em cima. Seus olhos eram grandes, muito verdes e pareciam boiar numa calda rosada, pálpebras irritadas pelo ectrópion, caindo um pouco, deixando ver por dentro o vermelho das conjuntivas. Exatamente os mesmos olhos dinásticos que o tempo vai fabricando pacientemente — com suas esmeraldas e seus rubis — na cara de meus amigos Henriquinho Melo Morais e do *poetinha* seu sobrinho, o imenso Vinicius — que é Melo Morais também.

Meninos eu vi. Eu vi a Garnier de outrora e nela entrando e saindo gente virada em pó — pó feito o que cobre seus nomes na lombada dos livros, nas estantes. Mais. Vi claramente visto João do Rio. Era gorducho, cifótico, bedonante e daquela polidez exemplar que só aparece completa e acabada nos portadores de complexos de culpa, de complexos sociais. Nele, além do mais, a cor. Porque era mulato indisfarçável, daquele verde desmaiado e precioso que só se encontra nos mestiços cariocas. De flor, anel, plastrom, polainas. Chapéu cinza batido de trás e de lado, roupa dum pardo suave como o do havana que ele mamava e trazia pendente dos beiços grossos e roxos. Tinha voz de registros abafados e seu queixo azulado da barba espessa era dobrado pela papada. Assim o vi na Garnier e navegando na sua esteira a mamãe d. Florência Cristóvão dos Santos Barreto. Mais escura que o filho, gorda como ele, era toda ela uma confusão de veludos e sedas pretas, de plumas, de véus com poás, de cabelos pintados, de enfeites e de olhos grandes. Vasta, *allegro maestoso*, suas joias parecendo incrustações metálicas, placagens, tauxias, damasquinagens — ela lembrava uma gôndola, mais que isto, uma supergôndola — o *Bucentauro* dos doges, todo negro, dourado e escarlate, bandeiras desfraldadas e flâmulas ao vento no dia do esponsalício com o mar... Noutra onda de perfumes adocicados chegava também a poetisa Gilka Machado

— Gilka da Costa de Melo Machado. Era a esposa do jornalista Rodolfo de Melo Machado, oito anos mais velho do que ela. Viúva, passou-se a renúpcias com Miguel Dibo, meu colega do Pedro II, depois de profissão, procurando restabelecer a balança das idades, pois o segundo marido era seu mais moço bem uns dez anos. Foi a coisa fabulosa e mais alta de sua vida, essa paixão desatinada do Dibo; começara, ele ainda na nossa fardinha de colegial, no dia em que viu a poetisa passar, vestida de crisandália, na capota arriada dum carro, naquela Batalha de Confete na zona norte. Ela era muito amiga de tio Salles e quando a conheci na Garnier, ia nos seus vinte e três anos em flor. Morena bem bonita, olhos esplêndidos, cabelos castanhos muito frisados a ferro, sempre coberta de uma crosta espessa de pós de arroz que dava-lhe o tom fosco e esbatido que coadunava com as cores que ela gostava de vestir. Nenhuma delas gritante, todas amortecidas; nenhuma com a transparência das aquarelas, todas com a opalescência dos guaches e sua pastosidade — como se aquele talco e aqueles pós de arroz tivessem penetrado sua carne, suas roupas, seus veludos e suas rendas, transformando a cor violeta em cor de batata-roxa, os azuis em cinzas, os vermelhos em rosa e os amarelos em cremes. Só os olhos brilhavam como estrelas e toda a poetisa sorria numa doçura de pistache.

Também apertei a mão distraída de Coelho Neto e guardei bem sua figura de olhos esbugalhados, seus óculos de míope, seu cabelo *en brosse*, sua testa curta, sua mofina estatura. Era feio. Merecia e justificava a caricatura de Anatole France, revelada pelas indiscrições de Jean-Jacques Brousson no *Itinéraire de Paris à Buenos Aires* na parte onde se referem as opiniões do mestre sobre os acadêmicos brasileiros que lhe eram apresentados. *"Ah! Monsieur! Je puis donc enfin serrer dans mes bras le Balzac du Brésil!/ À moi, en aparté: 'Dirait-on pas un macaque tombé d'un cocotier, un jour d'orage?'."* Outra mão — não distraída mas insistente, pastosa e demorada. A de Lima Barreto. Quando fui cumprimentá-lo ele segurou meus dedos, começou a apertá-los sem largar, numa lentidão que me dava aflição e susto. Seria balda de bêbado, porque ele estava que nem gambá, todo ardido e suado de vir rolando dos seus subúrbios, da sua repartição na Guerra, dos passos de sua paixão que eram todos os botequins da via dolorosa estendida da praça da República à Garnier. Tinha a pele apenas morena, mas cabelo muito ruim. Esse pixaim saía-lhe dum chapéu de palha imundo. Vestia um brim enxovalhado e apesar de sorrir não encobria a retroexpressão de amargura, tristeza, mansidão e bondade que eram o fundo da sua cara lustrosa e crapulária. Outros amigos de meu tio eram Silva Ramos, João Ribeiro e Carlos de Laet — que eu reencontraria muito breve no Colégio Pedro II. Cá de baixo, muito de baixo, cumprimentei o deus de bigodes encerados como os dum tambor-mor — Alberto de Oliveira —, concedendo aos mortais dois dedos da manopla de canteiro boa para fazer rimas de granito cortadas a camartelo. Meio-fio, alisar de pedra, frontaria... Parece que ele morou algum tempo para os lados de São Cristóvão porque mais tarde, aluno do internato, vi-o várias vezes no bonde de São Januário. Então eu gostava de sentar por trás dele, para estudar-lhe os efeitos de colarinho, cabeleira e do chapéu do chile monumental. Mas principalmente, para gozar a silhueta da cabeça que, mesmo de costas, era excedida pelas guias horizontais duma bigodeira de pau. Parecia, de dar aflição, com os bonecos duros e desgraciosos do caricaturista Kalixto Cordeiro. Mas nada disso é comparável à honra que tive de um *shake-hands* com o alexandrino perfeito. Olavo Brás Martins dos Guimarães Bilac. Cortejei e afastei-me sem voz, sem fôlego, lívido, sangue todo recolhido ao peito, para o lado das edições de Lutetia, para poder apreciá-lo direito, vê-lo em perspectiva. Ele trocou umas palavras com meu tio e depois começou a medir a livraria do fundo à porta, em passadas lentas de suas botas de verniz recobertas por polainas de linho imaculado. Vestia todo de azul-marinho, chapéu de palha, *pince-nez*, trancelim de fita preta, bigodes muito enroscados e tinha um estrabismo tão pronunciado e divergente que poderia olhar ao mesmo tempo os dois lados da Garnier. Chegava à porta, voltava ao fundo da casa. Tornava à porta e espiava de siri, como se esperasse. Há vinte anos numa furna escura... O quê? Quem? A Gioconda? a rainha de Sabá? Antígona? a irmã do amigo, sua noiva eterna? Talvez ninguém. Talvez a Morte que já rondava...

Do Garnier descíamos Ouvidor, gozando o ladrilhado vermelho, branco e amarelo da calçada, o centro da rua, lajeado, limpo, macio como um tapete cinzento; íamos para lá da Travessa, de Quitanda, do Carmo, e entrávamos no Crashley. Número 58. Logo se era envolvido por uma onda de cheiro de couro, de cola, de verniz, de heliotrópio, tabaco, chá e lavanda. Toda a casa recendia aos artigos ingleses que lá eram encontrados com exclusividade. Sabonetes, águas de toilette, dentifrícios, cerotos para bigode, *aftershaves*, loções e lápis capilares. Fumos, piteiras, cachimbos inteiriços, cachimbos desmontáveis, retos, curvos, forno pequeno, forno grande — os pesados e os levíssimos. Isqueiros próprios para cigarro, charuto, para a massa frouxa ou o magma apertado na boca dos Dunhills. Artigos de esporte como raquetes, *clubs*, *sticks*, *bats* e as bolas de tênis, polo, críquete e futebol. As revistas de que tio Salles sempre se provia; os últimos números do *Punch* e do *Strand Magazine* — cuja capa azul-clara tinha representada, em azul mais escuro, justamente, o aspecto urbano mais central da Strand Street. Suas páginas continham tudo o que havia de mais novo em literatura inglesa. Os últimos poemas, os últimos ensaios, as últimas novelas, as últimas críticas. E havia ainda no Crashley os livros mais funcionais em que já pus meus olhos e minhas mãos. Os da Collins. Da Collins' Clear-Type Press, London & Glasgow. Atraentes pela flexibilidade, pela forma, pelo papel, pela impressão e pelo couro das encadernações. Eram amarelos, verdes, azuis mas, principalmente, cor de vinho. Todos *à tranche dorée* e dum papel fino como o de arroz. Custavam três mil-réis. Nunca tio Salles deixava de comprar mais um para completar suas coleções de Carlyle, Burns, Keats, Ruskin, Thackeray e sobretudo do seu querido Dickens. Tenho a data da primeira vez que entrei com ele na Casa Crashley: 1º de junho de 1916. Está escrita na página de rosto de um livro que ele me deu. A tradução inglesa dos contos de Hans Andersen — *Andersen's fairy tales*, que até hoje gosto de ler, reler, tornar a ler e por seu intermédio — velho como estou — coexistir com minha infância. Nela e no livro (mais nela que no livro) é que vou buscar a imagem do meu tio — sua imagem amorável e amável — de mistura à dos cisnes, rouxinóis, patinhos feios, cegonhas, soldadinhos de chumbo, rainhas da neve, moças do gelo e à daquela mãe que acabava convencida de que Deus escreve direito por linhas tortas e pede a Ele para não mais escutar seus pedidos. And her head drooped upon her breast. And Death departed, and bore away her child to the unknown land. O papel do meu livrinho está todo amarelo de ser lido há cinquenta e seis anos; o couro de sua capa gasto e feio; seus dourados desmerecidos e embaçados. Seu cheiro é de mofo e coisa velha. Mas basta que eu comece sua releitura para senti-lo novo em folha, claras páginas, iluminuras resplandecentes, dorso reluzente. E logo um sangue menino circula em minhas veias e readquiro ouvidos para ouvir realmente o grito da fada paradisíaca. Come with me, come with me. Vou. Subo tempo afora deslastreando o passado, alestado do presente. Entro, para ficar. Para ficar na infância-estrela, para sempre na estrela — in that bright sparkling star, for ever! Ai! de mim que estou subindo apenas num balão cativo, ai! cativo! de que a roldana vai puxar o cabo e fazê-lo voltar inexoravelmente ao chão!

Era saindo do Crashley que às vezes pegávamos Primeiro de Março, isso depois de 16 de maio de 1917, que foi a data da fundação e saída do primeiro número de *D. Quixote*, o semanário humorístico de Bastos Tigre. Justamente para ir à sua redação, como contarei depois. Entrávamos num trecho de rua que tem extraordinário valor nas minhas lembranças — não por ser o quarteirão machadiano do Carceller, a zona elegante dos fins do Império e alvorada da República. Não precisa descrevê-lo. Quem quiser ver como ele era, suba à Tijuca e olhe, no museu da Fundação Castro Maya, a pintura anônima que o representa cheio de senhoras, senhores, militares, mendigos, gente de cor, gente de bem e gente de mal. O pintor não assinou mas fez a psicologia da rua com a força e o travo de um Toulouse-Lautrec. Tampouco o que dele guardei foram as igrejas. O que ficou foi a impressão, sobre que voltarei mais tarde, da literatura pornográfica vendida nos engraxates e outra, da imagem espantosa que, vista na realidade, espancou de dentro de mim terrores pegajosos da infância. A do comendador Antônio Pinto Nogueira Accioly que tio Salles me mostrou na Drogaria Granado. Mas para essa história é preciso descer o nível da vida e mergulhar no passado da morte de meu Pai.

> Mas a sentina ainda não dera de si tudo o de que era capaz. A manifestação coronal, o supremo lance, o *nec plus ultra* das alucinações do senso moral em putrescência estava ainda por vir. E veio nessa marcha de cloacários atrás de um morto, da cidade ao cemitério, em vaia rasgada aos restos mortais da criatura que baixava à terra.
>
> RUI BARBOSA, "O cadáver vaiado"

A morte de meu pai foi oportunidade para nos ser pespegada, o que consideramos, na ocasião, grande desfeita, por parte da situação dominante no Ceará. Meu tio Meton da Franca Alencar (filho) era então deputado estadual e logo que teve notícia do passamento do concunhado e grande amigo, apresentou à assembleia que integrava — moção de pesar que foi votada unanimemente. Acontece que o velho comendador Accioly tinha meu Pai na conta de seu inimigo e quando os deputados se apresentaram, depois da sessão diária, segundo o costume provinciano, para o cafezinho em palácio, foram recebidos por um presidente de cara fechada, que partiu com eles nos termos porcos e desabridos que Antônio Salles reproduz nas páginas de *O Babaquara*. Textualmente: "Os Senhores estão ficando muito altaneiros! Já votam uma moção de pesar pela morte de um adversário! Neste andar ainda acabam me cagando em cima!". E deu ordens para que a coisa não constasse da ata — virando as costas, mandando à merda (segundo contava meu tio Meton, repetindo o que ouvira de José Jorge de Sousa e Antônio Eugênio Gadelha). Foi obedecido pelos nobres deputados que, por causa disto, o *Unitário*, de João Brígido, comentando o caso, chamou de "eunucos morais* a quem Accioly há muito castrou da consciência e que só emprega para guardar o serralho das patotas". Um houve que manteve-se *inteiro* — meu tio Meton de Alencar, que renunciou a seu mandato diante da inverossímil bestidade. Só assim a considero hoje — não como desfeita, mas a pobre manifestação de um velho já notoriamente amolecido. Só como sintoma de uns miolos a se desfazerem se pode comentar o rasgo de ódio absolutamente inútil com que o

---

* A Assembleia Estadual do Ceará eleita para o período 1909-12 era composta pelos seguintes deputados: cel. Belisário Cícero Alexandrino, cel. Guilherme César da Rocha, dr. José Francisco Jorge de Sousa, cel. Antônio Luís Alves Pequeno, dr. Antônio Fiúza de Pontes, pe. Francisco Máximo Feitosa e Castro, capitão dr. Raimundo Borges, cel. Alfredo Dutra de Sousa, dr. João Guilherme Studart, Raimundo Ferreira Sales, ten. dr. Oscar Feital, cel. Tibúrcio Gonçalves de Paula, cel. Antônio Frederico de Carvalho Mota, capitão dr. Antônio Eugênio Gadelha, cel. Alexandrino Ferreira Costa Lima, dr. Antônio Pinto Nogueira Brandão, João Carlos da Costa Pinheiro, Jovino Pinto Nogueira, cel. Casimiro Ribeiro Brasil Montenegro, dr. Benjamim Pompeu Pinto Acioli, cel. Domingos Francisco Braga Filho, José Pinto Coelho de Albuquerque, cel. Antônio José Correia, farm. José Elói da Costa, Joaquim Alves da Rocha, dr. Antônio Augusto de Vasconcelos, dr. Meton da Franca Alencar, Alfredo Gurgel da Costa Valente, dr. Guilherme Moreira da Rocha, Carlos Torres Câmara, Salustiano José de Melo, mons. Vicente Pinto Teixeira, capitão Francisco Cabral da Silveira, cel. Lourenço Alves Feitosa e Castro, Ildefonso Correia.

comendador ofendia seus antigos amigos políticos Joaquim Feijó de Melo e Joaquim Nogueira Jaguaribe, respectivamente padrasto e sogro de meu Pai; outro amigo, Meton da Franca Alencar ainda por cima contraparente, como irmão que era de uma das noras dele, Accioly. Morando em Minas e no Rio, tendo saído de seu estado em inícios de 1896, com vinte anos, meu Pai nunca teve atuação política no Ceará, aonde só voltou por poucos meses, em 1905, durante um dos consulados do comendador. É mesmo provável que ele tivesse manifestado seu nojo pela oligarquia rambles perpetuada em sua terra — à custa da borduna e do bacamarte. Oposição propriamente, esta, meu Pai não poderia ter feito. Oposição faz um fascista a um comunista, ou vice-versa, no terreno ideológico. Um conservador, a um liberal. Um republicano, a um monarquista. Repulsa, repúdio, repugnância — que eram os sentimentos cabíveis contra o governo do Ceará, isto sim! estes eram os de meu Pai. Havia ainda, nos bastidores, velha rivalidade de namoro de rapazolas entre ele e o Zé Accioly. Tudo isto, somado, dava para a mesquinharia que devia acompanhar à terra os despojos de um nobre homem. Esses fatos foram de agosto de 1911. Setembro veio depois. Em seguida, outubro. Novembro, dezembro. Em janeiro de 1912, estimulados pelo governo federal, começam os motins de Fortaleza, que logo tomam aspecto verdadeiramente revolucionário, sendo o palácio do governo investido por homens e mulheres de todas as classes sociais, no dia 21. Esse assédio cessaria a 24, data em que o comendador Accioly é transportado para o quartel federal, onde se juntou a sua família. No dia seguinte embarcou para o Rio. Para evitar-se o pior, uma vez que a polícia estadual estava dispersada e o Exército fechado em copas, os elementos sensatos da oposição resolveram garantir o presidente deposto, seus parentes e aderentes. Os membros dessa comitiva saíram do quartel para a ponte de embarque amparados por figuras conhecidas da cidade, cuja respeitabilidade conteve os assassinos. Coube a Joaquim Feijó de Melo, padrasto de meu Pai, dar o braço ao velho Accioly e garantir-lhe a travessia nas ondas de uma multidão em fúria. Quando foram buscar meu padrinho e avô torto para essa incumbência, ele tentou recusar-se — levando em conta a atitude de seu antigo amigo Accioly com o enteado recentemente falecido. A instâncias de minha avó é que ele foi dar esse apoio. Vá, meu marido, ampare esse homem porque o que eu desejo é que ele morra na cama. Quem falava assim não era mais a mulher de coração bondoso, mas, sim, uma d. Nanoca ofendida na sua maternidade e envultada pela filha de Júpiter e da Necessidade... Afinal os depostos foram embarcados e o navio demandou o sul, de escala em escala. A 26 de janeiro, tocou em Natal...

Nessa cidade morava, há alguns anos, jornalista cearense, o capitão Antônio Clementino, que abandonara Fortaleza, exilado, depois de ter sido deixado como morto, mediante surra que lhe mandara dar o comendador Accioly. Clementino, esbordoado como Américo Facó, como este escapou com vida. Mais infelizes já tinham sido Ourículo Bandeira e José Lino. Durante a agressão, um seu filho de doze anos tivera o braço direito partido a bala. Depois dessas violências, desenroladas à porta da casa da vítima e diante de sua família atônita, o jornalista fora recolhido à Santa Casa, onde "esteve muitos dias em perigo de vida e onde passou quase dois meses incomunicável, não podendo sequer ser visitado pela mulher e os filhos". Depois de curado, teve de seguir o destino de não poder morar em sua terra, como João Oton do Amaral Henriques, Alexis Morin, Elisiário Távora, Justiniano de Serpa, Abel Garcia, Godofredo Maciel, Virgílio Barbosa, Belisário Távora, Antônio Salles, Bruno Barbosa, Gustavo Barroso, Farias Brito, José Linhares, Francisco Maciel e outros. Em Natal, Clementino ficara apurando o veneno, como as cascavéis em jejum, presas em caixote, e aquele navio trazia-lhe o almejado prato que se come frio. Foi a bordo, com o filho (o mesmo do braço quebrado), e lá os dois abriram fogo contra o comendador Accioly. Mas o destino do velho, como vaticinara minha avó, era morrer na cama, porque saiu ileso do atentado, em que foram feridos dois filhos que tinham acorrido em sua defesa. Um destes não resistiu e faleceu em viagem, a 28 de janeiro, e no dia seguinte foi enterrado no Salvador, numa assuada de "cloacários atrás de um morto, [...] em vaia rasgada aos restos mortais da criatura que baixava à terra" — como disse Rui Barbosa, profligando os miseráveis a quem a natureza tira o dó dos que se vão da vida. Essa manifestação latrinária foi organizada pelo *hermismo* e pelo *seabrismo*, segundo Rui Barbosa, que continua: "Contaram os jornais que o velho pajé deposto e foragido, com um filho enterrado entre apupos na Bahia e dois presos em reféns no Ceará, abraçou no cais, ao desembarcar aqui, o sr. Seabra e depois se avistou no paço do Catete, com o marechal, em uma conferência, onde os dois se trataram carinhosamente. Este episódio põe uma nota de singular ternura no macabro entremez. Quem terá lustrado e aprofundado bastante os esgotos morais desta época, para nos dizer que secreções de lágrimas, do coração, ou das vísceras circunjacentes, se verteram na doçura desses encontros? Devo supor que em muito bálsamo redundasse para as chagas do consternado pai; mas não acredito que restituíssem o sossego ao derradeiro sono da prole, embalada na tumba, em solo baiano, pelas corrimaças do seabrismo".

Minha avó foi amplamente servida. O velho Accioly conquistou a própria morte depois de merecê-la, sem roubá-la. Pesado, contado e medido — teve todos os sofrimentos de uma longa vida e de uma bem atribulada velhice. A morte, uns tomam-na pelo suicídio; outros ganham-na dos assassinos. Para merecê-la é preciso rasgar os pés nas pedras da via dolorosa. Tem-se então direito a ela, ao esquecimento, ao perdão e se não ao perdão, ao menos à abstenção dos ofendidos, calando as palavras de injúria que perdem a razão de ser diante da podridão que tudo desmancha. O comendador Antônio Pinto Nogueira Accioly morreu aos oitenta e um anos de sua vida. A 14 de abril de 1921, entregou sua alma. Deus a tenha! — depois de purgá-la... Em 1917 vi, uma vez, o velho Accioly. Mostrou-mo tio Salles, na Drogaria Granado, onde ele ia, avidamente, de caixeiro em caixeiro, pedindo o que pretendia comprar. Queria depressa, logo — sôfrego como menino dentro de confeitaria. Era sem tirar nem pôr o *Babaquara* com que me faziam medo na infância. Na claridade carioca e ao calor da cidade, ele vestia uma sobrecasaca anômala e negra, cobria-se de uma cartola toda lustrosa, como que feita de oleado preto. Eu tinha visto recentemente, no cinema, a *Nana*, de Émile Zola. O homem, à primeira vista, parecia o *croque-mort* do filme. Considerando melhor, o que parecia mesmo era o próprio morto. Um morto desenterrado com seus oito dias de morto. Era lívido, a pele cor de cera e daquela opalescência de parafina do cadáver de um mandarim. Como as de um chim, desciam-lhe, em esguicho, as barbas brancas e ralas. Tinha orelhas enormes e transparentes, o crânio poliédrico e em todo ele alguma coisa de membranoso — lembrando o morcego, o pterodáctilo e o pé de pato. Olhei longamente, já sem medo, aquele trem do folclore da rua Aristides Lobo e ao lado de um tio Salles desforrado — acompanhei com os olhos sua figura lutuosa e insegura perdendo-se dentro da vida, da multidão e da rua cheia de sol...

Mas fechemos esse feio parêntese e voltemos à rua Primeiro de Março e a minhas idas à redação do *D. Quixote*. Essa revista pagava regiamente as colaborações humorísticas. Dava cinco mil-réis por caricatura, historinha, soneto, anedota ou quadrinha que fossem publicados. Tio Salles colaborava e não sei por que espécie de respeito humano não queria aparecer como autor de piadas pagas. Eu ia, por ele, à redação, munido da revista onde estavam marcadas em vermelho as produções cujo preço devia ser cobrado. Era na rua Dom Manuel, num térreo todo escuro e os emolumentos eram entregues por Bastos Tigre em pessoa. Sempre de colarinho duro, colete, só que sem paletó e sem os punhos que ficavam em cima da mesa, como dois cilindros engomados no meio da papelada. Então ele me cozinhava. Vamos lá, menino, diga logo o nome desse parente misterioso que manda você cobrar. Eu, firme, que não podia, que tinha ordens para guardar segredo. Ele ria, dentro da bigodeira preta e dentro dos olhos de turco — pestanudos e negros —, abria a gaveta, tirava o dinheiro e me passava os dez, quinze, vinte mil-réis da semana. Estendia a mão, dava adeus e sempre mandava o recado. Pois diga ao meu colaborador desconhecido que ter talento não é vergonha. Assim correram as coisas até o dia em que, descuidado, não percebi que o homem me filara até à esquina da rua Clapp, onde o tio esperava. Sim senhor, mestre Salles! Em vez de vir tomar um café e buscar o dinheirinho ganho — tal qual seu amigo Belmiro Braga, precisa se esconder nas esquinas. Mas acabou apanhado, cearense besta! Semana que vem, venha em pessoa, senão, não pago. Foi assim que várias vezes acompanhei meu tio à redação do *D. Quixote* e lá ficava sentado ouvindo a conversa dele, de outros bambas da pilhéria a que às vezes se chegavam as figuras de Raul Pederneiras e Kalixto Cordeiro. O primeiro era muito alto, chapelão enorme, bigodeira ao vento e tinha a voz bitonal dos surdos — ora gritada, ora sussurrada. O segundo, pequenino, magricela, bigodes espetados e usando sempre roupa do mesmo corte: fraque, calça caindo sobre as polainas, uma gravata inventada por ele e que envolvia seu pescoço como um cachenê, mal deixando ver a nesga do colarinho em pé. A originalidade estava em tudo ser do mesmo pano e da mesma cor. Casimira verde-bandeira, marrom café ou pinhão, azul-celeste ou cinza bem aberto. Exatamente o mesmo colorido do chapelão de artista, desabado na frente. Anos depois, quando diretor do Hospital Carlos Chagas, frequentemente descia de Marechal Hermes no mesmo trem que o Kalixto. Não mudara o gênero. Só que as roupas estavam mais surradas e tinham-lhe branquea-do cabelos e bigodes. Puxei conversa. Falei no *D. Quixote* e o ouvi recordar com saudade Bastos Tigre, tio Salles, Ennes de Souza. O que fiquei deven-do a este seu parente! Ele é que me descobriu no meio dos empregados da Casa da Moeda, achou que eu tinha talento para o desenho e fez-me estu-dar na Escola de Belas-Artes. Me dispensava de frequentar a repartição, desde que eu provasse que não faltara às aulas. Grande homem, moço! Aquilo era um santo!

Essas idas ao *D. Quixote* eram quando saíamos do Crashley. Atra-vessávamos Primeiro de Março, em frente à Cruz dos Militares. Seguía-mos em direção à praça Quinze pela calçada cheia da população que eu tornaria a ver mais tarde nos desenhos carregados de sentimento de rua e de sentimento de multidão do malogrado Roberto Rodrigues. A antiga rua Direita, cheia de povo, cheirava a povo e era como um pórtico do velho Rio português que ficava para os lados do paço, da Misericórdia, do mercado, dos cais de peixe e de embarque. Em cada esquina uma baiana vestida de branco, sentada diante do tabuleiro cheirando ao coco, à pimenta, ao açúcar e ao refogado dos aberéns, das pamonhas, das tapiocas, dos acarajés, das punhetas, dos cuscuzes. Atravessávamos a praça Quinze em diagonal. Passávamos diante do monumento do Osó-rio, em cujas grades estavam pendurados vagabundos cuspindo, pitan-do e soltando palavrões; descíamos até o mar, que tio Salles gostava de contemplar, depois de admirarmos primeiro o chafariz estancado das velhas aguadas e, segundo, as águas ricas do repuxo que dava uma nota de praça da Concórdia àquele canto colonial. Mudaram-no para a praça da Bandeira e às vezes faço todo o caminho da cidade até lá só para vê-lo emplumado de esguichos, jorros, espumas, e espadanas — todo irisado das sete cores que suas gotas debulham do sol. Era de lá, do rente-ao-mar que gostávamos de ver a torre da catedral que se me afigurava mais vibrante e sonora que a Giralda (só depois descobri que ela é uma répli-ca indigente dos Clérigos, do Porto, que por sua vez é um eco empo-brecido do plateresco exuberante de Santiago de Compostela). Passá-vamos pelas Barcas aos encontrões com a gente que ia e vinha da Praia Grande, com embarcadiços e navais que pululavam naquele ponto, pegávamos a rua Clapp (antiga praia de Dom Manuel, antiga rua Fres-ca) e rodávamos um pouco naquele dédalo de travessas que tio Salles amava. A do Teatro, a do Costa Velho; o beco do Paço, o da Fidalga, o da

Natividade. Aquilo enxameava de galegos e mulatas e saía das portas e dos botequins um fartum de gente e um cheiro de fruta, de café, de sebo de pastel, de jeropiga, de pinga e de vinho, que tonteavam. Depois de bem saturados de Rio velho é que íamos ao Bastos Tigre e à redação do *D. Quixote*. Saíamos dali para tomar por São José e era da esquina da igreja e da Câmara-Cadeia-Velha que tio Salles procurava divisar as bandeiras do mastro do Observatório, ao alto do Castelo, cujas cores anunciavam bom tempo, mau tempo, chuva, vento, furacão. Esse ponto, hoje, no dizer de Afonso Arinos de Melo Franco, um dos mais escrotos do Rio — porque ali o paço, o antigo palácio da Rainha e a igreja de São José têm sua dignidade arquitetônica aviltada pelo prédio novo da Câmara e pelo arranha-céu infecto da Secretaria de Administração — esse ponto, dizia eu, era dos mais harmônicos da velha cidade portuguesa que seguia por São José atravessando Misericórdia, Carmo, ladeira do Castelo, Quitanda, Ourives, Chile até desembocar nas larguras da avenida Rio Branco. Devo a meu tio e a estes passeios o amor que nutro pelas casas velhas do Rio antigo. Cada uma que cai é como amigo que enterro. Atualmente encontro, às vezes, fragmentos despedaçados das ruas que conheci com tio Salles. Roletes de pernas, de braços — tal postas de cadáveres mutilados por prefeitos-governadores-Jack-the-rippers. Coisas cortadas onde ficaram cotocos da rua Clapp, ou da de Dom Manuel, de Misericórdia, Chile, Ourives, São José — da São José rachada ao meio. Tudo se foi na ânsia de derrubar. Parafraseando Carlos Drummond de Andrade podemos dizer que o Rio de Janeiro é uma cidade construída sobre outra que se chamava Rio de Janeiro, edificada, também, sobre a mais antiga do mesmo nome de Rio de Janeiro. Uma cidade americana está sendo erigida sobre os escombros da cidade francesa que Passos construíra, derrubando a primitiva portuguesa. Estão começando até a esquecer-lhe o lindo nome e chamam-na de Guanabara. Guanabara é a puta que o pariu. O lugar onde eu moro é a Muito Leal e Heroica Cidade de São Sebastião do Rio de Janeiro. É a cidade de Estácio e Salvador de Sá. A que escorraçou com os franceses dom Pedro I, Washington Luís e Getúlio Vargas. A que acabou com o cativeiro e a chibata. É a cidade de José do Patrocínio e Manso de Paiva. A de Machado de Assis e João do Rio. A da Lapa de Ribeiro Couto e Bandeira. A dos bares de Ovale e Mariozinho Braga. A de Vinicius. A das igrejas e monumentos civis que Rodrigo Melo Franco de Andrade defendeu contra padres, arcebispos, deputados, vereadores, prefeitos, governadores e presidentes nos seus trinta anos de tomba-destomba-tomba. Esta é a minha cidade, saudade! a cidade que escolhi para vida, paixão e morte do mineiro despencado do seu Caminho Novo. A cidade onde todos se abraçam no mesmo bloco e seguem sob o mesmo estandarte rutilante. Porque no resto é aquela merda de mineiro contra paulista e cabeça-chata, de paulista contra mineiro e guasca, de nordestino contra amazonense e acriano e de todos, a uma, versus a boa terra da Bahia. Aqui, pelo menos, todos rebolam no mesmo samba.

Deus Nosso Senhor depois de recortar as ilhas gregas, de fazer Siena e Florença, veio, em pessoa, criar um dos lugares mais lindos do mundo nessa entrada atlântica que é a baía de Guanabara. Pôs aqui o mais fabuloso perfil de montanhas que se possa imaginar. Deu-nos de presente o Pão de Açúcar, o Corcovado, os Dois Irmãos, a pedra da Gávea, o pico da Tijuca. Como rebanho menor ofereceu-nos, de quebra, colinas cheias de graça: São Diogo, Favela, Saúde, Providência, Senado, Conceição, São Bento, Castelo, Santo Antônio, Glória, Viúva, Nova Cintra, São João, Dona Marta, Cabritos... Soltou destas encostas seus riachos de ouro e prata serpenteando entre avencas, samambaias e tinhorões: Carioca, Caboclas, Bispo, rio Comprido, Maracanã... Os portugueses entenderam como ninguém a paisagem e construíram à margem de seus córregos, ao longo de suas praias, na encosta de seus morros e dentro de sua floresta uma cidade harmoniosa, amena, doce e lógica como Lisboa. Veio depois o progresso. Tinha de vir, meu Deus! a cidade tinha de crescer e mudar no seu aspecto urbano. A República *art nouveau* fez a cidade francesa de Passos, da Avenida, de Mem de Sá, do cais do porto. Aceitável. Seria fatal a cidade americana que vemos construir. Mas por que não construí-la com bom gosto e edificá-la só à custa de burrice? Por que? destruir nossas mais lindas igrejas e passar por cima delas o monstro da Presidente Vargas, cujo traçado funcional e proposto por Rodrigo Melo Franco de Andrade era a linha Marechal Floriano-praça da República-Mangue. Para que? derrubar o morro do Senado, o Castelo, o Santo Antônio. Cada um sabe que estas esplanadas se conquistam para explorações imobiliárias. Quem paga o pato é a baía, cujas angras, reentrâncias, singras e varadouros vão sendo retificados, aterrados, entupidos pela boçalidade que empurra o Rio para Niterói e Niterói para o Rio. Dentro de cinquenta anos, se tanto, nossa baía será uma lembrança. É preciso retificar os rios. Certo. Mas por que? tapá-los como a esgotos e com isto enlouquecer as águas das enchentes. E as igrejas? São Francisco de Paula, Carmo, São Francisco Xavier, Santa Luzia, São José, Senhor do Bonfim, Candelária, Lapa dos Carmelitas são templos luso-brasileiros de torres de azulejos brancos, amarelos e azuis espelhando ao sol. Pois estão sendo capeados de cimento como já aconteceu com São José e com Senhor do Bonfim. Vocês lembram? da casa do Trem e do paço da Cidade antes das restaurações-depredação de Gustavo Barroso e de Washington Luís. E o diabo é que ninguém pode fazer nada... Ah! Senhor, Senhor, meu reino por uma forca!

Ouvi de um engenheiro do Estado que as soluções dadas ao tráfego no Rio de Janeiro — em vez de urbanas são rodoviárias. A essa mentalidade devemos monstros como o viaduto que cortou a vista do mar na praça Quinze; os de Botafogo, os da Lagoa, o do Rio Comprido. Deste, desabou um pedaço — dando pena que não ruísse ele todo, levando de cambulhada as autoridades que fossem inaugurá-lo entre escolares auri-verdes e acordes do nosso hino. Se tudo fosse feio e ao menos limpo... Mas qual! O nosso Rio é a cidade mais suja do mundo. Sobre seu solo desigualado pelas porcas recapeações sucessivas de asfalto mal colocado, constelam-se poias de merda, mijadas, curativos de mendigos, escarros, restos de lixo, carteiras de cigarros, baganas, esguichos de vômito, ratos podres, papel sujo, velhas banheiras, bidês, latrinas e penicos descarregados à noite por uma população desesperada. Saudade. Saudade das carroças-vassoura, dos lavadores de rua, dos bondes-pipa irrigando, limpando e refrescando. Dos bueiros desentupidos, dos varredores públicos, dos apanhadores de papel jogado. Tudo isto veio desaparecendo na cidade do cônego, do sobrinho, do general, duns interinos, duns pseudônimos e subsequentes.

Mas toda essa longa volta foi para chegar com tio Salles à avenida Rio Branco. Avenida, *tout court*, que era assim que se dizia e é assim que ainda se diz. Avenida. Fazer a Avenida. Só o andar nas suas calçadas de pedrinhas brancas e pretas fazendo florões, só o pisar na alcatifa de seu asfalto cor de chumbo já era uma honra. Assim o entendeu certa revista que publicando o retrato de um patife estranhava que o mesmo estivesse representado na fotografia, "fazendo a Avenida como qualquer homem de bem"! Fazer a Avenida implicava, pois, até num grau moral. E todos se preparavam para isto. Ninguém vinha sem a melhor roupa para a sala de visitas da cidade. Os cavalheiros no maior aprumo. As senhoras na maior elegância. E aquilo era mesmo um bulevar francês cheio de palácios franceses. A Caixa de Amortização, os palacetes que faziam esquina com a Visconde de Inhaúma, o Simpatia, a nota exótica do Mourisco, a Casa Colombo (a das roupas, insistimos), o edifício do *País* e o do *Jornal do Brasil*, o Pathé, o Avenida, o Odeon, o Cine-Palais, a Galeria Cruzeiro, o Derby, o Liceu de Artes e Ofícios, aquela riqueza do Municipal! O Floriano. O cercado da Vaca Misteriosa. O esplendor do Monroe. Passear nas suas sombras era uma prerrogativa. Sobretudo no trecho chique por excelência que ia da esquina de Ouvidor à de Sete de Setembro, lado par, lado da sombra. Começava-se na Fotografia Carlos Alberto, passava-se diante dos pórticos do *Jornal do Brasil*. Vinha logo a primeira ala da Alvear que com a segunda fazia um U — abraçando o Cinema Pathé. A Alvear faiscava de luzes mesmo durante o dia e estas e as pessoas iam se reproduzindo até a um infinito submarino nos espelhos que revestiam as paredes frente a frente. Era prazer multiplicado degustar um pistache porque parecia que se estava tomando cem, mil pistaches à medida que levantávamos as colheres das taças prateadas e que o nosso gesto era repetido em perspectiva à direita e à esquerda. O Pathé tinha duas escadas de ferro simétricas e pintadas de preto que davam acesso às galerias. Uma orquestra tocava em surdina na sala de espera e dentro, no escuro, semanalmente, Perry Bennet tentava assassinar Pearl White-Elaine no que era sempre impedido por Justino Clarel. Chegava-se à esquina do Clube de Engenharia. À porta, velhotes inofensivos diziam gracinhas às moças e senhoras que passavam dando bola. Logo conheci uma, verdadeiro sucesso, sempre sorrindo, sempre rebocada, sempre rebolando, sempre com ar de quem queria dar o que para dar-se fez a natureza. Não sei se era de família, doida ou mulher-dama. Lembro seus lindos olhos pretos, seus cabelos da mesma treva e o apelido por que respondia — a Gonorreia. Mas além do da Gonorreia, foi nesse quarteirão que fiz outros conhecimentos sensacionais. Dos personagens que me mostrava tio Salles. Aquele de fraque, chapéu-coco, calça cinza, expressão simpática e sofredora, dando o braço a uma senhora pomposa, cheia de plumas, de frisetes, um tanto arrogante e lembrando as damas de sociedade dos filmes do Carlito: Clóvis Beviláqua com d. Amélia a reboque. Este outro, porte militar, duro e elegante, colarinhos imensos e esmaltados, vermelho de cara, bigodinho, o crânio coberto por um chapéu desabado e preciosamente amolgado sobre o olho: Alberto Santos Dumont. Ele andava como quem marcha, olhando à direita, à esquerda, como a se fazer reconhecido, a desencadear aplausos. Parecia dizer: olhem bem! Sou eu mesmo, Santos Dumont, o Pai da Aviação. Outra marcha miúda e rápida a do homenzinho escuro, bigodes muito brancos, óculos fosforescentes, gravata de fustão, chapéu, fraque, colete, calça — tudo cinza-claro e a queixada imensa. Não foi preciso tio Salles nomeá-lo, que eu já conhecia dos retratos, dos jornais. Tive de me apoiar no gradil de uma árvore para não desabar de terror, de emoção, de pasmo, de admiração. Então eu vira mesmo? Vira. Era ele, Rui Barbosa, a Águia de Haia! Foi nesse mesmíssimo quarteirão que tive a oportunidade de admirá-lo em plena função. Sempre com tio Salles, no dia da chegada da Missão a Buenos Aires. A Avenida regurgitava de gente, de palmas e bandas de música. Uma multidão como jamais eu pudera apreciar, todos se comprimindo e gritando. De repente o carro aberto e ele em pé, bracejando e sendo levitado pelos vivas. Subiu ao *Jornal do Brasil*. Falou das sacadas, durante horas, depois de ter sido saudado por uma donzela que por sua vez discursara oitenta minutos bem contados. Escureceu, chuviscou, o sol voltou e ninguém se movia. Não havia microfones nessa época mas o vozeirão reboava audível, de Mauá ao Monroe. Depois do exórdio em que invectivou o Exército, desafiou a Marinha, aviltou o Executivo, o Legislativo e o Judiciário, Rui começou a vaticinar. Desvendou a pátria em derrocada. Tudo podre. Corria pus nas veias do país. Só ele, mago, conhecia a salvação. Quando desceu e tornou ao carro aberto foi tal a gritaria de entusiasmo, que os prédios estremeceram. O céu desapareceu um instante sob a revoada dos chapéus de palha cortando o ar civilista. Rui.

Mais dois episódios em que acompanhei meu tio Salles e que ficaram para sempre gravados na minha lembrança. Uma conferência na Associação Brasileira de Imprensa em que falava a filha do conselheiro ilustre. Não lembro bem o assunto mas era alguma coisa audaciosa em que ela descrevia os transportes de uma heroína que ia sendo apertada e beijada "em a boca". Fiquei de orelhas ardendo e perdi logo a coragem de encarar o tio. Ela não leu a conferência. Arengou-a toda andando dum lado para o outro em cima dum tablado que cortava o salão de fora a fora. Vermelhosa de pele, cabelos raros e riçados, olhos largos e de perfil — lembrava estranhamente a figura dum galináceo ciscando e cacarejando. No fim a sala desabou das palmas e dos louros que ela recebeu *em a cabeça*. Outro episódio e esse, do maior interesse. Estive com meu tio na inauguração do Primeiro Salão dos Humoristas. Foi no fim de 1916. Lá estavam mostrando e se mostrando Kalixto ou K. Lixto, Raul, Amaro, Helius, Fritz, Ariosto, Luís, Jota Carlos, Belmiro de Almei-da, Basílio Viana, Nemésio Dutra e outros reis da caricatura. Não sei se Mário da Silva Brito vai concordar comigo. Mas vistos em perspectiva, esses humoristas, pela tentativa que estavam fazendo de avacalhar a pintura séria e de nela introduzirem colagens de jornais (como os cubistas já tinham realizado) ou objetos heteróclitos como grampos de cabelo, pedaços de pente, talheres, restos de máquina, olho de boneca — tudo ajudando a compor paisagens-trocadilho —, talvez possam ser colocados nos grupos brasileiros do pré-modernismo. Isso é coisa a ser analisada, procedendo-se a uma revisão das fotografias tiradas na épo-ca e das críticas e descrições do *salon* aparecidas nos jornais de então. De minha parte é uma opinião e uma sugestão de estudo. Entre as pes-soas gradas convidadas para a primeira mostra dos humoristas lembro, pela solenidade e aspecto venerando, a do barão Homem de Melo. Sua cara confusa parecia um novelo de estopa branca. De fraque, cha-péu-coco, elegante, espectral, muito dado, muito conversado, muito cercado, muito homenageado.

Uma de minhas últimas saídas com tio Salles (antes de sua volta para o Norte) foi para ir com ele visitar amigo do Ceará internado na Santa Casa de Misericórdia. Fomos juntos ao velho hospital. Meu tio — grande nervoso que era — demorou pouco porque o ambiente e os chei-ros puseram-no logo pior que o doente. Saímos depressa, ele desceu as escadas, correu até a amurada da praia e pôs-se a vomitar nas ondas do mar. Porque em 1916 ou 1917, quando se deu esse episódio, a Santa Casa dava frente à barra e diante dela desdobravam-se as perspectivas náuticas que Gastão Cruls descreveu tão bem na cena do suicídio no seu conto "G. C. P. A.". Saudade dessas idas à cidade com tio Salles... Sauda-de do Rio Velho, do Muda, do Tijuca em que voltávamos para casa ao calor da tarde. Saudade do bonde cheio de anúncios. Lá estava o de que eu gostava mais.

Veja, ilustre passageiro,
O belo tipo faceiro
Que o Senhor tem a seu lado.
E, entretanto, acredite,
Quase morreu de bronquite!
Salvou-o O RUM CREOSOTADO!

O belo tipo faceiro... Olhava para os lados a verificar se estavam vendo. Era eu, no terno cinza que me comprara tio Salles na nossa primeira tarde de Avenida, Casa Colombo e Garnier.

> D'ailleurs j'avais une pitié infinie même d'êtres moins chers, même d'indifférents, et de tant de destinées dont ma pensée en essayant de les comprendre avait en somme utilisé la souffrance ou même seulement les ridicules. Tous ces êtres, qui m'avaient révélé des vérités et qui n'étaient plus, m'apparaissaient comme ayant vécu une vie qui n'avait profité qu'à moi, et comme s'ils étaient morts pour moi.
>
> MARCEL PROUST, *Le temps retrouvé*

Na evocação que venho fazendo de minhas andanças com tio Salles não posso separar o que pertence a 1916 ou a 1917. Aliás é impossível restaurar o passado em estado de pureza. Basta que ele tenha existido para que a memória o corrompa com lembranças superpostas. Mesmo pensando diariamente no mesmo fato sua restauração trará de mistura o analógico de cada dia — o que chega para transformá-lo. É como navegar, arrastando dentro do mar-tempo um fio e um anzol que são sempre os mesmos mas sobre os quais se grudam as camadas e as camadas de plâncton que acabarão por transformar a coisa filiforme e aguda numa espécie de esponja. A viagem da memória não tem possibilidades de ser feita numa só direção: a do passado para o presente. Não é a sós que velejamos para os anos atrás em busca dos nossos eus. Levamos conosco uma experiência tão inarrancável que ela é elemento de deformação que nos obriga a agir com as nossas recordações como os primitivos que pintavam a Natividade, o Pretório e a Ressurreição, dando à Virgem, a são José, a Nosso Senhor, a Pilatos e aos centuriões roupas medievais em ambientes italianos, flamengos e espanhóis. Assim vim fazendo, desnaturando a Avenida de ontem com a de hoje e a de sempre. É assim que faço com meus tios e vou começar a fazer com os personagens de romance que moravam em casa da d. Adelaide Moss. Digo bem personagens de romance, pois sua criação é arte que aprendi com tio Salles. Para descanso de espírito, sempre que ele via um verdadeiro tipo, qualquer que fugisse do todo-o-mundo, logo começava seu enredo e a criar uma espécie de novela onde o indivíduo focalizado movia-se melhor que na sua própria existência. Dando comprovação à ideia machadiana de que a verossimilhança pode muitas vezes vencer e ser melhor que a verdade. Era assim que eu ria, de morrer, ou ficava suspenso de angústia quando tio Salles *inventava* a vida dos outros hóspedes da nossa pensão.

Ao bravo general Ribeiro, por exemplo, ele atribuía lances heroicos em Canudos e situações preponderantes na Revolta da Vacina. A configuração legendária do general era auxiliada pelo que sua própria esposa nos contava das lutas do Sul e de como ela, em pessoa, fora, sozinha, dispersar reunião suspeita de federalistas que se processava noturnamente numa escola infantil — ateando fogo aos quatro cantos do prédio. Tivera o gozo de assistir, escondida, à correria dos fujões, tinindo as chilenas e sacudindo os ponchos chamuscados. O general era alto, arrepiado, grisalho e muito magro. Homem de poucas palavras. Sua senhora era muito clara e ao contrário dele, extrovertida, dando a vida por uma conversinha e babando-se por contar façanhas. Dela e do marido. Baseado nisto meu tio construía a figura provável dum companheiro do coronel Tamarindo, no Alto do Mário, ou a dum camarada de Lauro Sodré no Templo Positivista. Mostrava-o tentando galvanizar o desanimado substituto de Moreira César até ao último instante, até à aproximação dos gritos e das balas, até à hora em que cada um cuidou de si, que diabo! que era tempo de murici... Desvendava-o na maçonaria, no apostolado da rua Benjamim Constant, estumando Lauro Sodré contra aquela imundície da vacina e a petulância do tal Oswaldo Cruz. Um bilontra, que usava até pulseira! Só mesmo à bala!

Pois mais terrível que os romances inventados por meu tio foi o que a vida teceu para o general e sua esposa. Os dois tinham uma filha chamada Odila. Ela era a graça em flor, negros cabelos, negros olhos cintilantes, dentes sempre à mostra dentro da concha do sorriso e aquela pele de porcelana viva, ora branca, de uma brancura de camélia, ora rósea, de uma tinta de barra do dia. Foram todos juntos, meus tios Modesto, o general, a senhora e a ave Odila para Poços de Caldas. Logo ela dominou os moços da estação de águas que lhe ofertavam seus corações. O mais gentil e airoso era o dono da funerária que talvez tivesse sido escolhido, não fosse o sinistro de sua profissão. Ele sentia a relutância da moça querendo vir e não vindo e, impaciente, fazia humor negro dizendo que lhe havia de dar, de aniversário, o mais lindo caixão da empresa. Ela ria que ria, dizendo que queria e que — veja lá! sua festa estava por dias. Pois não é que os anjos disseram amém e que ela amanheceu morta no natalício? Foi um desespero do moço que caprichou em cumprir a promessa. Meus tios contavam que ele desmanchara um armário de cedro, outro de jacarandá, um terceiro de pau-cetim para ter as tábuas finas, do mais rico ataúde que pudesse fabricar. Fê-lo, com alças de prata, todo acolchoado de veludo e forrado de crepe da China brancos. Foi nesse leito que ela veio enterrar no Rio, luvas de pelica, toucada de laranjeira, sorrindo dentro da nuvem imaculada dos filós e dos brocados de noiva perenal. Os velhos voltaram para a pensão, o general mais calado, a senhora esquecida das campanhas do Sul e só tendo assunto quando vinham à baila casos de virgens mortas. Contava logo o da filha, começava a chorar, o general vinha alto e calado, dava-lhe o braço e os dois iam para o quarto apoiados um no outro.

O sr. Balsemão era português e homem discreto. Moita, mesmo. Pouco se podia desvendar de sua vida, pois sua prosa variada cuidava de tudo menos de coisas pessoais. Tio Salles puxava por ele mas o máximo que tinha conseguido, ao fim de meses, foi saber que ele embarcara para o Brasil em Leixões e pelo navio *Tubantia*. Era muito pouco para construir o romance daquele homem polido e impenetrável, resistindo na mamparra e não se deixando transformar em personagem. Enfim! bem provocado chegou o dia em que ele soltou injúrias contra el-rei d. Carlos, contra a rainha d. Amélia, contra o príncipe Luís Filipe e lamentou que d. Manuel não tivesse sido abatido, também, na monteada do terreiro do Paço. Tio Salles ficou de orelha em pé e finalmente apurou que o homem aportara ao Rio em meados de 1908. Não tinha dúvida! Companheiro do Buiça! Justamente o que desaparecera no meio da confusão, o que entrara de chão adentro e que a polícia do Reino jamais descobrira vivo ou morto. Nós tínhamos ali, em carne e osso, um dos matadores de Carlos de Portugal! Apesar do aspecto invencionado do caso, aquilo me impressionava e eu via claramente vistos na cara pachorrenta do velho lusíada os lanhos traçados pelos espinhos do ramo de rosas brandido pela rainha; olhava de esguelha por sua porta entreaberta procurando ver-lhe a capa de regicida e a carabina de que se servira. Fiquei devendo à palestra desse português e a suas referências às ilhas e costas que vira duas palavras mágicas: uma escura, Mombaça; a segunda toda clara, Malabar. Havia outros reinóis em casa de d. Adelaide. A d. Custodinha Neves, muito simpática, muito viúva e o seu filho, aluno do Colégio São José; o comendador Antônio Augusto e a esposa — a excelentíssima senhora d. Julinha Cardoso Porto; certa d. Alfreda, gioconda esquelética e desidratada, sempre esboçando o mistério de seu meio sorriso, pelo braço do marido nacional, pele esverdeada, beiçola branca como num vitiligo e pastinhas de cabelo ruim aberto ao meio. Tio Salles dava-lhes passado, criava as conjunturas (amor desatinado, latrocínios, raptos, desfalques, homizios, nota falsa, concussões, fugas e homicídios) — as conjunturas, dizia, que os tinham feito chegar até nós assim tão completos, tão acabados — um saindo das páginas de João Grave, outro das de Camilo, este das de Abel Botelho, aquele das de Júlio Dinis ou de Fialho de Almeida. Havia uma trasmontana, branca de corpo e dentes, negra de cabelo e vestes, que por minha conta e retrospectivamente passei a ter como heroína do Eça e de *A relíquia*, sincretizando-a aos poucos com a formosa Adélia. Havia de ser por causa do resfriado, uma espécie de seu estado crônico, dobrado do seu nome de asma e rom-rom de gato. Chamava-se Leonarda, era viúva, tinha olhos verdes e míopes e cheios de seriedade. Essa gripe recidivante da bela senhora e mais sua vista baixa eram motivos para ela atrair ao seu quarto quem lhe lesse alto os romances, as folhas — meninas, meninos mas de preferência meninões que estivessem mudando a fala, musculando as coxas, penujando as pernas e fazendo volume nas calças curtas. Ninguém jamais desconfiou da sacanagem e o segredo nunca subiu até os adultos. Um dia ela instou comigo para ir. Queria que eu lhe fizesse a leitura do folhetim dos *Mistérios de Nova York*. Não vê? ela tinha perdido a série no Velo. Bastante bobo nos meus treze anos (entretanto perceptíveis) não me dei conta da cama abissal onde se espreguiçava a felina Leonarda, do xale de lã que ela abria e fechava, das cobertas que repelia e puxava, nem do deleitável daquela coisa meio febril com cataplasma de angu e cheiro de erva-doce. Afinal, impaciente, ela disse que eu estava lendo mal, muito, que a secava, ai! que me fosse e que lhe chamasse o Mário. Fiz o que ela queria. O Mário lá se foi e depois ele e o Hélio — outro sobrinho de tio Salles, cadete da Escola Militar e também ledor assíduo de d. Leonarda — é que me explicaram que eu não passava dum rematado cretino. Então eu não sabia? Seria possível? um bestalhão assim. Pois ficasse sabendo que ela tinha os apelidos de madame Papa-Frango, de Navio-Escola... Pobre de mim que a seu bordo não naveguei — por inexperiência de mares e falta de portulanos. Uma senhora de mais de trinta anos, uma velha! Tempo havia de chegar em que eu muitas vezes pensaria de modo contrário. Quem? aquela loura? mocíssima, gente! ainda não chegou aos cinquenta... Para acabar com a Leonarda: mais tarde por vagas alusões dos mais velhos (baseados em informações da d. Alfreda), percebi que ela fora apanhada com a boca na botija, na Pensão Haddock Lobo, com um garoto de doze anos. Tinha sido posta na rua a toque de caixa, abandonara as freguesias do Espírito Santo e do Engenho Velho e fora fazer a felicidade dos taludinhos das cercanias do largo do Machado.

Mas nem só de literatura portuguesa eram construídos os personagens que tio Salles descobria na pensão. O elemento nacional representava-se por gente de Machado de Assis, Aluísio Azevedo, Lima Barreto, Xavier Marques. Dessas *dramatis personae* a nossa mais íntima era a figura do denodado comandante Octávio Briggs, oficial de Marinha, famoso por ter escapado a braçadas das matanças procedidas pelos amotinados durante a revolta do João Cândido. Ele gostava de contar a odisseia, de como desconfiara de alguma marosca, fora espreitar e vira-se de repente cercado por uma matula armada de machadinhas de abordagem! Negaceara, correra, atirara-se dum portaló e tivera de nadar vestido, calçado e apertado, nas águas negras da baía. O Briggs era vermelho como um tomate, parecia um inglês com seus olhos muitos verdes e o nariz imenso, pontudo, retorcido, lustroso, móbil e suscetível como a tromba dum tapir. Era casado com uma senhora da família Malafaia, dos Barros Malafaia — afazendados em São Gonçalo. Chamava-se Zélia. Zélia e Octávio Briggs. Acompanhamos os dois a um São João naquelas suas terras do estado do Rio. Lembro da noite de junho, das fogueiras acesas e dos balões errantes. Profundamente... Lembro a ceia e o chouriço da ceia. Era a primeira vez que eu via semelhante iguaria e comecei a comer com engulhos, pensando que aquilo era tripa de porco sem limpar e atochada de bosta! Ainda mais com açúcar! Quando eu estava para perder os sentidos é que o Modesto esclareceu que a poia escura não era o que eu pensava, homessa! mas sangue coalhado e temperado com cebola, alho, louro, cominho e pimenta-do-reino. Tranquilizado, devorei — apesar da consciência de que por timidez, moralmente, comera da dita. Lembro a velha casa senhorial e avarandada, a sala cheia de quadros a óleo onde avultava, de corpo inteiro, a figura antepassada de d. Rita Xavier de Barros Malafaia. Logo tio Salles decantou do seu fichu, dos seus bandós, dos seus camafeus, de sua saia-balão uma história de Macedo e de amores imperiais. Mas o melhor do sítio eram suas laranjas imensas, orbes d'ouro, de umbigo como as da baía e aquelas tangerinas como não há mais. A casca separava-se de uma vez e as *garrafinhas* se debulhavam logo que a faca afiada abria o gomo de fora a fora... Seu cheiro persistia nas mãos, nas narinas, nas roupas, não saía mais. Voltava conosco para o Rio impregnando a barca e os ares salinos. O Briggs mandava que aproveitássemos, que nos empanturrássemos. Iguais não encontraríamos noutra parte. Suas frutas eram famosas. Deixavam longe as laranjas de Maricá e as mexericas de Saquarema... Mas o dia em que nosso amigo mais me impressionou foi quando fomos em charola para vê-lo desfilar comandando uma das companhias (creio que a dos *henriques*) do Batalhão Naval. Tia Bibi, a Zélia e a d. Julinha tinham feito roupa a caráter para essa parada. Era dum tecido cáqui, corte simples entre a farda e o costume, saia bem rodada e audaciosamente subida até a dois dedos acima do cano das botas da mesma gabardine do vestido. Meias marrons. Bolsa e luvas, idem. Chapéus da mesma cor e plumas brancas. Batemos palmas para o almirante e seu estado-maior que rompiam a cavalo. Vinha em seguida o baliza, mulato gigantesco de dois metros de altura dando o compasso à banda famosa executando o "Cisne branco". A seu lado a mascote, que era um carneiro de neve com os chifres dourados a purpurina, recoberta de manta de veludo azul e trazendo guizos de prata ao pescoço. Logo depois o Briggs à frente da sua companhia, meio canhestro sobre a montaria, atrapalhado com as rédeas, a espada, as luvas e segurando o santo-antônio da sela cada vez que a alimária ameaçava pranchear no asfalto. Passou sério, carrancudo, tenso e sem responder aos nossos vivas. Logo eu disse à d. Zélia que o comandante Briggs não nos vira. Não podia ter visto. Nem respondera. A simpática senhora foi logo explicando que ele vira sim. Não podia era responder, porque estava em armas. Compreendi logo tudo: estava em armas...

Havia mais. Um seu Vespasiano todo esticado, colarinhos de louça, calças primorosamente vincadas, gravatas impecáveis, todo ele contrastando com a porcalhona da mulher, sempre sebenta, despenteada, descosida e dona dum hálito pestífero. A d. Leonarda, que tinha suas tintas de Roma e de sua história sanitária, chamava a desleixada de *vespasiana* em vez de dar-lhe o Ambrosina do seu nome. Parecia impossível que naquele entulho tivesse sido gerada a bela Hilda de seios nascentes e tão cheia de esplendor adolescente. Os irmãos João Gabriel e Olívia, ela toda tratada e miudinha, sempre chegando do Pati do Alferes. E mais o alfa e o ômega da casa representados pela velha e hedionda d. Quininha e pela moça cheia de graça que tio Salles chamava de Anjo Louro. A primeira era um negócio azeitonado, adunco, dentadura dupla, olho de vidro, óculos pretos, chinó postiço e mantelete — toda manquitola dos joelhos arqueados e dos joanetes. Parecia uma montagem, parecia uma das bruxas de *Macbeth*. Tio Salles criava casos em que ela aparecia sempre de fada Caraboça. Já a segunda era lirial como as virgens, era rósea, perfumada, vernal como a Vênus de Botticelli concretizando-se na vaga. A camomila e a água oxigenada faziam de seus cabelos auréola dourada em torno da cabeça de santa. Tinha sempre o papel de Beatriz, de Ofélia ou de Laura nos romances de tio Salles. Pois era o contrário. O tempo foi mostrando que a d. Quininha era a melhor das mães e a melhor das avós. Gostava de se pintar, coitada! na ilusão de atarracar nas mãos nodosas uns farrapos de mocidade. E um belo dia o Bento Borges, de visita, identificou o Anjo Louro como a amante de um intendente. Quarto montado na rua dos Inválidos. Sim senhores! nem mais, nem menos. Perguntassem ao Lafayette que também a conhecia... Foi uma indignação das tias. Amante! Elas pronunciavam a palavra-estrela como quem escarrasse suas pontas da boca fincada pela impureza. Amante! O Briggs, danado da vida, fardou-se e foi à d. Adelaide que imediatamente pediu o quarto do Anjo Louro. *Manu militari.* Bem feito! disse a d. Julinha. *O anjo do seu Salles* que fosse adejar na Lapa e nos ares propícios da esplanada do Senado.

Toda essa gente era a que convivia conosco de mistura a vultos incolores. Com ela era a conversa, a troca de gentilezas, os brinquedos de salão (a berlinda, o anel, o lá-vai-uma-barquinha-carregada-de), os jogos inocentes de damas, xadrez e da véspora com tentos de feijão — que a d. Adelaide não admitia em sua casa baralho, azar, nem nada a dinheiro. Às vezes se dançava, as moças se revezando no piano e nos braços respeitosos de cavalheiros como o Astyanax e o Valdemar Padre-nosso. Foi nos salões do 252 que dei meus primeiros passos, ao som de "O meu boi morreu", conduzido pela Adelaidinha, filha da dona da casa. Esta aparecia imensa, muito branca, muito penteada e vestida das suas sedas negras de viúva, cerca das dez e meia da noite. Vinha dar boas-noites aos seus hóspedes; todos sabiam que aquilo era um *curfew* e logo cada um tratava de dar até-amanhã e de recolher-se aos aposentos.

As reuniões noturnas da Pensão Moss adquiririam caráter nitida-mente literário com a mudança para a mesma do poeta Heitor Lima. Era um belo homem alto e louro, andando àquela época pelos seus vinte e nove a trinta anos. Ligou-se logo ao confrade Antônio Salles e organizava saraus em que ele e meu tio recitavam para um grupo de senhoras e moças transportadas os sonetos da pálida e loura, muito loura e fria e o dos tocheiros chorando um rosário de lágrimas de cera. Muito Bilac, muito Alberto de Oliveira, muito Vicente de Carvalho. Também a produção dos dois — tio Salles tímido, sempre relutante em dizer seus versos, e o Heitor Lima muito pará, sempre pronto a decla-mar os próprios — os dos *Primeiros poemas* — livro que estava sendo ourivesado na ocasião. Ele os compunha de manhã, no quarto, muito bem-posto num *veston d'intérieur* de seda azul-pavão — deixando a porta aberta para que quem passasse no corredor pudesse vê-lo em plena elucubração: olhar distante, pena ora parada na mão, à espera da inspi-ração, ora correndo sobre o papel num frenesi; a outra mão alçada, contando nos dedos, no gesto de quem calcula. Eram os hemistíquios que ele ia engatando de dois em dois na sucessão dos alexandrinos. Eu passava e repassava na sua porta para assistir àquele martírio do aedo virado e revirado na grelha em brasa dos hexâmetros e atenazado pelas pontas da cesura. Mas minha maior admiração ia para suas botinas. O poeta Heitor de Oliveira Lima tinha a originalidade de só usá-las de um tipo. Com qualquer roupa, em qualquer ocasião. Eram todas de biquei-ra e guarnição de verniz preto, canos de pelica amarela. Possuía mais de vinte pares, rigorosamente iguais e que ficavam engraxados, lustrosos e perfilados de encontro à parede. Para evitar confusões e calçá-las sempre combinadas adequadamente, ele as numerava por dentro. Ordem, medida, rima, soneto.

Quando não íamos vê-las em São Francisco Xavier, quem vinha passar os serões conosco eram minha tia Candidinha e sua filha Maria. Esta terminara o Sacré-Coeur e desabrochara numa moça vistosa e bonitona. Era clara de pele, grandes olhos mansos e pestanudos, mais aquela cabeleira prodigiosa com dois tons de bronze e ouro velho que ela embutia num coque meio frouxo. Era de nenhum baile, de pouco cinema, de teatro muito escolhido e de amigas ainda mais selecionadas: as Leuzinger, as Cipriano de Freitas, a Maria Augusta Burle Lisboa. E só. Tinha estado recentemente no Ceará e de lá voltara meio prometida ao jovem Joaquim Antônio Vianna Albano. Um partidão. Quando tia Candoca e ela vinham passar a noite na Pensão Moss não havia danças, nem jogo, nem recitativos. Todos exigiam mãe e filha ao piano. Elas, para não se fazerem de rogadas, sentavam-se ao Pleyel meio desafinado na sala de visitas e davam sua ração de boa música. Primeiro uns clássicos. Depois o que cada um pedia ou preferia. Agora a "Primavera", Maria! Por favor, d. Candinha, a "Urucubaca miúda" e, para acabar, o "Fado liró"!

De toda essa gente que estou evocando, dos que fui tendo notícia, sei que morreram. Os outros seguiram seus destinos, foram viver suas vidas e se algum está vivo estará velho (quem sabe? Hilda? Adelaidinha? Olívia? Mário?) e já não deve se lembrar mais dum menino moreno, tímido, meio sonso que se esgueirava entre os grandes e gostava de ficar pelos cantos olhando tudo, ouvindo tudo, guardando tudo, tudo. Armazenando na sua memória implacável (seu futuro martírio) os fragmentos de um presente jamais apanhável mas que ele sedimentava e ia socando quando eles caíam mortos e virados no passado de cada instante. Fantasmas que suscito como coisa minha e dócil, à hora que quero. A uns amei, a outros estimei, aborreci alguns e alguns mal conheci — mas todos! ai! todos, me impregnaram de suas vidas-águas como se eu fosse uma esponja. Ficamos inseparáveis. Bastou para isto que nos cruzássemos numa nesga do espaço e num instante do tempo.

Você é simples e bom e sincero e a piedade e a ternura de seu coração animam suas páginas [...].

DOMÍCIO DA GAMA, *carta a Antônio Salles*

És um homem! e como tal tipo é hoje raro, já agora agarro-me ao que me deparou a fortuna fazendo dele um amigo e dos bons [...].

COELHO NETO, *carta a Antônio Salles*

Depois de Alencar, ele é o maior nome da história puramente beletrística de nossa terra.

LEONARDO MOTA, "Moacir Jurema"

Nasci livre e livre quero morrer. Não aceito a doutrina totalitária, segundo a qual os povos, para serem felizes, precisam ser escravos.

ANTÔNIO SALLES, *nota de imprensa*

Antônio Salles. Abro o catálogo do telefone e encontro cinco Antônios que são Salles também. Tenho cruzado vários na vida, em que acontece a combinação desses nomes corriqueiros e sempre me vem a ideia de uma contrafação, de uma apropriação indevida. Porque verdadeiro e único é o homem magnânimo que tive como amigo antes de ter noção de amizade. Meu tio Antônio Salles. Seu pai chamava-se Miguel Ferreira Salles e sua mãe Delfina de Pontes Salles. Esta era filha de Henrique Pontes — batizado aos trinta e cinco dias de vida, a 18 de agosto de 1810 e que faleceu nonagenário, a 24 de novembro de 1900 no Paracuru. Por esse avô as origens cearenses de Antônio Salles entram pelo século XVIII com os nomes de seus bisavós: Manuel Pontes Franco e Bárbara Ursula das Virgens. Gente do povo curtida na seca, na pega do boi, na retirância, na volta, no jejum, na bubônica, nas bexigas, no amanho da terra e no comércio decente. Gente direita, com pelo menos duzentos anos de Ceará e modéstia, duzentos anos do sangue limpo e sempre legítimo que permitiria a Antônio Salles responder a um artigo injurioso do jornal do governo onde se dizia que ele começara na rua, como guia de cego — que sim, mas que não era neto nem filho de padre. Logo o inspirador do artigo fechou o queixo enviesado e a folha calou a boca... O cego tinha mesmo existido e era o próprio pai de Antônio Salles. Esse bravo partidário do senador Pompeu, que avançava para dissolver comícios a rebenque quando neles era insultado o seu chefe político, tinha, diz Leonardo Mota, juntado uma pequena fortuna — desbaratada quando ele cegou de repente. Era um cabeça-chata autêntico, larga fronte, traços fortes, fartos bigodes, cavanhaque. Conheci de retrato, de frente — os olhos claros vazados pela gota-serena. À sua mulher, mãe do meu tio, tomei a bênção pessoalmente, velhinha, muito seca, muito lépida — os cabelos de tapuia sem um fio branco, apesar de quase octogenária. Por ela Antônio Salles se aparentava aos Pontes, aos Vieira e não sei bem se aos Alencar ou aos Nogueira e aos Borges da Fonseca. Certamente a um desses ramos porque ele e meu primo materno João Franklin de Alencar Nogueira tratavam-se de primos na correspondência que trocaram e que tenho em mãos. Pelo pai (que era de Cauípe, município de Soure), era consanguíneo dos Marrocos Salles, dos Salles Gadelha do Ceará e dos Salles Rodrigues do Piauí. Gente, não sei se bem mas, certamente, muitíssimo de bem. É a gente íntegra do desembargador João Jorge de Pontes Vieira; a gente incorruptível do interventor Landri Salles Gonçalves; a gente inamolgável do panfletário, polemista, jornalista, crítico, ensaísta, romancista e poeta Antônio Salles.

O casal Delfina e Miguel teve os seguintes filhos: Luísa, Adolfo, Maria, Júlia e Alfredo. Antônio Salles era o mais velho dessa irmandade cuja descendência vive no Ceará. Conheci muito Adolfo, no seu sítio da Pajuçara, conheci as irmãs mas nunca vi Alfredo, falecido no mesmo ano da Carolina de Machado de Assis. Tenho em mãos a carta em que o último dá pêsames a meu tio e agradece os que ele lhe mandara por morte da mulher, em palavras cheias de tristeza: "Não se rompe assim uma existência de trinta e cinco anos sem deixar sangrando a parte que fica". Meu tio nasceu a 13 de junho de 1868, no distrito de Parazinho, município de Paracuru,* na então província do Ceará. Desse Parazinho, não há vestígio. Foi devorado pelas dunas. Em 1868 as areias começam a invadir o lugarejo e ao fim de poucos anos cobriam casa por casa, tendo deixado de fora apenas a flecha da igreja e o cocar das palmeiras. Finalmente, tudo sumiu, como conta Antônio Salles.

* O lugar onde ficava o Parazinho situa-se no hoje município de Anacetaba.

A casa onde eu nasci, no Parazinho,
Já não existe mais;
Sou no mundo como a ave cujo ninho
Desmancharam os rudes temporais.

Não somente meu lar, mas toda a aldeia,
Pousada à beira-mar,
Jaz sepultada num lençol de areia
E ali ninguém jamais há de habitar.

Os habitantes do Parazinho transportaram-se com armas e bagagens para "o outro lado da Boca do Poço onde, com a resignação peculiar dos cearenses perante as calamidades da Natureza, ergueram suas choupanas". Com eles, arrastando tralhas e famílias, o comerciante Miguel Salles. Dali passaram-se ao Paracuru e a Soure que é a atual Caucaia. Nestas vilas Antônio Salles começou seus estudos primários, depois de ter aprendido a ler sozinho aos cinco anos, o que lhe valeu presente trazido pelo pai de Fortaleza: *As primaveras*, de Casimiro de Abreu. O livro foi decorado pelo futuro poeta. "Creio que daí veio todo o mal..." — dizia ele quando contava o episódio. Ainda conheci o pequeno volume, usado, gasto, encardido, desmanchado e recosido. Em lembrança do velho Miguel e da alvorada da poesia, meu tio tinha-o sempre sobre a mesa, na prateleira dos dicionários. Os tais de seus estudos primários começaram tarde e foram se arrastando. Mais que neles o garoto gastava seu tempo com o mar, o vento e o campo. Corria nas praias, mergulhava, bebia do salso, ressurgia das espumas borbotando, reentrava como seta no peito sucessivo das ondas ("Como um jovem tritão vinha eu banhar-me,/ E tu na espalda válida me erguias"). Largava o verde mar, virava para a terra escura. Então rolava com o aracati, com as aves, as poeiras e as folhas secas do chão adentro. Galopava, campeava, ferrava, laçava e derrubava — pelas estradas do sertão ("Vaguei, como um centauro aventureiro"). Mas esses pés-descalços-braços-nus da infância casimiriana e da adolescência talássica, telúrica e mitológica logo cessariam quando o pai cegou. Ah! aquela desgraça tinha sido súbita como raio. O velho deitara são, são. Acordou com aquele barulho dos bichos no galinheiro até estranhando semelhante matinada dentro de tanta escuridão. Para ele era noite alta. Esperou um pouco, tornou a dormir. Despertou de novo com o movimento da casa, os barulhos, as falas de cada manhã. A mulher vinha entrando para chamá-lo, espantada de tanto sono. Decerto, homem! sol alto, dia claro. Como é esta história? Aí foi o corre-corre, o susto, a surpresa, a evidência. Não estava enxergando um palmo diante dos olhos! No mesmo dia, para Fortaleza. Médico depois de médico, cada qual com opinião diferente. O que o senhor tem é retina, seu Salles. Não sei, não sei... para mim o caso é de nervo óptico... Qual o quê! isto foi muita praia e muito sol dando cabo de sua vista. Finalmente o velho dr. Meton diagnosticou gota-serena e deu o prognóstico de noite para sempre. Cego! Mas doutor, não é possível, faça alguma coisa... As coisas foram feitas, muitas, sem resultado. Seguiram-se os purgantes, os vapores ditos estimulantes dirigidos aos olhos, os toques das pupilas com rolha molhada em amoníaco líquido, as lavagens das vistas com água-de-colônia diluída ou aguardente canforada, as sanguessugas nas têmporas, os colírios de sulfato de zinco, os cáusticos na nuca, os sedenhos, os cautérios, as moxas acesas, os reconstituintes à base do ferro, do lúpulo, da genciana, da noz-vômica. Nada. Vieram depois as fantasias da medicina popular, da feitiçaria, das comadres. De cachaça de alcatrão foi um pipote inteiro. Olho de pomba torrado ele comeu mais de um ano... Chegou o dia em que a família verificou que o dinheiro das economias tinha se volatilizado e que as portas da casa estavam abertas para a miséria negra. Meu tio tinha catorze anos quando decidiu tomar conta da mãe e dos irmãos. Parou de estudar e foi caçar emprego na Fortaleza. Arranjou trabalho de sol a sol no armazém de secos e molhados de Jesuíno Lopes. Ele tinha de abrir a loja às seis da manhã. Vendia a retalho no balcão, cosia fardos, arrumava as barricas, fechava, escriturava até onze da noite e ia deitar. O sono não vinha logo não — só chegava depois do menino separado dos seus ter chorado longamente. Mas ganhava seus vinte e cinco mil-réis por mês e com isto é que ele se sustentava, aos pais, aos irmãos e pagava as viagens do velho a Fortaleza, sempre que havia esperança de tratamento novo. Então é que ele passava guiando os passos inseguros do pai nas ruas da capital da província e por isso é que houve vilão bastante perverso para chamá-lo, depois, no jornal, de guia de cego. Tinha sido, sim. E com muita honra.

Não sei quanto vou poder escrever sobre os dez anos da vida de Antônio Salles que ficam entre sua vinda para Fortaleza e a fundação da Padaria Espiritual. É a sua década fundamental, a que lhe deu experiência dos homens, o tédio à politicagem, a opção pelas letras, a publicação de um livro, o gosto pela oposição, a chefia de um movimento literário e o conhecimento de Alice Nava. Não sei quantas páginas, quantas linhas vou escrever. É. Sei o que despendi em dias e semanas, passando o pente fino nos arquivos de meu tio para colher uma ou outra data, este ou aquele fato mais marcante daquele período. Infelizmente sua correspondência de 1882 a 1892 não é muito extensa: ele ainda não se tinha virado no epistológrafo só comparável a Mário de Andrade e que surgiu durante sua estada no Rio e depois, quando da sua volta definitiva ao Ceará. Mas tudo isto é história dos tempos futuros e vamos cuidar aqui, antes de mais, da força interior que habitou o menino semianalfabeto e só que era caixeiro de secos e molhados em 1882, o autodidata — que depois de medir durante o dia os litros de grão, as réstias de cebola e os pesos de carne do Aracati — desunhava, sem mestre nem guia, os livros em que aprendeu grego, latim, alemão, francês, italiano, português; os volumes de belas-artes, belas-letras e filosofia — que iriam fazer aparecer o poeta, o jornalista, o humanista e o chefe de escola de 1892. Agora não mais só, mas cercado de amigos aos quais ele insuflava esse *en theus*, esse deus de dentro — esse entusiasmo que foi uma das tônicas de sua personalidade.

Ainda nos tempos do Parazinho e do Soure Antônio Salles fizera uns versos trazendo em acróstico o nome de uma prima. Qual teria sido esse nome? Não o escreveu e deixou apenas num soneto de *Minha terra* vaga alusão à doce sombra ("Dessa que foi o meu primeiro amor!"). Quem canta seus males espanta e Antônio Salles que deve ter rimado escondido, para evadir-se da vida dura do balcão, só aparece como poeta em 1884. Bem que namorava de longe, sem coragem para se aproximar dele, o Clube Literário onde brilhavam João Lopes, Antônio Martins, Farias Brito, Oliveira Paiva e Álvaro Martins. Ardia por escrever no jornal deles, chamado *A Quinzena*. Nunca teria coragem de ir pedir, em pessoa. Que vexame, uma recusa... Acompanhava de longe os literatos pelas ruas. Sentava perto deles nos cafés. Bebia-lhes as frases, as pilhérias, as ideias. Ah! não podia continuar assim, de fora, longe daquele banquete. Mandaria fosse o que quer, tinha de se aproximar dessa gente. Afinal escolheu o soneto que lhe parecia mais apresentável, assinou-o com pseudônimo e foi de madrugada, passos de gatuno, metê-lo sob as portas fechadas da redação. Dias em cólicas. Tempo infeliz! Já sofria sem esperança quando o soneto foi publicado e soube que o poeta estava sendo procurado. Tempo ditoso! Apresentou-se e foi assim que Antônio Salles passou a fazer parte, aos dezesseis anos, da mais fina roda literária do seu estado. Por ela ia adquirir novos amigos nas pessoas de Antônio Bezerra, João Cordeiro e Rodolfo Teófilo que o fizeram membro da Sociedade Libertadora Cearense, fundada em 1880, e que o integraram no movimento abolicionista, nos desacatos ao Conde d'Eu e na propaganda republicana. Rodolfo, que juntava o proselitismo político à hospitalidade, recebe Antônio Salles em sua casa e é aí que o jovem poeta começa a conhecer a sociedade e as moças de Fortaleza. E decerto a padecer por elas, ele que era dotado de uma sensibilidade do feminino, de um golpe de vista tão certeiro que essa balda não escapou, depois, à minha observação de adolescente. Jamais ele errava, nunca desperdiçava olhar e quem seguisse a linha invisível de sua mirada podia estar certo de encontrar ao fim do fio a mais linda mulher da sala onde ele estivesse ou da rua em que passava. Por intermédio de Rodolfo, de Oliveira Paiva, de Farias Brito — Antônio Salles firma sua posição no jornalismo, nas letras da província e, a partir de 1887, encontramo-lo escrevendo regularmente no *Libertador* e no *Meirinho*. O ano seguinte, o dos seus vinte de idade, foi marcado pela Lei Áurea, pelo conhecimento e amizade de Caio Prado e pelo alumbramento da visão da amada.

Antônio Caio da Silva Prado, paulista de quatrocentos anos e aristocrata pelo sangue — era-o também pela inteligência. Seus pais foram o dr. Martinho da Silva Prado e sua sobrinha e mulher d. Veridiana Valéria da Silva Prado. Haviam de ser dois tipos de alta qualidade, pois a consanguinidade que soma defeitos, no caso, só teve para adicionar parcelas favoráveis. De fato, desse casal, além de Caio, nasceram outros filhos ilustres e todos da raça eugênica dos brasileiros morenos, como o conselheiro Antônio Prado, o segundo dr. Martinho, Eduardo Prado e duas grandes damas: d. Anézia da Silva Prado Pacheco Chaves e d. Ana Vicência Prado Pereira Pinto — condessa papalina Pereira Pinto. Caio Prado fez seus primeiros estudos na Europa mas bacharelou-se em São Paulo, na turma de 1879. No ano seguinte sustentou tese para doutorar-se em direito. Foi redator do *Correio Paulistano* antes de ser presidente das províncias de Alagoas e do Ceará. Quando investido na última, em 1888, tinha trinta e cinco anos. Aí, em vez de ligar-se às figuras solenes da política de campanário, preferiu, escandalosamente, a companhia dos homens inteligentes de Fortaleza a quem abria as portas do palácio e cujas famílias gostava de frequentar. Era visto frequentemente em companhia de Oliveira Paiva, não saía das casas de Joaquim Feijó de Melo e de Rodolfo Teófilo, era inseparável do comerciante Confúcio Pamplona, do livreiro Guálter Silva e não podia passar sem as presenças de Alberto Nepomuceno, João Lopes, Antônio Martins, Eduardo Salgado, Oscar Lopes e Antônio Salles. Este, logo feito amigo de toda hora e tratado num pé de igualdade que só duas figuras excepcionais podiam manter na justa medida e sem resvalar numa intimidade descabida — sendo uma, a do presidente da província e a outra, a dum modesto caixeiro principiando na imprensa. As relações que cultivaram e a amizade que se dedicaram foram possíveis entre o homem todo-poderoso de trinta e cinco anos e o moço de vinte porque o primeiro era um grão-senhor e o segundo, um cavalheiro de nascença. Ora, essas familiaridades do presidente com intelectuais, gente de nada, maçons e abolicionistas, alguns notoriamente republicanos, tidos como roda boêmia, pouco temente ao poder civil e ao poder religioso, indignava os políticos compassados e tradicionalistas das duas facções monarquistas. Hienas liberais e chacais conservadores entraram em armistício para atirar-se contra o presidente. O disse que disse cumulou quando duma espécie de piquenique dado na chácara de Guálter Silva, onde Caio Prado e seus amigos poetas, fotógrafos, maestros, jornalistas e tocadores de bandolim, descobrindo uma panóplia de armas indígenas, guarneceram-se de penas e miçangas, empunharam bordunas, retesaram arcos, despediram flechas e empenharam-se às gargalhadas numa paródia ao famoso combate singular entre dois botocudos talitiqual a gravura de Ferdinand Denis. As senhoras, gritando, corriam para todos os lados fingindo pânico e o bando alegre despejou da chácara para a estrada de Benfica justamente à hora em que passava a cavalo, de sobrecasaca preta e cartola fúnebre, o dr. Nogueira, que logo virou, reprovadoramente, as verrumas de seus óculos de míope para aquela calaçaria. Quando reconheceu o presidente da província na figura desbragada que lhe apontava arco e flecha, quase desabou de assombro, da sela da alimária. Mas não se deu por achado.

Cortejou gravemente e seguiu para a cidade. Essa festa do jovial Guálter Silva ia ter — quem o diria? até repercussões parlamentares. De fato a Assembleia Provincial e a Câmara Geral ouviram de deputados revoltados o relato da orgia na qual, dizia a oratória pudibunda, um Caio Prado de porre se tinha posto em menores. De índio, mesmo. Dessas e outras é que ficou a fama de boêmio e estrabulega que acompanha até hoje a memória do eminente paulista. Custa a crer em tanta invencionice... Tenho reprodução da fotografia que tirou dessa festa o velho Eduardo Salgado. O único *despido* é o maestro Alberto Nepomuceno que se apresenta de colarinho duro, gravata, colete e tendo se permitido apenas posar sem paletó, sentado no chão, entre as senhoras do primeiro plano. No centro do grupo a figura apolínea do belo presidente e perto, Antônio Salles de topete em riste, bigodinho petulante e, na época, um bonito moço. Mas iam acabar esses que meu tio chamava os "áureos tempos" da sua terra. Em 1889 Antônio Caio da Silva Prado morre, em Fortaleza, de febre amarela. Foi um alívio para os políticos, para liberais e conservadores, *graúdos* e *miúdos*, *minus* e *ripardos*. Mas para o povo e para a inteligência da província — que mágoa! Com o tempo a opinião acabou fazendo justiça ao moço cuja administração foi das mais fecundas que teve o Ceará. Meu tio o adorava e só se referia a ele chamando-o de *Caio, o Magnífico* (como a Lorenzo de Médicis) ou de *Presidente-Sol* (como ao Rei-Sol). Essa veneração tinha também muito de gratidão. Hoje comparando datas e documentos, sinto quase certeza de que o amigo poderoso é que arrancou Salles do balcão e deu-lhe emprego mais compatível com a atividade intelectual. De fato, é em 1888, no governo de Caio Prado, que o poeta entra na burocracia e começa a trabalhar como secretário da Seção de Estatística Comercial da província do Ceará. Posteriormente teria exercício na Intendência de Socorros Públicos de Fortaleza e seria diretor da Secretaria da Assembleia Legislativa. Só em 1889 ele ingressa nos quadros imperiais como empregado da Alfândega de Fortaleza.

Nesse ano, em junho, ele é um dos fundadores do Centro Republicano com os civis Jovino Guedes, Antônio Cruz, Papi Júnior e outros, mais os cadetes da recém-criada Escola Militar do Ceará, Cândido Mariano, Amorim Figueira, Floriano Florambel, Jacy Monteiro e outros. Seu grupo promoveu conferências de propaganda, planejou, organizou e executou as manifestações de desagrado ao Conde d'Eu por ocasião de sua passagem em Fortaleza. Ainda em 1889, com Papi Júnior e Virgílio Brígido, Antônio Salles funda *A Avenida*, periódico republicano. Em novembro ele e seus correligionários do Centro procedem à deposição do último presidente imperial e empossam no governo o primeiro representante de Deodoro.

Voltemos um instante a 1888, ano em que Antônio Salles começa a ir à casa de José Carlos da Costa Ribeiro Júnior, ou seja, à casa do sogro deste, Joaquim Feijó de Melo, padrasto de meu Pai. Logo prestou atenção em Alice, menina-e-moça de treze anos. Entre suas irmãs, essa minha querida tia paterna era a mais dotada física e intelectualmente. Tinha alguma coisa de frágil e de aéreo, uma graça de ave pousando, uns imensos olhos pamplonas tão brilhantes, tão doces, que pareciam sempre boiando numa compota de lágrimas. Era tímida e toda ela parecia pender como as flores cortadas a que falta água no jarro. Era morena, bem-feita de corpo e seus treze anos pareciam dezoito. Só os íntimos conheciam os recursos de seu espírito e a graça incisiva de suas observações. Para meu tio foi mesmo aquela história de vê-la e amá-la... Ela que nunca tivera namorado correspondeu com tal candura, tanta naturalidade, tão profunda paixão que o velho Feijó e minha avó tiveram de se render, de aceitar uma situação de noivos entre eles mal Antônio Salles e minha tia se conheceram. Começou para os dois uma quadra solar. Em 1890 ele publica seus *Versos diversos*.* O livro de estreia é bem recebido não só na província como pela crítica do Rio. E o ano favorável traz-lhe ainda a efetivação no Ministério da Fazenda, ato do governo provisório. Mas logo viriam as decepções e Antônio Salles cedo viu que esta não era a República dos seus sonhos... Aliás de ninguém.

A 7 de maio de 1891 o Congresso Constituinte do Ceará elege seu presidente o general José Clarindo de Queirós, que logo tratou de plantar na sua terra uma ramalhuda árvore oligárquica. José Luís de Castro escrevendo sobre o caso diz que "a parentela, mesmo longínqua, apressou-se em usar as prerrogativas da família; Queiroses surgiram de todos os lados dos sertões ardentes, desde Quixeramobim, Quixadá, Canindé, até Aracati e Cascavel". E cita os versos de Antônio Salles.

---

* *Versos diversos*, Fortaleza, Tipografia de José Lino, 1888-89.

Todos nós somos Queirós,
Família que não tem conta:
Quem quiser dar um saltinho
Para a ponta
É só chegar-se um pouquinho
Para nós.
Boa gente somos nós,
Fazendinha de bom pano;
Só anda ufano
Qualquer sicrano, ai!
Qualquer beltrano
Que tem Queirós.

A sátira fazia parte de uma revista que Salles escrevera com a colaboração de seu amigo Alfredo Peixoto, oficial de Marinha que pereceria tragicamente, em 1892, no naufrágio do *Solimões*. Essa comédia curta teve a direção musical do tenor Antônio Raiol e foi representada a 13 de julho de 1891 no Teatro São Luís. Chamava-se *A política é a mesma*,* teve um sucesso retumbante e com ela Antônio Salles encontrou um dos gêneros em que seria imbatível — o da sátira política. Essa oposição ao general Clarindo duraria, nas colunas de *O Libertador*, até 16 de fevereiro de 1892, data em que ele foi deposto a mando de Floriano, pelos alunos da Escola Militar e parte das forças do Exército aquarteladas em Fortaleza. Tomou conta do governo o coronel Bezerril a quem caberia dar posse e exercício ao vice-presidente do estado, o então major Benjamim Liberato Barroso. Esse seria sucedido ainda em 1892, pelo próprio Bezerril, agora como presidente eleito. Nesse mesmo ano Antônio Salles funda a Padaria Espiritual e tem nessa associação renovadora a situação preponderante que descrevi no meu livro *Baú de ossos*.

O coronel José Freire Bezerril Fontenelle, antes de cursar a Escola Militar do Realengo, fora pedreiro, ourives e relojoeiro. Viera de

---

* *A política é a mesma* (col. com Alfredo Peixoto, com 23 números de música dos compositores A. Raiol, F. Benévolo, O. Feital), Fortaleza, Tipografia de *O Libertador*, 1891.

baixo, conhecera das durezas da vida, formara-se em dificuldades e era assim tipo capaz de se deixar atrair por um homem como Antônio Salles, que em menos de uma década passara de vendedor de balcão a jornalista, chefe de grupo literário, fundador de periódicos, líder da Abolição, propagandista da República e um dos seus proclamadores no Ceará. À amizade e simpatia de Bezerril, às instâncias de seus antigos correligionários do Centro Republicano, mais que a qualquer ambição pessoal, é que devemos a felizmente curta passagem de Antônio Salles por essa coisa que sempre o enojou e que ele sempre desprezou — a política e o contato com os cogumelos que medram na sua umidade. É assim que em 1893 meu tio é eleito deputado à Assembleia Estadual e nomeado secretário de Estado dos negócios do interior do Ceará, cargo de que toma posse perante Bezerril, a 21 de fevereiro. Esse homem de governo de vinte e cinco anos, que, a exemplo de Caio Prado, preferia as rodas do Café Java e a conversa boêmia dos *padeiros* aos soturnos conciliábulos partidários, esse secretário juvenil que despachava de dia para ir, de noite, fazer serenatas a sua Alice, ficaria na situação um ano incompleto. E que deu para encher... A 12 de fevereiro de 1894 Antônio Salles pede demissão do cargo e volta à oposição onde nascera, se criara e de onde jamais tornaria a sair. Contra. Do contra. A causa determinante do gesto de meu tio, a gota d'água fazendo transbordar o copo das náuseas tinha sido o reaparecimento cauteloso, lubrificado e a pés de lã de velha raposa e monarquista renegado, o dr. Antônio Pinto Nogueira Accioly. Aderiu à República, a Bezerril como um sinapismo, uma ventosa, uma ostra, um mata-pau. O nosso coronel Bezerril era magnífico num golpe de força, seria soberbo nas cargas heroicas de Canudos mas, como político, era de um primarismo de criança. Em pouco tempo, como escreveu meu tio, estava "enleado na teia da matreira aranha, e, à proporção que se entregava insensivelmente ao Babaquara, ia-se cada dia incompatibilizando com *os amigos que o tinham posto no governo, alguns dos quais se foram alijando* ou sendo alijados em proveito do novo valido". Os grifos são meus e estão aí para valorizar o que foi insinuado e que posso esclarecer. Antônio Salles, que conspirou com os cadetes para derrubar o general Clarindo, foi, assim, um dos que concorreram para a subida de Bezerril. Deixou seu secretariado em obediência escrupulosa à cláusula dos estatutos do Centro Republicano que exigia que seus membros combatessem "por todos os meios a influência maléfica dos antigos partidos monárquicos". Meu tio tinha destas crenças, destas purezas. Foi por isso que, demitindo-se a 12 de fevereiro, começou a 13 sua oposição ao governo que estava perdendo a genuinidade republicana e sendo envultado pelo velho grupo *minu*.

Não foi só essa opção pela luta, essa renúncia às comodidades de uma carreira oficial que marcaram 1894 como decisivo na vida de Antônio Salles. Ainda nesse ano ele publica *Trovas do Norte*,* seu segundo volume, sente a repercussão do seu nome, dos seus livros, do movimento modernizante da Padaria Espiritual no Rio de Janeiro e a 16 de junho casa-se com Alice Nava. Instala seu lar à rua Major Facundo, 4. Foi nessa residência que, com poucos dias de casado, no meio de numeroso grupo de amigos e parentes — recebeu a visita inesperada de Raimundo Correia — que tinha ido ao Norte tratar sua velha neurastenia. Sua estadia no Ceará foi a oportunidade em que nasceu entre ele e meu tio a amizade que duraria até à morte do poeta de "A cavalgada". Ela transborda da correspondência que mantiveram e de que as cartas de Raimundo estão hoje em meu poder. A propósito destas cartas, diga-se de passagem que seu tom era sempre amargo, cheio de lamúrias contra a vida que era obrigado a levar e, principalmente, de diatribes contra o meio em que vivia: contra seu trabalho burocrático e no magistério, queixas contra a Ouro Preto "ladeirenta e medonha" que o oprimia e contra o acanhado da vida intelectual de Vila Rica. Nesse ponto Raimundo não era muito justo, pois parece que sua presença na capital de Minas coincide com o tempo de moradia aí de Afonso Arinos, Rodrigo Bretas de Andrade, Alphonsus de Guimaraens, Aurélio Pires, Diogo de Vasconcelos, Afrânio de Melo Franco, Augusto de Lima e com a passagem, pela cidade, de Olavo Bilac e Álvares de Azevedo Sobrinho — quando fugidos de Floriano. Afinal, que mais queria? o neurastênico da cólera que espuma...

---

* *Trovas do Norte*. Edição de A Padaria Espiritual, Fortaleza, Tipografia Universal, 1891-4.

Confunda-me o meu acusador, se é capaz. Dou-lhe mais o prazo de três, de seis meses, de um ano, para exibir a prova do meu suposto delito.

[...]

Enquanto não o fizer, e não o poderá fazer nunca, não terá o direito de me chamar de plagiário, e me dará o de lhe chamar de vil e torpe caluniador. É o que faço.

ANTÔNIO SALLES, "Ainda?"

Dentro das misérias de nossa crônica literária é raro ver uma tão bem planejada e levada a cabo como a de que foi vítima Antônio Salles por obra de um safardana chamado Oscar Leal, cirurgião-dentista em Pernambuco. Nos intervalos da broca e do boticão o nosso cura-queixos dava-se às Musas e enramava seus ditirambos. Completamente alvares como o demonstrou a crítica de meu tio num jornal de Fortaleza. O homenzinho furioso engendrou e fez pôr em execução, em Lisboa, bem planejada perfídia. Mandou traduzir para o espanhol o soneto "Visita matinal" das *Trovas do Norte* e fê-lo publicar com a assinatura Herminio Palma. Deu publicidade ao mesmo, em Recife, num artigo cheio de injúrias a Antônio Salles e atirando-lhe mais, à cara, a acusação de plagiário. A prova? Estava ali — o soneto roubado ao livro *Malagueñas*, do poeta castelhano que se dizia residente em Barcelona. A coisa causou pasmo e escândalo, além de dar a Antônio Salles um trabalhão dos diabos. Teve de escrever para o Rio, Lisboa, Madri, Barcelona — colhendo testemunhos de que não existiam o livro *Malagueñas* nem o vate seu autor. Teve de provar essas coisas através de vários jornais — a *Grande antologia* de Menéndez Pelayo em punho, até fazer acreditar que jamais houvera nas Espanhas nem nos países ibero-americanos — do México à Patagônia, passando por Cuba e pelas Caraíbas — nenhum rimador chamado Herminio Palma.

Esse caso seria periodicamente retomado pela imprensa governista do Ceará, sempre que a mesma queria enxovalhar Antônio Salles ou dar a contrapartida de qualquer êxito que ele lograsse. Vinha logo a reedição da infâmia e era um deleite em palácio... Mas o mais engraçado e que fez o *Velho* e o *José* torcerem-se de riso foi quando Graco Cardoso publicou no Ceará notícia que dizia transcrita de jornal inexistente, do Rio, e onde se contava que Belisário Távora e Antônio Salles tinham sido chamados à polícia como cúmplices de um roubo de estampilhas na Casa da Moeda. Aquele Graco era mesmo de morrer... Que graça! Que talento! Mas essas porcarias viriam depois... Voltemos ao caso Herminio Palma. Pois não é que ele acabou sendo vantajoso para Antônio Salles? O suspense que causou e a repercussão que teve na imprensa do Rio, São Paulo, Bahia, Recife e Pará não é que deu, em contratipo, uma imagem de notoriedade adquirida por meu tio com seus livros, com os jornais que fundara e o movimento modernizante que encabeçara na Padaria Espiritual? Quando ele pôde confundir o fuão Leal e provar bem provada sua perfídia, foram tais as manifestações de solidariedade e aplauso recebidas, que ele verificou, apesar de sua modéstia e de tanto não esperar — que seu nome deixara de ser provinciano e que pertencia às letras nacionais. Isso animou-o a exilar-se voluntariamente de sua terra quando viu a subida do comendador Accioly à presidência do Ceará.

A 9 de maio de 1896 Antônio Salles embarca para o Sul, a bordo do *Brasil*. Deixou no seu estado mãe, esposa, amigos e veio ao Rio movimentar relações no sentido de obter sua transferência para os quadros do Ministério da Fazenda, na capital federal. Na passagem pela Bahia encontra-se com meu Pai, que percorre com ele as redações dos jornais, as ruas da Baixa e da Cidade Alta. Jamais ele deixaria de evocar a Amaralina, o Rio Vermelho, o marazul da Boa Terra. Demora-se no Rio até 2 de julho, quando regressa ao Norte pelo *São Salvador*. Mais Bahia, mais Recife e finalmente Fortaleza, finalmente a amada. O melhor que trouxera na bagagem fora a promessa de breve remoção para o Rio, o que de fato se deu no fim do ano. Parece que ele foi bastante auxiliado nisto por Afonso Celso e Carlos Magalhães de Azeredo. Finalmente fecha sua casinha de Major Facundo, 4 e embarca para o Sul, com minha tia, a 31 de dezembro de 1896. Quando acordou, no Ano-Bom, estava em pleno mar e sua terra sumira no horizonte.

Na capital federal Antônio Salles logo procura as rodas que frequentara durante sua estadia meses atrás — a de Alberto de Oliveira, a de Afonso Celso. Passara um fim de semana petropolitano, com os dois, tendo jantado com Alberto de Oliveira num dia e almoçado no outro com Afonso Celso, na Vila Petiote. Fora levado depois, em charola, para a estação, pelo visconde de Ouro Preto, por Afonso Celso e d. Eugênia, pelas filhas do casal, Maria Eugênia e Maria Elisa (Petiote). Toma contato com a roda boêmia do Café Papagaio e com a roda séria de José Veríssimo, de quem fica amigo e por cujo intermédio conviveria com o grupo da *Revista Brasileira* e da recém-criada Academia Brasileira de Letras. Ficava aquela à travessa do Ouvidor, 31 e esse endereço passou a ser o terceiro de Antônio Salles, com o do Tesouro Nacional, onde trabalhava, e o de Silveira Martins, 100, que era o da pensão onde morava. Foi nas salas do primeiro que meu tio travou conhecimento e ganhou a amizade de Machado de Assis, Joaquim Nabuco, Lúcio de Mendonça, Silva Ramos, Graça Aranha, Sousa Bandeira, Artur Azevedo, Eduardo Ramos, Carlos de Laet, Eduardo Prado, Capistrano de Abreu, Inglês de Sousa, França Carvalho, Rodrigo Otávio, Euclides da Cunha, João Ribeiro, Sílvio Romero e de quatro remanescentes do Império — o visconde de Taunay e os barões de Jaceguai, Loreto e Solimões. A todos ele rememoraria — frases e gestos — e a alguns retratou biográfica e literariamente — em artigo que publicaria depois, "Uma roda ilustre", e no ensaio feito a pedido de Veríssimo, em que traçou o perfil dos primeiros acadêmicos.*

A Academia Brasileira de Letras, nos seus primeiros tempos, sofreu críticas e ataques desabridos de nossa imprensa, a galhofa das ruas, a chacota dos cafés. O artigo de Antônio Salles foi, historicamente, sua primeira defesa, sua justificativa e a demonstração do valor exponencial, cultural ou literário de grande parte de seus componentes. É um ensaio crítico e biobibliográfico do maior valor e da máxima exatidão, pois baseou-se em informações dos próprios modelos ou de seus amigos próximos. Foram solicitadas por Antônio Salles e entre seus papéis encontrei os originais das notas autobiográficas que foram mandadas por Silva Ramos, Franklin Dória, Sílvio Romero, Artur Azevedo, Artur Mota, além de uma carta de Veríssimo sobre a personalidade de Oliveira Lima. Não sei se os outros retratados deram depoimentos por escrito ou se o autor os colheu como reportagem pessoal. O que sei é que esses *sketches* agradaram: tanto assim que, antes de um ano de moradia no Rio de Janeiro, a candidatura de Salles à Academia foi lançada por Machado de Assis, Raimundo Correia, Lúcio de Mendonça e Taunay. Em 1906, por Graça Aranha. Inútil. Meu tio torna a recusar. Ele explicaria posteriormente sua atitude. Segundo o depoimento de Martins de Aguiar, absteve-se por modéstia: "Eu tinha medo do discurso de recepção... Eu sou incapaz de produzir um discurso...". Estou como se estives-

* "Os nossos acadêmicos", *Revista Brasileira*, tomos IX, X. Rio de Janeiro, 1897.

se vendo os olhinhos gateados e maliciosos do meu querido tio e mestre dando essa desculpa humilde. Eu, que o conheci de perto e que dele recebi lições, sei que intratável orgulho sua modéstia recobria. Como? incapaz de discursos o que foi, depois, o orador magistral da solenidade de inauguração da estátua de José de Alencar. Do que ele era incapaz era de concorrer, cabalar, pedir, calcular, cortejar. Antônio Salles! Inteiriço Antônio Salles: ele foi e continuará a ser o patrono da *quadragésima primeira cadeira* da Academia: a cadeira virgem, a dos que não sentaram porque não quiseram... O artigo sobre os acadêmicos, além de sua difusão no Brasil e em Portugal, foi traduzido por jornais franceses e suecos interessados na nossa literatura. Isto está numa carta de Sabino Batista a Antônio Salles, datada de 7 de setembro de 1897, onde ele lamenta ainda a má situação financeira de meu tio ("Enquanto a fortuna te foge a glória te entra de portas adentro"), tece loas ao discurso de Nabuco na abertura da Academia e espinafra um pouco Coelho Neto ("Não simpatizo com o Coelho Neto, acho-o muito afetado e reclamista, procurando sempre armar ao efeito em tudo que escreve"). Realmente a situação financeira de Antônio Salles não era das melhores. Em carta a João Brígido ele diz que o que ganha no Tesouro cobre pouco mais da metade de suas despesas. É por isso que ele lança-se a fundo no jornalismo, fazendo-o como profissional, entrando em 1897 para a redação de *O País* e mais tarde para a de periódicos efêmeros como *O Debate*, *A Galáxia*, *A Thebaida*, a *Rio-Revista*. No mesmo ano inicia atividades de magistério e é nomeado pelo diretor, dr. José de Saldanha da Gama, professor de história da literatura nacional, no Instituto Kopke. Um de seus alunos nesse educandário foi Aloysio de Castro — cursando ali seu último ano de humanidades. Teriam sido ainda os cobres curtos que o obrigaram a ser tradutor, conforme o consignado, num seu livro de notas: "1900, 28 de junho — entrega ao Garnier da tradução de *I Promessi Sposi*, de Manzoni — cerca de 1600 tiras por 500$000".

A vida de Antônio Salles no Rio, até o princípio do século xx, pode ser mais ou menos reconstituída através de sua correspondência passiva. Esta é que nos mostra o grau de sua amizade por Magalhães Azeredo e Valentim Magalhães, sua intimidade com Graça Aranha e Veríssimo e a espécie de vantagem moral que lhe dá Machado de Assis quando a 26 de fevereiro de 1900 escreve-lhe a carta em que pela primeira vez suprime o tom cerimonioso e adota o do carinho, tira o senhorio e passa a chamá-lo de Antônio Salles. Seus principais correspondentes do Norte, no período referido, eram Sabino Batista, Artur Teófilo e Jovino Guedes. Nestas folhas amareladas podemos avaliar a posição de meu tio na nossa *intelligentsia* quando o vemos urgido por Valentim Magalhães a fornecer seus dados autobiográficos para ele, Valentim, mandar a Louis Pilate de Brin Gaubast — encarregado de escrever sobre literatura brasileira na *Revue Encyclopédique*. Sentimos passar um sopro de vida e de ar puro quando Veríssimo lhe descreve Nova Friburgo e insiste para que Salles e a mulher subissem, fossem fazer companhia a ele e à esposa. Facilita fornecendo o horário das barcas; tenta com as diárias baratas da Pensão Salusse. Que Salles deixasse os calores do Rio, que galgasse a serra, eram só 6$000 por dia... Pelas letras de Graça Aranha verifica-se que *Aves de arribação** tivera como primeiro título *Os pracianos* e que era livro sendo escrito já em 1898.

Apesar de profundamente integrado na vida da capital federal, Antônio Salles não esquecia o seu Norte, interessava-se pelo que lá se passava e de que tomava conhecimento pelas cartas de João e Virgílio Brígido, pelos verdadeiros relatórios que lhe mandavam Jovino Guedes, Artur Teófilo e Sabino Batista. Principalmente os do último, cujas missivas são as de um admirável repórter e cronista. Verdade que um pouco dado ao gosto das más notícias e estirando-se como um gato (fisionomicamente ele era um felino) no ninho das misérias da política, das devastações da seca, dos relatos das doenças, dos homicídios, dos trespasses, dos enterros. É ele que conta o que fiquei sabendo do assassinato do Heitor Ferraz. Dá os detalhes e pinta o drama em largas pinceladas: "a pobre Belisco, o abatimento da d. Nanoca...". Vem depois o passamento do nosso primo José Carlos da Costa Ribeiro: "a desolação do Feijó, a Dondon cercada dos nove órfãos", a coroa da Padaria Espiritual e seu lábaro, as coroas da Academia, da Intendência, do Liceu, do *República*, do Instituto de Humanidades, do presidente do

---

* *Aves de arribação*, romance publicado em 1902 como folhetim do *Correio da Manhã*. Em livro: 1ª edição, Lisboa, A Editora Limitada, 1914; 2ª edição, São Paulo, Companhia Editora Nacional, 1929; 3ª edição, Fortaleza, Imprensa Universitária do Ceará, 1965.

estado, dos secretários; o governo mandando fechar as repartições e os empregados tomarem luto por oito dias; o carregamento a mão, o enterro noturno, à luz de tochas, a música tocando em funeral até ao cemitério, a multidão "espantosa e extraordinária", os gritos, as caras lavadas de lágrimas... Depois da de José Carlos, o caso da morte de sua filha Amazile, e de uma só pancada, a notícia de terem estourado no mesmo dia os aneurismas do Juca Luna Freire, do Luís Correia, do Tibúrcio Rodrigues. Depois desse banho de sangue, as notícias da política local — como um banho de merda, numa carta de 1º de dezembro de 1898: a oligarquia instalada, o governo mambembe, o Ceará se despovoando ("de janeiro a outubro emigraram para o Sul e o Norte 28 083 pessoas passadas pelos portos de Fortaleza e Camocim"). Lamenta o fracasso da sedição da Escola Militar e o desligamento dos trezentos e vinte e sete alunos e dos cinquenta alferes que tinham pretendido depor Accioly. Ainda era cedo. Fala com desânimo na "besta do Graco" e Artur Teófilo bate na mesma tecla, queixando-se do índice de rebaixamento da terra — sensível pela proeminência crescente da figura do dito Graco Cardoso. Felizmente um e outro também abrem parênteses amenos e dão depois boas notícias: o Rodolfo fazendo reaparecer *O Pão*, aperfeiçoando sua fabricação de cajuína, trabalhando no *Paraora*, querendo tirar a Padaria Espiritual de sua morte aparente, planejando romance em que estudaria o padre Cícero e a beata Maria de Araújo, dando jantares onde meu padrinho e avô torto Feijó aparecia como personagem central "esfuziante de verve".

Se Artur Teófilo e Sabino se contentavam em suas cartas de falar mal do governo, o tom das de João e Virgílio Brígido é diferente. Falar mal, falam. Dizem horrores, mas traçam planos de ação e sugerem a união dos cearenses que possam gritar e combater por estarem fora de Fortaleza, longe da *guarda pretoriana* do soba, dos seus vexames e violências. Que se congregassem, criassem uma opinião, que fizessem essa opinião chegar aos jornais, transbordar dos jornais e destes ir ao conhecimento do país, de todo o povo e principalmente do presidente da República. Ledo engano... Tanto Campos Sales (que Virgílio Brígido chamava "o homem morto do Catete"), como Rodrigues Alves e Afonso Pena parece que não suportavam o comendador Accioly mas davam-lhe apoio irrestrito dentro desse *agreement* não escrito que foi a *política dos governadores*. E a meu ver tinham carradas de razão. Todos três vinham dos velhos tempos imperiais e tinham visto os primeiros vagidos da Questão Militar, o imperador posto barra-fora pelo Exército, Prudente por um triz não tomando posse e mantendo-se no poder graças a Canudos — que se dizia uma conjuração monarquista mas que foi o *divertissement* sangrento que permitiu a consolidação jurídica da ordem republicana. Cada presidente tinha medo de ver irromper no gabinete o seu Sólon e tinha de se apoiar nos governadores e nas polícias dos governadores que, em era de armas não sofisticadas, metralhadora por metralhadora, fuzil por fuzil, baioneta por baioneta — valiam o que valiam as forças federais. Ainda estavam longe o marechal Hermes, sua reencarnação nos *tenentes* de 22 e 30 que, afinal, foram os que passaram a bola para o *goal* de 64. Os vários *mortos* do Catete, para seu ir e vir de *zombies*, tinham de se apoiar nos presidentes dos estados e a *política dos governadores* foi muito mais um ato de legítima defesa e de salvaguarda da República que o conchavo desavergonhado de uma casta de acompadrados contra os anseios da opinião pública. Essa, salvo melhor, a minha interpretação. Mas à época, João Brígido, Virgílio Brígido, Antônio Salles e todos os outros recebiam com entusiasmo cada novo presidente (e nele a esperança de desinfetante certo contra o oligarca do Ceará) para passar a dizer dele horrores, assim que partia do Catete qualquer ato prestigiando Accioly. Foi o que levou meu tio a se tornar adversário ferrenho primeiro de Campos Sales, depois de Rodrigues Alves, finalmente de Afonso Pena.

Antônio Salles contava que Edmundo Bittencourt era um dos homens mais bravos e inteligentes que encontrara na vida. Referia que o famigerado jornalista começara a vida como rábula, só se tendo formado em direito depois de exercer, durante anos, aquela advocacia de amador. No exercício da sua profissão perdeu causa patrocinada com a costumeira paixão e não se conformando com a sentença lavrada, que considerou iníqua e baseada em interesses alheios à questão, escreveu uma descalçadela das mais virulentas contra o magistrado e, não contente de descompor o juiz, investiu contra o particular ("entrou-lhe pelo lar e chegou-lhe até o quarto conjugal"). Nesse tom publicou dois *apedidos*. O terceiro não foi aceito pelo *Jornal do Comércio* porque o meritíssimo e a mulher do meritíssimo tinham movimentado os amigos no sentido de sustar o aparecimento das catilinárias. Como verdadeira fera, Edmundo correu todas as redações do Rio de Janeiro e todas encontrou trancadas para os seus artigos. É, não é? Pois então eu também vou ter meu jornal e vocês todos vão ver, sua cambada de sacanas, cornos e filhos da puta! Dito e feito. Edmundo vendeu seu sítio de Jacarepaguá e comprou com os maiores sacrifícios o acervo da extinta *A Imprensa*, o jornal efêmero que tivera Rui como diretor e Veríssimo como secretário. Logo depois surgia o *Correio da Manhã* e o juiz e a mulher do juiz tiveram a sua dose. E que dose... Mas a demolição do magistrado deu gosto a Edmundo Bittencourt e ele resolveu segurar outros pela gola. Olhou em roda e só viu macaco se coçando. O que não faltava era lombo a zurzir. Começou com a questão do aumento das passagens da Companhia de Bondes de São Cristóvão e foi a esse propósito que Antônio Salles estreou no *Correio*: um artigo assinado com o pseudônimo Gamin. Edmundo, que o conhecera por intermédio de Domingos Olímpio, tinha-o contratado para escrever uma crônica por semana, a 100$000 por mês. Era um pagamento régio. Pois no dia em que saiu a primeira de Antônio Salles sobre os bondes, Edmundo, quando o encontrou, levantou-o do chão em abraços repetidos, tratou-o de gênio, arrastou-o até a presença do caixa e ordenou aos berros um aumento do ordenado. De cem para cento e cinquenta. Foi o princípio de uma grande amizade que cresceria na convivência da redação e da casa de Ennes de Souza, contraparente dos dois. De fato Salles era primo da mulher de Ennes, que era prima da esposa do Chico Muniz Freire, por sua vez cunhado de Edmundo. Além disso minha tia, mulher de Salles, era prima de Ennes de Souza. Tudo isto pode parecer vago, sem importância, parentesco à moda da Bretanha. Mas naquele tempo estas coisas eram válidas e a sociedade fazia-se dessas cadeias. Veio depois a questão das carnes verdes e a famosa exposição do *fígado podre* no saguão do jornal. O duelo com Pinheiro Machado. A redação enriquecida pelas penas aceradas e venenosas de Manuel Vitorino, Domingos Olímpio, Coelho Neto e do terrível Carlos de Laet. E havia aquela pechincha de assunto que era a impopularidade crescente de Campos Sales e da sua política financeira orientada pelo homeopata Murtinho. A ele, a eles! O curioso é que a gana de Edmundo era insaciável e a queda do inimigo, em vez de aplacar, mais acendia sua ira. Depois de demolir Campos Sales, de quase provocar seu linchamento no dia em que o ex-presidente, debruçado às sacadas do Hotel dos

Estrangeiros, saboreava com pachorra a passagem do enterro do seu inimigo Manuel Vitorino — Edmundo fez questão de dar-lhe bota-fora à altura quando o *Pavão do Catete* ia embarcar de volta para sua fazenda do Banharão. "Se o Campos Sales não sair do Rio debaixo de uma vaia, hoje mesmo fecho o jornal"— dizia ele no dia da jornada. A coisa tinha sido cuidadosamente preparada e ia ser regida, na estação da Central, pelo próprio Edmundo, por Vicente Piragibe, Francisco Souto e Antônio Salles. Foi um sucesso. Os gritos de fora! morra! casavam-se aos de *dedo neles!* brocha! às obscenidades, ao estalo das mãos nos antebraços dando banana, aos assovios, aos apitos, aos cornetins e ao chiado dos foguetes sem bomba. O homem e sua comitiva passaram verdes, sob a rajada dos quartos de jaca, tomates, ovos podres e batatas. Havia gemas e umidades nas barbas, bigodes e cartolas. Trancaram-se às pressas no trem presidencial onde tinham de se abaixar à saraivada das pedras que iam quebrando as vidraças dos vagões e que eram desfechadas das plataformas das estações suburbanas — de São Cristóvão a Cascadura. Da do Engenho de Dentro jogaram dois pombos sem asa. Aquilo foi uma obra-prima de Edmundo que só seria surpassada na sinfonia também regida por ele, muito mais tarde, da vaia em Artur Bernardes quando este veio ao Rio, ler sua plataforma. Deleitáveis manifestações!

O jornal teve um sucesso ruidoso e era temível sua seção humorística "Pingos e respingos" — a cargo de Pinheiro Júnior, português radicado entre nós. Quando houve a primeira cisão, com Vítor Silveira e outros redatores e repórteres enxameando para fundar o *Correio da Tarde*, Pinheiro acompanhou-os e Edmundo Bittencourt convidou Antônio Salles a tomar conta da seção. Ele fê-lo e até ser deportado para o Rio Grande do Sul, seus comentários, quadrinhas e sonetos foram a farpa, o látego, o martelo — a fincar, zurzir e bater no couro dos nossos políticos. Duas de suas campanhas ficaram célebres e foram feitas à custa de quadrinhas terminando sempre com o mesmo verso. Uma contra Nuno de Andrade com o *tudo passa, e o Nuno fica*, de que já tratei no meu *Baú de ossos*, e outra com o *só tu, Seabra, não sais* — que tantos dissabores traria a Antônio Salles. Voltaremos a essa campanha.

Além de colaborador efetivo do *Correio da Manhã*, Salles escreve no princípio do século na *Lanterna*, no *Correio Paulistano* e no *Diário de Pernambuco*. Termina o romance *Aves de arribação*, que já mencionamos, e começa *Estrada de Damasco*, novela que jamais completaria. Publica suas *Poesias*,* de que várias foram logo passadas para o castelhano pelo tradutor de Gonçalves Dias, o chileno Julio Cienfuentes. Além dos amigos da primeira hora do Rio, da Academia, da *Revista Brasileira*, do *Correio da Manhã* — é o íntimo de Medeiros e Albuquerque, de Constâncio Alves, de Oliveira Lima, Paulo Tavares, Lúcio de Mendonça e Augusto de Lima. Mantém sempre seu culto por Machado e Veríssimo. Não perde contato com sua província e a 7 de março de 1903 o barão Studart encarrega-o de escrever um ensaio sobre o movimento literário e científico do Ceará para aparecer no livro comemorativo do tricentenário da terra de Iracema.

Já cuidamos rapidamente das razões por que Antônio Salles, tomando as dores de Ennes de Souza, atirou-se contra José Joaquim Seabra, então ministro de Rodrigues Alves. Era também uma maneira de atingir o presidente e de atender ao que a seu respeito lhe diziam as cartas de João Brígido: "entibiam os ânimos os favores e a escandalosa proteção que Rodrigues Alves presta a Accioly". A política dos governadores... Uma campanha contra o governo ou qualquer dos seus membros vinha a calhar. Os versos contra o Seabra são de 1903 e 1904 no *Correio da Manhã*. Fizeram na cidade o mesmo sucesso que tinham conhecido os contra Nuno de Andrade, só que o famoso *enchaînement des circonstances* de que falava Charlus era inteiramente diferente. No caso Nuno, o governo tinha vontade de se ver livre dele para nomear Oswaldo Cruz, e Antônio Salles, agradando o público e pensando agredir o governo, na realidade estava a servir seus desígnios profundos e meu honrado e puro tio bancou sem tirar nem pôr o *inocente útil*. No caso Seabra os ataques atingiam ministro prestigiado e com a Bahia por trás. E mais, nos bastidores, a caterva aciolina tomando as dores do *Cara de Bronze* e pressionando presidente e ministro contra o jornalista. Essa interpretação dos fatos é lícita diante das cartas que Salles recebeu de Edmundo Bittencourt e Vicente Piragibe quando o decreto assinado por Rodrigues Alves e Leopoldo de Bulhões removia meu tio para clima que se julgava incompatível com a precariedade de sua saúde. Uma condenação à morte. Não pela forca ou pela guilhotina, mas mediante ação lenta e telúrica. Assim é que servem as Sibérias, Caienas, Cucuís, Cleve-

---

* *Poesias*, Rio-Paris, H. Garnier, 1902.

lândias... Mas voltemos às cartas mencionadas. Escrevia Edmundo Bittencourt: "Breve, porém, ele [Bulhões] nos há de pagar caro [...]. Para mim foi a gente do Accioly quem conseguiu tua remoção: o Seabra por si só não tinha força para tanto [...] o que te faltar no Tesouro encontrarás no *Correio* onde só tens irmãos que te adoram". Escrevia Vicente Piragibe: "Fica, então, sabendo mais do seguinte: o Pires Brandão já falou ao Bulhões e este disse-lhe que fora constrangido a te remover [...]. Convence-te de que ao teu lado e incondicionalmente estaremos sempre e sempre; não fosse você o amigo dedicado que tem sido".

Vítima de sua coragem, combatividade, boa-fé e coerência, meu tio sai exilado para o Sul a 25 de setembro de 1904, chegando à cidade do Rio Grande a 2 de outubro. Toma posse na Alfândega no dia seguinte. Os versos que ele escreveu contra Seabra e que nada tinham de injurioso marcaram o fim de sua colaboração nos "Pingos e respingos" do *Correio da Manhã*, onde sua pena seria substituída pela de Bastos Tigre. Despediu-se rindo.

Sai o Salles do Tesouro
Vai para as plagas austrais
Comer churrasco com couro...
Só tu, Seabra, não sais!

Apesar de sua simpatia pelos gaúchos, a lembrança do Rio Grande ser-lhe-ia sempre amarga. Lá ele recebeu a notícia da morte repentina de seu irmão Alfredo e, depois, a inesperada de sua sobrinha Alice (Cecinha). Lá ainda, pior que a remoção, foi o vexame por que passou na política estadual e de que nos dá notícia rápida nota do seu diário: "1904 — 18 de novembro — Convidado pela polícia do Rio Grande e à requisição do ministro da Justiça J. J. Seabra, prestei depoimento — se era sabedor da revolta que rebentou no Rio, como e de quem tinha sabido. Respondi que quando parti do Rio a 25 de setembro, dizia-se por toda parte que a vacina obrigatória daria lugar a um movimento, ignorando, porém, completamente que houvesse para esse fim um plano combinado por quem quer que fosse". Como eram longos os dedos dos políticos! O de Accioly catucava no Rio, o do sacana do Seabra, no Rio Grande. E como tio Salles teve suas razões para juntar no seu ódio ao oligarca do Ceará as figuras de Bulhões, Seabra e Rodrigues Alves... Não foi entretanto inútil sua estadia no Rio Grande. Foi lá, roído de saudades, que ele escreveu livro que só publicaria muitos anos depois: *Minha terra.** Seu exílio no Sul duraria sete meses e quatro dias: o tempo necessário para fazê-lo cair doente. A 29 de abril de 1905, o governo, satisfeito e atendido na torpeza de seus desígnios, torna a transferi-lo para a capital do país.

De volta do Rio Grande Antônio Salles retoma a vida de imprensa e recomeça sua colaboração no *Correio da Manhã*. Sua situação no jornal era de grande prestígio. É ele que coloca Leônidas Freire na redação, que obtém que Luís Edmundo fique como correspondente na Europa, com obrigação de mandar artigos de lá, e é para ele que Edmundo Bittencourt apelava sempre que queria artigo de crítica para livro de gente que valesse a pena — Veríssimo, por exemplo. Possuo a carta em que se pede a Antônio Salles comentário sobre esse seu amigo. Esse pedido vinha obrigar meu tio a sair do que se impusera — não comentar mais livro de ninguém por não poder continuar a ser, no Brasil, "impunemente justo". Edmundo não dispensava sua companhia e reclamava sempre que ele subisse com minha tia para irem ficar em Teresópolis, com ele e d. Amália. Jamais consegui saber como e por que, um belo dia, Salles e o diretor do *Correio* estremeceram suas relações. Não que rompessem, porque vi os dois várias vezes se falando — verdade que meio sem jeito, em casa de Ennes de Souza, mas o fato é que um belo dia Antônio Salles deixa de escrever no *Correio da Manhã* e passa a colaborar no *Jornal do Comércio*, no *País*, *Tribuna*, *Pátria*, *Notícia*, *Imprensa*, *Época*, *Século*, *Comércio*, *Noite* e *Folha do Dia*. Nos estados, seus artigos saíam no *Correio Paulistano*, *Diário de Pernambuco* e *Província do Pará*. Cuidando de tudo, mas quando tratava de política era sempre do ponto de vista do oposicionista duro, sofrido, jamais arrependido de sua posição e nunca capitulando nas muralhas da atitude de desassombro permanente.

Essa oposição era exercida principalmente contra a oligarquia instalada em sua terra. O combate a Accioly pode-se dizer que foi a ocupação dominante de meu tio e de vários bravos cearenses exilados no Rio como, entre outros, Belisário Távora, Virgílio Brígido e Américo

---

* *Minha terra*, Fortaleza, Tipografia Moderna, 1919.

Facó. Antônio Salles fazia-a em suelto, em artigo, em crônica. Às vezes em verso. Alguns fizeram época, como aquele em que traçava a caricatura do *Velho*.

> Este de falas tão comedidas
> Trazendo aos ombros imensa prole,
> De ideias curtas e unhas compridas,
> É o Accioly...

Ou como o soneto em que glosava a criação em grosso de bacharéis pela escola de direito de Fortaleza (que os filhos do presidente do estado chamavam a faculdade do papai) e que distribuía frequência, atestados de exame, distinção *cum laude*, diplomas de bacharel e anel de rubi (arco de aliança com a situação) a amigos, secretas, comissionados, correligionários, meganhas e a todos que o queriam do clã de Santa Quitéria. Cito os últimos tercetos.

> E em vista da geral prosperidade
> Em seu regulamento a Faculdade
> Deverá, como justa recompensa,
>
> Consagrar essa ideia superfina
> — Os rebentos da tribo aciolina
> Serão todos doutores de nascença.

Além dos versos e das verrinas, meu tio escreveu um livro terrível, *O babaquara*,* destinado a ser "o complemento e a continuação do formidável libelo de Frota Pessoa intitulado — *O oligarca do Ceará*". Foi impresso à sua custa na oficina de Alexandre Borges e distribuído fartamente em todo o país, principalmente aos jornais e aos políticos — começando pelo presidente da República. O livro de Salles saiu depois da derrubada de Accioly. Apesar da derrota política do inimigo, meu tio fez a publicidade para ir à forra de velhos agravos. Para tripudiar um pouco. Mal

---

* *O babaquara* (publicado com o pseudônimo de Martim Soares). Impresso por Alexandre Borges, Rio de Janeiro, 1912.

sabia ele que estava agindo avisadamente, porque a luta teria de ser retomada muito pouco tempo depois. Não se extirpa da noite para o dia um sistema político. Uma associação de interesses, parentescos, compadrismos, negócios e negociatas como têm sido sempre os contratos de partidos ou do que outro nome tenham em nossa terra — só se desarticula com a morte. Os Acciolys já embarcaram para um pseudoexílio pensando na volta e volta houve. Amargamente cedo meu tio percebeu o que começava a se passar e começou a discordar, esfriar, romper e hostilizar antigos amigos que estavam negociando com o oligarca deposto. Com Franco Rabelo, que viu que só poderia consolidar sua situação política entrando em *combinazione* com os adversários da véspera — que aliás tomaram parte ativa nas intrigas que deram com ele, Rabelo, por terra quando Hermes e Pinheiro Machado fomentaram a sedição dos fanáticos do padre Cícero. Com o próprio Rodolfo Teófilo, depois novamente amigo. Com João Brígido, com quem jamais as relações tornariam ao que tinham sido antes. Prova disto é o fato de Antônio Salles ter guardado entre seus papéis um dos terríveis *boletins* publicados por Joakim Manuel Carneiro da Cunha contra o redator do *Unitário*. Em matéria de descompostura, invectiva e insulto esse Joakim com K deixa no chinelo tudo o que já se disse de contra, de vitupério, de injúria, de afronta neste Brasil. Água com açúcar Apulcro de Castro. Água com açúcar Edmundo Bittencourt. Água com açúcar Mário Rodrigues e Macedo Soares. A opinião que interessava a Antônio Salles e a que coincidia com a dele próprio era a dos que não queriam dar quartel, como Belisário Távora e Américo Facó. Ou como a de um de seus correspondentes de ao tempo da revolta contra Accioly e de quando dois membros de sua família tinham ficado em Fortaleza, presos como reféns — que propunha pura e simplesmente que se desse cabo da dupla.

Quando vim para a companhia de meu tio Antônio Salles ele era um homem em vésperas de completar quarenta e oito anos. Grisalhava seu cabelo aberto ao meio. Tinha uma fisionomia doce, olhos tirantes ao verde, dentes muito claros que ele vivia mostrando no riso que lhe era fácil e habitual. Usava bigode curto, era magricela e desengonçado. Cuidadoso consigo, de um asseio de caboclo, exagerava seus banhos para dois ou três por dia. Vivia sempre irrepreensivelmente trajado. Era madrugador e às sete horas já estava lavado, escanhoado, queixo cheio de talco, café tomado e sentado à sua escrivaninha, de onde só se levantava às dez para dar um giro na vizinhança, ir tomar suas injeções no Capelleti, passar no correio, na padaria, ver a rua. Almoçava às onze e sua digestão era coisa sofrida como um trabalho de parto. Mal ele engolia os sóbrios alimentos de que se nutria, ficava com os pés gelados e entrava em estado vertiginoso. Permanecia assim, atirado no fundo duma rede, lata d'água quente no estômago, olhos fechados, durante hora e meia, duas horas ao fim das quais levantava-se são como um perro para voltar a escrever, para ler ou para ir à cidade só, comigo, com minha tia, ou nós todos três — para as livrarias, as compras, a Avenida, a rua do Ouvidor, a rua Gonçalves Dias. Nesta nunca deixávamos de entrar na Glacier (no atual número 13, onde fica hoje a Casa Daniel), que era revestida de espelhos e de ladrilhos com relevo de florões teniados gênero *belle époque* e onde fazia furor o *leite merengado* — sorvete de leite, especialidade da casa, servido em grandes taças, arranjado em forma de leque, derramado de merengue e salpicado de canela. Voltávamos para casa. Jantava-se cedo e o curioso que essa refeição não tinha no organismo sensível de meu tio as repercussões catastróficas do almoço. Que saudade! de nossos jantares com dia claro, na Pensão Moss. Sentávamos perto de uma janela por onde entrava a luz dos céus do Matoso e do Estácio. O dia acabava numa pulverização de nuvens douradas que se esgarçavam para deixar tremeluzir baixar subir o jogo ioiô das primeiras estrelas. Como eu comesse qual um moinho e como a dona da pensão tivesse o costume de só cobrar meia diária dos meninos, tio Salles sempre lamentava o prejuízo que meu apetite devia causar à desavisada senhora. Coitada da d. Adelaide! com o Pedro ela está sendo arquirroubada... Tenho até remorsos. Ria, eu ria, todos morríamos de rir. Mais um pedaço de carne? meu filho. Eu, boca cheia, fazia que sim com a cabeça, enchia o prato, devorava. Treze anos.

Funcionário público perseguido, preterido, escolhido sempre para comissões honrosas e gratuitas, jamais para as rendosas; dando-se conta do próprio valor e do que valia o Tempo para sua produção, meu tio tinha de ser o serventuário desinteressado em que aos poucos se foi tornando. Fez bem assim, na terra injusta onde vegetou em pequenos lugares da Alfândega, da Fazenda. A única oportunidade que teve para subir na administração, ele a recusou. Viera de um oferecimento de

Nabuco, que queria levá-lo para Londres como seu secretário particular e como adido à Delegacia do Tesouro na capital da Inglaterra. A tentação de aceitar foi grande mas se o fizesse teria de calar a boca, deixar o jornalismo livre, impor-se reservas de funcionário diplomático. Ou do contrário, comprometer o chefe da missão, o que ele considerava nosso suprassumo e de quem escreveu: "Joaquim Nabuco foi, incontestavelmente, o mais perfeito espécime de homem que nossa raça já produziu, intelectual, moral e fisicamente". Foi ficando por aqui na sua mediania de fiel, de escrivão, de primeiro escriturário sempre marcado e sempre à beira das remoções, como a que teve para o Rio Grande. Mas livre: língua forra, pena forra. Contra o tratamento reles que é costume ver dado no Brasil aos homens que juntam talento e independência, Antônio Salles reagia pelos pedidos de licença que se intercalaram aos períodos de trabalho até sua aposentadoria. Era auxiliado nisto pela saúde precária ou que pelo menos ele julgava precária. Porque grande nervoso e homem impressionável, meu tio realizava o tipo mais acabado que já vi do *malade imaginaire*. Estava sempre nas últimas. Não que isto fosse pretexto de licenças. Sua probidade exemplar jamais permitiria isto. Mas é que ele se acreditava permanentemente às portas da morte. Suas notas diárias mostram isto. Datas do começo de massagens vibratórias com o dr. Melo Magalhães. Do primeiro banho de mar segundo as regras do dr. Fajardo. Do início da tintura de iodo para a gastrite. Depois duchas, homeopatia. Consulta com o dr. Murtinho Nobre, com o dr. Austregésilo, com o dr. Miguel Couto, com o dr. Aloysio de Castro. Primeira injeção de 914. Série de óleo cinzento. Febre gástrica. Convalescença na Fazenda do Bom Jesus. Acupuntura com o seu Almendra. Elixir Alimentaire de Ducro a conselho de Graça Aranha. Holloway's Pills inculcadas por Belarmino Carneiro. E assim por diante até o fim da saúde, quando as tonteiras imaginárias foram substituídas pelas autênticas da arteriosclerose e da hipertensão. Ah! mas isto ainda estava longe, longe.

Funcionário a desejar, o que Antônio Salles realizou na expressão inteira e na mais completa significação do termo foi a figura do homem de letras. Não vou aqui rememorar o poeta e o romancista sobejamente julgados. Quero mostrar-lhe faceta desconhecida, talvez que sobreleve as demais e que estou certo — destina-se a ser a mais duradoura. Sempre tive meu tio como homem de produção literária reduzida e cuja personalidade autoral estivesse arriscada de esquecimento. Assim foi para mim verdadeira revelação verificar a extensão do que ele escreveu e que pôde ressurgir com mais modernidade e vitalidade que toda sua obra de romancista, que toda sua obra de poeta. Verifiquei isto quando, por morte de minha tia Alice Nava Salles, minha excelente prima Maria Augusta de Luna Albano decidiu que eu ficasse sendo o depositário dos arquivos de Antônio Salles. São milhares de cartas. São os alentados volumes das colagens de seus artigos de jornal onde, assombrado! contei 2560 versos, quadras e sonetos satíricos e os 937 artigos que ele escreveu com os pseudônimos de Alacrino, Alacrim, Moacir, Moacir Jurema, Ibrahim, Silvano, Gilito, Jurema, Giz, A. de Viledo, Graphite, Anth., Pero Vaz, Marphilo, Saltonio, Manoel Carnauba, X, A. Lessal, Gamin, G., Ivo do Val, Lassel, Alcyon, Anthonius Basthus, B. Lapis, Periquito, Balaão, João da Ega, A. de Saldoy, A. S., D. Fradique, Nekludof, Kodac, Tcham-Tui, Stellio, John Faber, João Flauta, N. N., Antony, Arthunio Valles, M., Tchau-Tiu, D. Pablo, Flox, André Marcial, Altino Valle, Zé Pinto, Ridente, Franz Lehar e Jic. Essa produção cobre os anos de sua moradia no Rio de Janeiro e profissional dos maiores de sua imprensa.

Não foi menor meu assombro, lendo essa imensidade escrita, de verificar o seu fantástico valor documentário e a pena de ver a possibilidade de tudo isto se perder nas coleções de jornais velhos que se empoeiram e desmancham nos arquivos e nas bibliotecas. É lamentável o esquecimento e o silêncio que caem sobre os cronistas se eles não têm o cuidado de pôr no livro que sobrenada e se eterniza o artigo passageiro do jornal que nasce de manhã e que afunda e morre de noite. É por isto que a cada livro que vejo aparecer com as crônicas de Drummond, de uma Rachel, de Fernando Sabino, Henrique Pongetti, Clarice Lispector, Rubem Braga e Paulo Mendes Campos tenho a impressão de deparar, vagando, uma salvadora arca de Noé. Meu tio havia de ter essa ideia tanto que planejou um livro chamado *Contas sem fio* e deixou marcados nos seus cadernos os artigos que deviam constituí-lo. Poucos, em relação aos muitos que podem ser aproveitados e que fazem dele um continuador do labor de imprensa de Machado e que lhe dão proeminência de historiógrafo da cidade do Rio de Janeiro, cuja contribuição pode ser comparada não só aos depoimentos do mesmo Machado, como aos que se tiram das obras de Pizarro, do padre Perereca, de Joaquim Manuel de Macedo, José de Alencar, Manuel Antônio de Almeida, Moreira de Azevedo, Vieira Fazenda, Artur Azevedo, Aluísio Azevedo, Luís Edmundo,

João do Rio, Noronha Santos e Brasil Gerson. Digo mesmo que é impossível uma história do jornalismo, da política e do cotidiano da nossa *belle époque* que possa prescindir das informações deixadas por Antônio Salles e fielmente coladas em grandes cadernos pelas mãos de minha querida tia Alice Nava Salles.

É impossível querer interpretar a sociedade francesa sem os olhos de Saint-Simon, Balzac, Zola, Flaubert, Daudet, Proust; a portuguesa sem os de Camilo, Eça, Fialho, Aquilino Ribeiro. O nosso fim do século XIX e princípios do XX teve nos de Antônio Salles outra testemunha de que não podemos abrir mão. Ele foi, dessa época, se não o maior, pelo menos o mais fecundo observador do movimento político, literário, artístico, crítico e filosófico. Ajudado por seu talento de romancista e por sua arte de escalpelar personagens vamos encontrar, apresentadas por ele, as figuras humanas como elas eram de fato, antes de serem envultadas no próprio mito, despersonalizadas pela cara no selo, o nome na placa das ruas, o corpo inteiro nas estátuas. Vemos figuras hoje históricas reconduzidas ao dia a dia, calva à mostra — espostejadas pela crítica e pela sátira. E tornadas com isso, aos olhos de hoje, talvez mais comunicantes, acessíveis, decifráveis — em suma, mais simpáticas — porque os erros de um Oswaldo Cruz, de um Passos, de um Frontin, de um Campos Sales ou de um Rodrigues Alves são escuros de superexposição que fazem realçar mais intensamente o brilho de suas qualidades. Já que falamos na vantagem do defeito fazer avultar prerrogativas, não deixemos sem comentário um de Antônio Salles: sua versatilidade e capacidade de mudança de opiniões, já que ele tinha como norte para julgar as pessoas a posição destas (às vezes variável e mutante) com relação a certos sentimentos dele, Salles, que eram inarrancáveis como o Pão de Açúcar. Por exemplo, seu amor pela República, pela Liberdade, pela Honra, pela França; seu ódio pela Política, por Accioly, por Seabra, Rodrigues Alves, pela Alemanha. É dentro dessa ordem de convicções que os artigos de Salles reclamam amargamente contra o fato de a política republicana ter caído nas mãos de velhas ronhas da monarquia, tanto no plano estadual como no federal. Realmente, os sonhadores que pregaram a República e os militares positivistas que auxiliaram sua proclamação — não tomaram o poder porque não souberam, como está no *Príncipe*, quebrar a espinha dos derrubados. No Brasil eles voltaram sorrateiramente, aderindo como polvos, instalando-se nos governos estaduais já nos fins do XIX e tomando conta do federal nos princípios do xx, com os mandatos dos conselheiros. Essa moxinifada de trânsfugas da monarquia, mãos dadas com republicanos históricos complacentes (destingindo uns sobre os outros as mesmas habilidades, os mesmos golpes, as mesmas tolerâncias que criaram o caldo de cultura de onde saíram as nossas gerações de políticos perressafados e de enciclopédica incompetência), desesperava Antônio Salles. Lendo suas crônicas políticas é que vemos como é ilusório o endeusamento dos primeiros presidentes e as culpas atiradas às costas de Epitácio, Bernardes, Washington Luís. Na verdade — vinho da mesma pipa, fubá da mesma saca — eles saíram uns de dentro dos outros e das voltas do mesmo cordel, como as figuras sucessivas obtidas no jogo da cama de gato, em que mudam os laços mas de que permanece o fio da trama. Tinha que acabar dando no que deu. Nesse ponto, as profecias de meu tio acertaram em cheio e ele tinha razão e era mais que atual, permanente — quando apontava ao que nos conduziria o sonegamento do voto, o aviltamento da vontade popular, a *política dos governadores*, o fla-flu Minas-São Paulo, o café com leite da pouca-vergonha, a lei do mais forte, o eterno apelo dos *casacas* à farda e as rãs pedindo um rei. Campos Sales, ele o cotejava a José Bonifácio — ômega e alfa — para propô-los como título de um estudo necessário, o da *Grandeza e decadência do Brasil*. Seus elogios iniciais a Rodrigues Alves e Afonso Pena logo virariam em perfis terríveis de um e de outro quando ele lhes sentiu a tolerância com Accioly. Todos têm a sua dose, até Frontin, o mesmo Passos, o próprio Oswaldo Cruz quando a aplicação da teoria havanesa, o fim da bubônica e a extinção da varíola tinham, para se afirmar, de recorrer ao aparato sanitário-policial do *Código de torturas*. Cada um recebia sua crítica de cada dia e é deleitável ver o desrespeito, o achincalhe, o desprezo, o nojo, com que Antônio Salles tratou de Seabra, de Serzedelo Correia, do homeopata Murtinho, do arreganhado Nilo, do envultado Hermes. Era pau no Senado, pau na Câmara, pau em Irineu, ratamba no íncubo Pinheiro. Em prosa. Às vezes em verso, como no "Ora, si!" — que dizia assim:

> Qual tombo no caudilho! qual história!
> O Chantecler é o dono do terreiro;
> Tudo mais são capões de merencória
> Crista baixa e sem voz no galinheiro.

Do brio se perdeu toda a memória
Nos anais do civismo brasileiro,
E em nosso lombo há de cantar vitória
O relho prepotente do Pinheiro.

Um povo que sofre o jugo do Hermes,
É um montão de cadáveres que os vermes
Devoram num opíparo banquete.

Dessa morte moral ninguém desperta,
E o papão guasca há de papar na certa
O menino amarelo do Catete.

Filhos diletos dessa politicagem de trevas eram os aspectos sociais retratados por Antônio Salles quando cuida da desorganização do nosso serviço público, da incúria dos funcionários, da ineficácia do ensino, da nossa instabilidade social e da falta de fixação do homem ao solo, provocando os êxodos de um estado para o outro como no caso das imigrações em massa de cearenses para São Paulo e para o Rio Grande (mas não terá sido isto uma compensação do acaso-deus-brasileiro à inépcia com que sempre vimos nossos governos consentirem a formação de quistos raciais de São Paulo para o Sul? Esses nacionalíssimos cabeças-chatas, esses magníficos *baianos*, não têm tido o papel providencial de verdadeiros tampões químicos no nosso *melting pot?*). A propósito daquelas retirâncias vinha o problema das secas, o seu estudo no estado mais atingido por elas, o Ceará, que em vez de canais e irrigação o que recebia, do poder central, era a periodicidade das intervenções armadas. Estudos de divulgação sobre os aspectos sociais da tuberculose, da peste bubônica, da febre amarela, da lepra. Sobre as atividades monárquicas do único homem de ação da família Orleans e Bragança, que era o príncipe d. Luís. Sobre os capoeiras do Rio de Janeiro, seu brutal aniquilamento com Sampaio Ferraz em 1890 (com esse nome ou outro o "Esquadrão da Morte" é um velho hábito da nossa Gana) e o renascimento de outros reis, outros Manducas da Praia e outros Menês na figura dos cabos eleitorais da década inaugural do século. O problema social e as tímidas greves provocadas pelos nossos primeiros anarquistas. Pois não é que o subversivo Salles bem que as apoiava um pouco? quando escrevia: "A causa dos operários é sempre muito simpática, porque eles são ao mesmo tempo os fatores primeiros e as primeiras vítimas da riqueza pública".

Mas às vezes meu tio largava os acondroplásicos da política para cuidar de coisas e figuras humanas que valessem a pena. Logo apareciam, como elas eram em vida e andando nas nossas ruas, Ferreira Viana, Lopes Trovão, Rodolfo Teófilo, B. Lopes e Heráclito Graça. Vinham os ensaios sobre a "História da caricatura no Brasil até à fundação de *O Malho*", oportunidade para mostrar o que tinham valido para esta arte periódicos como a *Revista Ilustrada*, o primeiro *Dom Quixote*, o *Zé Caipora*, o *Mosquito*, o *Besouro*, a *Semana Ilustrada*, a *Bruxa*, a *Cigarra*, o *Mercúrio*, *O Tagarela*. A história da *Revista Brasileira* (a de Veríssimo) e dos periódicos que tinham tido esse título. Mais gente e gente boa, com sua barba, seu bigode, sobrecasaca, cartola: Machado de Assis, Taunay, Nabuco, Domício, Silva Ramos, Graça e Augusto de Lima. Uma saia — Francisca Júlia. Mais senhores: Raul Pompeia, Luís Edmundo, Lúcio de Mendonça, Silva Jardim e Artur Azevedo. Trabalhos sobre Brasil com S ou com Z, sobre língua portuguesa, estilo, literatura, filologia e o *Fabordão* de João Ribeiro. A primeira crítica ao *Pelo sertão* e o reconhecimento do grande valor da obra de Afonso Arinos. No mesmo ano de 1898 outra crítica sobre um grande livro — as *Poesias* de Raimundo Correia. O estudo sobre o cômico carioca através de *O Malho*, *A Avenida*, *O Avança*. O a respeito da reforma ortográfica votada pela Academia na sua sessão de 11 de julho de 1907. Mais críticas à obra de Mário Pederneiras, Magalhães de Azeredo, Capistrano, Coelho Neto, Laudelino e Oliveira Lima. Comentários sobre figuras cuja evocação hoje é igual à precipitação de uma solução poética. Rui e Clóvis. Faria Neves Sobrinho e Luís Guimarães Júnior, Vítor Meireles, Pereira da Silva e Francisco Mangabeira, Aluísio Azevedo, Xavier Marques, Medeiros e Albuquerque. Crítica elogiosa a *Terra de sol*, o belo livro de estreia de Gustavo Barroso que, ingratalhão, atacaria depois Antônio Salles como inimigo gratuito e com a grosseria que valeria a ele, Salles, a defesa de Afonso Celso na Academia. Mas isto viria depois... Antes houvera um artigo de Antônio Salles, desconfiadíssimo com as *Manchas*, de Antônio Austregésilo; outro sobre Ataulfo, com a antevisão perfeita dessa extraordinária figura de medalhão; mais um, de porretadas em Osório Duque Estrada, o mesmo a quem Álvaro Moreyra queria destampar a cabeça para dar-lhe palmadas no cérebro. Os elogios a Juiz de Fora, então sede da intelectualidade mineira e que Antônio Salles amava por Belmiro, com Braga e em Belmiro Braga.

Mas nem só de assuntos nacionais vive o homem e Antônio Salles foi um excelente informador das coisas estrangeiras que interessassem nosso público. Critica Daudet, D'Annunzio, Maeterlinck, Loti, Bourget, Rostand a cada obra deles que aparecesse. Estuda as de Tolstói, Hugo e Anatole France. É dos primeiros a comentar *Les dieux ont soif* — a bomba de 1912 — e foi sempre um dos grandes traficantes da maconha anatoliana, que deixaria tarada a minha geração. Além das destes, as filosóficas e sociais de Richet, Ferri, Elisée Reclus e a poesia portuguesa de Cesário Verde e Guerra Junqueiro. Não deixava sem comentário o assunto do dia e as preocupações da sociedade brasileira *belle époque*, servindo-lhe pratinhos como o dos abusos do malcriado funcionário diplomático austríaco, o barão Gaudenus; o das suas profissões de fé de divorcista, antimilitarista, ateu e de republicano vagamente anarquista e bastante socializante; os esculachos nos safados e nos ingratos como quando malha, por exemplo, um fuão Monteiro que tornou-se inimigo de Ennes de Souza só porque este lhe tinha matado a fome e elevado socialmente. (Mais tarde eu veria que essa é a regra dentro do desdobrar lógico e harmônico do sentimento humano.) Mais: regatas, esportes náuticos, filantropia, educação física, os novos uniformes da polícia, a vida em Marte, a *urucubaca*, o padre Júlio Maria, os positivistas, os nefelibatas, o Barão, o caju — essa uva cearense. Ensaios cheios de importância sobre o preconceito antissemita, o socialismo no Brasil e seu jornal *A Nação*, o folclore brasileiro, a nossa mestiçagem (esposando pontos de vista que fazem dele um precursor de Gilberto Freyre, Rachel de Queiroz e José Lins do Rego) e a história da cultura do café no Brasil. Este, muito curioso porque Salles dá outra origem, além da de Francisco de Melo Palheta e das plantações do Pará e Maranhão, aos nossos cafezais. Fá-los derivar, também, da árvore carioca plantada no Convento das Freiras de Santa Teresa, única que vingou das trazidas de Goa para o Rio, em 1760, pelo chanceler João Alberto Castelo.

Adeus! A tua imagem, Grã-Cidade,
Guardo-a no escrínio dos afetos meus:
Ninguém te amou com mais intensidade
Do que este poeta forasteiro... Adeus!

ANTÔNIO SALLES, "Adeus ao Rio"

Sim. Ninguém terá amado esta *leal e heroica* com a paixão que lhe dedicou Antônio Salles. Sua obra poética está cheia de cantos às cariocas, a sua beleza, a sua graça e mais à graça e à beleza femininas da paisagem do Rio de Janeiro cujos detalhes apontam em tantos dos seus versos: Cascatinha, Tijuca, pedra da Moreninha, Pão de Açúcar, Gávea, Corcovado, Guanabara, Silvestre, águas das encostas, areias das praias, nuvens dos ares, calores do verão, doçuras de maio, sudoestes levando os mares... É por isto que a defesa do Rio está sempre presente na sua obra jornalística e há setenta anos já clamava pela existência de planos nas obras de sua urbanização a cujo começo ele assistiu no governo Rodrigues Alves, dentro de uma improvisação que, aos olhos dele e aos olhos de hoje, fazem de Passos uma espécie de vândalo como, ao dos críticos parisienses de hoje, o barão Haussman aparece mais como derrubador que reformador. Claro que tudo evolui mas por que? não renovar conservando o pitoresco e por que? investir justamente contra o mais artístico, o mais característico e o mais genuíno de nossa paisagem natural e civil. Escrevendo numa hora em que o Rio está sendo demolido, compreendo a indignação de meu tio ao comentar a construção da almajarra do Teatro Municipal, as devastações pedidas pelo traçado não funcional da avenida Central, as polêmicas suscitadas pelo hediondo monumento a Floriano, seu protesto contra os aterros da baía, o enfeamento progressivo de sua orla e o desaparecimento de praias idílicas como as da Glória e do Caju. Aliás diga-se de passagem que Passos, adido a nossa Legação em Paris de 1856 a 1860, viu a eventração procedida por Haussman de quem foi o imitador no Rio de Janeiro. Três degraus abaixo, Prado Júnior imitou Passos. Vinte degraus abaixo, Henriquinho imitou o Antonico. Mais vinte degraus abaixo... Também, chega de descer e voltemos a Antônio Salles e a sua ternura pela cidade. Pelos jardins que aparecem em suas crônicas, pelos bondinhos de burro com condutor e boleeiro, antepassado do motorneiro dos elétricos, voltemos a sua cólera contra os mudancistas que queriam a capital no planalto Central e contra a localização da dita segundo os estudos do eminente Luís Cruls. Voltemos a sua visão da cidade amável, com seus fatos amáveis: batalhas de flores, exposições de flores, exposições das pinturas floridas de Chamberland e Helius Seelinger, o ateliê de Rodolfo Bernardelli à rua da Relação. Nascimento da fábrica Leal Santos e dos seus biscoitos históricos; as utilidades industriais do álcool mostradas no mesmo Éden Lavradio onde funcionou um *frontão* de deleitosa lembrança; o Minho onde comiam sem paletó e arremangados Rio Branco, Eduardo Prado, Oliveira Lima e outros gargântuas; o requinte das palestras do Instituto Nacional de Música com Bonfim, Bilac e Coelho Neto ruculando e brilhando; e nosso teatro... Artur Azevedo, Lucília Simões e a mamãe Lucinda no Recreio; as revoluções trazidas pelo elemento estrangeiro. Ah! tempos da Duse, de Loïe Fuller, da Réjane, de Sarah e de Novelli — Ermete Novelli no *Lui*. *Lúi* mesmo, pronunciado à italiana, e não *luí*, à francesa. Ele, ele! Tal como o reconhecia a rameira espavorida quando percebe que está deitada ao lado do estripador. Levanta-se como gata, leva horas para sair da cama, o homem roncando e se remexendo, querendo acordar, agora ela está no meio do quarto, pé ante pé que se conduz Duse, Duse em direção à porta que abre num vagar de matar a plateia suspensa e afinal ela pula, sai correndo, gritando e amotinando o bordel inteiro. *Lui! Lui! Lui!*

Toda a *belle époque* se espraiando e espocando fatos nas crônicas de Salles. O marechal Bittencourt na ponta do punhal de Marcelino Bispo, o *invento Abel Parente*, o pasmo da sociedade pudica vendo Francisco de Castro acorrendo em sua defesa! a operação de Chapot-Prevost e o novo século logo coberto de luto pela morte do citado grande Castro. O centenário do visconde de Barbacena, o aparecimento sensacional de *Canaã*, de Graça, e de *Os sertões*, de Euclides; o Carnaval carioca, os automóveis abertos cheios de pierrôs, colombinas, arlequins, bebês-de-tarlatana-rosa, dominós, da licenciosidade dos primeiros pijamas, os préstitos com comissão de frente a cavalo e deusas seminuas em aquários pirotécnicos. Santos Dumont em landau atravessando a rua do Ouvidor sob arcos de flores e precedido de banda; o 14-bis, o mais pesado que o ar, tudo servindo para rememorar nossas outras glórias aeronáuticas: Augusto Severo querendo brindar Floriano com um balão para fins bélicos, sua morte em Paris, na explosão do *Pax*. A paixão pelos inventos e pelos inventores desencadeada pelas descobertas de Santos Dumont que puseram na pauta e como assunto da moda o rádium e os Curie, Edison e o fonógrafo, Marconi e o sem fio, Röntgen e os raios X. O fim da febre amarela, o Rio deixando de ser *porto* sujo e acolhendo em bordéis sem mosquitos a marinhagem das vinte e três belonaves americanas do almirante Robley Evans. A reforma da nossa esquadra com os novos gigantes *Minas Gerais* e *São Paulo* e o povo cantando o "Cisne branco". A Exposição de 1908, as discussões para a criação da Universidade, a posse de Rio Branco no Instituto Histórico, Rocca e Carletto, os ataques à Light (ah! que saudades do *polvo canadense*) e os rolos sangrentos acarretados pela elevação do preço dos bondes. As mortes que ficaram, então, no passivo da polícia, do próprio presidente, como o comenta severamente a pena de meu tio ao tratar das "institui-ções conspurcadas por homens, que, como o dr. Campos Sales, têm nelas toda responsabilidade de seu nome intimamente ligado à propaganda da República, dessa mártir enxovalhada, mutilada, prostituída, tornada irre-conhecível para as almas generosas que tão bela e pura a sonhavam. E ficou, para que a história a guarde e a julgue, a frase cruel do chefe da nação — Contra bala, bala! — dita injusta e infelizmente num momento aziago de sua vida de homem público". Mais luto pela morte de Patrocí-nio e pela de Machado de Assis de que meu tio descreve o enterro e de como disputou a honra de segurar a alça do caixão do mestre egrégio — "Alma grega, exilada em nossos lares".

As crônicas e artigos de Antônio Salles servem para o estudo de um Brasil democrático no apogeu da liberdade de sua imprensa sem mordaça. Não sei o que poderia ter sucedido em fase ulterior ao meu tio quando ele se declara "antimilitarista por índole e convicção", condena a movimentação de nossas tropas em direção à fronteira do Peru, endos-sa a opinião dos que achavam menos legítima a nossa posição no Acre e ataca Rio Branco como autor de uma política brasileira arrogante com relação aos outros países da América Latina. Justamente ele aconselha um comportamento mais fraternal e de maior compreensão, tolerância e abrandamento dentro das repúblicas suscetíveis e entredevoradoras do que Gastão da Cunha chamava de *América Latrina*, que se odiando umas às outras têm todas um sentimento mais forte que esse ódio que é a inimizade aragonesa, castelhana, espanhola em suma, contra esse Portugal de ultramar que elas veem no nosso país. Justamente por ser o maior e o mais poderoso é que competiria ao Brasil entre os países sul-americanos posição (inclusive com ela) oposta à da Argentina — que

Salles comparava à nossa sogra internacional — intrigante, pérfida e flageladora. Pelo menos era assim no seu tempo. Estuda os pronunciamentos militares do nosso continente e apesar de falar simpaticamente de Root não mostra nenhum sentimento favorável aos Estados Unidos. Ao contrário. Faz suas profecias. "Uma propriedade particular ianque na América do Sul quer dizer uma futura colônia para cuja conquista se empregou o dólar em vez do canhão."

Dentro do panorama da *belle époque* que é a produção jornalística de Antônio Salles não poderiam faltar os comentários sobre as execuções dos anarquistas Vaillant, guilhotinado na França nos fins do século XIX, e Francisco Ferrer Guardia, goyescamente fuzilado na Espanha nos princípios do século XX. Vá pelo Vaillant que era um terrorista espalhando bombas. Mas a morte de Ferrer revolta até hoje, porque ele foi espingardeado por crime de opinião, como ideologicamente responsável pelos motins antirreligiosos explodidos em Barcelona, quando do recrutamento de tropas para a conquista do Marrocos. Puro delito de ideias pago com a vida, violência atrocíssima que revoltou as gerações moças de 1909, criando os mesmos motins que ajudei a promover em Belo Horizonte, entre estudantes e polícia, quando da eletrocução de Sacco e Vanzetti (à falta de outra coisa, apedrejou-se o Colégio Isabela Hendrix, tendo a cavalaria acorrido às primeiras vidraças partidas). A guerra russo-japonesa com Togo e o aniquilamento da frota eslava em Tsushima. A morte de Eça de Queirós e comentário ao que tinham escrito Ramalho, Veríssimo e Magalhães de Azeredo sobre a grande perda. O caso Dreyfus que não podia faltar, com o cortejo fabuloso dos personagens desse folhetim — Zola, Henry, Clemenceau, Paty de Clam, Esterhazy, Boisdeffre, Labori — que seria engrossado desse lado do Atlântico com Rui e os dreyfusistas do Rio, d. Heloísa Figueiredo à frente, indo a Paris para entregar a madame Dreyfus um mimo da Mulher Brasileira e um soneto do nosso Bilac:

> *Mère-Épouse! Votre âme enorgueillit nos âmes!*
> *Car vous êtes l'Amour et la Maternité,*
> *Coeur, miroir de nos coeurs, et Femme honneur des femmes!*

Vem depois um artigo contra o kaiser e a política internacional alemã tão justo na sua previsão como o retrato traçado por Eça e finalmente a série dos que têm por motivo a Grande Guerra de 1914 que encerrou a *belle époque* e começou o nosso terrível mundo moderno. Todas as minhas opiniões sobre esses assuntos são as opiniões que eu recebi de Antônio Salles nos dois anos em que tive a prerrogativa de conviver como filho e discípulo desse ser de inteligência, honra e bondade. Passei na sua companhia os anos de 1916 e 1917. Nas minhas férias de 1918, a 9 de fevereiro, ele embarca pelo *Olinda*, de mudança para o Ceará, onde ia iniciar a nova fase provinciana de sua vida de participação, ensino, estímulo e orientação aos moços cujo único símile na crônica da inteligência brasileira é a atividade educativa exercida por Mário de Andrade. A volta de meu tio a seu estado natal foi ainda, como tudo nele, ato de ternura e amor. Largou o que conquistara aqui, como situação literária e como prestígio moral, a pedido de sua velha mãe que não queria morrer longe do filho. Foi para o Norte cheio das saudades que ele pôs no seu "Adeus ao Rio". Eu tornaria a vê-lo depois de homem-feito mas jamais se apagariam de minha memória aqueles nossos dois anos da Pensão Moss. Adeus! meu tio.

Como fui longe... Cheguei a 1918 e tenho de voltar atrás para entrar no internato do Colégio Pedro II. Tinha de fazer vestibular e meus tios Salles e Modesto, erigidos em banca examinadora, verificaram, aterrados, a precariedade do que eu aprendera no Anglo. Falava perfeitamente o meu inglês, trouxera na minha pobre bagagem até uma seta apontando a direção de uma cultura, mas estava a zero na regra de três, nas frações, no máximo divisor e no mínimo múltiplo comuns. Uma miséria. Minha geografia era uma vergonha. De corografia, neres. Quando tio Salles me veio com indagações sobre os substantivos, os adjetivos, os verbos, os advérbios e as interjeições eu quase perguntei quem eram. De sujeito (*Antônio*) e predicado (*vive*) eu não sabia patavina. Vendo-me assim *in albis* os tios não me largaram mais até o vestibular. Tio Salles encarregou-se do vernáculo e me esfocinhava todas as tardes na *Antologia* de Fausto Barreto e Carlos de Laet. De noite era o Modesto com a geografia, a corografia, a Guerra de Trinta Anos e as capitanias hereditárias. De madrugada eu me mandava para a casa de Ennes de Souza que me esfregava em aritmética num quadro-negro que havia no seu escritório, no porão habitável da rua Major Ávila, 16, em frente a Santo Afonso. Voltarei a essa casa hospitaleira.

Afinal chegou o dia do vestibular e eu me bati para São Cristóvão em companhia do Modesto. Antes dos exames ele me levou a conhecer o seu Seixas, despenseiro e seu antigo companheiro da Escola de Guerra. Depois da escrita, em que invejava a abundância e a velocidade com que escreviam outros dois candidatos, teria de enfrentar a banca para as provas orais. Os dois meninos cuja fecundidade torrencial eu tinha admirado, logo ao intervalo, conheci no corredor. Um era magrinho, claro, grandes cabelos bronzeados e com um olhar de perspicácia e inteligência como jamais vi repetido em outras caras. Chamava-se Aluísio Azevedo Sobrinho e era filho de Artur Azevedo. O outro era pequenino, cabeçudo, grandes olhos e cabeleira muito lisa. Seria outro amigo e seu nome era Leo Monteiro. Foram os primeiros condiscípulos que conheci no internato. A prova oral eu comecei com o velho Silva Ramos, cravo vermelho à lapela, cabelos de algodão e sotaque de português que se interessou mais pelo meu nome que por minha leitura e análise. Com que então o *m'nino* é Nava. O que vem a *sere*? da excelentíssima senhora d. Cândida Nava de Luna Freire, minha *culega* de magistério ao Sacré--Coeur? Ah! Sobrinho? pois muito bem, muito bem. Plenamente. Diante da benevolência do Silva Ramos fizeram coro os outros membros da banca e eu acabei aprovado com uma quase distinção. Tio Salles, agradado, considerava que aquilo era o escândalo do século. O Modesto fungava de rir e o Ennes de Souza não queria acreditar. Pois se o Pedrinho distinguia mal as decimais das ordinárias... Em suma, passei.

Logo no dia seguinte, cedo ainda, o Modesto saiu comigo para a rua Conde de Bonfim, 322, casa de seu amigo o senador Luís Soares dos Santos. Eram nove da manhã de um dia ensolarado quando entramos pelo lado, diretamente na sala de jantar daquele bom gaúcho. Nascido em 29 de novembro de 1866, ele ia, na época, pelos seus quarenta e nove anos. Era militar, pela Escola de Porto Alegre, mas fizera sua carreira e chegara a general dentro da política castilhista e borgista de que era partidário ferrenho. Cheio de corpo, bigodes e cavanhaque brancos, a figura ao mesmo tempo bondosa e melancólica, todo de cinza e colete de linho branco, ele foi logo dizendo ao Modesto que por pouco não o pegávamos porque ele ia com a família carnear no Alto da Boa Vista. Esses piqueniques e churrascadas eram de seu costume, dele e dos parentes mais chegados, os Bittencourt, os Santos Meira, os Arêa Leão e os Monteiro de Barros. Estes eram a gente da esposa, d. Maria Monteiro de Barros Soares dos Santos, que veio logo chegando com um cafezinho para o Modesto. Meu tio foi direto ao que vinha e explicou ao senador que precisava de sua influência para obter minha matrícula gratuita no Pedro II. Eu tinha todas as condições. Passara bem no vestibular e era filho de funcionário civil morto no trabalho. Além disso... O senador cortou logo as explicações de meu tio e sem uma palavra foi ao telefone oficial. Logo teve o ministro do outro lado e em cinco minutos estava tudo arranjado. Pronto, mestre Modesto: o ministro vai telefonar já para o Araújo Lima e são favas contadas. Foram. Lá está no livro de notas de meu tio Antônio Salles: "4 de abril de 1916 — Pedro entrou para o Internato do Colégio Pedro II".

4. Morro do Barro Vermelho

> [...] indo dois ou três, dos quais um levava o gazofilácio e repetia às portas das casas: — Esmola para os meninos órfãos do Seminário de São Joaquim.
>
> MOREIRA DE AZEVEDO, *O Rio de Janeiro*

NO DIA 4 DE DEZEMBRO DE 1937 eu tinha encontro marcado na esquina da Cinelândia, em frente ao Cinema Odeon. Três e meia da tarde. Com a maior pontualidade e dando gargalhadas de menino, ali nos reunimos Prudente de Moraes, neto, Afonso Arinos de Melo Franco e eu. Batemos rápidos para a praça Paris onde dar-se-ia a grande concentração dos ex-alunos do Pedro II. Já lá estavam antigos condiscípulos, sendo postos em fila pelos velhos inspetores, entre os quais se destacava a figura impressionante do Goston comandando ali almirantes, generais, políticos, luminares das artes liberais, do comércio, da indústria e da finança — com a mesma desenvoltura com que há trinta anos atrás privava tudo de recreio e de saída. Vamos com isto! os senhores metam-se já em fila — perfilem-se! — que a formatura vai seguir. Só estamos esperando pelo barão de Ramiz Galvão que abrirá a marcha, dentro daquele carro de capota arriada. Era o mais velho dos ex-alunos. À injunção do seu Goston corremos e queríamos nos colocar na cauda do cortejo ou pelo menos bem para lá do meio — que a frente, claro! devia ser preenchida pela caterva valetudinária de estudantes do século passado. Recolhemos o riso quando vimos os porta-cartazes com a indicação dos nossos anos de término de curso — 1920 e 1921 — ali, na vanguarda, face ao Monroe, à entrada da Avenida, às portas da Morte... Dolorosamente verificamos que começávamos a declinar e foi como pedindo socorro uns aos outros que nos demos os braços e formamos com uns velhotes em quem, bestificados! íamos reconhecendo antigos companheiros de carteira. Confraternizávamos. Olhávamo-nos com o espanto do desgraçado que encara espelho veraz e cruel. Quando correu a notícia de que o barão não vinha, o Goston atroou os ares com seu brioso ordinário marche! e logo rompemos galhardamente. À nossa frente, poucas e ralas filas de bacharéis do princípio dos Novecentos e fins dos Oitocentos. À retaguarda, a multidão cada esquadra mais jovem, depois o batalhão do internato, o do externato, o dos nossos velhos adversários do Colégio Militar, os de outras casas de ensino do Rio de Janeiro. O Prudente, o Afonso e eu resolvemos espancar as mágoas e foi novamente às gargalhadas que passamos diante do palanque das autoridades. Agitamos festivamente nossas flâmulas, fomos reconhecidos pelo ministro Gustavo Capanema que bracejou em direção dos seus amigos. Vendo tais efusões, todos do tablado abriram-se em sorrisos de que o mais rasgado vinha da estátua proconsular do diretor Fernando Raja Gabaglia. Ia chover. Uma nuvem veio, imensa, escura e rápida — de tal envergadura que parecia o pássaro Roca tomando os ares, tapando o sol e anoitecendo, nos céus, o azul infância. Chuva de verão que logo passou. Quando nos dispersamos, nas alturas do Municipal, já se fora o eclipse e o dia brilhava ressurrecto. Só nossas almas, ah! permaneceram encharcadas...

Aquele Grande Desfile do dia 4 fazia parte do programa iniciado a 2 de dezembro, para comemorar o primeiro centenário do Colégio Pedro II. Nunca atinei por que razão se dava tanta ênfase ao centésimo aniversário da aposição do nome imperial a estabelecimento que vinha da Colônia e do século XVIII. Em verdade estávamos diante não da primeira, mas da segunda centúria da gloriosa instituição que até à reforma de 1969 (tão profunda e radical que equivaleu a uma extinção) foi sempre a mesma, com os nomes sucessivos de Casa dos Meninos Órfãos de São Pedro, Seminário dos Órfãos de São Pedro, Seminário de São Joaquim, Imperial Seminário de São Joaquim, Imperial Colégio de Pedro II, Instituto Nacional de Educação Secundária, Ginásio Nacional, Colégio

Bernardo de Vasconcelos (o internato), Colégio Pedro II (o externato). Esta última designação não tardaria a abranger as casas da rua Larga e do campo de São Cristóvão.

Lendo Macedo e monsenhor Pizarro verifica-se que o abrigo dos meninos órfãos teria sido fundado não mais cedo que 1733 e não mais tarde que 1739. Na própria década propícia em que ia começar o grande governo de Gomes Freire e em que o amadurecimento intelectual do Rio permitiria a criação da Academia dos Felizes, que a caridade e o sentimento ético de seus habitantes inspirariam a fundação do Hospital da Venerável Ordem Terceira do Carmo, da Casa dos Expostos, do Recolhimento de Órfãos e Desvalidos da Misericórdia, bem como a ampliação da sede desta irmandade. O primeiro dos historiadores citados, Joaquim Manuel de Macedo, conta como foi. O sacristão-mor de São Pedro, que cuidava dum pobre-diabo doente, um dia encontra-o morto e seus dois meninos aos urros, na casa desamparada. Cheio de aflição e de pena pede ao orago de sua igreja inspiração para de como socorrê-los e valê-los. A eles, a toda a infância desacudida da cidade! Logo desceu-lhe o Pentecoste e ele veste os dois garotos com hábito e murça de baeta branca, pondo-lhes uma cruz de baeta encarnada do lado do coração. E vai assim ao governador que dá a primeira esmola aos pobrezinhos; depois ao bispo, d. Frei Antônio de Guadalupe, que lhes ministra a segunda. Estava criada a Casa dos Meninos Órfãos.

O bispo interessou-se pelos órfãos de São Pedro e instalou-os nuns próprios que ficavam por trás e do lado direito da igreja dessa invocação. Mais: tomou tanto para si a ideia do sacristão-mor que ficou sendo considerado o fundador da instituição. Isto em 8 de junho de 1739, data da provisão que dá existência legal ao Colégio ou Seminário de São Pedro. Destinava-se o mesmo a receber os meninos da cidade "cristãos-velhos", "brancos de geração, e de nenhuma sorte mulatos". Quando em 1766 os asilados foram transferidos para junto à igreja de São Joaquim o nome de seu lar foi mudado para o de Seminário de São Joaquim. Os meninos faziam jus a casa, comida, roupa e instrução mediante o cumprimento de certas obrigações. Cantavam no coro com os padres das suas duas igrejas, seguiam enterros, esmolavam pelas ruas. Essas esmolas juntavam-se às antes dadas pelo governador, pelo bispo. Iniciaram patrimônio a se constituir com donativos e legados de senhoras ricas, de negociantes e testadores pios. O uniforme era o mesmo inventado pelo sacristão e os seminaristas andavam de hábito e murça brancos, trazendo ao peito a primitiva cruz de baeta vermelha. Parece que esse tipo de batina durou até 17 de agosto de 1811, quando o reitor padre Plácido Mendes Carneiro (justamente por causa das bulhas de rua provenientes da alcunha de *carneiros* dada aos meninos de São Joaquim pela cor de suas vestes) obteve do bispo d. José Caetano da Silva Coutinho sua modificação. Passaram a constar de túnica, barrete, meias pretas; de cinto e murça roxos. E sempre a cruz, sempre vermelha, sempre à esquerda. Os sapatos tinham fivelas. Ainda sob a mesma autoridade episcopal apareceria a sobrepeliz rosa e sobre ela o cabeção encarnado, mais a medalha de honra concedida por dom João vi. Essa medalha, diz Macedo, pendia duma fita preta quando acompanhava o hábito e era pendurada ao lado esquerdo do peito quando os moços se apresentavam de casaca. A túnica, pois, não seria vestimenta obrigatória para todas as ocasiões. Extinto em 1818, o Seminário seria reinstituído em 1821 pelo príncipe d. Pedro. No Brasil independente apareceria o nome de Imperial Seminário de São Joaquim. Inspirada ao sacristão por são Pedro, recriada pelo primeiro Pedro — a nossa grande casa seria definitivamente estruturada sob o patrocínio do segundo Pedro de quem receberia o nome a 2 de dezembro de 1837. Esta é a data do decreto de mais um Pedro, o regente Pedro Araújo Lima, referendado por Bernardo Pereira de Vasconcelos e que convertia o Seminário de São Joaquim em colégio de instrução secundária denominado Colégio de Pedro ii. Logo receberia elevação e chamar-se-ia o Imperial Colégio de Pedro ii. Apesar de sua antiguidade, de suas raízes coloniais, apesar de sua continuidade — o educandário rebatizado seria *inaugurado* a 25 de março de 1838 pelo imperador menor, pelas princesas suas irmãs, por Araújo Lima e por Bernardo Pereira de Vasconcelos. A 27 de abril do mesmo ano entram os primeiros alunos admitidos no regime de colégio secundário. O número 1 coube a um velhampão de vinte e seis anos — que ficou interno. Também era Pedro — Pedro de Alcântara Lisboa, filho do conselheiro José Antônio Lisboa.

Orfanato humilde no início, modesto seminário em seguida, o colégio seria no Primeiro Reinado, no Segundo e na República a glória de nosso ensino. Tudo o que há de mais ilustre na vida brasileira recebeu seu influxo e criou-se no seu espírito. Já escrevi noutro lugar que "assim como são inconfundíveis, na Inglaterra, os homens que estudaram nos colégios de Cambridge e Oxford, na França, os que foram alunos de Stanislas e de Louis-le-Grand, no Brasil, os que tivemos a honra de passar pelo velho Pedro II, dali trouxemos o *espírito da casa* que é tendência democrática e gosto pelas ciências, vocação liberal e apreço pelas artes". A prova? Não resisto à tentação de escrever uma longa série de nomes, cada um elo da cadeia que nos une numa imensa e secular família espiritual. São os nossos colegas de todos os tempos. Dormimos nos mesmos dormitórios, comemos da mesma comida, passamos pelas mesmas punições, tivemos os mesmos mestres e deles recebemos os mesmos ensinamentos, os mesmos respes, os mesmos prêmios, as mesmas categorias mentais e morais. Do fundo do Tempo José Carlos de Almeida Areia grita: presente! Respondem — presente! Joaquim Francisco de Faria, Manuel Antônio Álvares de Azevedo, Francisco de Paula Rodrigues Alves, Henrique Pereira de Lucena, Antônio Correia de Sá e Benevides, Bento Luís de Oliveira Lisboa, Alfredo Maria Adriano de Escragnolle Taunay, José Vieira Fazenda, Manuel de Queirós Matoso Ribeiro, Luís da Cunha Feijó, Antônio Ferreira Viana, Agostinho José de Sousa Lima, Cândido José Rodrigues Torres, Benjamim Franklin de Ramiz Galvão, Antônio da Silva Prado, Pedro Afonso de Carvalho Franco, Augusto Ferreira dos Santos, José Maria da Silva Paranhos, Joaquim Aurélio Nabuco de Araújo, Alfredo Augusto Gomes, Carlos Maximiano Pimenta de Laet, José Pereira Rego Filho, João Luís dos Santos Titara, João Batista Kossuth Vinelli, Francisco van Erven, Carlos Artur Moncorvo de Figueiredo, Paulino José Soares de Sousa, Ezequiel Correia dos Santos, André Gustavo Paulo de Frontin, João Carlos Pardal de Medeiros Mallet, José Cândido de Albuquerque Melo Matos, Antônio Fernandes Figueira, Aureliano Vieira Werneck Machado, Washington Luís Pereira de Sousa, João Batista de Lacerda, Francisco Furquim Werneck de Almeida, Alfredo Piragibe, d. Pedro de Saxe e Bragança, Raimundo Teixeira Mendes, Manuel Duarte Moreira de Azevedo, Raimundo de Azevedo Correia, Raul de Ávila Pompeia, Osório Duque Estrada, José Tavares Bastos, João Marinho de Azevedo, Fernando Augusto Ribeiro de Magalhães, Mário Cochrane de Alencar, José Antônio de Abreu Fialho, Raul Paranhos Pederneiras, Gastão Mathias Ruch Sturzenecker, Heitor de Lira Silva, Adolpho Backheuser, Francisco Pinheiro Guimarães, Agenor Guimarães Porto, Antenor Nascentes, Manuel Carneiro de Souza Bandeira, Quintino do Vale, Caio de Melo Franco, Virgílio Alvim de Melo Franco.

São colegas mortos. Os vivos estão a continuá-los e a trazer para a cultura brasileira os sentimentos dos grandes filhos do internato e do externato que acabo de invocar — esses cientistas, médicos, matemáticos, engenheiros, juristas, professores, artistas, poetas, críticos, pintores, romancistas, historiadores, filólogos, acadêmicos, conselheiros, titulares, deputados, senadores. Os presidentes de província, de estado, da República. Os ministros, chanceleres, embaixadores. Um apóstolo. Um arcebispo. Uma alteza imperial. Um mártir. Todos lhe ouvem o nome inteiro — como era de hábito discriminar nas nossas listas de chamada. E eles respondem — presente! presente! presente! Conjeturo-os meninos, vejo-os nas nossas batinas, uniformes, fardamentos sucessivos. O hábito branco do sacristão com seu amicto do mesmo pano; a túnica preta do reitor Carneiro com seu cabeção colorido; a casaca escura, com a medalha de d. João VI; a jaqueta de duraque azul e boné da mesma cor com o tope nacional de 1831; a casaca verde com botões amarelos e chapéu alto, de pelo, de 1838; o paletó curto, quatro botões de cada lado, a gravata de volta, o boné chato e o colete e a calça variando, ora sombrios ora brancos, do Aviso de 26 de dezembro de 1855, a farda verde com botões dourados trazendo em relevo o P II do monarca. Depois, os nossos. Presente!

> Eu só governo duas coisas no Brasil: a minha casa e o Colégio de Pedro II.
>
> *Frase do imperador a José Bonifácio, o Moço*

Quem escreve é para ser lido. Certo, monsieur de La Palisse. Mas sejamos sinceros acrescentando que muito do que escrevemos é para ser lido por nós mesmos. Não há ninguém, por mais pintado que seja, que não goste de lamber a própria cria. Por isso é que não me incomodo quando me acham chato nas genealogias e que provavelmente vão me pôr de prolixo quando cito inteiros os nomes palmariais que eu poderia reduzir a dois ou até a uma inicial, ponto e sobrenome. Desculpem! é que nessa hora estou escrevendo para mim... Assim, enumerando os que eu chamei de colegas de todos os tempos, não resisti à tentação de degustar por completo as suas graças. E eles ficam bivalentes se aparecem assim nominativos, em estado nascente, ou se vêm cunhados em mais curto, no vocativo que a fama elegeu. Ficam diferentes, ficam, não vê? — Carlos de Laet, por exemplo, tem molejo de engonço terminando em pontapé. (Ele mesmo, maligno, tal e qual.) Já em Carlos Maximiano Pimenta de Laet tempera-se a dureza do último apelido e o queimor do terceiro com aquele Maximiano e aquele Carlos que sabem a Casa d'Áustria, a condado papalino. Foi por razões associativas, aferenciais, analógicas, seletivas, poéticas e relacionais que usei todo o nome-menino dos grandes homens do Pedro II. Agora é preciso lembrar os personagens lendários de cujas mãos eles saíram. Fomos saindo. Vocês têm uma ideia de tudo quanto foi professor de nosso colégio e tinha honra disso? Vocês sabem que tempo afora, aprendemos com o Macedo de *A moreninha*? Que nossa geografia era a do próprio barão que a alterava e recriava fronteiras? O francês, de Halbout, o grego, de Schieffler, o português, de Laet e Silva Ramos, a história, de Capistrano e João Ribeiro? Sabiam? Se não sabiam, ouçam mais. Nossas ciências e letras foram as de Ramiz Galvão, Sousa Lima, Drago, Frontin, Caminhoá, Moreira de Azevedo, Jônatas Serrano, Escragnolle Dória, Melo Matos, Tautphoeus, Said Ali, Paula Lopes, Ruch, Meschik, Euclides da Cunha, Thiré, Agliberto Xavier, Mendes de Aguiar, Coelho Neto. Basta atentar nestas figuras para se compreender por que me enfunei tanto para falar no espírito da nossa casa — espírito, emanação, alma, sopro, *entelekheia* que é misto de compactação colonial, coesão imperial, vocação democrática e republicana, destinação popular e civil. Tínhamos *número* nas peças do vestuário, tínhamos, e nas botinas por razões de ordem de rouparia. Mas jamais nos chamávamos o Cento-e-Vinte-e-Oito, o Cento-e-Trinta, o Sessenta-e-Nove, e sim, Nélson Mendes Brioso, Augusto Bastos Chaves e Joaquim de Melo Camarinha. Éramos rapazinhos de hábitos. Éramos educados. Tínhamos decoro. Era de casaca, gravata branca, punhos rendados e luvas de pelica que nos apresentávamos à oral diante do veludo verde bordado de ouro das mesas dos exames finais, frequentemente assistidos pelo imperador que, quando via aluno bem nabuco ou aluno bem rio-branco, gostava de concorrer para a distinção *cum laude* metendo, também, sua perguntinha de algibeira. (Fazia-o, casando seu nasalado Habsburgo ao seu falsete Bragança: Sim, senhor! Sim, senhor! muito bem! mas quero ouvir agora qual é a diferença entre os postulados de Euclides e os de Lobatchevski.) Tínhamos tanto vexame de uma reprovação que isto virava luto familiar. Ai! do pestiferado. Passava o tempo de férias sem sair de casa, e sua família, de vergonha, cerrava janelas e portas.

A partir de 1838 os regulamentos de Vasconcelos dão aos alunos concluintes o título de bacharel. Bacharel em ciências e letras. *Bacca et laurea*. Baga do carvalho e ramo do loureiro — nossos símbolos. Deles tínhamos tanta honra que mesmo depois da redução do curso para seis, para cinco anos e com a supressão oficial do grau — todos que terminávamos seriamente nos chamávamos e nos dávamos no último ano *o bacharelando* e nas solenidades de formatura a designação de *bacharéis*. Não era legítimo mas era oficioso. Consentido pelos professores. Aceito pelos diretores. Olho com ternura meus velhos cadernos escolares de 1920: têm carimbado nas suas páginas amareladas e gastas o melhor galardão que obtive ao longo da porca desta vida —

PEDRO DA SILVA NAVA
Bacharelando

A nossa casa foi de início orfanato religioso, depois centro artesanal e de ofícios, seminário, timidamente liceu de humanidades quando, em 1831, o latim, o francês, a matemática e a lógica começaram a ser ensinados ao lado dos mesteres, da religião, do desenho, do cantochão. Com a reforma magna de 1837, criou corpo o incomparável ginásio que funcionou até os incêndios de 1961 e de 1969. Tal era seu prestígio que o monarca dizia que não fossem suas obrigações de imperador constitucional e defensor perpétuo do Brasil, o que lhe apetecia mesmo era ser senador vitalício ou professor efetivo do Colégio de Pedro ii. Ele foi sempre um pouco mestre dos alunos da casa de seu nome e, com a dos outros professores de três séculos, sua voz recuou, ecoou e projetou-se nas várias sedes de nossa instituição: a partir das casinhas de perto da igreja de São Pedro, pedidas pelo sacristão, concedidas pelo bispo e consentidas pelo governador.

A igreja de São Pedro ficava na esquina da rua deste nome com a dos Ourives. A planta de Fragoso, que é de 1874, mostra à direita um sobradinho de porta só, sem número, três andares, certamente dependência do templo. Junto, o número 73, térreo e sobreloja; depois o 71, rés do chão, primeiro piso, segundo. Atrás da matriz, por Ourives, um sobradão imponente com os números 114 e 116. Essas casas, se não foram a primeira sede do nosso colégio, pelo menos edificaram-se no local dos prédios onde ele principiou. O sobradinho de que fala Macedo estava em pé quando ele publicou suas histórias do Rio de Janeiro, em 1863, e é bem possível que seja o mesmo reproduzido por Fragoso em 1874. Tudo é muito incerto mas provavelmente nele, nos prédios, à sua direita e nas edificações de detrás da capela-mor é que terá começado a instrução secundária nesta mui leal e heroica cidade. Façamos tábua rasa das edificações e tomemos como ponto de referência para o glorioso evento a igreja de São Pedro — teríamos aí o marco, tornado assim tão importante para a história do nosso ensino de humanidades, como Santa Cruz de Coimbra o foi para o universitário, em Portugal. Essa igreja, joia de nossa arquitetura colonial, erigida a partir de 1732, por d. frei Antônio de Guadalupe, foi boçalmente arrasada quando um prefeito sem sensibilidade precisou fazer uma avenida para pôr nas suas placas o nome do sultão.

Da igreja de São Pedro, nossa casa passou para a de São Joaquim. Mais precisamente para o lado desta igreja, que se continuava por um sobrado de dois andares ligado a um térreo acachapado, à sua frente. Tudo isto foi edificado por 1764, 65 ou 66, pois neste último ano — 1766 — os órfãos de São Pedro transferem-se para a nova sede feita especialmente para eles. É quando passam a ser conhecidos como "seminaristas de São Joaquim". Um destes prédios, ou uma parte dele, resistiu à sanha de Passos quando este demoliu a igreja de São Joaquim. Reformada, modificada, mas sempre marcando o mesmo local — *ès-nouveau*. Para trás as salas e corredores continuavam-se por outros na sede histórica do glorioso colégio. Quando o conheci, a fachada sobre a rua Larga e um pouco da correspondente a Camerino era o pedaço que tinha sido desfigurado pela restauração *art nouveau*. Para trás as salas e corredores continuavam-se por outros do casarão do século XVIII ainda não modernizado. Esse velho trecho ainda estava intato em 1920 — pois num seu aposento de paredes passadas a ocre e chão rangente de tábuas corridas — prestei meu preparatório de história natural ante o preciso Backheuser, o fanhoso Moura e o Lafayette egrégio. Esquinas de Ourives e São Pedro, de Camerino e rua Larga, tudo isto foi orfanato, seminário, colégio interno e externo. A 24 de outubro de 1857, um decreto separa o Pedro II em duas casas. O externato permaneceu junto a São Joaquim e o internato passou para o Engenho Velho. Rua de São Francisco Xavier,

n. 1, a chamada Chácara do Mata, por ter sido propriedade dum dr. Nascimento Mata. Encostada ao largo da Segunda-Feira. Ainda existe hoje, como nossa outra sede histórica. Seu prédio, segundo Brasil Gerson, é o Colégio da Companhia de Santa Teresa de Jesus. Fica no atual número 11 do citado logradouro. Seu primeiro pavilhão (que segundo a irmã diretora data de 1849) espreme-se entre os novos e os arranha-céus edificados entre ele e Conde de Bonfim e erigidos em terras desmembradas da chácara. Seus fundos vão longe, quadra adentro; seu jardim anterior foi diminuído pelo alargamento da rua; sete palmeiras-imperiais imensas são as marcas da antiguidade do local. (Esse sobradão, pelo que representa para a história do nosso ensino e pela ilustração das personalidades que ali passaram como professores e alunos — devia ser resguardado por tombamento. Ele e o do externato — antes que os *tombem* mesmo, mas à picareta...) Trinta anos ficaria o internato no Engenho Velho. Em 1887 o gabinete Cotejipe adquire o palácio do campo de São Cristóvão e para ele passam os estudantes residentes. Permaneceriam aí até que o incêndio de 1961 impedisse seu funcionamento como internato. Foi diante de sua fachada imponente e pintada de azul, diante de sua porta que tinha então o número 25, da praça Marechal Deodoro, que me apresentei a 4 de abril de 1916, para ser mais um da fila dos meninos de São Pedro — começada antes de 1739 e suprimida em 1969. Nas roupas, nas botinas, nos escaninhos o meu número era 129. Mas meu nome continuava o Pedro do batismo e o Pedro da Silva Nava, do registro civil.

Historiando meu colégio, aqui vou repetindo Moreira de Azevedo, Macedo, Vieira Fazenda — que aliás se repetem uns aos outros, a partir de monsenhor Pizarro. Tomei ainda da monografia de Escragnolle Dória publicada por ocasião do assim chamado *Primeiro centenário do Pedro II*; da coletânea da mesma época levada a efeito por Ignesil Marinho e Luís Inneco; de publicação sem nome de autor, prefaciada pelo diretor Vandick Londres da Nóbrega e datada de 1965, do volume v do anuário da casa, referente aos tempos bacharelandos de minha turma; de recortes de jornais, de reportagens. Mas para reavivar a memória e poder contar dos cinco anos que passei interno recorri também ao prodigioso álbum sobre o *Internato do Ginásio Nacional do Rio de Janeiro*, de 1909, com sua história, resumo do regulamento, documentação fotográfica sobre o bairro, o imóvel, os recreios, os anexos, os alunos, seus uniformes de dentro, de parada e de gala, os inspetores, os professores; recorri ainda aos *Estudantes do meu tempo*, de João Batista de Melo e Sousa; às admiráveis *Memórias* relativas ao externato mas tão aplicáveis ao internato — publicadas por Pedro Dantas (Prudente de Moraes, neto) no *Diário Carioca*, de abril a dezembro de 1946; a velhos cadernos de aula, a antigas provas escritas, a bilhetinhos trocados no estudo — o que salvei do meu tempo de aluno; ao *Ateneu* que é Colégio Abílio, mas sobretudo Chácara do Mata (a ambiência do recreio onde conversavam Sérgio e Egbert é essencialmente tijucana e não se adapta de jeito nenhum às Laranjeiras), e tudo que ali se diz repetia-se tanto, tanto, mas tanto! no internato que eu conheci — que o livro de Raul Pompeia indifere a datas e ficou retrato válido de quase noventa gerações (contadas do tempo provável daquelas "memórias de saudade" até ao incêndio de 1961). E o que mais? As minhas reminiscências e as que colho, quando posso, de Aluísio Azevedo, Carlos Paiva Gonçalves, Florentino César Sampaio Viana, Haroldo Moreira Gomes, José Beltrão Cavalcanti, Henrique de Melo Morais, Raimundo da Costa Figueira, Nélson de Mesquita Leitão, Afonso Arinos e Afrânio de Melo Franco. De um desses colegas amigos de mais de cinquenta anos recebi, há tempos, para copiar em xerox, dois números de jornalzinho manuscrito publicado no internato em 1920. Chamava-se *A Tocha* e dava um esclarecimento aos desavisados: "o que não sai na *Noite*, *A Tocha* traz...". Voltarei ao valor psicológico e sexológico desse jornal e pena é que não possa completar minhas impressões nesse sentido, compulsando coisas dispersas, perdidas em arquivos, sepultadas em outras gavetas de velhos maníacos assim que nem eu. Mas tempo mais não de procurar, companheiros. É tarde. Vai só o que arranjei. Mas onde estarão as atas da Sociedade Recreativa de 1857 e de outras entidades literárias do internato e do externato? e *O Tamoio*? em que saiu a primeira publicação de Taunay. Quem poderá dar notícia de *O Escudo de Minerva*? que era manuscritado setenta anos antes de nossa *A Tocha*. Quem lembra aquela luxuosa revista em papel cuchê dos alunos do internato no princípio deste século? Não consigo recuperar seu nome e só recordo a impressão que me trouxe um artigo sobre a guilhotina — acompanhado da fotografia do terrível instrumento! Onde estão as flores d'antanho? e sobretudo onde? onde? estarão os famosos *Livros de Parte* em cujas folhas, com lavores literários e bela letra cursiva, o *Pastel*, o *Caturrita*, o *Corcovado*, o *Candinho-Jacaré*, o *Pires Ventania*, o *Salatiel-Mirim* e os outros inspetores comunicavam nossos atentados ao bacharel Quintino do Vale — chefe de disciplina, familiar do Santo Ofício, senhor tonante do nosso destino e das nossas *saídas*. Não resisto continuar adiantando sem lembrar logo certa *parte* que ficou famosa no internato. Era lacônica e dizia apenas — "*Comunico-vos a vós* que os alunos Eurico Mendes dos Santos etc. perturbaram ontem o estudo da noite com cacholetas, cascudos de passa-adiante e besouradas". Apesar daquele *et coetera* mais hermético que a Pedra Roseta, o Quintino, que era um verdadeiro Champollion, decifrou logo seu conteúdo demótico, seu sentido hieroglífico e fez comparecer a sua presença, além do indigitado Eurico Mendes dos Santos, mais os *srs.* Alberto Jorge Grünewald da Cunha, Luís de Poissy Navarro Calaça, Elpídio Maria da Trindade, Pedro da Silva Nava e Nélson Mendes Brioso. O Quintino era fantástico! conhecia todas suas ovelhas, as suas baldas, sua tendência lombrosiana, crime específico e delinquência inevitável. Não errou um. Sábado, já se sabe, privados de saída. Mas voltemos à entrada do internato e ao pórtico do pedaço de sua história que eu ia viver de 1916 a 1920. Vamos a ela... Ao passado, ao passado! Vamos a essa prodigiosa abstração do Tempo, breve segundo continente do infinito, fabuloso país em que vivi (irreversivelmente) e até onde — nem os automóveis, ou os tapetes mágicos, os trens, os navios, os ventos, os aviões, as nuvens, os módulos espaciais serão capazes de me fazer retornar. Só o pensamento mais rápido que os foguetes estratosféricos, só a saudade-minuto-luz podem me arrebatar nessa viagem para as distâncias siderais de mim mesmo.

O Modesto me acompanhava na aventura do primeiro dia do colégio — como já me dera força moral dias antes, na hora dos vestibulares. Descemos a pé a rua do Matoso que seria meu caminho de tantos anos e caímos nas lonjuras interplanetárias da praça da Bandeira. Aquilo era um oceano onde desembocavam os riorruas Mariz e Barros e São Cristóvão. Por via daquele eram as afluências da Aldeia Campista, do Andaraí, do Lins; por este as de São Cristóvão, Retiro Saudoso, Caju. Atravessamos a primeira ilha, a segunda, encimada pelo coreto-quiosque de ferro de dois andares, e ganhamos a terceira que era o cais onde atracavam os navios São Januário e Jockey-Club. Seriam minhas conduções de cada semana até 1920. (Eles e o São Luís Durão, o mais barato do mundo: trezentos réis, três reles patacos de tostão por uma circular que era a órbita mais linda do Rio, e cujo arco de descida passava na esquina da rua Bela para trazer à cidade meninos de ouro e azul.) Tomamos um São Januário e nele e por ele fui me integrando no novo bairro: a tortuosa rua de São Cristóvão, a Figueira de Melo retilínea, a vastidão do lindo Campo. Descemos em frente ao internato, nos desalteramos na biquinha do nicho aberto no granito entre os catorze degraus da dupla escadaria que vai à parte alta do logradouro, paramos e olhamos o colégio. Todo anil, alegorias na platibanda, estuque fazendo bronze — o letreiro colossal pintado logo abaixo: INTERNATO DO COLÉGIO PEDRO II. Três renques de aberturas: as nove janelas do segundo andar; as nove portas do primeiro escancarando por uma sacada de prata correndo de fora a fora, dando uma impressão tão flauta e tão som que aquilo era menos uma sucessão de gradis que aparência das dobras dum bojo de bandoneon esticado cantando dum canto ao outro da casa; outras quatro janelas de cada lado e a porta central lavrada na cantaria do térreo. De par em par os batentes de madeira. Com eles se abria o portão de serralheria que lhes era fronteiro e cuja parte inferior toda filigranada concentrava o radiado de suas ferragens em torno de duas belas cabeças esculpidas ornadas com chapéus do século XV. Uma para cada metade e rigorosamente iguais. Fiz de ambas Pedro Álvares Cabral e, muito à vontade, entrei banzando no luxuoso vestíbulo branco. Aqui! Aqui! moço. Olhei para a direita e divisei a figura sardenta, a cabeleira vermelha e os bigodes de fogo do porteiro Faria. Logo ele perguntou minha graça, remexeu numa resma de cartões e entregou-me o dito de matrícula com meu nome e a assinatura do diretor. Agora o *senhor* suba logo até à rouparia. Sua mala já deve estar lá. Procure pelo seu Ferreira. Eu quis detalhes mas a fera logo me escramuçou aos berros. Sei de nada, vá perguntando por aí, quem tem boca vai a Roma. Eu estava zonzo do destampatório do homem, de ser descomposto ao passo que era tratado de senhor. Virei-me para o Modesto como a pedir socorro. Mas parece que ele estava achando tudo normal e apenas tirou da algibeira uma bolsinha de prata de onde sacou uma moeda de dez tostões que passou às minhas mãos. Isso é para seu bonde no dia da próxima saída. Não se esqueça o de volta deste caminho que fizemos porque você de hoje em diante vai ter de se safar sozinho neste Rio de Janeiro. Até sábado. Pé direito para subir. Eu engasgado, queria ficar na porta dando adeus até ver meu tio sumir mas fui novamente escorraçado pelo iracundo Faria — sempre me tratando de senhor e agora também de paspalhão. Entrei colégio adentro, sozinho. Varei escadarias, sozinho. Errei caminhos sozinho e sozinho dei no corredor e na porta certa. O majestoso roupeiro que eu já sabia ser o seu Ferreira mal olhou o cartão e apontou-me outra figura. O senhor fale ali com o seu Zé Maria. Falei e fiquei assombrado da intimidade pulha com que outros alunos mais velhos crivavam o cambono de perguntas e dichotes indecentes — tratando-o familiarmente de *Meio-Quilo*. Ele não tirava o risinho e o charutinho do lado esquerdo da boca e era pelo direito que cuspinhava as respostas virguladas por uma porcaria invariável — vessetefodes — sibilada em lépida palavra só. Vessetefodes! Esse quinhentos gramas é que me levou ao escaninho 129 onde minha roupa tinha sido arrumada magicamente. Olhei, peito apertado, aquela sequência de buracos na parede — que era mesmo ver as catacumbas do Caju. Tire aí essa de brim e vá mudar de terno no dormitório da sua divisão. A sua é a quarta. Quarta divisão, moço! Não, senhor! não, senhor! deixe chapéu e roupa de rua em cima da cama e desça imediatamente para se apresentar ao seu Goston. E vessetefodes! Sozinho achei o dormitório e dentro dele a cama de ferro pintada de verde, trazendo plaquinha de metal amarelo com meu número. Eu era o náufrago Pedro da Silva Nava, aluno 129, primeiro ano efetivo, quarta divisão do internato do Colégio Pedro II. Mudei de trajo, fazendo força para não chorar nas praias daquela ilha deserta e desci, só, cartão em punho. Quando consegui localizar o Goston ele estava pondo os alunos em forma, dentro de uma apoteose de gritos e tímpanos elétricos. Olhou depressa o cartão que lhe estendi e trovejou. O senhor meta-se já em fila. Ali. Pela ordem de alturas. Aí, aí mesmo! moço. Perfile-se. Desamparado olhei para os companheiros e fixei-me num arruivascado, gaforinha de espanador, um pouco mais alto do que eu. Estava a meu lado e recebeu-me com um sorriso engajante, convivial, mais que carinhoso, fraternal e como prelibante. À direita, volver! Ordinário, marche! Segui aos tropeções (tanto o cabelo vermelho tirava *bicho-de-pé* dos meus calcanhares com a ponta do seu preciso borzeguim: é *senquerê*, pensei) — segui aos trambolhões a dupla fila que ia para o refeitório. Era a hora do café e abancamos às badaladas do relógio-armário que soava o meio-dia. Instalado, perguntei alto o nome do companheiro. Ele, sempre rindo, sussurrou que era o Andréa — Francisco José de Sousa Soares de Andréa. Mas chhiu! que aqui não se fala na mesa. Depois eu

336

explico. Sorriu outra vez, bateu-me nas costas. Às palmadinhas afetuo-sas de sua mão esvaneceu-se a impressão de desterro que eu vinha cur-tindo. Parei de sentir falta da minha gente de Belo Horizonte e do Rio. Tornei à tona empuxado pelo salva-vidas. Inteiramente amparado pelo novo amigo. Era o Andréa.

Saboreando o café servido com açúcar preto, olhei em perspecti-va a multidão dos colegas, cinquenta em cada mesa de mármore sem toalha. Eram quatro mesas, uma para cada divisão. Já ia longe o tempo da provisão do bispo de Guadalupe que exigia que os meninos de São Pedro fossem *brancos de geração, e de nenhuma sorte mulatos*. Havia ali bran-cos, havia, até bastante. Predominavam, entretanto, os morenos e no meio destes destacavam-se uns dez pardos muito do bem coloridos. Recém-saído de um colégio como o Anglo — que pelo visto discrimina-va — estranhei aquela misturada democrática que ia depois admirar como uma das grandes tônicas do nosso Pedro II. Sempre solícito e como quem prepara bote seguro, o Andréa cochichava-me as primeiras regras. Guardasse o pão de tostão. O do café ou o da noite porque a refeição da manhã era em seco. Ficava-se por isto, com o servido de vés-pera — que dormido era até mais gostoso, dizia ele naquele riso que não parava de enrugar-lhe a pele da cara cor de camurça. Sempre em duas filas saímos para o recreio e sob o segundo telheiro (o que ficava entre o dos maiores e a casa do Quintino), o Goston comandou — deban-dar! Foi quando eu quis estreitar ao meu coração de gratidão o peito escanzelado do pérfido Andréa. Já ele me empolgara pelos dois braços e assim manietado empurrou-me de encontro a um vilão que se pusera de quatro, atrás de minhas pernas. Desabei de costas, batendo caixa dos peitos e cabeça no cimento. Aturdido, cascos para o ar, ouvi os gritos do Andréa chamando a matilha — bolo humano! bolo humano! bolo huma-no! Logo três, cinco, dez canalhas vieram correndo, pulando alto, cain-do de bunda uns sobre os outros no bolo humano de que, ai! de mim, eu era a camada mais baixa e mais socada. Afinal levantaram rindo e espe-rando: assim que eu pude me ter de pé, mal respirando de dor e dos arrancos dos soluços do choro desabalado, foi como se o mundo me desabasse na cabeça numa saraivada de cacholetas, nas minhas costas caixa surda numa trovoada de murros. Cego de raiva e dor e surpresa eu mal tinha tempo de sacudir os braços numa tentativa de defesa que só zurzia o vento, o ar, o esmo, o vácuo e como que lama de onda rolando de queda em baque — até num segundo bolo humano ser pulverizado na areia do centro do telheiro. Ali fiquei estatelado um instante e consegui reconstruir-me nas pernas bambas quando meus verdugos passaram a outro linchamento. Logo novo bando chefiado por uma espécie de corcunda ondulante, pescoço da cabeça à barriga, boca solta, babada, língua mole e riso obsceno — um novo bando, dizia — atracou-me pela roupa, braços, gravata, suspensório, cintura e cinturão. Vamos brochar mais esse, *Papai Basílio*, vamos, *Papai Basílio*. Mas ele sofreou e conteve um instante a teoria festiva e feroz dos seus libertos e seus efebos. César. Mandou esperar — queria primeiro ver minha cara. Limpa a cara! Limpa a cara! Limpa a cara! — se for bonitinho tem minha proteção, se não for, já sabe, *suplício chinês*! Limpei a terra, a lama das lágrimas e do sangue, esperando o veredicto do *Papai Basílio*. Eu era feioso: foi *police verso*. Não serve, tem a cara muito escrota, vapor nele! Fui arrastado, sentado à força sobre uma espécie de ralo de onde saía fumaça enquanto o *Papai Basílio* dava suas ordens. Vamos *Brochette*! Vamos *Totó*! façam seu Agapito dar um esguicho. O seu Agapito, que olhava divertido da sua porta, deu na manivela da máquina a vapor da cozinha do colégio e soltou sua descarga. O encanamento dava no buraco sobre o qual eu estava sujigado. Foi só um segundo, abrir e fechar, mas o bastante para a umidade ardente e gordurosa sapecar-me os fundilhos e deixar-me na calça uma rodela sebenta. Aquela estupidez, chamada *suplício chinês*, coroava o trote e marcava uma espécie de *sursis* para o padecente. Ah! mas ainda não acabara. Encaminhei-me cambaleando até um bebedor automático, para me desalterar. Encostado a ele estava um rapazinho muito magro, topete muito preto e sorriso de porcelana. Antes que eu me aproximasse ele borrifou-me de longe com um jato que atravessava dois metros, fino como de um lança-perfume e que saía de entre seus incisivos superiores mais claros que o marfim polido. Era uma de suas habilidades. Encher a boca d'água e dar aquele esguicho na cara dos colegas. O seu trote ficou nisto e nas explicações que ele me ministrou em seguida. Por ele eu conheci a hierarquia do colégio. Os alunos do primeiro ano eram os bichos. E fique sabendo que bicho aqui não tem a menor regalia. Os do segundo, calouros. E calouro não passa de bicho enfeitado. Veteranos, com todos os direitos, eram os reis do terceiro ano, os imperadores do quarto e os bacharelandos do quinto. Concebi o organismo do colégio como divindade hindu, como um ser cabeça de ouro, peito de prata, barriga de bronze, pernas de zinco e pés de barro. Eu era do barro vil dos pés. Bicho — palavra sempre ligada a indecente. Bicho indecente! Ousei perguntar ao moço do esguicho seu ano e seu nome. Era um veterano de bronze, terceiranista e chamava-se Sílvio Américo de Santa Rosa. Vendo sua boa vontade, inquiri mais. Por que? alguns antigos estavam de farda e gorro de brim cinza-claro e outros de cáqui tendo o canhão das mangas, a gola e uma tira no casquete, tudo de tré. Ele explicou que justamente os uniformes tinham mudado naquele ano. Eu vestiria o cáqui. Ele também, quando o dele ficasse pronto. E não precisava ficar com medo mais não, que o trote sempre abrandava, depois do primeiro solavanco. Só uma cacholeta ou outra, um caldo no banho de primeira hora, um bolinho humano — tudo de vez em quando — para você não esquecer o que eu disse. Já não lembra? que bicho aqui não tem a menor regalia. Abriu o bebedouro, encheu a boca, seringou-me outra vez, foi seringando outros bichos, todo desengonçado e airoso, num passo que mal tocava o chão do recreio — como se o pendurasse e segurasse invisível paraquedas...

Mas os tímpanos vibraram chamando. Os inspetores, sumidos durante o trote, reapareceram aos berros. Em forma! Já em forma! Eram as aulas, eram as aulas, as aulas! Tio Salles tinha me prevenido de que eu ia sentar num verdadeiro banquete e ter como mestres os homens mais insignes do Brasil. Entramos. Acomodado na minha carteira, pronto para saborear como se estivesse num cinema, vi seu Goston assumir a cátedra: uma de tipo austríaco, espaldar alto, braços boleados, tendo à frente mesa coberta por pano verde — tudo em cima de um estrado majestático. Mas agora é bom que eu abra um parêntese para se compreender minha narração — é bom que eu diga que não tinha noção exata do que eram os *inspetores*, no colégio. Não sabia ainda de sua condição mais que humilde de funcionários mal pagos e famélicos, de pobres-diabos geralmente pertencendo a um nível social e a um plano de instrução inferior ao de grande parte dos alunos que eles tinham de guardar e com os quais viviam em luta ferina e sem tréguas. Eles gritavam, davam parte, privavam de recreio e de saída e os meninos, vagamente cônscios de sua superioridade — revidavam com as besouradas, os arrasta-pés, os epitáfios manuscritos, as piadas, caricaturas e inscrições nas latrinas, uma ironia, um deboche, uma gozação que enchiam o ar do Pedro II da permanência de um zumbido de moscardos. Era rara a possibilidade de relações cordiais entre os dois campos e elas só aconteciam entre inspetores e alunos quando aqueles tinham inteligência bastante para aceitarem sua situação modesta e associavam essa qualidade a uma bondade natural, a uma espontaneidade de boa educação que desarmavam os adversários. Era o caso que vim a apreciar depois, dos inspetores Pires, Nelson, Lino, Oscar, Militão e Oliveirinha. Teremos muito tempo para conhecê-los e estou falando para que se compreenda o que ia se passar entre o Goston e eu. É bom lembrar também que eu estava chegando do Anglo, onde não havia bedéis e onde o organograma moral punha os professores e os garotos em contato direto. Pois como ia dizendo, sentei regaladamente, vi o Goston assumir seu trono e abri olhos, boca e orelhas para beber suas palavras. A par do programa do primeiro ano, fiquei esperando que o homem nos desse a verdade final, o macete decisivo sobre os limites do Brasil, ou sobre os verbos irregulares franceses, os nossos intransitivos, as declinações latinas, o máximo divisor comum. Nada. Calado estava, calado ficou. Olhava para cima, para as paredes, examinava as próprias botinas, sacava uma folha da gaveta, rabiscava, rasgava, fazia psiu! ao menor ruído e uma hora passou-se, côncava e ogival. Saímos para dez minutos de recreio, de privadas, de cigarrinho escondido, de bebedouros e voltamos para a sala. Outra hora. Idem. Na terceira, não resisti. Fui a ele com a mesma liberdade que eu tinha com o Jones, com o Chagas, com o De Capol e fiz a pergunta fatal. Inquiri do Goston, imaginem! qual era a matéria que ele ensinava. Foi como se explodisse um petardo ou deflagrasse, no recreio, um 420 alemão. A maioria dos novos, como eu, ficou em branca nuvem mas os *repetentes*, que podiam avaliar a enormidade da minha besteira, explodiram em gargalhadas e iniciaram um arrasta-pés triunfal. Sem entender bolacha, vi crescer sobre mim um Goston que-os-ares-escurece, lívido de raiva, sapateando no tablado, esmurrando a mesa, derrubando copo moringa pires água vociferando entornando. Silêncio! aí, tudo! senão privo tudo até segunda ordem! Silêncio! Houve o silêncio e foi quando ele silvou num tom tão contido que aquela pseudobonança não pressagiava nada que prestasse. Escandiu. Falou com ódio e nojo. Então o senhor, no dia em que chega ao colégio, já quer começar a me debochar? Pois vou lhe mostrar com quantos paus se faz uma canoa... Santo nome de Deus! a mesma frase da professora de Aristides Lobo e que teve o condão de me fazer recuperar o pânico, o tempo — sobretudo o pânico. Sente-se! Eu desabei. O homem olhou-me longamente dentro dum silêncio abóbada. Sua mímica tinha adquirido a precisão dos gestos concisos dos verdugos preparando a execução. Esgolepava o colarinho como se precisasse mais ar, resfolegava, esticava os braços repuxando os punhos. Ouvia-se o voar das moscas, o perpassar dos anjos. Diante das estátuas, nas carteiras, o Goston comprimiu o botão da campainha como se esmagasse — a mim, piolho, bicho indecente. Um servente surgiu do chão. Faça o favor de trazer o Livro de Partes da quarta divisão. Quando o instrumento chegou, vi que era um caderno grosso, sujo, capa de papelão, onde o Goston logo se pôs a gatafunhar com fúria. Encheu uma página, duas, virou a terceira, a quarta. Súbito parou, fitou-me ainda, tornou a baixar a caneta, assinou tão largamente, e com quamanho arremesso, que a Mallat arreganhou-se toda e quebrou o bico ao ímpeto do jamegão. Tocou novamente o tímpano, entregou o livro ao contínuo. Eram os paus da canoa que meia hora depois me levava à presença de um Quintino glacial. Não achei uma desculpa, não pude articular uma palavra e tenho que minha mudez foi tomada como acinte. O chefe de disciplina foi rápido e incisivo. Muito bem, sábado o senhor não tem saída. Desrespeito grave e tentativa de aviltamento do seu inspetor. A privação será completa (porque havia duas variantes desse castigo: a meia privação, em que o empelicado saía domingo; a completa, a total, a minha — em que o desgraçado gramava até segunda-feira).

O resto do dia eu o passei flutuando numa ambiência de porre arco-íris, de policromia de Seurat, de sonho, ou saudade, ou gemer-do-vento. Soluçava, pasmava, queria gritar, me rasgar ao mesmo tempo que me doía a espinha, que enfiava salve-rainhas e que uma suavidade de barriga e um frouxo embaixo me levavam incessantemente às latrinas. Jantei dentro duma atmosfera nevoenta, ouvindo a cada instante a palavra "carrega". Carrega! Carrega! Carrega! Carga de quê? gente... Depois é que vim a perceber que era a senha usada pelos meninos para os copeiros darem ração em dobro. O recreio da tarde foi túnel viagem submarina. Consegui me recobrar um pouco no estudo da noite, arrancado de meu torpor pela volta ritmada e cíclica das chulipas. Esse era o nome dado no internato e no externato aos cascudos de passar adiante. Estava-se posto em sossego e de repente lá vinha um no cocuruto. Nem se olhava para trás. *Passava-se adiante* na sinagoga do colega em frente. Ao primeiro que tomei, pulei, pensando num retorno do Andréa. Senta, bobo! senta e passa adiante. Passa adiante! bobo. Logo aprendi e, divertido, comecei a passar adiante, sempre com mais força — como era regra. Espertado com a brincadeira (já na minha crueldade), fui me consolando, fui me reintegrando na vida. O diabo era aquela caceteação de nada para fazer. Olhei em torno. Duas filas à esquerda havia risos fungados. Era o *Papai Basílio* sério como um ministro, deixando ver aos vizinhos, dentro de um atlas, fotografias dum livrinho de putaria. As posições todas. Os mais compenetrados já folheavam compêndios novos, tomando pé. Outros, felizardos! liam as aventuras de Buffalo Bill, as de Nick Carter (Nick, Chick, Patsy!) e as investigações soberbas de Sherlock Holmes que o *Fon-Fon* publicava em folhetos de papel cuchê, ilustrados dramaticamente por W. Taylor — pseudônimo em que se descobria logo a personalidade do nosso Artur Lucas (elementar, meu caro Watson!). Eu banzava, bocejando, bestando, evitando olhar para o Goston, quando atentei na ruma de livros de um dos meus vizinhos. Era um baixote retaco, olhos claros, roupa de veterano. Ousei cochichar e perguntar como se chamava. Era o Bello, Benjamim Vieira Bello. Que ano? Terceiro, seu bicho indecente. Traguei e disse que era horrível, não é? ficar assim tão sem fazer nada e se ele era capaz de me emprestar livro qualquer para passar o tempo. Como não? até dois. E passou-me os dois. Um, pequenino, de capa azul. As orações de Cícero. Fechei o latim sob o olhar irônico do colega. Quase não abri o outro para não ser gozado. Mas o título, em português, decidiu-me. *Estrada suave*. Abri exatamente no ponto onde estava a escalada de mr. Pickwick no *Westgate House Establishment for Young Ladies*. Era Dickens! Era inglês! Inglês do Sadler e do Jones! Inglês amigo, num mundo hostil! Logo engolfado, de repente sorri (In the midst of the tumult, Mr. Pickwick emerged from his concealment, and presented himself amongst them) e depois comecei a rir francamente (Oh, what a ferocious monster! He wants Miss Tomkins). A minha naturalidade foi um pasmo para o Bello. Que negócio é esse? seu bicho. Você sabe inglês? Um pouco. Então vamos traduzir esse pedaço pra mim. Mostrou, traduzi, o Bello descobriu o excelente filão que poderia explorar e ali mesmo declarou-me seu protegido. Você vai ver, bicho, amanhã no recreio ninguém faz nada com você. Agora trato é trato e quero minhas traduções a tempo e a hora. Jurei. Dei graças a Deus, ao Sadler, ao Jones, ao idioma que me davam um companheiro, um Sexta-Feira naquela ilha deserta — apesar dele se apresentar mais senhor que servidor. Mas já era hora da ceia, oito em ponto e seguimos para o refeitório. Pão com manteiga e, à escolha, chá ou mate. Os copeiros vinham com os imensos bules de prata, bojudos, cabo retorcido e uma alça na frente, em cima do bico, para aguentar o peso com a outra mão. Porque eram enormes, conteriam seus quatro litros e traziam no metal reluzente signo antigo — proprietário e nobre — IMPERIAL COLLEGIO DE PEDRO II. Dois bules para cada divisão. Eram oito. Onde estarão eles? onde estarão? estas peças de museu. Fundidas? em quilos de prateiro. Nas mãos de algum colecionador? Derretidas? no incêndio do internato. Pois vinham no gadanho de galegos sussurrantes. Chá ou mate? Chá? Mate? Mate. Mate. Chá. Mate. Chá. Mate. Mate. Xícaras de meio litro, de louça branca. Pão estalando e escorrendo depois de molhado no infuso ardente. Inchava, craquelava, amolecia e seu cheiro gosto trigo manteiga calor era coisa só. Ficou na infância. Tem vez que vem da infância, de volta. Depois do chá-mate, subia-se. Atentei na dignidade da escada, borda dos degraus guarnecida por chapa dourada, sempre brunida pelas solas, onde se abriam as letras I. C. P. II. Embaixo do primeiro lance havia um depósito de espanadores, vassouras, panos, tinta, lápis, penas, canetas, flechas de aula. Diziam que ali fora a cafua, nos tempos da pena de morte.

O dormitório da quarta divisão era conjunto ao da terceira. Um salão imenso. Três filas de leitos. A minha era a do meio. As camas se dispunham em ordem numérica. Considerei meus vizinhos e logo nos apresentamos com a cortesia useira e vezeira no colégio e mais as cautelas de bichos espavoridos. O 128 era Nélson Mendes Brioso, seu criado! O 130 era Augusto Bastos Chaves, seu criado! Eu ficava no meio dos dois, 129, Pedro da Silva Nava, seu criado! seu criado! Deitamos rindo uns para os outros, prometendo encontro no recreio, prelibando amanhãs. Tiramos botinas, meias, camisa, ternos, fardas. Industriados pelos inspetores conservávamos a ceroula e passei por cima uma camisola que não me pertencia. Estranhei. Não trazia minha marca, era dum pano grosseiro e tinha brutalmente carimbado à tinta negra o meu número, ao lado esquerdo do peito (o mesmo da cruz de baeta dos órfãos de São Pedro). À medida que os meninos iam se despindo — como espirais de fumo subindo de turíbulos — ia se adensando o cheiro especial de nossos dormitórios que era amálgama de suor ardido, ranço de cabeça mal lavada, bafo de sovaco, catinga de chulé — que formavam aquele ar compacto, esmegmático, que mais se engrossaria noite adentro com relentos de respiração, de mau hálito, de arrotos, do à-vonta-de-do-corpo, gases expelidos, catarros, poluções noturnas e a exalação orquestral dos baldes de mijo. Esses ficavam de distância em distância, perto das portas, perto das janelas abertas, dentro de móveis especiais: uns caixotes sobre quatro pés, envernizados de pardo, guarnecidos em cima de uma espécie de funil de zinco, largo e pouco profundo, que ia dar no bojo do balde. Eram lóteres imensos, de vinte litros, para fregueses que faziam fila. Sempre mal lavados, eles cheiravam à decomposição amoniacal da urina que a creolina só cobria até ser diluída nos recipientes que fazíamos transbordar com a maré cheia das magníficas mijadas da madrugada. O assoalho, em torno, nunca secava e ficava sempre úmido e fedido. Quando todos se esticaram em vale de lençóis, os inspetores da quarta, da terceira e o dos corredores recolheram-se a um compartimento de paredes incompletas de madeira, trancaram sua porta e abriram a janelinha que lhes servia para fiscalizar nosso sono, nossa vigília, nosso ir e vir aos almudes. Subitamente apagaram-se quase todas as lâmpadas e só ficaram acesos uns poucos globos azuis que espalharam no dormitório o bálsamo de uma claridade lunar. Os colegas começavam a dormir. *Alguns afetavam um esboço comovedor de sorriso ao lábio; alguns a expressão desanimada dos falecidos, boca entreaberta, pálpebras entrecerradas, mostrando dentro a ternura embaciada da morte.* Mas... com todos os diabos! isto é *Ateneu*, não é meu, é Chácara do Mata e nós estamos em meio século dos depois ou mais, estamos no campo de São Cristóvão...

Não dormi logo. Comecei a pensar naquele dia nefasto. A despedida de meu tio, à porta, tinha cem anos, jazia em passado remoto. No presente, como na selva do Dante, eu me sentia *ostacolato da tre fiere* — aquela *lonza Papai Basílio*, aquela *lupa* do Andréa e aquele *leone* do Bello. E a *paura no cor*... Estava no mato sem cachorro... Sentia-me literalmente escangotado do bolo humano. O corpo me doía das pancadas, a cabeça das cacholetas e das chulipas. A alma se me torcia sobre as chamas da injustiça e do rebaixamento. Injustiça do Goston, da parte, do orgulho olímpico do Quintino, daquela privação de saída assim estapafúrdia. Sentia-me decaído das grandezas do Anglo e rolando na malaporca de cafajestada em que virara minha vida. Apesar de eu ser o que o João Tostes designava como um *pobrete-alegrete* — isto é, o indigente com histórias, querendo dar traque mais alto que o cu — perce-

bi, naquela hora, que minha Mãe, mesmo na nossa simplicidade, enta-
lhara em mim, nos meus irmãos, nas minhas irmãs, certas baldas de
grão-senhores e grandes damas que estavam entrando em choque e se
arrepiando com as humilhações da realidade presente. Aquela camisa
de dormir, por exemplo. Roupa do colégio, roupa não minha, roupa de
aluno gratuito. Eu ligava erradamente ideias de culpa e dívida a essa
instrução não remunerada pela minha família e que eu tinha a impressão de estar roubando, pior, filando. Eu não sabia ainda, como profes-
so hoje, que a instrução é direito igualzinho à liberdade. Para mere-
cê-las, basta nascer. Aquela, além de gratuita, deve vir com bolsa,
ordenado ou o nome que tenha, fornecidos pelo nosso prezado Estado
— tão necessitado de sabedores para integrá-lo como de soldados para
defendê-lo. E desde o momento de minha entrada no Pedro II eu devia
estar contando tempo para aposentadoria. Aprendendo, quem outor-
gava era eu e quem lucrava, o outorgado, era o país. Isto é o que penso
hoje, mas naquele dormitório, naquela camisa, naquela alva, naquele
sambenito — minha sensação de aviltamento era total. Ali, só, vendo
alternarem-se na janela do biombo, à claridade sideral das lâmpadas
azuis, a cara eclesiástica e marmórea do Goston (vigiando), ou a impenetrável e quadrada do Lino (vigiando), ou a triangulada pelos dois
bigodões e o topete do Militão (vigiando) — foi ali, só, que vestido da
murça dos meninos pobres de São Pedro, eu, seu homônimo, fiz exatamente como o santo: chorei amargamente.

> [...] the room redolent of sweat, urine, excrement, and dispair.
> *De um artigo não assinado da* Time
> *sobre asílos de insanos, nos Estados Unidos*

Quando aquele som de pauladas me acordou eu ainda tinha a cara salgada do choro em que adormecera e na garganta, o aperto limão-galego
dos soluços. O primeiro toque foi breve, rápido como dedada catucando
e a ele correspondeu um movimento estirado de corpos saindo da
pedra, pálpebras se abrindo espantadas, olhos olhando ainda a ter-
ra-de-ninguém d'entre sonho e sono. Depois veio o segundo toque insistente, firme, terminante, decisivo que nem arrocho de mão que prende

e castiga. Veio contendo tudo quanto é barulho duro e desarmônico da terra — desmoronamento, rajada de tiro, terremoto e carroça. Quando o demônio da campainha parou, já estávamos de pé, pés nas botinas, pernas nas calças. Apesar das janelas abertas, fedia. Logo — água solta que arromba paredes de uma represa — meus cuidados, não mais contidos pelo letargo noturno, derramaram-se e me submergiram. Havia um *rush* para os baldes de mijo e o nosso Goston corria entre as camas ferroando os mais vagarosos. Vamos! Vamos! Vamos depressa pros lavatórios. Em mangas de camisa, apanhei toalha, tirei do bauzinho de folha escova de dentes pente pasta sabonete e segui a carneirada. Os lavatórios eram no saguão de cima, o mesmo onde se abriam os corredores que enquadravam o poço de ventilação, o das enfermarias, as portas da segunda divisão, da rouparia, do gabinete dentário, do nosso dormitório. Tinha as paredes cercadas de pias, mais pias ao centro, umas e outras dispostas numa espécie de móvel — madeira embaixo e por cima, um mármore grosso, de sepultura, que se rebatia nas paredes, até onde podiam chegar os pingos. Logo, mais alto, os espelhos. Da folha vertical saíam as torneiras niqueladas em forma de corcunda e boca aberta de cobra. De frente, jorravam. Rodadas para a direita ou esquerda, fechavam. Seriam umas quarenta, disputadas por duzentos alunos. Passavam na frente os maiores, os mais brutos. Também era rápido e a fila andava depressa. Uma escovadela nos dentes, uma bochechada, mão molhada pela cara e pelos olhos para tirar o mingau das almas, um sumário pente e pronto! estávamos prontos para o dia e a vida. Eu, maldisposto com ela, completamente arrasado pela véspera que insistia e voltava batendo: a dureza do Faria, a indecência do *Meio-Quilo*, a maldade do Andréa, a torpeza do *Papai Basílio*, o bolo humano, as porradas, a incompreensão do Goston, a parte, o divino Quintino, a privação de saída, o Bello, a solidão dos estudos, a solidão dos dormitórios. Senti que era impossível aguentar essa coisa catorze dias a fio, já que perdera a saída-oásis logo no primeiro sábado. Ai! seriam pois duas semanas infindáveis daquelas horas vagas, naquele ambiente que dessorava a sensação aniquiladora que sempre repito quando o acaso me leva a lugares impessoais e sem dono como um orfanato, um areal, uma prisão, asilo, cerrado, caserna, plataforma de estação, kibutz. Pensei primeiro em fugir. Mas que diriam? minha Mãe, o Major, tio Salles, tia Alice. Com que cara? o Modesto se apresentaria ao Soares dos Santos.

Vislumbrei então a grande solução e pela primeira vez pensei em me matar. Era só ficar com a ideia de molho, deixá-la embeber, inchar, tomar conta, que a coragem acaba vindo. Acabavindo, acabavindo, vindo repentina num instante ligação elétrica. E eu voaria por uma janela de cima para estatelar-me nas pedras da calçada nas lajes do pátio — ave livre, livre para sempre, para sempre forra. Não tem por onde. Resolvido. Achar a ocasião. Descobrindo, assim, que o homem a qualquer hora pode ser senhor e dono de seu destino, fiquei sereno. Imediatamente incomunicável — já que o próximo é sempre imparticipante. Sorri, na minha, porque agora era eu quem podia zurzir aqueles filhos da puta com a safadeza do ajudante de roupeiro, cuspida como um esguicho de merda de galinha. Para todos. Para cada um. Vessetefodes.

O Goston recomeçou a berrar: em forma! em forma! à hora em que, preparado e esperando, eu tinha me chegado a uma janela cheia de estrelas do fim da noite. Corri e nossa dupla fila (puxada pelo Andréa e pelo Bello) desceu as escadas em que continuei amadurecendo um ano a cada degrau. Vessetefodes. Saímos e pensei que o inspetor fosse mandar debandar. Mas não. Ele se encaminhou para o portão da casa do Quintino, atravessou a passagem de paralelepípedos, vingou segundo portão e só nos fez dispersar num terreno enorme, todo escuro e cheirando a Belo Horizonte. Já nele havia gritos corridas atropelos, pois a terceira divisão chegara primeiro. Respirei, profundo, a madrugada acidulada que sentia a gosto de limão e a gosto de graviola. Aquela sensação afiada e pura, tudo foi varrido — a ideia de morte, a tristeza, o medo. Corri em direção aos que nos tinham precedido e que curvados, bradando a cada surpresa, catavam ducados de ouro no meio das areias e das folhas. Apanhei também. Enchi as mãos. Não era ouro de moedas, não. Era o reluzente, meio mole, derretendo, dos cajás-mirins que tinham chovido de noite. Atufalhávamos as goelas, chupávamos ruidosamente. A calda escorria pelo queixo. A areia grudada nas bagas crepitava em nossos dentes. O bolo de sementes, ríspido na boca, ia lanhando com arestas cortantes como o gosto da fruta. Empanturrado, língua ardendo, arranhada, até que um pouco sangrando — cambaleando feito bêbado — atravessei o recreio e fui andando em direção ao gradil do campo de São Cristóvão. Fiz sinal que sim, depois! que esperassem! ao Bastos Chaves e ao Brioso, que chamavam. No céu o dia nascia de metal em metal. Chumbo, zinco, níquel. Barra de prata fundindo estrelas.

Ouro. Cobre. Súbito, tudo ardeu no cinábrio e no pó de púrpura em cuja glória formamos em ordem de voo e libramos para o refeitório. Pousamos para o café simples com o pão guardado de véspera — todo amassado das contusões do ontem já desacontecido. Era manhã e agora, tudo vermelho. Quando voltamos ao estudo recusei, seco, traduzir para o Bello e medi-o de cara a cara; respondi a um sorriso do Andréa com outro, dando de quebra uma boa banana; olhei, corajosamente, para aprender logo tudo, as fotografias de sacanagem que o *Papai Basílio* continuava a mostrar, entrincheirado no tabique de um atlas em pé. Achei até gozado. Eram sempre as posições. Acabou o estudo. Almoço e o dia começou a correr como o anterior, cheio de intervalos, de horas vagas. Só depois do jantar é que voltamos para o grande recreio no terreno que eu vira emergindo do escuro da noite. Era imenso, ainda maior à luz do sol que ao lusco-fusco da antemanhã. Pus meu pé no seu território — pé de pedra, marco de posse. Descobrira a América, as Ilhas, o Brasil. Descobrira o Colégio.

> [...] comme j'étais un homme, un de ces êtres amphibies qui sont simultanément plongés dans le passé et dans la réalité actuelle [...].
>
> MARCEL PROUST, *Albertine disparue*

Não é bem isto porque o passado e o presente não são coisas estáveis tornadas interpenetráveis pela memória que arruma e desarruma as cartas que vai embaralhando. O passado não é ordenado nem imóvel — pode vir em imagens sucessivas, mas sua verdadeira força reside na *simultaneidade* e na *multiplicidade* das visagens que se dispõem, se desarranjam, combinam-se umas às outras e logo se repelem, construindo não um passado mas vários passados. Fatias da grossura do ponto geométrico incessantemente cortadas do presente por uma espécie de máquina automática de fazer presunto. Seus roletes não caem em ordem obrigatória sobre o papel impermeável do embrulho. Vão e vêm segundo as solicitações da *realidade atual* — também fictícia porque sempre em desgaste e capaz de instituir contemporaneidade com o passado, igual à que pode estabelecer com o futuro —, tornando de vidro as barreiras do tempo. A prova? Basta pequena dose de um alucinógeno e eis que os anjos hippies derrubam as colunas de Gaza da cronologia e instauram a onipresença. A epígrafe e toda esta minha tirada são para explicar que não posso contar o recreio dos menores como ele era — pedra única pescada do poço fundo da lembrança. Tenho de descrevê-lo não como ele veio sendo, sucessivamente, mas como se me apresentam, estratificados, os três anos em que esse espaço e minha forma coexistiram no tempo. Assim lembro e superponho umas às outras as impressões que me ficaram de 1916, 1917, 1918. Estarei assim dentro da verdade? Importa a verdade? Ah! Pilatos, Pilatos... Para quem escreve memórias, onde acaba a lembrança? onde começa a ficção? Talvez sejam inseparáveis. Os fatos da realidade são como pedra, tijolo — argamassados, virados parede, casa, pelo saibro, pela cal, pelo reboco da verossimilhança — manipulados pela imaginação criadora. Foi bem assim? devia ter sido assim? ou é como se tivesse sido assim? Uma fotografia de Veneza? ou a porosidade, o diáfano, o diaspórico de um Canaletto? autos da instrução judiciária de um crime? ou Truman Capote *In cold blood*? Minha opção é sempre a segunda, porque só há dignidade na recriação. O resto é relatório...

A zona de soberania dos menores, no internato do Colégio Pedro II, compunha-se de vasto espaço ocupado por dois barracões — telheiros sobre colunas de ferro — um, para trás, separado de idêntico, dos maiores, por gradil que o fechava de alto a baixo e outro, anterior, debruçado sobre jardim tão delicioso como se tivesse sido construído pelos autores dos riscos de Santana, da velha quinta da Boa Vista, do Passeio Público, da falecida praça Quinze, da antiga orla vegetal do nosso campo assassinado. Tinha tudo quanto é folhagem rajada de vermelho e negro, de verde e amarelo, róseo e sinopla. As palmas ornamentais. A fonte de cimento fingindo gruta de pedras com seu fio d'água e sua coroa de eglantinas. As pilastras liozes dum portão com suas figuras de louça. Os altos canteiros cujas flexuosidades paralelas e correspondentes abriam as alas cheias de saibro. Da grade, que no barracão se superpunha a esse jardim, nós nos debruçávamos para ficar cuspindo, para conversar e para olhar ao longe a cercadura verde do outro lado, dos altos da rua Esberard, da Senador Alencar, da Leonor Porto, onde apareciam palmeiras, árvores e de uma delas a copa gigantesca que tinha o perfil da cabeça de são João Batista no sangue do céu da tarde. Era ela que eu ficava olhando e às cúpulas das mesquitas do Observatório Nacional quando, formados, imóveis, esperávamos o carrilhão das seis em ponto para direita volver! ordinário, marche! e ganharmos o estudo da noite.

Do barracão do fundo guardo escassas recordações. Lembro seu gradil inteiriço como de jaula, onde não se podia parar para conversar com as bestas-feras da segunda e da primeira — que chamavam, chamavam, chamavam. Poucos davam ouvidos àqueles apelos porque era arquissabido que tais conciliábulos só podiam terminar em desmoralização e perda da via láctea. Na sabedoria anatômica e sexual do colégio, dizia-se que a *via láctea* era mola delicadíssima, feito as de relógio pateque, que todos tinham no intestino reto. Ora, ela logo rompia, tornada inútil e imprestável — ao mais leve contato danado. Resultado: incontinência de fezes denunciadora, ignomínia, expulsão a toque de caixa! Um prevenido vale por dois! — clamava o Lino. Agora, quem quiser dar ouvido aos botos, é por sua conta e risco. Sualma, sua palma! — lavava as mãos o Candinho. Zele cada um por sua via láctea é o que lhes dizemos! — concluíam ambos.

Vis-à-vis era o muro da casa do Quintino onde suas empregadas (como a canarina Ângela de *O Ateneu*) conversavam com os copeiros, os serventes e faziam sinais para os maiores. Sabia-se que havia encontros noturnos nas moitas do morro do Barro Vermelho. Já do barracão da frente tenho lembranças mais vivas. Ao contrário do outro, ele tinha uma cercadura de bancos corridos, bons para a gata-parida e para os parceiros montados frente a frente disputarem partidas de xadrez, damas e do futebol de botão — jogo que ajudei a inventar no nosso internato por volta dos 16 ou 17. Nem mais cedo nem mais tarde do que isto. No princípio era pelejado com bolinhas de miolo de pão endurecido e cada time constava de botão único, apertado pelo que funcionava de palheta. Outra recordação desse telheiro é a do meu excelente Dibo. Miguel Dibo. Era de origem síria, muito inteligente, muito precoce, muito maduro. Da nossa idade, já era homem-feito. Lembro dos esclarecimentos que ele ministrou quando me queixei de umas tonteiras esquisitas, de turgências, de sonhos inefáveis, da minha primeira dor de cabeça de artrítico (como é bom usar com precisão um termo que perdeu o sentido para os colegas de hoje!) e principalmente de um endurecimento dolorido que me surgira nos mamelões. Foi ele quem me explicou a mudança de idade, mandou que eu atentasse no resto do meu corpo, na sebosidade de minha cara. Essas espinhas, Nava! essa sua voz assim fina e grossa... Com efeito! O diabo do Dibo tinha razão e deu-me conselhos — tudo com sua expressão normal, sem nenhum espírito de sacanagem, só com a naturalidade que ele sempre teve e que seria apurada pelo grande médico em que se tornou e que ai! morreu tão cedo.

Entre os dois barracões havia solo duro e batido que se prolongava em direção ao prédio por laje cimentada onde ficava o bebedouro d'água de que já falei e o ralo do *suplício chinês* — a que ia ter também um rego onde davam restos de caixa, calha e chuva e que servia de pista para corridas de cavalos com aposta e tudo — organizadas pelo Mário Fernandes Guedes. Os cavalos eram paus de fósforo postos no enxurro. Cada um pegava e soltava o seu com a devida marca. Ganhador: o que sumia primeiro no bueiro fumegante. Do outro lado era o primeiro portão que dava na ladeira de paralelepípedos. Saindo, à esquerda, as duas palmeiras caranguejeiras rente à rua. Me acostumei a olhar sempre seus fustes cor de pedra. Conforme a luz, ficavam porosos como cinza moldada de charuto; que nem camisa velha de bico de gás; feito a mole do Pão de Açúcar quando morre que morre a tarde de Botafogo. Se eram leves assim à claridade oblíqua — já o escuro os encorpava, aumentava seu peso. Porque essa propriedade da matéria não depende só do volume mas de certos róseos que levitam, dos verdes-claros que suspendem, dos sépias que aglutinam e dos negros que endurecem e empurram tudo de chão adentro que nem bate-estaca. À direita era a escada da casa do Quintino, fachada sempre fechada, raras vezes mostrando numa das janelas a fisionomia doce e distante da sua senhora. E agora era o segundo portão escancarando de par em par no país fabuloso do grande recreio.

Jamais pude escapar da sugestão gótica dada pelas ogivas, arcobotantes, travessões, nervuras e arquitraves das suas árvores e pelo entrelaçamento de galhos desde a entrada. E era sempre no nosso latifúndio que novamente entrava quando visitei as catedrais de Notre-Dame, Cahors, Ely, Amiens, Chartres, Westminster, Saint-Dénis e a floresta espessa da Abbaye de Saint-Michel au péril de la mer... Logo à esquerda ficava aquela verdadeira sequoia que era o pé de tamarindo. Seu tronco vertical subia todo em caneluras de cinza e negro mosqueadas pelas placas verde-claro, verde-sujo, verde-bicho e verde-metal dos liquens geográficos. Ia alto, no céu, tocando ao mesmo tempo por todos seus tubos de órgão. Mais alto ainda e de sua cúpula desciam as serpentes finas das parasitas. De vez em quando suas folhas se afastavam lá em cima e entre elas o céu ou o sol eram soprados como bolas de chiclete pingue-pongue crescendo e diminuindo, quase estourando e sumindo, azuis, amarelas ou rosa-boca-de--menino. Ao capricho do vento entreabrindo, a luz entrava e ia enchendo o bojo de baixo da ampulheta que se dilatava fosforescendo num silêncio de fogo santelmo. Apagava e caía logo na chapa de ouro do solo (que nem passarão morto: tchuque!) um pedaço de sombra de mistura com a garoa que não parava das folhas, dos folíolos, da pulverização dos pínulos e das bagas com corpo de bicho pardo, feio, feito jequitiranaboia. Tinham dentro carne-goiabada — azeda até à sufocação e às lágrimas. Olhando em frente, seguia a nave escura cortada pelos feixes luminosos que o sol mandava pelos vitrais moventes de entre galho em galho. Ao fundo havia retábulos escancarados e luziam faíscas de altar-mor. Chegando perto via-se que eram as portas sempre abertas de uma garagem e dentro o automóvel landolé do diretor Araújo Lima (ali, ao nosso alcance, e não me lembro de ninguém ter tido jamais a ideia sacrílega e louvável de arranhar sua pintura negra ou de sovelar seus pneus). Do transepto, tomando à direita, era o caminho sinuoso que ia aos uivantes do morro do Barro Vermelho. Ora descendo, ora subindo víamos nele uma ou duas vezes ao dia a figura imperial do antigo chefe de disciplina Salatiel Firmino Duarte — agora trabalhando no externato. Era chamado abreviadamente o *Açu*, para distinguir de outro Salatiel (parece que seu parente), o esgrouviado Salatiel Peregrino da Fonseca, conhecido como o *Mirim* e que era inspetor da primeira divisão, em dupla com o *Pires Ventania*. É que o *Açu* residia com o genro, o almoxarife Guilherme João de Seixas, que ocupava uma das duas ou três casas que o internato dava a seus funcionários para morar. Elas faziam fundo para nossos terrenos e abriam ou na rua Frolick ou na rua Lopes Ferraz. O *Açu* era ver o retrato do visconde de Ouro Preto, com seu *pince-nez*, seu topete, seus bigodes e as suíças de prata. Era magro, muito alto, vestia sempre fraque e havia lendas a seu respeito. O modo de como ele enfrentara ajudante de cozinha ensandecido e armado de machadinha. Para ganhar tempo na luta desigual ele ficara pulando de mesa de mármore em mesa de mármore, no refeitório, negaceando e toureando a fera — até que o Lino veio por trás com passos fofos para envolver o tigre e semissufocá-lo com um cobertor. Tinha uma benevolência especial para os alunos cultores do turfe, porque ele próprio era maluco pelas corridas. Era também doido por saladas, temperos e morreu

352

dessa loucura num dia em que, por engano, comprara erva brava para trazer para casa. Teve fim socrático. Não era salsa — era *cicuta-pequena*, *cicuta-dos-jardins*, *salsa-falsa*! Parece que o prestígio do *Açu* crescia a nossos olhos de vê-lo subir área aberta para o nosso recreio — mas intransponível como se a defendesse um muro. Havia um limite de zona permitida que jamais excedíamos. Era tácito respeitá-lo e não pervadir. Só o *Açu* ascendia e descia, sempre de negro, imperial e britânico como ficou fixado nas páginas de *Estudantes do meu tempo*, de João Batista de Melo e Sousa, e nas admiráveis *Memórias* de Pedro Dantas (Prudente de Moraes, neto). Sempre do transepto e tomando direção oposta, entrávamos no *croisillon* esquerdo da catedral e que era limitado por três cajazeiras gigantescas. Da sombra do pé de tamarindo, das cajazeiras e das vizinhanças da garagem do Araújo Lima ficavam os inspetores da terceira e da quarta a nos fiscalizar. Assim como nós não podíamos subir o morro do Barro Vermelho, não consentíamos que eles excedessem a linha convencional da nave. Um que viesse mais um pouco e eram as assuadas, as besouradas, as moitas de tiririca com seu torrão e, às vezes, pedradas. Justamente do *croisillon* delimitado pelas cajazeiras guardo grandes recordações do nosso recreio. Além de ser o território dos buracos do jogo de gude com suas variedades de raspar a bola do adversário ou tascá-la e reduzi-la a pedaços com bilha de aço destinada a essa execução — aquele era o ponto do recreio onde se sentavam os intelectuais e por isto chamado o *areópago*. Ali tínhamos conversas intermináveis. Aluísio Azevedo, sempre cheio de tato, discreto, observador e inesgotável em histórias do tio homônimo e do pai, o grande Artur Azevedo; Afonso Arinos de Melo Franco, que era um menino radioso de simpatia, de comunicabilidade, cheio de casos da Europa, de casos do pai, do tio Arinos, do avô Alvim, do avô Virgílio, do sertão, do Paracatu; Ary Telles (Ary-Koerner Potsch Telles de Moraes Barbosa), espírito sério, linguagem cuidada, conhecedor de Camilo e Herculano; seu irmão José, mais risonho, muito moleque, autor de todas as quadrinhas e epitáfios que corriam manuscritos no colégio, das caricaturas que figuravam nas paredes como grafites, dos bonecos pendurados do teto, onde os fixavam fio de linha e uma bola de papel mastigado — mais resistente que a cola de baleia dos Arcos do Carioca. Representavam sempre os colegas, os inspetores, o Quintino, o capitão Batista, os professores, o Araújo Lima. Lembro — ou por outra — não lembro, de sua lavra, de um esplêndido epitáfio conjunto dos nossos mestres de inglês e geografia, de que só consigo repetir os primeiros versos: "Na mesma cova metidos/ o Pissilão e o Tifum". Quem? por aí, do nosso tempo, lembrará o resto da quadrinha... Outros de conversa infatigável: o Antero de Leivas Massot — aliás como ele próprio fazia valer — Antero de Leivas la Quintinie Massot de Messimy, citador insistente de Guerra Junqueiro, mistura de galanteria e bravura gauchescas, de finura e graça gaulesas; o Bastos Chaves, grande ledor dos autores nacionais e era Deus no céu e Alencar na terra; prosadores como Dibo e seu primo Jorge Limão, poetas como Ovídio Paulo de Meneses Gil, Luís Nogueira de Paula e Eduardo Carlos Tavares.

Às vezes os inspetores tomavam parte em nossa conversa. Gostávamos principalmente das reminiscências de dois veteranos. As do Lino, que estivera em Canudos e que calcava o pedal nas histórias dos incêndios, dos bombardeios, das execuções de velhos, homens, mulheres e crianças, dos suplícios, das chamuscadas, das estrapadas, das degolas, dos montes de cadáveres, dos urubus concêntricos no céu azul. Dizia-se que ele fora sargento do Quinto da Bahia e tinha fama de sacar um pouco. Contava suas histórias sempre com a maior seriedade, não se dava por achado quando lhe apontavam as inverossimilhanças, como em certo de seus casos em que ele subira um cômoro e que este se pusera em movimento: era uma jiboia. Desenrolou-se sem mais nem menos e foi se coleando caatinga afora. Seu nome todo soava heroico, nome de rua, de general — era Antônio Lino Lopes Ribeiro e como em tempos usara cavanhaque, mesmo com o dito rapado, conservava o apelido de *Bode*. As do outro veterano, esse agora do Paraguai. E tinha também nome de batalha, de glória, de almirante — era Mariano Francisco Nelson, chamado só de seu Nelson porque ninguém ousara apelidar esse homem austero, venerável e bom. Tinha cabelos de prata e os bigodes pardos dos charutos sucessivos. Ele vivia dentro de uma nuvem e não se sabia bem se ele estava fumando, mascando, mastigando ou comendo o charuto estraçalhado e em chamas. Deitava fumaça pelos narizes, ouvidos, boca. Parecia estar pegando fogo. Fora soldado do príncipe Gastão, que ele chamava *o conde do Êu* em vez de Conde d'Eu. Nunca se esquecera do fim da campanha e do heroísmo dos meninos guaranis aprisionados que ele e seus companheiros queriam fazer dar vivas ao Brasil, mas que se deixavam derrubar e pregar ao solo por baioneta, gritando até perder a voz que viva viva viva López! Discutíamos muito com o seu Nelson porque ele, ao contrário do que diziam os compêndios, sustentava que nós é que tínhamos provocado o Paraguai. Nossos outros inspetores eram menos comunicativos ou menos interessantes. O Candinho só sabia falar de Jacarepaguá, seu país de origem ou jogo de bicho. O Meneses era naturalmente de poucas conversas, muito pachola, sempre preocupado com sua vestimenta impecável, contrastante com o *accoutrement* chapliniano dos outros bedéis. O Goston, este, dizia para quem quisesse ouvir: Não dou confiança a aluno! — e não dava mesmo. A aluno nem a ninguém. Ele vivia numa espécie de mundo à parte, cheio de visões e nós ficávamos bestificados de vê-lo fazendo exercício militar entre o tamarineiro e a garagem — um, dois, um, dois, alto! sentido! apontar! fogo! e aí ele erguia mesmo os braços como segurando um fuzil, inclinava a cabeça, apertava o olho, idem o gatilho e lá seguia a reta fulgurante de sua bala imaginária. Acertando em quem? ninguém sabia. Seu comportamento, no estudo, era também bizarro. Ele sentava, obtinha o silêncio e começava a escrever sem parar. A escrever e a amassar folhas de papéis rascunhados com que enchia a cesta ao lado da mesa. Aquilo intrigou tanto ao Afonso Arinos que ele um dia recolheu aqueles originais para conferir, para conferirmos. Foi um pasmo. Eram minutas de cartas dando sugestões e conselhos no tom da maior intimidade a figuras lendárias do nosso tempo. Meu caro Kitchener. Nicolau. Querido Joffre. Constantino. Pétain, amigo. Jorge. Meu velho French. Vittorio Emanuele. Meu excelente Lloyd George. Ministravam orientação política, conselhos diplomáticos, alvitres táticos, soluções estratégicas. Nelas assinava-se ora simplesmente Goston, ora *Lord Goston*, apelido que lhe ficou ao lado de outro que já vinha de longe — *Caturrita*. Ainda a seu propósito, não sei por quê, sendo chamado João Goston Neto, ele admitia também ser tratado de seu Accioly. Vi-o, a última vez, em dezembro de 1971, num almoço de confraternização de antigos filhos do Pedro II. Ele foi convidado de honra — como único inspetor sobrevivente de nosso tempo. Foi um regalo conversar com ele e ver o velho doce, sisudo e ponderoso em que se tornara o moço iracundo de quem me viera a primeira ai! de uma longa série de privações de saída nos meus dias ginasianos. Ele morreu logo depois e fui dos poucos alunos que lhe foram à missa de sétimo dia, celebrada no altar-mor da Candelária, às dez e trinta de 27 de março de 1972. Mas... dessa tona contemporânea, remergulhemos nas águas fundas de 1918, de 1917, de 1916.

A capela lateral formada pelas cajazeiras, além da recordação da palestra repousada com os colegas e inspetores mencionados, vem sempre a minha mente, detalhe por detalhe, árvore por árvore, folha por folha, galho, terra, fruta seca, partidas de gude com suas bolas prodigiosas de vidro multicolorido — trazida por um sonho e uma engraçada recordação. O sonho — iterativo, imutável, restituidor — liga-se à ideia dos cajás da madrugada e sua assimilação a moedas. Nele, era de tarde. Eu estava com uns poucos colegas, quais? os da conversa habitual. Outros gritavam e corriam muito longe. Súbito, veio sobre as folhas secas o primeiro níquel de quatrocentos réis. Daqueles lindos, antigos. Cara: ora uma República de diadema e bem penteada, ora desnastrada e de barrete frígio mas sempre dentro de uma cercadura de estrelas. Coroa: o valor por extenso — ora só algarismos e letras secas, ora esses símbolos com as ramagens e o astro de nossas armas. Depois verifico que não luzia moeda só. Vejo duas, corro, acho três, quatro, cinco, começo a apanhá-las às dezenas, às centenas, entre elas dão de aparecer rodelas de ouro — no anverso a Vera-Cruz e no verso outra, a de Aviz, combinada às Armas d'El-Rei. Eram os *cruzados* de Afonso v e logo, feito torrente, saindo dos troncos, brotando da terra, caindo das árvores mais outros, agora brancos, parecendo chuva, cascata, parecendo prata, prata mesmo, a prata dos cruzados novos de quatrocentos e oitenta réis! Encho os bolsos, o gorro, o lenço, tiro o paletó para fazer dele saco e todos me ajudam, todos apanham para mim, ah! que amigos! Obrigado, Calvino, obrigado, Georges, Leo, Nelson de Sousa, Leal Filho, Coelho Lisboa, obrigado! Estou rico, vouimimbora pra longe, pra Minas, pra minha velha ilha, a rendilhada Panam dos tempos do Anglo! tempos do Olimpinho! Vamos empilhando meu tesouro ao pé de uma cajazeira. Eis senão quando se aproxima o *Rato* que esgaravata o chão e solta um fio de rio que aumenta, engrossa, empoça e logo desce encachoeirado levando minhas moedas como folhas secas na sua enxurrada. Acordo. Suado e pobre. E esse rio não tinha sido criação só do sonho não. Vinha de minha memória e dum cano d'água que o *Rato* furara com um prego, certa tarde de recreio. No meio da confusão o Candinho tomou-me como autor da falcatrua e mandou parte em cima. O colega não se acusou, eu não podia denunciar e tive de aguentar essa privação de saída. O *Rato...* Estou a ver sua cara simpática e a considerar o apelido profético que lhe tinham dado os outros meninos: ele foi longe na política, mandou e desmandou aos tempos do Estado Novo. Para ele, os cruzados foram sonho não. Realidade pura.

Falei em sonho, já contei. Falei também numa recordação engraçada e vou contar. Engraçada? Antes altamente pornográfica e ligada à preocupação fálica e anal que consciente ou inconscientemente enchia o internato e se manifestava nos pensamentos, nas palavras e nos gestos dos seus alunos. É o caso que a maior de nossas cajazeiras e a mais alta ficava na beira duma espécie de desbarrancado. As chuvas e a erosão tinham posto a nu e ereta uma de suas grossas raízes pastadeiras. Capricho da natureza e talvez o auxílio madrepórico e de cada dia, da parte dos meninos escultores — esse pedaço de madeira era achatado por cima, trilobado ao comprido e terminava numa espécie de bulbo bem separado do resto do fuste por anel deprimido e balânico. Não faltavam zelosos para lhe incendiarem as guelras com giz vermelho e lhe enriquecerem a base de trançados de galhos, de grenhas de cipó-imbé e tufos de folhas secas subindo de tronco acima como triângulo denso e fornido. Desídia dos inspetores, espírito de safadeza dos varredores e jardineiros, desleixo ou o que fosse e jamais ninguém pensou em moralizar aquela árvore e serrar a arrogância daquele bagre. E se era visível, meu Deus! Um pinguelo duns oitenta centímetros, mais grosso que gomo de bambu-imperial. E servia de altar iniciático aos jovens malandros que repetiam, sem saber, velhos ritos gregos de fecundidade ou, mais propriamente e deixando a fecundidade de lado, só ritos gregos. Aquilo era duas, três vezes em cada recreio. A matula de meia dúzia ou de oito patifes, já combinados entre si, gritava de repente. Agora o fulano, ou beltrano, ou o sicrano. Unha nele e vamossentaele no Zé Fidélis. Num instante o pobre efebolion era garroteado, levantado, levado para o pé da cajazeira e escanchado simbolicamente sobre a raiz indecente. Uns segundos, era logo solto, levava uma rápida brochada e corria para longe, xingando a mãe ou fazendo o "dentro" — gesto mais usado no colégio que a banana e também de significado aviltante. Mostrava-se, a quem se queria agravar, um círculo praticado com o polegar e o indicador ao tempo que se lhe gritava: dentro! o que era contração da injúria que literalmente seria o vá-tomar-dentro — preferida e proferida em ocasiões de mais vagar e pachorra.

Desta zona que acabei de descrever divisavam-se os outros limites do recreio. De quem olhava para o campo de São Cristóvão, à esquerda, descia o muro cinzento onde se esculpiam em sulcos profundos palavras vegetais e de conteúdo fálico — sempre escavadas em letras garrafais. Pepino. Mandioca. Os tomates. Mastruço. Nabo. Maniçoba. No chão, rente ao paredão, eram os riscos de jogos unijâmbicos como a *amarelinha* ou *vagão*, que se praticava empurrando um caco polido, pelas três casas de entrada: pelo inferno (recomeçar), purgatório (esperar), céu; voltar pelo mesmo caminho, tomando as três casas de saída. Como o *caracol*, ainda mais cheio de emboscadas, perde-ganha, recuos, obstáculos e vantagens que o *glória* dos salões. O ângulo formado pelo referido muro e o gradil da rua era um dos pontos mais curiosos do internato. Havia ali uma ervinha rala em que nos sentávamos esperando o *profeta* que acendia os lampiões de gás. Justamente naquela intersecção, diante dela, ficava o poste e quando o homem chegava com sua vara, trazia também a sacola da muamba. Era ele que passava o contrabando dos cigarros, lucrando um tostão em cada três maços. Fornecia assim os menores dos seus Liberty e dos seus Yolanda. A carteira destes era a mais linda: ouro e verde, com uma figura feminina de perfil, túnica entreaberta, dando um passo, valorizando o busto e empinando as cadeiras. Seminua e de sapatos (o contrabando dos maiores era feito por um muro que confinava o recreio deles com uma cocheira que nós chamávamos a *Academia do Juventino*, do nome de seu proprietário e arrendatário de carroças a burro da limpeza pública). À frente, sobre a rua, estendia-se o gradil sinfônico. Do lado direito, em simetria à zona aduaneira dos cigarros, ficava uma jaqueira. Jamais vi árvore assim grandiosa. Precisávamos nos unir dois e três, para abarcar-lhe o tronco mosqueado e tigrino, entre o pardo e o vermelho-vivo que sempre lanhávamos para colher o visgo com que preparávamos pelotas para grudar nos cabelos uns dos outros, nas roupas, para pôr nos assentos das carteiras, para espalhar nos corredores, no caminho das solas dos professores, do Quintino, dos inspetores. Para chatear, sacanear, obrigá-los a tirar os sapatos, a raspar. Igualzinho ao que menino de hoje faz com chiclete. E, olhe! é uma boa pilhéria. Além do leite e do visgo, a jaqueira dava aquelas jacas tamanho de suíno, eriçadas como bichos antediluvianos, que lhe nasciam imensas, nos galhos altos, nos galhos baixos, no tronco atarracado, até rente às raízes. Sua copa invadia a rua, o recreio, o vizinho Club de São Cristóvão (belo sobrado pintado de vermelho, acastelado e cheio de ameias gibelinas — lembrando as de Florença, Siena e Verona). E a árvore fabulosa não se espalhava só em largo. Ia acima, aos altos céus e voltava em sombras folhas caindo. Sua fronde imensa e tênue, sensível a correntes imperceptíveis, abria e fechava em silêncio, parecia se diluir qual anêmona, feito esponja pulsando na mesma cor da profundidade — apenas um pouco mais compacta que a água salina. A galharia saía às vezes desses mares, emergia, ramalhava à brisa. A copa arfava, enchendo e esvaziando, ora de leve como respiração de criança dormindo, ora fundo como no hausto dum atleta depois do pugilato.

Entre esta jaqueira e a garagem do diretor, árvores menores e um caminho geralmente adotado pelos que gostavam de conversar andando. Às vezes eu deixava os intelectuais sentados sob as cajazeiras e aderia ao grupo dos peripatéticos. Dele fiz parte num período de delírio místico que partilhei com o José dos Santos Vieira de Melo, menino de olhos muito verdes e com um rodamoinho na testa, que lhe davam ar de ave espantada. Era susto mesmo que lhe vinha de entrever às vezes o Senhor e da lembrança do afundamento da *Sétima* (drama que eu lera no recreio do Anglo) e de que ele escapara segurando a mão de Nossa Senhora dos Navegantes. Eu pedia sem parar a ele e a outros dois náufragos — a seu irmão Fernando e ao Atílio Ciraudo — que me contassem as peripécias do desastre. Ah! eles iam descuidados, brincando na barca cheia. No estreito de Mocanguê ela tivera um pedaço do casco arrancado por uma pedra. Enchera logo, adernara, uns meninos pulavam no mar, outros, apavorados, se escondiam nas latrinas da embarcação, onde a água foi buscá-los. Morreram muitos, inclusive o irmão do Atílio, chamado Inocêncio Ciraudo. O professor Octacílio tinha sido fantástico: salvara punhados de reverendos, braçadas de alunos e afundara afinal, maniatado pelo desespero do último cacho. Pela margem do caminho dessa conversa andando, mais grupinhos sentados. Em todos eles, do *areópago* à roda do pé da jaqueira, tecia-se a crônica do colégio, elevavam-se ou denegriam-se professores, falava-se dos colegas, comentava-se os que iam remar nos barquinhos da quinta da Boa Vista em companhia de maiores, nas saídas dos sábados, denunciavam-se *vias lácteas* para sempre comprometidas no escuro da gruta-túnel que separava os dois lagos, cantava-se em coro. Eram letras compostas pelo Telles e por outros vates, alusivas ao nosso pessoal docente e administrativo, adaptadas a músicas em voga. Com a melodia do "Papagaio louro", por exemplo, havia versinhos que diziam respeito ao

Goston e ao nosso roupeiro. "Oh! seu Caturrita/ em que estás pensando?" (Mi — mi — mi — mi — sol — fá/ ré — ré — ré — mi — ré — dó) ou "Somente o Ferreira egrégio/ com a sua valentia..." (Dó — si — si — lá — lá — sol — sol/ mi — dó — ré — lá — si — sol — dó). Às vezes conversava-se cinema. Eu falava tanto em Carlito e seu filme *O conde*, quanto o Sílvio de Carvalho numa maravilha vista no Metrópole, o cinema de Matoso esquina da praça da Bandeira, filme chamado *Suborno ou Os defraudadores do povo*. Saturamos de tal modo com esse assunto que acabamos apelidados eu de *Conde* e o De Carvalho de *Defraudador*. Ou cuidava-se de outros assuntos inesgotáveis e de conteúdo engrossando à medida que se descia o recreio. No *areópago* era literatura, guerra, pornografia; mais abaixo era guerra, pornografia, futebol (Marcos, Vidal, Chico Neto, Nery, Mimi, Píndaro — Carregalaississon e o deus, *El-Tigre*, Fried — Friedenreich); rente à jaqueira só pornografia, sacanagem, conversa de safadeza.

Tudo isto cercava o centro do recreio, a zona de terra batida e dura, onde sob a sola de nossos coturnos, como sob os cascos dos cavalos de Átila — a erva não medrava. Era o anfiteatro de peladas de bola de meia, onde brilhavam o Florentino, o Trinckel, o Haroldo, o Siqueira Durão, o Ferreira de Sousa, o Eurico Mendes dos Santos. Esse futebol de recreio era meio sem regras e estava para o *association* como as lutas coletivas e o *catch-as-catch-can* estão para o verdadeiro boxe e para a legítima luta romana. Os times eram de mais de onze, jogava-se emboladamente, e além do tranco e da canelada, valiam o empurrão, a rasteira, o murro nas costas, o cachação. Não havia juiz, nem apito, nem *foul*. Os *goals* eram limitados por dois montes de pedra. Jogava-se com a farda completa do terceiro uniforme — que era proibido levantar as calças ou tirar o dólmã. A bola de meia, de tão disputada, acabava estraçalhada pelos "cães devoradores". O progresso só viria depois, iniciativa do Florentino César Sampaio Viana e de outros de nossa turma, que arrancaram do Quintino a autorização para disputar no campo de São Cristóvão, com torcida nas arquibancadas, calção, camisa, usando chuteiras e, afinal, com verdadeira bola de couro, subindo alto como o sol e estourando em bate-prontos sensacionais. Desafiamos uma vez o Pio Americano. Enchemos. Cinco a zero.

Mas a grande serventia do centro do recreio era a de prado de corridas. Tudo dentro das regras, como no Derby e como se estivesse presente o dr. Frontin. Havia páreos sensacionais, gritaria e torcida na reta final e os alunos mais ágeis faziam a um tempo de cavalo e jóquei.

Em outras palavras, cada jóquei era o próprio cavalo e às vezes adotava o nome de um dito famoso. Assim *Jeannette*, égua inigualável àquela época, ficou sendo o apelido do nosso colega Alberto Jorge Grünewald da Cunha. Outro ganhador era o *Poissy* — nome mesmo de outro companheiro, Luís de Poissy Navarro Calaça. Sempre pensei que ele fosse de ascendência francesa. Depois é que Daniel Rops me contou que o Rei Santo gostava de ser chamado *Louis de Poissy* porque nessa cidade recebera o batismo. O pai do Calaça havia de ser devoto de são Luís Rei. Pois esses eram os maiores, entre outros, de menor raça. Ganhei muitas pules apostando ora em *Poissy* ora em *Jeannette*. O grande organizador dessas corridas, o banqueiro e pagador, era o *turfman* Carlos Novis.

Oh! sejamos pornográficos
(docemente pornográficos).
Por que seremos mais castos
que o nosso avô português?
[...]
sejamos tudo que quiserem
sobretudo pornográficos.

CARLOS DRUMMOND DE ANDRADE,
"Em face dos últimos acontecimentos"

Jules-Louis Breton, lui, demande qu'on interdise à Picasso d'exposer dans les musées nationaux. Après la guerre, il sera "allemand" ou "pornographique", comme est allemand et pornographique dans ces années-là tout ce que, en France, on ne comprend pas.

JEAN-LOUIS FERRIER, *Picasso: les coups de force*

A visão d'essas formas, sem claro-escuro, não tem angulosidade, e é suave como a do céu ou a de um lago, e gerou toda a estética; porque o que nós chamamos belo é aquilo que pelas curvas ou por outras associações remotas nos lembram formas e estímulos genésicos, por menos que o pareçam. A beleza por mais abstrata que seja é sempre erótica; todas as coisas belas são próxima ou remotamente afrodisíacas.

JOÃO RIBEIRO, *O fabordão*

> Arte, estética, estesia é a educação do instinto sexual.
>
> RAUL POMPEIA, *O Ateneu*

A seguir nossa tradição judeu-cristã, a coisa vem do primeiro dia, quando Deus apartou a luz das trevas dando possibilidade a que aparecesse a linha do horizonte. Acentuou-se no terceiro, quando a separação água e terra criou formas e interseções. Mais, no quarto, quando houve os luminares do dia, da noite e a expansão celeste pontilhou-se de estrelas. Linha. Triângulo. Ponto. Estavam criados os símbolos essenciais e o espírito de Freud rolou sobre a face da Terra. Adão, Eva, a Serpente, a Árvore, o Fruto vieram depois para a inauguração da história pornográfica. E os querubins postos no oriente do Éden foram os primeiros censores. Eles desceram pelas idades com sua sinuosa espada de fogo (saberão eles? que brandem um símbolo!) querendo expurgar a própria Bíblia, o obsceno Homero, o torpe Virgílio, o escabroso Dante, o sacanão do Camões, o safardana do Cervantes, o licencioso Rousseau, o inconveniente Balzac e, recentemente, toda a fauna representada por France, Maupassant, Gide, Dreiser, Proust, Apollinaire, Joyce, Lawrence, Cocteau, Hemingway, Radiguet — em suma, todos que usam o que se convencionou chamar pensamento ou linguagem não protocolar. É proibido reabilitar as palavras não dicionarizadas! O Morais é decente porque pula direto de *carajuru* a *caramanchão*. Se pusesse entre aquela fava cheirosa e esta construção de jardim a espada dos querubins ou o tacape dos censores (oh! onipresença dos símbolos!), passaria a ser um dicionário não protocolar, intemperante de linguagem, volume equívoco, irreverencioso, cínico, impudico, indecente — obra pornográfica. Justamente hoje, no dia em que escrevo esse trecho de minhas memórias, o *Jornal do Brasil* publica uma excelente pesquisa sobre o "tema explosivo e indefinido da pornografia". Nesse conturbado mundo ela passou a ter significado político. Até isso, diz a gazeta. Manobra dissolvente da esquerda! alertam os da direita. Recurso *trompe l'oeil* das cúpulas capitalistas! alegam os comunistas. Pergunta-se qual o limite exato do *proper* e do *improper*. Tão fácil... Numa estante de livros é o espaço linear que separa um volume de verdadeira literatura dum outro, com as bestidades da Bibliothèque Rose. Ninguém escapa de escrever inconveniências quando trata da vida do homem como assunto de arte. Nesse terreno seria óbvio falar de contumazes como Villon, Rabelais, Bocage, Verlaine e Apollinaire

— que cito ao acaso, pois não estou fazendo estudo sistematizado sobre a pornografia. Esses iteram, insistem, batem na tecla e correm toda a escala. Da imoralidade à escatologia. Mas que o assunto é obsessivo, prova-se até em livros técnicos, em livros de história. Os legistas do século passado, para referirem os vícios sexuais, deixavam de repente a língua vernácula e o trecho cabeludo revestia-se da folha de parra do latim. Pois nesse disfarce é que está a malícia. Por falar em legista, leia-se Afrânio Peixoto, na *Psicopatologia forense* e na sua *Medicina legal*, para ver como ele se deleita com assuntos que pensa tratar friamente, mas onde o romancista trai o médico e substitui a imparcialidade deste pelo gosto do primeiro pelo assunto ambíguo. Nossos historiadores... Já vimos João Ribeiro na epígrafe deste subcapítulo. E Capistrano? É o moralista ou é o pornógrafo que aponta as páginas exatas da *Primeira visitação do Santo Ofício às partes do Brasil* (e são quarenta entradas!) onde o leitor pode ir direto, sem mais aquela, aos casos de feitiçaria erótica e podofilia ou tomar os caminhos enxofrados de Sodoma e Gomorra. Adverte sobre os perigos do assunto. Conclui. "Depois deste aviso cada um pode evitá-las ou procurá-las a seu talante." Claro! que é a segunda ponta que escolhem todos os leitores.

Uns sugerem uma sexualidade violenta e que magoa, como o nosso Machado, indo do desejo à consumação, do incesto ao sadismo, morando na volúpia sem se descair numa palavra torpe. Que eu me lembre, a menos pura que ele usou foi loureira — "a história é uma eterna loureira", como está nas *Memórias póstumas de Brás Cubas*. Namoradeira? Leviana? Volúvel? ou *loureira* mesmo, com o significado que se dá à expressão em Minas e que está em *O primo Basílio*, só na primeira letra: "Você manda-me calar, sua p...! — E Juliana disse a palavra". Por que não disse? você mesmo, mestre Eça. Porque ou se diz a palavra como a Juliana, ou por virtuosidade literária ilumina-se o quadro obsceno de modo indireto. O próprio Eça não precisou dizer a *palavra* e não usou reticências vicariantes, naquele pedaço em que Basílio beija os pés de Luísa, diz mal de suas ligas, beija-lhe os joelhos e então faz-lhe baixinho um pedido. É exatamente como se estivéssemos olhando a escalada pelo buraco da fechadura. Proust também não solta uma palavra porca naquela aflição solitária, naquele isolamento, naquele alumbramento do narrador menino — que tudo resolve com sua descoberta. Quem não percebe? "[...] *avec les hésitations héroïques du voyageur qui entreprend une exploration ou du désespéré qui se suicide, défaillant, je me frayais en moi-même une route inconnue et que je croyais mortelle, jusqu'au moment où une trace naturelle comme celle d'un colimaçon s'ajoutait aux feuilles du cassis sauvage qui se penchaient jusqu'à moi."* A agonia do menino-e-moço vem obscura por páginas e páginas (como nas hesitações do turbilhão de notas de uma sonata que subitamente fosforesce com o achado da frase musical) e de repente se aclara ao relâmpago, ao rastro de fogo da lesma passando e soltando risco natural de prata sobre a folhagem que entrava pela janela. Ora pois! usando a palavra, o sinônimo, sugerindo com o antônimo, deixando aparecer a ponta da orelha do diabo como Eça ou como Proust nos trechos citados — é sempre o sexo. É inútil querer tapá-lo com a peneira. Não há livro limpo no sentido integral do termo. O pente-fino de Freud arranca homo e heterossentidos das palavras mais cândidas — até dos manuais de missa, dos catecismos, das imitações, dos gofinês. Eu disse palavras? E as letras? as indecentes letras! o descomposto A de pernas abertas; o erecto I; o fingido Y se encolhendo como quem não quer; o V vulvar; o O ultra-anal. E a indignidade dos ditongos? das semivogais? se apanhando ora pela frente, ora por trás — *more bestiarum...* E no fundo todos se regalam. A prova? Basta correr os olhos na nossa melhor imprensa que, com ar de reprovar, o que faz é informar o público sobre a safadagem que corre o mundo (como sempre correu, só que menos badalada). Duvi-de-o-dó que a velha *Gazeta de Notícias,* o *Imparcial,* a *Noite,* a *Folha do Dia* — para citar apenas alguns mortos — ousassem publicar aí pelos 10, pelos 20, até pelos 30 o que hoje se vê nos nossos jornais. Só umas manchetes para se acabar de crer. "Casamento delas é nulo e ilegal" — referindo-se a duas fissureiras americanas, Gail Bates e Valerie Randolph, que tomaram estado diante de um pastor progressista; "Mulher não pode casar com mulher" — a propósito de outras *grignotes,* Tracy Knight e Marjorie Ruth, recusadas pelo procurador de Louisville; "Jack recorrerá a tribunal para casar com Jim" — contando o caso de duas paconas que queriam se aproveitar das leis do Minnesota serem omissas quanto ao casamento de pessoas do mesmo sexo; "Homossexuais protestam em Nova York" — em que se descreve passeata em Greenwich Village e os cartazes lembrando que a "heterossexualidade tem cura"; "Idade de amar" — mostrando Carmem Kiekhorfer conduzindo uma suruba de dia, ao sol romano, no meio das águas da Fontana de Trevi (seja dito de passagem que há um clássico da medicina inglesa,

364

Contraception, onde sua autora, a famosa Marie Carmichael Stopes, afirma que a boa e eugênica concepção deve resultar de coito ao ar livre, estimulado pela beleza do dia, do céu, das praias e do mar — como naquela página de Anatole France, contando de um mundo alegre e antigo onde as bacanais corriam no cimo dos morros *et sur le blond rivage des mers*); "Sexo tem campeonato mundial" — com o relato de uma *franciscana* de quarenta e sete casais com júri para decidir quem fazia melhor; "Insaciável de repente" — dizendo da "compulsão súbita" que atacou Gloria Sykes depois de um desastre de automóvel. Há ainda os títulos que tranquilizam os pudibundos e alertam os censores: "Psicólogos contam por que declina a onda de erotismo", "Sexolatria", "Os perigos da indústria do sexo", "Nixon abre luta contra o erotismo" (melhor seria o go-home e ter acabado mais depressa com aquela miséria do Vietnã) ou o artigo de um grande jornalista, Jean Cau, onde ele desolada e compungidamente pergunta se *"Faut-il créer une société protectrice de l'amour?"* (melhor seria largar a mão de tudo e não ter escrito como ele o fez, no número 310, setembro de 1972, de *História*, aquelas "Reflexions sur la torture" — artigo ambivalente que pode servir de trampolim a favor da legalização da tortura!). Finalmente, os que mostram aos capitalistas um excelente negócio a fazer nestas terras inexploradas: "Pornografia liberada é só comércio"; "Erotismo fatura US$ 2600 milhões em livros nos EUA"; "Copenhague: sexo a qualquer preço uma fonte de divisas". Assim a própria imprensa não pornográfica aproveita a ocasião alheia para ser por sua vez "docemente pornográfica" e os moralistas para transcreverem, de outrem, de réprobos e canalhas, as palavras que não ousariam escrever. Lá as encontro — pênis, vagina, clitóris — escritas em todas as letras num artigo que sugere a proibição do agrupamento das mesmas letras que compõem aquelas anatomias. A propósito da rentabilidade da pornografia não posso continuar sem contar logo um caso do colégio. Estávamos nos últimos anos e cada qual dizendo o que ia ser, ou fazer, ou estudar. Só um assistia calado, ar de riso e mistério que nos intrigou. E você? Ele nada, não podia falar, não podia dizer para não lhe soprarem a magnífica ideia, a coisa genial que descobrira e que ia enriquecê-lo com pouco trabalho e até com bastante aprazimento. Mas, o que é? Não digo. Diz, não diz, diz, não diz e afinal ele soltou. Ia dedicar-se a escrever histórias de putaria. Rimos na hora. Hoje verifico que estava ali, entre nós, precursor duma envergadura de Júlio Verne...

Afinal, nesse terreno de sexo é preciso uma posição definida. Ou a proibitiva e o tabu total de nossos velhos tempos ou a completa licença de pensamento e palavra. De ato? Insuportáveis e grotescas são as incoerências atuais. Por exemplo: por que? censurar os filmes e proibir ou permitir entrada nos cinemas até doze anos, até dezoito ou não sei que mais se os meninos e meninas de menos de doze veem, nos seus cursos primários, slides de educação sexual onde se apreciam os genitais adultos, sua correlação no coito e as posições adequadas para o exercício deste. E quando saem do normal e verberam o anormal é para apresentar variações que funcionam como a antevisão de possibilidades. E que possibilidades! Por que? se falamos a mesma língua, podemos dizer cu diante de senhoras portuguesas mas somos obrigados a traduzi-lo mal-mal por bunda (e assim mesmo olhe lá!) diante de damas brasileiras. A propósito do cu: por que? é proibido pronunciar o nome dessa parte e arquiautorizado falar ou até gritar: recuar, acuar, cuada, culatra e culatrona. Por que? dizer francamente cabelo que é pelo da cabeça, com reservas axelho que é o dito do sovaco e de modo algum pentelho que é sempre a mesmíssima formação capilar, só que nascida no pente. Por que é? já que tocamos em pentelho, que um escritor querendo ser protocolar não pode, mas não pode mesmo, escrever as oito letras da palavra e qualquer escultor pode esculpi-los sem ofender a moralidade, estilizando-os em chama de fogueira ou abrindo-os ao meio como Michelangelo, no *David* e no *Cristo ressurrecto* (Cristo, sim senhores! o de Santa Maria Sopra Minerva, em Roma). Ou pintor, pintá-los com todos os seus fios e de fio a pavio. E por que razão eu posso, sem ofuscar ninguém, falar e escrever pente de tartaruga, boceta de rapé, grelo de chuchu e passo a ser um canalha, um inacadêmico, um pornógrafo só com o suprimir a tartaruga, o rapé, o chuchu.

É preciso uma anistia, senhores! para as palavras banidas dos dicionários; uma absolvição para os verbetes precitos; um indulto para o vocábulo escorraçado. Se eu não tiver a coragem dessa opinião estarei desdizendo o que afirmei atrás sobre as que chamei *palavras mágicas* — isto é, as que são belas e sugerem pela sua consonância forma independente do sentido. Nessa acepção há muito palavrão que é belo, ondula e se projeta, liberado de sua significação verdadeiramente intrínseca. Quem está certo? é moral? Bocage ou o cafardento que quis *limpar* o seu verso. Compare-se a liberdade e o voo do primeiro e o arrastado pegajoso do segundo.

BOCAGE: Eis Bocage, em quem luz algum talento:
Saíram d'elle mesmo estas verdades
N'um dia em que se achou cagando ao vento.

CENSOR: Eis Bocage, em quem luz algum talento:
Saíram d'elle mesmo estas verdades
N'um dia em que se achou mais pachorrento.

Em qual dos tercetos? onde? está a merda. No primeiro? que a desfraldou no meteoro ou no segundo? do porcalhão que a engoliu. Todo poder ao palavrão! já que se pode ser alto poeta com qualquer cheiro. O de Bocage (que aliás andou preso). O de Villon (que aliás andou para ser enforcado) e todos os de nossa língua que reuniu a grande Natália Correia (que aliás foi demitida do emprego, em Portugal) — do século XIII com Martim Soares até o XX com Dórdio Leal Guimarães, passando pelo Gil Vicente pornográfico, por Luís Vaz de Camões pornográfico, por frei Antônio das Chagas pornográfico, por Filinto Elísio pornográfico, por Almeida Garrett e João de Deus pornográficos, pornográficos e finalmente por Guerra Junqueiro, Cesário Verde, Fernando Pessoa, Antônio Botto e ela mesma Natália Correia.* Então? "Por que seremos mais castos/ que o nosso avô português?" Bernardo Guimarães não o foi quando escreveu suas obras-primas "O elixir do pajé" e "A origem do mênstruo". Nem seu sobrinho-neto, o admirável João Alphonsus, no seu inédito "Poema pra Pedro Nava". Nem o grande Bandeira em "A cópula", cujo original tenho manuscritado pelo poeta e que pertencia a uma série de suas poesias eróticas e obscenas de que Rodrigo Melo Franco de Andrade desaconselhou a publicação. São cerca de vinte e poucos poemas. Ficaram nos arquivos do *nosso bardo*.

A geração que precedeu ao Modernismo brasileiro (ou que foi contemporânea e hostil ao mesmo), a geração de Theo Filho, Benjamim Costallat, Jaime de Altavila, Neves Manta e outros, deu um passo à frente em maté

---

* Natália Correia, *Antologia de poesia portuguesa erótica e satírica (dos cancioneiros medievais à atualidade)*, Rio de Janeiro, Tip. Vale Formoso, F. A. [s/d].

ria de linguagem. Ainda um pouco tímida e hesitante. Onde João Ribeiro, repetindo Gregório de Matos, põe em *O fabordão* "Um c..." e onde Eça de Queirós, em *O primo Basílio*, diz "Sua p..." — estou certo que Romeu de Avelar, mais decidido mas ainda convencionalizado, escreveria "Um cara..." ou "Sua p...". Adianta isto? Certo que não e Mário de Andrade, Oswald de Andrade pularam gloriosamente a barreira e puseram no lugar adequado as letras que faltavam. *Macunaíma. Amar, verbo intransitivo. Memórias sentimentais de João Miramar. Serafim Ponte Grande.** Nosso público sempre viveu arquipreparado pelos periódicos picantes, tão do seu gosto. *O Rio Nu, O Nabo* — fora numerosas publicações fesceninas dos fins do XIX e do princípio do século atual — de que me deram notícias Paulo Nogueira Penido, Plínio Doyle e Álvaro Cotrim (Alvarus). Eu conheci o apogeu de *A Maçã*, de Humberto de Campos, e de *A Banana*, de Theo Filho. Lembro seus volumes encadernados nas estantes de meu tio Heitor Modesto ao lado das coleções *grivoises* de *La Vie Parisienne* e do *Fantasio*. A primeira era galante, *plutôt cochonne*, bem ilustrada, cheia dos desenhos que fecundaram o traço do nosso Jota Carlos. A segunda era isto tudo e mais politicamente noticiosa, no sentido de divulgar coisas no gênero de cornos de deputados, perversões sexuais de ministros, mortes iguais às de Félix Faure etc. etc. Modernista da primeira hora, as palavras que não fizeram mossa à dupla Marioswald nem aos outros corifeus do nosso movimento — não podiam nem podem me assustar. Ao contrário, elas se me apresentam como motivo de estudo e experimentação no mesmo grande sentido científico e artístico como o traço e a forma o foram para os cubistas. Não que eu tenha gosto especial ou desgosto pela expressão dita obscena. Je m'en fous, éperdument. As expressões se valem. O que não se valem são as palavras. Não há sinônimos, já disse antes. Cada palavra é insubstituível. The right word in the right place. Portanto, as palavras são também obrigatórias. A coisa imunda, o ato imundo, sexual ou não, tem de ser descrito com a palavra considerada imunda. Só ela na sua violência hercúlea pode mostrar tudo em toda extensão. O fato de

---

* Principalmente o último, que contém o episódio da dona Lalá — glosado por João Ribeiro — e que pode ser lido em edição recente das *Obras completas* de Oswald, da Civilização Brasileira em convênio com o Instituto Nacional do Livro/ MEC.

significarem coisa dita infame não quer dizer que elas sejam infames. Por mais escabrosa, é palavra da língua e tem, como as outras, sublimidade verbal e nobreza etimológica que vale mais que a nobreza genealógica, porque é geralmente comprovável. Uma puta por ser puta não deixa de ser parte da sociedade. Tem direitos civis e lugar ao sol. Ninguém pode matá-la. Então, abramos por elas e com elas os dicionários à pornografia. (Elas já entraram nos nossos jornais diários, só que em francês. Leio num grande matutino carioca esse gordo título: "La maman et le putain"; choca mas sem exageros.) Pois vamos a isso. Na língua de Voltaire, para começo de conversa. Il y a des putaines hideuses como eram as do Mangue. Há fabulosas, como Liane de Pougy, Caroline Otero e Émilienne d'Alençon. Há rainhas. Lá estão elas no soneto de Bocage: Dido, Cleópatra, "Essa da Rússia, imperatriz famosa...". Existem também palavras obscenas que são horrendas, feias, soturnas, ou cantantes, aéreas ou exímias. Em polo oposto, há palavras vernáculas, legítimas, técnicas, que soam mal não pelo que sugerem mas pela vulgaridade das suas consonâncias. Por exemplo, prepúcio, escroto. Não é por fazerem parte da genitália que são palavras indignas de se dizer. É porque são, em si, magicamente, palavras escrotas. Na verdade eu também pilateio e pergunto o que é indecência. Por que? uma mulher nua na rua é indecente e a Vênus Cirenaica não o é no Museu das Termas. Onde? o limite da indecência na palavra como nas formas. Por que? ouvida de um moleque, é indecente palavra — não só aceitável como adequada num tratado de Havelock Ellis e Sigmund Freud. Por que? só tratar na anedota chula ou em linguagem técnica (às vezes latim, como o faziam os legistas de há cem anos) a sodomia, o lesbismo, a cunilíngua, a felação, a bestialidade e não tratar disto em estado lancinante e puro, em linguagem pornográfica nascente, nos textos literários. Por que? o horror ao aspecto gráfico do que todos, mas todos, dizem como anedota, maledicência, desabafo, pensando baixo consigo ou despoliciados — sonhando as misérias eróticas que eu, tu, ele, ela, nós, vós, eles e elas sonhamos, sonhando, ressonhando. Vamos dar esmolinha, sopa dos pobres, albergue noturno, hospedaria — dicionário! — para todas as palavras. Mesmo as pornográficas, coitadas! as mais necessitadas. É preciso fazer força. Pornógrafos de todos os países, uni-vos!

Pois mesmo pensando assim, tive as maiores hesitações ao empreender o texto do meu *Baú de ossos* e em escrever esse exórdio a subcapítulo que quero o mais sincero possível do meu *Balão cativo*. Antes dessa tarefa, sem dizer por quê, crivei meus amigos mais inteligentes e suscetíveis de uma série de indagações — uma enquete feita à sua revelia. Ia tomando nota das respostas. Em resumo: todos achavam legítima a pornografia falada. Uns, poucos, negavam direito à pornografia por escrito. Os circunspectos queriam-na graduada, dosada — o circunlóquio, a linguagem semitécnica, a inicial, as reticências. Raros eram a favor de dar o nome aos bois. Notei que esta pudicícia crescia com os anos e era menos sensível nos jovens. Acabei ficando com a opinião de um destes, moço poeta e meu amigo: não fugir da palavra obscena quando ela está implícita e tem de chegar na cambulhada do assunto, mas não criar um período, uma linha, postos de propósito e para servir de engaste à expressão pornográfica. Falou. É o que fiz, é o que vou fazer.

Estou certo que meus textos vão escandalizar a hipocrisia automática dos velhos, dos semivelhos, dos restimoços. Mas aos verdadeiramente jovens, não. Às juvenilidades que passaram pelas aulas de educação sexual, também não. Mas não é que está aí assunto gancho? segurando pela roupa? não deixando seguir? Um minuto! e antes de voltar ao internato quero deixar claro o que penso dessa história de dar instrução de safadeza aos meninos de aula primária. Uns não sabem nada mas, ao contrário da ideia de muitos pais e muitas professoras, a maioria sabe e os instrutores estão ensinando padre-nosso ao vigário. Sou médico e clínico há quarenta e sete anos! Conheço portanto, e quanto! a pobre, pobre, pobre humanidade de que sou parte padecendo, como dizia Miguel Couto, em duplo. Dos meus males e daqueles dos clientes. Coitados: em dois tempos viro-os pelo avesso, adivinho-lhes as baldas, as negaças, as falsas franquezas. Há óbvios que nem pergunto porque sei que serão ditos ao contrário. Conheço o homem ou mulher do *outro lado da mesa* do consultório, como às palmas de minhas mãos. Pois bem: sempre que tive necessidade de fazer uma pergunta roçando o assunto sexual e genital a menina ou menino de entre nove e onze — jamais, mas jamais mesmo! encontrei o que não fosse capaz de responder com pleno conhecimento ao que eu precisava saber. Exceção: os débeis mentais ou os debilitados pela cortina de fumaça intencional dos ambientes puritanos, ultrarreligiosos e corneamente estúpidos. E geralmente essas crianças sabem, primeiro, porque desconfiaram, olhando a evolução do próprio corpo ou do das irmãs ou do dos irmãos. Tudo aparece envolto num mistério que desafia, como estas escritas que fazemos camufladas e que para serem lidas precisam de uma *grade*. Na vida, essa grade que suprime o inútil e faz pular o sentido é uma palavra, uma visão de órgão íntimo, um ato flagrante, um pano esquecido mostrado pelos Úrias ai! Vinicius! são eles que abrem os olhos inexperientes e inquietos das crianças... E está avivado o palimpseto. Pode ser lido. Geralmente o guri é informado pelo outro que já adivinhou e que conta com a melhor didática: a compreensão incompleta, os erros e as fantasias que ajudam a receber o natural como tanto e tal — não feito a coisa imoral aprendida na casa burguesa do pai e da mãe, que tendo direito legal e natural ao coito — preferem escamoteá-lo e praticá-lo como quem está roubando. Por isto é que acho que contar o sexo, a gestação, o aborto e o parto a uma criança de cinco ou seis anos é uma maldade tão grande como explicar-lhe que não existe anjo da guarda, que Papai Noel é invenção e que o Diabo é criação dos padres. Deixemo-lhes mais alguns anos de poesia — que acreditem no Deus vestido de estrelas, no Diabo todo vermelho, nas cegonhas e nas couves origem das criaturas dum mundo de não paridos. Deixá-la descobrir sozinha, aprender depois, na sua medida, com os amigos e amigas — os melhores professores. A legítima educação sexual de colégio é feita no intercâmbio dos recreios, no tateio das conversas, muito melhor que quando dada por professores e professoras. Não digo isto como moralista nem roncando de catolicão-já-era. Digo como homem sofrido e experimentado na vida. Não simpatizo com essas exibições e delas desconfio por vários motivos. Acho, por exemplo, estranho que todo colégio tenha, como é fatal, meninos com jeito para desenho, para matemática e verdadeiras negações para as línguas e as ciências naturais. Ou vice-versa. Entretanto verifico, estupefato! que não há maus alunos de educação sexual. Todos entendem, são atentos e disciplinados, ouvem deleitados o que, pequenos malandros! pequenas pestinhas! estão apenas confirmando e gozando de ver repetido por professores ou professoras muitas vezes obscuramente amados. Lá dizia o velho France que o perturbado é, *ipso facto*, perturbador. Não haverá? por parte dos instrutores desejos mal formulados e um sentimento menos puro a enrolar-se como fina cobra nos galhos de sua ramagem didática? Não será? uma prova desta coisa a notícia que eu li, encantado! no *Jornal do Brasil* de 21 de fevereiro de 1973, que um professor e uma professora, na Inglaterra, estavam revolucionando as aulas de sexo ministrando-as nus em pelo e mostrando suas partes. Daí para a suruba em classe é um passo, meus amigos! É apenas uma linha, senhores pais prafrentex. Sobretudo depois que o dominicano Stefan Pfruertner, que ensina teologia moral na universidade suíça de Freiburg (a mesma onde foi professor agregado o nosso padre Maurílio Penido), aderiu à livre-fodança, passou a preconizar a masturbação e, baseado em santo Tomás, a declarar que qualquer condenação à atividade sexual é teologicamente insustentável. Bravo, meu reverendo! Porque se os meninos de colégio precisam *educação sexual* é justamente para se penetrarem na legitimidade do sexo. Para saberem suspenso o interdito que a Igreja pôs sobre a vida, com sua proibição do natural. Apetite? pecado. Amor? pecado. Simples bem-estar do corpo? pecado. Bom: jejum, abstinência, castidade, celibato eclesiástico, calo nos joelhos, cilícios, flagelos.

Sou nascido e criado num meio de palavra extremamente policiada. Quer minha família paterna, quer minha família materna, não conheciam desbocamentos. Para entendimentos de asseio e necessidades, a própria anatomia genital era feita por intermédio de termos pouco significativos e correndo só no nosso grupo. Dessa inocência saí para o Colégio Andrès, onde encontrei entre alunos e professores a mesma candura. Possuía apenas vagas desconfianças quando fui para o Machado Sobrinho. Lá recebi o que posso chamar de instrução de primeiro grau. Assim mesmo o que aprendi foi tão mal ensinado como a geografia e a aritmética da casa. Fiquei ciente do que era a cópula carnal mas, como hediondo pecado, simples possibilidade criada pela malícia do Demônio servindo-se astutamente da distração de Jeová quando este acabou o homem em ponta e a mulher em encaixe. Era do que se aproveitavam os viciosos, os desavergonhados, os excomungados e os pecadores. Soube da gravidez e do parto mas independia-os do coito. Ignorava que casamento e conjunção carnal se completassem. Desse meio-tom saí para verificações autodidáticas ou consultas ao meu primo Meton e entramos os dois, em cheio, na fase do *Dicionário* de Faria e da *Anatomia* de Cruveilhier. Desse amadorismo intermediário, aos dez anos fui para o Anglo e lá promovido à *high school*, ao segundo grau da safadeza. Tudo se arranjou. Compreendi a serpente, a maçã, tomados como serpente e maçã mesmo ou na sua futura simbologia freudiana e falovaginal. Entendi o casamento, os esbaldamentos da lua de mel e vi logo que disso só podia resultar mesmo barriga. Soube, pelas conversas incontinentes do monsieur Vuille, que havia dadeiras profissionais, compreendi bem o que queria dizer puta, tive informação de uma parte prodigiosa da cidade, fecha-nunca, eternamente dia, noite-e-dia, alcovas iluminadas por lâmpadas grená-permanganato. Era a zona! De posse desses segredos, fiquei sonsíssimo. Morava, quando os adultos conversavam em linguagem que eles pensavam cifrada. Soube, vagamente, de Sodoma e Gomorra. Com treze anos incompletos vim para o Pedro II e, ao fim de quinze dias dessa universidade intensiva, conquistei o diploma do terceiro grau de minha educação pornográfica. Mestrado. Doutorado. Os colegas instruíram-me em todo o rico, prodigioso, sortido e incomparável palavreado chulo da nossa língua (e eu vi que o palavrão era bom). Soube tudo do ato, das posições e suas variantes, dos órgãos genitais e seus vigários. Confirmei plenamente the cities of the plain. E mais as doenças que Vênus cominava. Os esquentamentos de gancho, as mulas, os cavalos, os cancros, as cristas, os chatos. Soube da bestialidade: pobres porcas, pobres galinhas, patas, cabras, bestas e éguas barranqueiras. E soube ainda do que batizo agora, atenção, senhores! do que batizo agora — a fitofilia. Um colega nosso, da roça, acabara descobrindo que as bananeiras também davam. Cacho não. Ele fendia-as com um canivete ora estreitamente, ora largamente (segundo sua disposição) e assim, no fim das férias, tinha passado pelas armas tronco por tronco, de moita por moita da fazenda bananal do pai. E era muito ancho que o Apolo colegial gabava a pele lisa e verde das Dafnes-musáceas. E cinicamente lamentava a dureza do pau-mulato. Com aquela cor mais linda, com aquela cútis...

Além da venereologia, recebi minhas tintas obstétricas de colega muito esperto e sobrinho de parteira. Ele descreveu-me o fórceps de tirar menino de dentro da barriga. Segundo vira nas mãos da tia, era uma espécie de concha, melhor, pá, forrada de veludo. Quando a criança demorava metia-se aquilo vias adentro e com muito jeito vinha-se trazendo priminas e secundinas dentro da colher.

Toda essa prodigiosa instrução era dada no internato do Colégio Pedro II por meio da pilhéria, da chalaça, da anedota. Não podemos falar em anedotas atuais ou antigas porque elas são de todo tempo. As contadas no nosso recreio, debaixo de seu aspecto chulo, tinham aquele venerável, que é o da tradição oral e arquimilenar. As nossas histórias sáfias eram dos cinco continentes, além de serem de todas as eras. Quem conhece um pouco de folclore sabe que rimos pelas mesmas razões que riam os romanos e os gregos, os egípcios e os judeus, os assírios e os babilônios, os sumerianos, hititas e o homem primitivo que inaugurou o chiste pornográfico deixando nas paredes de uma gruta levantina, glacial ou ártica a primeira representação genital de gente ou bicho. Foi ele. Pornógrafo pré-histórico, inventor terrível da barrigada de riso parede-meia da angústia e da dor das dores que é a consciência da coisa. E não é difícil reconhecer na eterna anedota a presença dos mitos masculinos, femininos, solares, lunares, noturnos, diurnos — os velhos mitos que o homem repete e repetirá eternamente tanto que dure sua presença na Terra. Com mais realismo e mais intenção que o antepassado das cavernas, enchíamos as paredes do colégio e suas latrinas e suas carteiras de inscrições a lápis, a pena, a giz, a canivete — de representações fálicas, vaginais e anais, de mulheres nuas, de gente trepando; de professores e inspetores em fraldas e comendo uns aos outros. Limpavam. Tornávamos a pintar. Limpavam. Refazíamos. Nossos muros e nossas privadas refletiam uma variedade de imaginação, uma riqueza inventiva, nunca atingidas pelos grandes murais de Lascaux, Altamira, Dordogne e Covas de Pindal. Muito destas representações pornográficas eram estimuladas pelo que o Rio de Janeiro descontraído de então oferecia a toda gente. Sem censura, sem perigo, sem polícia. Que cidade deleitosa, cordial e amável! Ah! Rio dos dez! Rio dos vinte! Meu Rio rio... Havia o Cinema Alegre de que já tratei em capítulo anterior, a propósito da invenção do close-up e de um filme chamado *O mate saboroso*. Foi nesse cinema que um grupo de colegas, às luzes de um intervalo, identificou, também na plateia, a figura de um dos nossos professores. E dos mais insignes. Talvez o maior humanista da congregação. Gritaram seu nome. Ele não se deu por achado — virou-se para trás e cumprimentou grave e naturalmente os discípulos. E retomou posição para continuar a ver o filme da bandalheira — crânio redondo, careca reluzente cercada das moitas do cabelo maltratado que soltava caspas na gola do velho fraque. Na Galeria Cruzeiro, embaixo do relógio; nas Barcas, no saguão de espera; no largo de São Francisco, aos pés da estátua do Patriarca (as que me lembro de ter visto) havia umas máquinas caça-níqueis: fenda para o dito, visor, manivela. Punha-se a moeda de quatrocentos réis (a pornografia sempre foi cara), havia a resposta de um tímpano no bojo, a lâmpada acendia e — os olhos numa espécie de binóculo, girava-se a engenhoca e assistia-se a uma pequena fita sem fim, que recomeçava quando acabava. Ora desenho, ora figuras ao vivo. Sempre, feito de galo, um rápido ato sexual: ora o trivial, ora o fino, ora as variedades de posição de forno e fogão. Isto eu vi. E as filas de estudantes, vagabundos, homens graves, funcionários, meninos e velhotes que se sucediam diante das máquinas. Chegavam sérios, saíam sérios — a pornografia em certos casos é austera e carregada. E os apedidos nos jornais? Saía tudo que os e as contribuintes queriam. Jamais pude me esquecer de uma Muguette, ou Marcelle, ou Fernande que fazia inserir na coluna cerrada dos anúncios profissionais de um grande matutino seu nome, o endereço do seu bordel que era à rua Joaquim Silva, seus horários e suas especialidades. Aquilo me deixou tal impressão que para sempre guardei o que posso repetir letra por letra. Decorei o que li. *Massage manuel et buccal — très cochon!* Ah! mas isso foi tudo antes do dr. Bernardes acabar com elas. Isso foi em tempos de um Rio com francesas... Além desses meios de divulgação — digamos, ambientais — havia os compêndios no assunto. Circulavam no colégio *sous cape*. Eram os livrinhos de sacanagem ou livrinhos de putaria, como eram referidos. Comprados livremente nas bancas de jornais e nos engraxates de pé de escada em toda a cidade, principalmente no trecho de Primeiro de Março, lado par, entre Ouvidor e praça Quinze. Ficavam ora escondidos, ora à vista e pendurados a barbantes como roupa em varal, ao lado do trono dos enceradores. Dessa disposição vem, segundo Álvaro Cotrim (Alvarus), a expressão bem carioca e hoje tomada pelo Nordeste para os folhetos com suas sagas e cantares, de *literatura de cordel*. Aqui ela se referia só aos terríveis livrinhos.

Eu já os tinha vislumbrado de longe, no estudo, nas mãos do *Papai Basílio*, que mostrava suas figuras dentro de um atlas. Era o admirável Grosselin-Delamarche, com seus prodigiosos mapas, posto em pé, como biombo, para folhear safadezas e permitir a passagem poética da curva de um golfo a outra de seio, da dupla entrada oceânica Nápoles-Salerno a um bicírculo de nádegas. Mas pude folheá-los à vontade quando comecei a ir só à cidade. Dia aquele... O acaso e as botinas sujas fizeram-me entrar na portinha de Primeiro de Março e sentar-me na alta cátedra. Desempoeiradas perneiras e desbarreados os reiunos, o italiano, sem dizer água vai, pôs-me sobre os joelhos a brochura pequenina. Tomei dela, fui virando as folhas e não sei como não morri cadeira elétrica abaixo, tal foi o inenarrável choque que me produziram as fotografias. Aquela imundície era lancinante, perturbadora, doía, queimava e cortava como chicote — *oeuvres de flagellation* é como são chamadas no *argot de métier* dos seus vendedores, em França. Fiquei literalmente tonto, ofegante, pulso disparado, coração na boca. Era simplesmente fantástico e sua visão, sua leitura tão irresistíveis como o passar a língua com força em gengiva de dente doendo, como apertar ao chão a sola do sapato que machuca o pé. Peguei o vício de ir dar lustro aos borzeguins sempre que podia. E se o homem não entregava logo eu reclamava. O senhor quer fazer o favor de me emprestar um livrinho? Ele nem perguntava: que livrinho? Passava logo. Esse é muito bom. É a última novidade. E baratinho: mil-réis. Eu não levava porque era caro, caríssimo. Alguém, aí, se lembra? do que era possível fazer com dez tostões. E além do mais como? esconder dos olhos argutos do tio Salles, dos suspicazes do tio Heitor aquelas páginas aflitivas e inefáveis. Depois de mais taludo folheei-os também, no colégio, onde eles circulavam dobrados em dois, em quatro, de mão em mão, de bolso em bolso, de atlas em atlas.

Aplicando o espírito de método podemos distinguir os *livrinhos* em três grupos. Primeiro, os só de fotografia com legenda ou quadrinha embaixo. Segundo, os narrativos. Terceiro, pequenas reportagens tendo como ponto de partida um dos *faits divers* contra os costumes noticiados na imprensa e que era glosado com fotografias, desenhos explicativos e versalhada indecente. Estava nesse lote, por exemplo, o *Caso do gabiru capado*. Tinha na capa o retrato dele no seu leito de dores da Santa Casa e o dela — rosto oval, fisionomia angelical, cachinhos de menina cortados à inglesa. Ele era francês antigo e normal, até que deu-lhe a balda de querer outra coisa. Ela, que não, ah! lá disso, de jeito nenhum, que pro negócio ela tinha o vaso próprio. Ele insistia e um dia, bêbado, falou grosso, quis bater e ela teve de fazer que ia deixar. Na hora em que ele ficou vesgo-não-vê-nada, ela zás! uma navalhada certeira. Cortou rente, pela raiz. O safado quase morreu, ficou sem o dele. Ela foi absolvida, coitadinha! por unanimidade. Quando esse clássico correu no colégio, foi um sucesso. Era lindo, colorido, cheio de desenhos pornográficos e de esquemas anatômicos (em corte transversal) da parte sacrificada. As outras histórias eram sempre a mesma coisa. O sempiterno encontro casual com a mulher. Do marinheiro que desembarcava, do soldado que rondava, do senhor que dava seu passeio de domingo. Ou as oportunidades especiais do caixeiro, do moço de telegramas chegando para entregar e encontrando a dona só, em casa. Ou os ensejos do padre no convento e do hortelão no fundo do quintal. Em suma, sempre o encontro, a simpatia, o namoro, os pedidos, os rubores e lá se iam eles para fazer uma por uma cada variedade conhecida. As fotografias mostravam os parceiros nus ou semidespidos e eram duma dureza contundente. Soldados e civis conservavam sempre boné e chapéu na cabeça. Botina e ligas, como em certos quadros surrealistas de Salvador Dalí que nitidamente nasceram de inspirações bebidas em fotografias obscenas. O padre não tirava o barrete, nem a freira o véu e os dois conservavam as meias compridas. Para o marinheiro, de gorro e pompom, nu mas calçado, não havia desilusões: era mesmo noite de almirante. Os *dessous* das mulheres, os coletes, os corpinhos, as ligas e as meias rendadas, seus chapéus de pluma tinham, como os ambientes, um toque profundamente *belle époque*. Leitos *capitonés*, almofadões, cortinas de rendado branco, tapetes de urso ou tigre com as respectivas cabeças, jarrões com palmas, biombos, coisas japonesas — de que se pode ter ideia misturando pubs londrinos, os cenários elegantes dos filmes de Carlito (a festa de *O conde*, a do milionário em *Luzes da cidade*) e as fotografias dos interiores de Sarah Bernhardt, de Edmond Rostand. No caso da freira o ambiente era sacrílego, de sacristia, confessionário ou desvão de altar. No do jardineiro, campestre, e havia figurações em que entravam regadores e os carrinhos de mão de boa beirada. Fora os eclesiásticos e militares, todos os amorosos eram providos de topete e farta bigodeira; suas comparsas de *patifões* armados, tranças soltas, cabeleiras desnastradas. Tinham ora sorrisos de cartão-postal antigo, ora expressões agonizantes. Faziam sucesso as *Memórias de um Zé Fidélis* e *Os furores de messalina*. Esse tinha estilo e começava pomposamente: "A clepsidra de bronze da câmara imperial marcava meia-noite...". Era a hora em que a imperatriz ia para a Suburra e começava. Descrevia-se depois sua volta ao palácio "cansada mas não saciada...". Os períodos eram cheios de termos tão lindos como os do *Quo vadis* — e além de clepsidra falava-se em ânforas, caçoilas, *triclinium, velarium*. Sucediam-se gladiadores, germanos, reciários, núbios, lictores, centuriões. Os órgãos eram poeticamente chamados gruta do prazer e gládio do amor.

Mas os livrinhos que mencionamos primeiro eram os mais diretos e os mais acerbos. Algumas fotografias eram nítidas, outras, reproduções de reproduções, perdiam as meias-sombras e ficavam cruéis como os clichês atuais de alto contraste. Era só o seriado do tão pouco! que se pode fazer na eterna luta desde que não sejam invadidos os feudos do cavaleiro Sacher-Masoch, do marquês de Sade, de Jack-the-ripper ou as valas do sargento Bertrand. Exibindo as procurações passadas pelos órgãos genitais às outras (todas) partes do corpo. Eram atitudes ora corriqueiras ora inconcebíveis, ora *maneras* ora acrobáticas. As legendas davam seus nomes-chicotada: racha-capado, beira-de-cama, frango-assado, cata-cavaco, finca-toco, a do arcipreste, a de Napoleão Terceiro, de Camões, de Guilherme Tell, a dificílima de Carlos Gomes (também chamada "a pitoresca"). Havia brincados gradativos que iam do afloramento ao chafurdamento — agulha, cateto e babão. Assim como o latim foi língua universal do saber antigo, o francês, que é idioma diplomático, servia também à universalidade da safadeza definindo requintes que seriam insípidos tratados por línguas anglo-saxônicas ou imundamente brutais nas línguas de outros neolatinos. Tais o *picotement*, a *traversée-de-langue*, as *grande* e *petite lambages*, o *fouetté*, o *coup-de--ballet*. Muito bem dito porque parecia mesmo quadrilha, com suas marcações heroicas quando os pares eram vários e desenrolava-se a sarabanda chamada "franciscana". Então era um misto de bailado e ginástica sueca, uma apoteose entre chocarreira e sinistra, uma olimpíada em pelo, pedindo riso e choro, tendo alguma coisa da multidão de nus do *Julgamento Final* da capela Sistina, dos montões de cadáveres das fotografias de Dachau, ou das perspectivas siderais dos eleitos de Doré. Pareciam supliciados, ou anestesiados, ou agonizantes, ou mortos — tanto a expressão voluptuosa criava máscara e gesto de martírio e fim. Na realidade era uma *Dança macabra*. Essa literatura era devorada no colégio. Entrava de contrabando, como os cigarros; era lida em conjunto, nos fundos do recreio; atrás da garagem do Araújo Lima; à sombra da divina jaqueira; no estudo da noite, dentro do Grosselin-Delamarche ou do atochado Veiga Cabral. Era a leitura vingadora e gratificante das privações de saída. Foi ela! foi ela! que informou das agonias da carne a todos os anjos do internato do Colégio Pedro II. Alguém nega?

> La fille méprisée et perdue, c'est l'argile docile au doigt du potier divin: c'est la victime expiatoire et l'autel de l'holocauste. Les prostituées sont plus près de Dieu que les femmes honnêtes: elles ont perdu la superbe et depouillé l'orgueil.
>
> ANATOLE FRANCE, *Le lys rouge*

Era aquela, por assim dizer, a parte teórica de nosso aprendizado pornográfico. Suas aulas práticas, nós do internato passávamos a ter quando íamos prestar exames finais no externato. Para ganhar a cidade, depois, saindo do palácio da rua Larga — todos logo aprendiam o caminho das ruas que habitava humanidade por quem em verdade Cristo ainda não morrera na cruz. Podia-se subir um pouco e dar no Vasco da Gama e passeá-la de Senador Pompeu até à Politécnica. Que rua! Podia-se descer como quem vai para a Central e tomar Núncio e Tobias Barreto até desembocar em Visconde do Rio Branco. Que ruas! Ou penetrar no dédalo daquele Pátio dos Milagres e correr São Jorge de fio a pavio, ou seja, até à praça Tiradentes. Que rua! também. Todos esses caminhos conduziam ao Cinema Ideal — mas ainda é cedo para falar nele. Antes dos filmes nós nos regalávamos de ver nos citados logradouros e suas rótulas os e as personagens dos livrinhos que líamos no colégio. O movimento era inusitado. Fazia pensar nas multidões de Velásquez em *A rendição de Breda*, ou de Brueghel, o Velho, em *A Torre de Babel*. Tinha do desfile cívico, do passeio monacal num claustro, de parada militar e de Procissão do Encontro. Subiam e desciam marinheiros, soldados, fuzileiros, paisanos de todas as classes e todas as idades, desde o furtivo funcionário de fraque e coco ao galego escrachado de toalha à cinta; meninos de colégio, malandros, vagabundos e rufiões. Mais fuzileiros, soldados e marinheiros *apertados* e policiando os companheiros. Os guardas-civis, como de direito, só prendiam e espancavam os civis. Todo aquele povaréu procurava, subia, comparava, descia, olhava, afinal escolhia e entrava para o rápido êxtase. As fêmeas eram legião. Havia velhas hediondas e meninas de uma beleza radiante e apodrecida. Louras, morenas, mulatas, negras. Hiperbolicamente pintadas, seminuas, exibindo todas as variedades de teta: altos e duros seios (com *bico de pera* ou *bico de cabra*), vastas mamas, ubres repletos, muxibas gastas ou peito chato que nem de macho. Debruçadas nas rótulas ou sentadas diante da portinhola que abriam e fechavam — para alechar com o pelego visto de relance — preto, ou vermelho, ou castanho, ou louro. Dentro do novelo fornido ou ralo, o entreaberto figo. Nacionais. Estrangeiras divididas em dois grandes grupos genéricos: as *francesas* e as *polacas*. De dentro dos lupanares saía um cheiro de água morna, incenso, sabonete, arruda, ácido fênico, sarro, funcho, defumação e extrato barato. Elas chamavam ora só badalando as bochechas com a língua exímia, ora só com um movimento de cabeça, com palavras cochichadas de confessionário ou bradadas como num leilão. Ficavam repetindo como gramofones o seu vencá-vencá-vencá, o seu entrrrassimpát-entrrrassimpát, vencá-vencá, o fástud-fástud, vencá, fástud, porcarriegostoze, vencá. Aquilo era uma litania retomada pelos papagaios nos poleiros pendurados às soleiras. Aquilo era reiniciado antes de acabar, era subentrante como motivo musical de fuga. Tonteava as legiões em fluxo, coortes em refluxo. Às vezes era a pororoca de gritaria, trilos de apito, cassetete comendo, tiros, cabeças abertas, tripas ao léu. Vencá-vencá. Tonteava e tentava: era atraente e hediondo como ver exumação. Aquela carniça tinha vindo de queda em queda, de michê em déu das transversais de Catete, da Glória, Conde de Laje, Beco, Joaquim Silva, Marrecas, Arcos, Silva Jardim — cada vez mais velha, cada vez mais barata — até aquelas cloacas onde a tabela ia dos dez tostões de São Jorge aos 2$000 de Núncio, Tobias, Vasco. Os colegiais passavam repassavam prodigiosamente divertidos. Alguns, dos maiores, parlamentavam, entravam. Os menores iam pelo meio da rua, fascinados e em pânico porque sabiam que havia mulheres que tomavam de repente os bonés e só os devolviam depois de repastadas de carne tenra de menino. Figuravam — ogres, vitórias-régias, fogos de artifício, câmaras-ardentes, corolas carnívoras, candelárias papoulas de pus — dioneias e empusas. Putas. Era ali, naquelas ruas rios que descia à deriva a continuação dos nossos livrinhos de sacanagem — passados de fotografia a fato. E como era pungente, meu Deus!

Estarei ocupando páginas demais com o assunto? Tem de ser assim, meus amigos, pois estou depondo, notem bem! depondo — sobre fase da vida de adolescentes passada no internato do Colégio Pedro II, onde a preocupação com a obscenidade, a pornografia e o sexo — ocupava muito mais os alunos que as doze matérias dos exames finais. E nem podia ser de outro modo, dada a relevância psicológica da chamada indecência. Di Cavalcanti, observador sagaz dessas coisas, foi quem primeiro chamou minha atenção para a importância social do erotismo. E eu digo mais. Ele, erotismo, é fator não só antropossociológico como de repercussões geográficas, geológicas, telúricas. O foguete atirado à Lua-fêmea pode passar pelo crivo psicanalítico. Se pode...

Wzyx, vutsr; qponm lkjih; gfed bac?!
do Totus liber

Tenho a impressão que a inflação de pornografia dos colégios como o Pedro ii do meu tempo devia radicar: primeiro, numa compensação não só geral, relacionada às frustrações que vêm para todos na alvorada do contato com o mundo, como, segundo e particularmente, em violenta reação à compressão do meio familiar. Esse era tão sem ar nos verdes anos de minha geração que os externatos e internatos eram uma alforria. O menino livrava-se do adulto-rei, confraternizava na mesma idade, se equilibrava e se gratificava com o proibido. Pensava alto, falava, agia descontando e se vingando. Nesse ponto não conheço maior exemplo de desforra contra o grupo doméstico que a de um companheiro de Afonso Arinos, João Gomes Teixeira, e meu que nos confidenciou que seu maior prazer aos doze, treze anos era masturbar-se na sala de visitas da casa, tendo na boca dois charutos acesos, furtados ao progenitor. É perfeito! Afronta ao pai, achincalhe de toda a família, triplificação do prazer (2 charutos + 1 pênis = 3), conspurcação da peça mais nobre do lar — imaginem! os domínios da mãe, da rainha da casa. Tomada-invasão de tudo que lhe era interdito, inclusive o sexo. Tenho para mim que o erotismo lúdico e superlativo dos hippies de hoje é continuação do sentimento infantil semelhante ao desse meu amigo de mocidade. É o protesto contra a geração progenitora pseudomoralizada mas muito moralista, dos catões contra o sexo, dos grã-farsantes ("cheirando religião e que não crê em Deus!") — como o catolicão e o cristão (contra os quais, talvez, valesse a pena defender a Igreja e o próprio Cristo), dos proprietários, dos aproveitadores inclusive de guerra, logo contra a paz. *Make love, not war* é a resposta-gemido da carne de canhão. E a investida dos maduros, velhotes e velhos contra os jovens radica na consciência de um antagonismo total: o da bomba atômica querendo prevalecer contra a paz-jazz. Eu cá sou pelo banjo.

Dizer e repetir obscenidades é descarga catártica, uma compensação. A inscrição bandalha, a anedota porca que nos deleitava nas longas horas de recreio, as leituras eróticas — tudo isto era válvula utilíssima a descomprimir nossa idade perigosa de sua agressividade. Os pornógrafos são uns domadores... Isto parecerá tanto mais verdade quanto mais nos penetrarmos das ideias expendidas por Legman na sua *Rationale of the dirty joke* (estudo que devo a Odylo Costa, filho) — de que a graça, a pilhéria, o chiste são atos de agressão da maior brutalidade e que no fundo o espirituoso, o chalaceiro sujiga o auditório pelo monopólio da atenção e do riso. Imobiliza, mãos ao alto! como se apontasse uma pistola.

Um exemplo de agressão ao grupo familiar está no que vi no internato do Colégio Pedro II e que chamarei de *imolação materna*. E tenho notícia do mesmo fato em outras comunidades juvenis como o nosso externato, o Colégio Militar, o Pio-Americano, Escola Naval e Escola Militar daquele tempo (e qual será seu equivalente num seminário?). Resumo o fenômeno ao que testemunhei. Os que passaram pelo casarão de São Cristóvão, de 1916 a 1920, devem se lembrar. A figura patriarcal, paternal, dominadora e impeditiva de nossa personalidade herdeira e edipiana era simbolizada pelo inspetor, pelo chefe de disciplina, pelo professor, pelo diretor. Esse pai odioso, esse Laio é que queríamos abater para nos espolinhar no seu sangue herança coroa real. Era para aviltá-lo e matá-lo que possuíamos simbolicamente Jocasta, ofendendo uns às mães dos outros. Era brincadeira corrente. Quase desabei de assombro, de nojo, de terror a primeira vez que ouvi um veterano dizendo a outro que tinha-lhe visto a mãe dando a um soldado, no bambual da quinta da Boa Vista. Instintivamente recuei para evitar as sobras da troca (que julguei inevitável e iminente) das canivetadas, ou murros, ou pontapés. Mal acreditei quando escutei a resposta. É? engraçado... E você não reparou a sua? pois ela estava junto à minha e tomando dum marinheiro. Tava mais pra dentro da moita... Todos queriam brigar, no princípio. Depois apenas se escandalizavam. Iam ouvindo dos mais velhos. Era parte do trote. Calejavam. Respondiam timidamente. Paulatinamente tomando gosto pela brincadeira. Ficavam useiros e vezeiros. Refocilavam naquela lama e o *nome-de-mãe-ponto-de-honra* perdia o sentido. O complexo de Édipo funcionava a todo o pano, melhor, a todo vapor, como a máquina do seu Agapito. Em descarga.

Além do de válvula, a pornografia colegial assumia aspectos fabulares, apologais, educativos. Educativos, sim! A ameaça da perda da *via láctea* não era uma advertência? E o caso da mulher do boto? da *bota*, que corria como anedota indecente, ao lado de ser ainda linda história toda tocada daquela poesia canoeira e riomar que Bopp pôs na *Cobra Norato*. Dizia-se que o caso tinha sido no Amazonas. Três pescadores e águas de luar. Fim de noite e a tarrafa trouxe que trouxe o bicharrão se pulando de dorso escuro e de barriga branca. É boto. Olharam melhor, era melhor, era bota. Não vê? diz que a dela é igualzinha à de mulher, pelanca por pelanca, só que glabra. Um pouco difícil porque tem água em vez de gosma. Os três passaram a mão no corpo liso se aquietando no fundo do bote, verificaram a semelhança do buraco e curraram. A iara morreu no sufragante e eles logo jogaram o peixão no fundo-lodo do verde-negro. Quando mal chegaram em terra veio num por um febre cada vez mais, cada vez mais e os companheiros morreram dessa queimação, se desmanchando e soltando um hálito que era cheirar maresia e barro podre. Essa história não ensina melhor que qualquer curso os perigos da bestialidade? E ainda falam em audiovisuais para mostrar sexo aos meninos de hoje. Uns sabem e logo é redundância besta. Outros ainda não descobriram tudo e estão em plena maravilha do meio conhecimento. Por que? tirá-los dos mundos mágicos de Andersen, Perrault e Grimm, para caceteá-los antes do tempo com as ciências de Júlio Verne.

Um extraordinário exemplo da obsessão erótica do internato do Pedro ii foi-me dado examinar, há pouco tempo, emprestado por um colega que veio conservando, há cinquenta e três anos, dois exemplares de um jornalzinho da nossa classe chamado *A Tocha*. Era manuscritado. Sua linguagem, cuidada e quase isenta de palavrões. Entretanto os subentendidos, as ambivalências, os trocadilhos, as reticências e as cacofonias propositais faziam do periódico um dito pornográfico ou, na melhor das hipóteses — semi. Não carece ser analista para escarafunchar símbolos nas suas colunas. Eles brotam — fálicos, vaginais e anais — tão espontâneos que não precisa espremer. Logo, o título: *A Tocha*. Em seguida o trocadilho advertência: *O que não vem na* Noite *a* Tocha *traz*. Mais. *Anus I, Anus*

Il era como se marcavam seus anos cronológicos. Seus números terminavam sempre pelos mesmos algarismos e eram: N. 0,069; N. 0,69 e assim por diante. Preço: *Três vinténs*. O cabeçalho (de passagem, que palavra engraçada!) mostrava o desenho de *mão esquerda*, segurando firmemente tocha ardente. Esse facho, muito proporcionado, apenas excedia um pouco para baixo e um pouco para cima a *canhota* que o brandia. Além desse símbolo, o título do jornal era encimado por cabeça humana literalmente congestionada e cuja calota craniana explodia, mandando ao léu esguichos de matéria cerebral. Alguns artigos: "Do furor uterino nos homens"; "As grandes invenções: o limp'ânus"; "Pomba roxa"; "O novo invento do enrabômetro" — e outros, outros entre os quais o rodapé interrogativo e alusivo à fitofilia de que já falei: *Por que será que a bananeira quase que caiu?*

Nos dias de saída talvez houvesse naufrágios no túnel interlargos da quinta da Boa Vista. Nas grutas suprajacentes. Diziam. Haveria qualquer coisa latente em certas preferências, em certas amizades meio angustiosas (equivalente masculino das *bêtises* do Colégio de Sion, não é? minhas excelentíssimas senhoras). Mas nada se exteriorizava francamente porque a fiscalização era geral. Seria impossível namoro igual ao do Egbert e do Sérgio em *O Ateneu*. Os inspetores batiam as palmas, gritavam alto contra qualquer brinquedo de mão, contra os peripatéticos se segurando pela cinta, contra os abraços. Os próprios colegas apupavam e berravam. Solta! Larga o osso! Deixa o *rosquinha*! Eram duzentos alunos e ponhamos mais cinquenta pessoas entre empregados, inspetores e professores panoptas. Isso mesmo: milhares de olhos de Argos mantendo uma linha certa de conduta. A derivação se dava pela pornografia, a compensação pela autogratificação que Raul Pompeia apontava como velho hábito do colégio. Aliás universal e natural. Estava na idade. Lá vem, ainda no sempre citado *O Ateneu*: "E diluía-se pelos semblantes a palidez creme, cavavam-se olhares vítreos das regiões do impaludismo endêmico". Ora se... Nós também tínhamos a ideia de conhecer os que abusavam pelas suas caras amarelas, orelhas transparentes, langor e bistre do olhar. Diziam que tirava a memória. Muito. O nosso próprio professor de francês, o grande Floriano de Brito, quando havia esquecimentos inexplicáveis, lapsos inconcebíveis — olhava o réu com piedade, desprezo e nojo. Chamava-o perto da mesa. Abria clinicamente sua pálpebra e verificava. Lá estava a prova na conjuntiva esbranquiçada. Aumentava o opróbrio não dando zero. Mandava sentar. Vá pra sua carteira, desgraçado! Está aí o resultado de ser praça no *corpo de bombeiros*. Era o nome dado, no colégio, à corporação dos ostensivos, aos adolescentes esvanecentes — de quem se dizia viverem de mangueira na mão.

E, realmente, a coisa lavrava com verdadeiro furor. Assim como se contam proezas de cama, havia os que se gabavam de façanhas manuais. Hoje soquei três. Eu, quatro. A admiração de todos ia para um nortista apelidado o *Gorilão*, que tinha dias de sete, oito, lupercais de nove, bacanais de dez, de dúzia. Havia campeonatos. Um jactava-se da própria virtuosidade, das múltiplas maneiras como se executava. Sempre em número par porque, no caso, a mão esquerda sabia o que a direita fazia. Era uma duplicação. Usando sabão, quadruplicava. Havia recrudescimentos horários, diários, regulares como as marés e as fases lunares. Subia nas horas vagas seguidas. Nos longos estudos da noite. *Lá fora*. Havia quem tivesse necessidade de ir lá fora até três vezes no mesmo estudo. À luz lunar dos dormitórios. Nos dias de privação de saída era um Deus nos acuda. Mas... onde estão, onde? os calores de antanho. Só um dos nossos colegas não se dobrava ao sistema. Um dia, depois de nos comunicar a enormidade do que pretendia fazer, pôs o colarinho da regra (o *permanente*), abotoou-se e pediu ao Pires para ir falar ao Quintino. Foi e disse ao chefe de disciplina que precisava de saída suplementar porque estava amigado com uma senhora e porque era impossível esperar toda a semana... Além do mais não se passava para esse negócio de bronha não, porque puxava muito pelos peitos. Disse e esperou a tempestade. Suspensão de mês, a expulsão, talvez. Pois o Quintino, depois de olhá-lo longamente e sempre impassível, consentiu! Então o senhor terá uma saída extraordinária às quartas-feiras, depois do estudo da noite. Mas, olhe lá! Arranje-se como puder, porque tem de estar presente ao estudo da manhã, quinta-feira, às seis em ponto! Toda quarta, enquanto íamos para a cama, ele se preparava e, no uniforme azul e ouro, transpunha os pórticos do Faria à hora exata em que o *corpo de bombeiros* se deitava e começava. Grande Quintino! Era assim mesmo, sim. E para terminar quero acrescentar que tinha vontade, vontade ardente, de ver um professor de educação sexual como os de hoje querendo lecionar os alunos-mestres do velho Pedro II. Que gargalhada, santo nome de Deus! que gargalhada! Teria logo resposta — bem? *Meio-Quilo* amigo. *Vessetefodes*.

Afinal chegou o sábado da ira, aquele sábado... Chegou o dia da privação de saída cominada pelo Goston... Justamente ele, que estava de serviço, à hora de levar os redimidos para vestirem suas roupas feriadas, clarinou triunfante: os srs. Pedro da Silva Nava e Coracy de Oliveira Cruz, fora de forma! e recolham-se à sala da quarta. Esse Coracy era meu colega de classe e divisão. Era um menino muito moreno, muito simpático, filho de nosso enfermeiro, o seu Cruz — Alberto Sales da Cruz, alcunhado pelos alunos o *dr. Baçu*. O apelido, como título nobiliárquico, esticava-se ao filho e nosso companheiro era, também, chamado *Baçu* — só que sem o *doutor*, o que marcava distância entre o lorde e o baronete. O pobre era surdo e nem sabia que perdera a saída. Algo acontecera, houvera uma parte — alguma confusão não percebida de dentro de seu mundo sem sons e cheio de equívocos. Seguimos chorando. Na sala da quarta esperava o inspetor Nelson, cara biscornuta, charuto fumegando. Eu e o Coracy procurávamos carteiras vizinhas quando ele trovejou — não senhores! sentem-se longe uns dos outros. Realmente, os privados que já tinham chegado estavam abancados a distância. Nos receberam com risinhos de mofa e fazendo por baixo das carteiras o sinal de — dentro! Olhei com repugnância o grupo de caras de bronze a cujos olhos não subia o queimor das lágrimas, a cujas faces não chegava a púrpura do pejo naquela hora de vergonha. O Coracy e eu continuávamos a chorar. Logo percebi o motivo da nossa dor e da satisfação circular dos outros. Éramos dois estreantes e eles tinham as bundas calejadas de tanto alisarem com elas as carteiras das privações de recreio e de saída. Eram quatro membros da primeira divisão: o Fernando Fernandes Guedes, louraço, espinhento e dono dum murro letal; outro ruivo, estourando sangue da bochecha e braços de carregador, Mário Aderbal de Carvalho cognominado o *Machacaz*, ainda carregando o luto da morte do pai, o poeta Aderbal de Carvalho; e mais os desengonçados irmãos Brandão — Augusto e Dídimo, famosos na crônica do colégio pela sua intratabilidade, valentia, insolência e péssimo comportamento. O Coracy e eu estávamos aterrados de estar na mesma jaula dessa quadra perigosa. E não era só! Havia ainda dois meliantes da segunda: o Constantino Magno de Castilho Lisboa, rapaz taurino, barba cerrada, de uma chalaça irresistível, célebre pela resposta que dera na aula de história universal. Num impedimento de mestre João Ribeiro, regia o Delpech, muito amante de paternidades e genealogias, que bombardeava os alunos com quesitos rápidos como os de aula de tabuadas. Ele falava elisando os vocábulos que se engatavam, de modo que cada frase sua parecia um comboio-palavra-só. Desatento ao nome do aluno arguido, ele soltara sua rajada de metralhadora sotaque francês. *Ossenhormedig'onom'dopa id'constantin'ogrrrand*. Foi arrancado de suas nuvens e chamado à realidade pelas gargalhadas e pelos arrasta-pés com que foi recebido o que retrucara o colega. Quem? o pai de Constantino Magno? Era o comandante Ildefonso Magno de Castilho Lisboa. Por essas e outras é que ele sempre remava nas galeras do Quintino. Seu companheiro era um adolescente vago e escanifrado, repetente do primeiro ano, que repetiria o subsequente, que faria conosco o terceiro, onde seria alvo preferido pelo Floriano, nas aulas de francês. Mal se sabia seu nome porque ele só era chamado e nomeava a si próprio — o *Cagada Amarela*. A alcunha vinha da cor de sua farda mal talhada num cáqui-gema-d'ovo. Vinha também do ar alastrado com que ele multiplicava pernas e braços nas peladas, nas corridas de cavalo, nas carreiras do recreio, no simples andar. Quando conheci, mais tarde, aquele *Au Moulin Rouge* de Toulouse-Lautrec, onde a Goulue dança com Valentin-le-Desossé, pude verificar sua semelhança com o nosso *Cagada* e recuperar, numa retrospectiva, em Paris, o companheiro perdido no Tempo...

A companhia dos outros privados me enchia de horror. Eu tinha a impressão de ter rolado de minha posição moral, de estar indo de déu em déu e chafurdando num banho de merda com bandidos e assassinos, desordeiros e ladrões. Ai! de mim. Mal sabia que aquela privação de saída seria a primeira de uma longa série e que durante cinco anos letivos eu não passaria mês sem perder um domingo. Tinha de ser. Minha resposta era fácil e acerada. Minha impudência taco a taco com a insolência. Gargalhava por isto e por aquilo. Gozava os inspetores até pelo jeito de olhar, como se demonstraria depois, numa privação inesperada que fiquei devendo ao seu Oscar d'Almeida — vulgo *O Pastel*. Na semana entrante fui saber por que? ele dera parte de mim. O senhor não parava de rir na fila e ao meu psiu! olhou-me acintosamente... Curioso é que acabei muito amigo do seu Oscar, a quem reencontraria anos depois, nesse nosso mesmo Rio, aí pelos 33 ou 34. Ele tinha melhorado de vida e prestou-me vários serviços na sua nova profissão de procurador e despachante. Sempre com o mesmo jeitão de magro engordado à força, banhas como que pendentes e sem terem tido tempo de se fixarem nos

duros e moles do corpo. E que criatura boa! Que homem honesto! Mas...
como eu ia dizendo, tornei-me *habitué* das privações de saída e à terceira
ou quarta, estava íntimo dos contumazes, dos relapsos — tendo mesmo
passado a estimar e a admirar os que tinham me aterrorizado no decur-
so do primeiro castigo. Ao contrário do que eu julgara, aquilo era justamente a aristocracia moral do colégio — seus insubmissos, contestan-
tes, revoltados, protestatários e litigantes — o avesso dos oportunistas
juvenis, dos meninos bem-pensantes que auxiliavam os inspetores a
tomarem conta dos colegas, dos partistas e dos mais-que-perfeitos que
subiam no oficialato do Batalhão Escolar. Nele jamais consegui, sequer,
a tripa de anspeçada.

Em ordem de gravidade crescente o código do colégio cominava penas
para delitos como os frouxos de riso, individuais ou coletivos; as chulipas; as conversas na forma simples, no desfile militar, dormitórios e
sala de jantar; a injúria aos colegas (fresco, puto, filho da puta e puta
que o pariu — a valer, ditos com raiva); a ofensa e a rebelião contra os
condiscípulos *oficiais* de nosso Batalhão Escolar; os arrasta-pés, as besouradas, a posse verificada de cigarros, fósforos, bingas e livrinhos de safadeza; os flagrantes de tabagismo; o enunciado de palavrões e de obscenidades diante dos inspetores; os atentados contra o prédio e o
patrimônio do colégio — riscar, desenhar seus muros, cuspir no chão,
escarrar nas paredes, entupir as pias com areia, engrossar o conteúdo
dos tinteiros com giz moído; tirar os espeques e desarmar as camas; dar
banana ou fazer dentro! de modo ostensivo; olhar acintosamente para o
seu Oscar; ser apanhado em lugares proibidos (salas vazias, dormitórios
durante o dia, lavatórios de cima idem, morro do Barro Vermelho —
agravado se era emparelhado com outro, menos grave se escoteiro ou
em grupo de três ou mais); desaforos, respostadas, discussão com os
bedéis, o enfermeiro, o roupeiro, o almoxarife; flagrante de masturbação. Acabava aí o primeiro grau castigado pelos inspetores e pelo chefe
de disciplina com as privações de recreio pequeno, grande, de vários
recreios, meia privação de saída ou inteira, de um ou dois domingos.
Em seguida começavam crimes mais sérios que os primeiros: palpação,
bolina, beijo furtado e exibicionismo; bisonhice militar; pugilato com
colegas; agressão aos inspetores; escapulas para a rua; rebelião coletiva;

ferimentos a pedra e pau nas brigas; desacato ao Quintino — tudo punido com um chorrilho de privações de saída, com as suspensões de três, oito, quinze dias (três suspensões num ano significava expulsão!). Mais grave ainda e chegava-se aos pecados mortais: a agressão aos professores, a tentativa de morte, as insubmissões ao capitão Batista, o flagrante de pecado nefando. Pena: da suspensão de quinze dias à expulsão lavrada pelo diretor e referendada pela congregação.

Esses delitos, essas sanções, pedem comentário e até um pouco de comprovação, tanto alguns parecem extraordinários e de pura invenção. É, por exemplo, o caso da tentativa de morte. Parece mentira, mas tenho notícias de duas. A primeira, nos princípios do século passado, vem contada por Moreira de Azevedo. Dentro de aula, aluno dispara um tiro de pistola sobre condiscípulo que lhe enchera a cara de tapas. Não acertou e o engraçado é que foram ambos expulsos. A segunda passou-se no meu tempo, durante exercícios no Stand General Faria, da Linha de Tiro Carlos Maximiliano, do Batalhão do Internato. Isso foi entre terceiranistas de 1916, ou quartanistas de 1917... O mesmo motivo: bofete. O que tomou, empunhava um fuzil Mauser 1908 carregado com pente inteiro de projéteis de guerra. Nem hesitou. Mirou o agressor e — fogo! Também errou o alvo. Não houve expulsão porque o caso nem chegou à alçada do Quintino. Ficou na justiça militar e o capitão Batista, depois de ouvidas as partes, disse que o agressor tinha feito muito bem de enfiar a mão na cara do outro, porque isso de nome de mãe é coisa sagrada mas, também, que a reação de um homem armado só podia ser uma e legítima. À bala. Eram elas por elas. Que não fizessem outra, meia-volta, volver! e em forma! para continuarem os exercícios. Um dos heróis tornou-se meu amigo. Diplomata, mostrou-me, anos depois, muita coisa de Paris.

Agressão a professor, assisti a uma, a mais injusta possível, exercida contra São João Ribeiro. Estávamos na sua sempre tumultuada aula — aula em que se podia fumar e conversar livremente — e ele de costas, escrevia no quadro-negro, para que o decorássemos, o nome difícil de Artemidoros. Estava em ARTEMI (estou a ver a cena, seu crânio redondo, sua careca reluzente, cercada das moitas do cabelo maltratado que soltava caspas na gola do velho fraque do grande humanista) — quando foi aquele estouro e o quadro-negro rachado de fora a fora. Era uma pedrada que tinha sido despedida pela mão certeira do Natinhas. Como sempre que se dava coisa mais grave na sua aula, o mestre perguntou três vezes quem fora o autor da pilhéria. Fazíamos então um silêncio cínico e compungido e ele tinha sempre a mesma saída. O culpado não se acusa? não se acusa? Estou vingado — é um covarde! E continuava a aula. Mas dessa vez era desaforo por demais e aquele calhau poderia tê-lo ferido gravemente. Convidou o agressor a se mostrar. Evidentemente ninguém se acusou, cada um esperando o mesmo estribilho. Só que desta vez foi diferente. Não se acusa? É um covarde. Mas não estou vingado não e vou dar zero em comportamento e aplicação a toda a turma. Deu. Deu-se também por satisfeito e completou com pachorra o DOROS do nome do efésio. O Quintino é que, diante de tanto zero, resolveu apertar a classe e em vez de uma, fincou duas privações de domingo. Eu mesmo agredi uma vez o nosso inofensivo Militão. Mas fi-lo velhacamente, de modo a encobrir o delito. Eu sabia dos seus pés complicados e dolorosos, retorcidos por dedos em martelo, estrelados de cravos de sola, de olhos de pombo, esporões e calos de pressão. Sabia. Pois calculei bem as distâncias e numa corrida pelo saguão, entre a terceira e a segunda, cabeça dobrada sobre a pilha de livros que carregava — abalroei-o violentamente, ao tempo que metia, em cheio, a biqueira ferrada de minha bota no seu sensibilíssimo joanete. Mostrei-me desolado com a *distração*. Ora esta! Que desastrado! O senhor me desculpe, seu *Militãozinho*! o senhor me perdoe, foi sem querer! juro pela alma de meu Pai, pela honra de minha Mãe, portudo quehade mais sagrado! O excelente homem, pálido de dor, perdoou o estanhado perjuro que meneava à sua frente, serpente! Foi pior para mim, que querendo vingar uma privação de recreio, criei o remorso que me persegue até hoje. Já contei outra agressão minha, a olho acintoso, bispada pelo *Pastel*. É que ele era desconfiadíssimo — certo pelo jeito muito seu e já apontado, de magro engordado, de quem se adivinhava, o esgrouviamento que era sua autenticidade, sob a desigualdade das enxúndias. A cada olhar, ele imaginava mudos deboches, insuportáveis ironias, calados desafios. Olhar para ele foi ficando difícil, proibido, tabu — como se o nosso bedel fosse coisa que se não fita — como o Uei-Tlatoani do México; o imperador do Japão; a hóstia consagrada de minha infância. É sim: quando eu era menino. Seu círculo refulgente não podia ser olhado à hora das campainhas da elevação; mastigá-lo, dava morte imediata; tocá-lo, a não ser com os moles da boca, era inferno certo. Hoje...

Era arquissabido que se fumava no colégio. Não era crime. Mas era crime e grave ser apanhado fumando ou dono dos petrechos de fumar. Cigarro na boca era delito tão sério quanto *bolinha de agora*. Por isso os fumantes disfarçavam. Até na latrina, trancados, sacudiam a mão, abanavam, para a fumaça espalhar e não ser percebida. Esse interdito vinha de longa tradição, dos tempos em que só os velhos podiam mostrar poderio, ostentando seu vício — rapé, cigarro, charuto, fumo mascado. Nosso mestre de geografia, o bacharel Luís Cândido Paranhos de Macedo, conhecido como *O Tifum*, contava aperto por que passara quando aluno. Ele fumava no corredor das talhas da Chácara do Mata, quando viu surgir a figura do diretor se aproximando majestosamente e arrastando a cauda da batina. Ele, *Tifum*, amarelo de pavor, com a língua, virou o cigarro aceso para dentro da boca e começou a encher um copo d'água. Frei Santa Maria do Amaral parou, olhou e esperou. Nas urgências da embrulhada o aluno meteu o copo nos beiços e engoliu tudo — água e cigarro. Ia morrendo de intoxicação nicotínica e depois de curado dos dias de vertigem, meia cegueira, zumbidos de ouvido, suores álgidos, vômitos e caminheiras — ainda teve de curtir cafua. No nosso tempo esboçava-se resistência contra a proibição. Uma das maneiras de protestar era fincar nossas baganas nas asperezas do muro de cimento eriçado, que dividia o recreio dos maiores das dependências dos empregados. Todo ele, de alto a baixo, era coberto daqueles tocos e a cada um, especado — era como se o tivéssemos feito à cabeça de um inspetor, na paliçada de nossa taba.

Também eram punidos os arrasta-pés e as besouradas. Eram manifestações de desagrado que cumpria coibir. Fazia-se besourada por tudo e nada. Bastava um copo cair na sala de jantar, pilha de livros ruir no silêncio do estudo, para todos, sem interromperem o que estavam fazendo, nasalarem o seu *huuummmmm*. Quando elas não eram como relâmpago e tornavam-se contínuas, aquilo punha fora de si os inspetores. O Nelson, este, ficava firme e ia olhando um por um, atentando na turgência ligeira do pescoço que decorria daquela emissão de canto a *bocca chiusa*. Ia manjando canalha por canalha e privava impiedosamente. Eu era sempre o castigado inocente das besouradas. Não que deixasse de ter vontade de nelas tomar parte. Mas não podia, porque achava aquilo de tal cômico — aquele zumbido cobrindo os psius! frenéticos — que era logo tomado dos frouxos de riso que me incriminavam. Purguei sem-número de saídas por delitos que também me encantavam: entupir pias, esvaziar gorro, lenço, bolsos cheios de areia dentro das latrinas, deixar abertas todas as torneiras, *zangar* as descargas para fazer cachoeiras contínuas, que mais sei eu? Era sempre apanhado pelo *Chateaubriand*, pelo Nelson ladino, pelo Candinho astuto. Já sabe: livro de partes, Quintino, privação de saída.

Como para o fumo, sabia-se amplamente que a bronha lavrava no colégio com furores de febre amarela. Não era crime. Crime, sim, era ser apanhado em vergonhoso flagrante. Esse só era possível nas privadas, cujas portas eram dotadas de uma espécie de escotilha que permitia aos inspetores darem uma olhadela nos que se espremiam e ver se era só isto. Assim mesmo só alguns tinham altura suficiente para chegar ao *oeil-de-boeuf*: o Militão alto como um tambor-mor; o Fortes, justamente cognominado o *Corcovado*; o Salatielzinho, o nosso Goston. Os *caga-baixinho*, gênero Pires, *Pastel*, Meneses, Candinho — chuchavam no dedo. Técnico nessas flagras era o Militão. Ficava de longe, fumando, disfarçando e vigiando por baixo. Por baixo sim, porque os cubículos com as latrinas eram separados, uns dos outros e de fora, por paredes e portas que não iam até o chão. Se havia demora, movimentos desordenados de pés estirados ou ritmos indicativos — o Militão deixava a coisa esquentar e na hora H descia qual falcão fendendo sobre pomba e olhos, topete, nariz e bigodeira no buraco da porta, assistia arranco por arranco até os últimos arrancos. Muito bem! seu porcalhão, muito bem! Depois esperava o réu se limpar e se compor, para arrastá-lo, pernas bambas de confusão, medo e do mais, até a presença justiceira do Quintino.

Rebelião coletiva tive ocasião de assistir a uma e grave. Foi o caso de um engraçado qualquer, pouco antes da refeição da noite, ter passado a senha — hoje só mate. Para aporrinhar o excelente Seixas — Guilherme João de Seixas, que era nosso almoxarife. Na hora do chá? mate? todos recusaram o primeiro e pediram o segundo. Acabou faltando e houve besouradas arrasta-pés reclamação tumulto. Já subimos para os dormitórios alma acesa, batendo com força os pés na escada e deitamo-nos sob as rajadas de besouro que iam, vinham, desciam e recrudesciam em todas as divisões. Privação coletiva do primeiro recreio. Mais protestos. Novo castigo decidido pelo Quintino, reunido em sessão permanente com o Leandro; sala, aulas, sala e mais nada até que cessassem as assuadas. Ao fim de três dias desse regime celular, nova senha —

depois do jantar, a primeira divisão (a que levantava precedendo), em vez de ir para a sala, sairia para o recreio dos maiores e devia ser seguida desordenadamente pela segunda, terceira e quarta. Tudo dependia dos chefes de fila da primeira, de sua coragem, de sua decisão. Eram dois baixotes, o Martiniano e o Lott. No momento certo, quando o Salatiel-Mirim levantou-se e gritou sala! os heróis foram perfeitos: correram para os pátios, seguidos pela balbúrdia dos companheiros todos do refeitório. Fomos levantar nossas barricadas junto aos muros da *Academia do Juventino*, cujos burros começaram a zurrar, provocados pelos nossos brados. Os inspetores, tontos, mandaram chamar o Quintino. Inútil. As besouradas continuaram até tarde da noite. Fomos para a cama depois de dez horas, cada um quando queria e a seu bel-prazer. A autoridade estava inteiramente por terra, conversou-se, gritou-se, fumou-se nos dormitórios. A esculhambação era geral. Houve lutas de travesseiro e no dia seguinte, tetos festivos encheram-se de bonecos feitos pelo Zé Telles e por mim, representando os mais caricaturáveis. Viam-se, penduradas pelas cabeças, as figuras do *Tifum*, do *Pissilão*, do *Açu*, do Goston, do Pires, do Candinho. Feito execução em efígie. As coisas só melhoraram, mais um dia seguido, com a chegada do diretor. Era o famoso Carlos de Laet, que chamávamos, como ao Lino, sem reverência nenhuma — *O Bode*. Pois o *Bode* mandou apregoar os alunos mais bem-comportados, os do *estado-maior*, os *bancos de honra* — em suma, a nata do internato, a classe dos que só tinham a perder. Recebeu-os debaixo do barracão dos maiores, que tinha sido depredado na véspera pelas pedradas da massa desencadeada. Parlamentou, fez biquinho, falou bem, usou charme — então? meus gentis amiguinhos... — recrutou embaixadores, fingiu capitular, jurou anistia e venceu. Rendeu-se como o governo Hermes diante dos canhões de João Cândido. Mas, procedendo, também, punicamente. Depois de uma semana de inquéritos sigilosos — o nosso Laet perjurou-se e tivemos a nossa cal da ilha das Cobras e nossos fuzilamentos no *Satélite*. Só suspensões, umas vinte. Eu raspei e paguei com três privações de saída consecutivas. Recomeçaram as aulas, limparam-se os tetos, apagaram-se os traços das depredações e tudo voltou à paz como dantes, no velho quartel de Abrantes.

Fui cúmplice de e cometi no colégio vários crimes perfeitos. Nunca foram suspeitados, por exemplo, os autores do banho dado num guarda-civil que apitava de matar, debaixo das janelas da primeira. Plena noite e nada de ninguém poder dormir. Lua cheia. Pois despejamos em cima do rouxinol o conteúdo de um dos nossos baldes de urina e atiramos mais, de quebra, o próprio balde que bimbalhou no lajedo. Quando um Pires estremunhado pulou de dentro do biombo, era tarde: os meliantes pareciam jacentes de túmulo sob suas cobertas. Quem? jamais desconfiou do autor das pedradas no sino de bronze do térreo (que víamos das janelas de cima do poço de ventilação) que assim gongava madrugada alta. Pois era eu e só parei a brincadeira na noite em que divisei, embaixo, olhando para mim, um velho majestoso, barbas brancas, olhos muito azuis e sobrecasaca fosforescente. Na hora, bem que pensei que fosse o fantasma de dom Pedro II. Depois vi que isto era besteira, que aquilo só podia ser o seu Nelson, entrevisto na escuridão. Há pouco li que os sinos do internato e do externato só serviam para anunciar a entrada, na rua larga de São Joaquim ou no campo de São Cristóvão, do patrono da nossa casa. Tive um arrepio retrospectivo: eu tinha visto, claramente vista e invocada por mim, a sombra augusta do imperador.

Eram esses os nossos crimes. No regaço fagueiro da República Velha, no meu tempo de internato, não havia mais (nem havia ainda) lugar para delitos políticos, como o de Teixeira Mendes, em 1873, privado de receber o título de bacharel em ciências e letras por declarar-se republicano e recusar-se ao juramento de fidelidade ao monarca; como o de Floriano de Brito que, dias antes da proclamação fora expulso, por ter soltado, das sacadas do colégio, um retumbante — Viva a República! Dizia ele ter sido readmitido por ordem pessoal e direta do generalíssimo.

Parece que as punições físicas, o reinado da palmatória — da *santa-luzia-dos-cinco-olhos* — perdia-se nas trevas dos tempos, com relação ao Colégio Pedro II. Já em 1855, a lista dos castigos vigentes, segundo Moreira de Azevedo, Escragnolle Dória e Vieira Fazenda — eram a repreensão, o trabalho nas horas de recreio, as tarefas na cafua e a expulsão "com vênia do inspetor-geral da Instrução Pública". Essa cafua existia no velho Seminário de São Joaquim com o nome de *prisão dos alunos*. Vigorou, depois, na Chácara do Mata, e vem descrita em *O Ateneu*, quando Raul Pompeia conta a detenção de que resultariam a moléstia e a morte do Franco. O horrendo *in pace*, pelo desenho do autor, devia ficar nas umidades dum porão, onde o enterrado vivo, na companhia de ratos e baratas, escrevia páginas e páginas do castigo passado. No nosso internato, parece que ela existiu debaixo da escada que subia para os dormitórios (no meu tempo simples depósito de material escolar) e a ela referiam-se com saudades velhos inspetores como o Oliveirinha, o Candinho e até o nosso bondoso Militão. Resto, também, de velhos usos era a repreensão. Sofri duas. Uma sem consequência, passada pelo Quintino que chamou-me aos brios, cotejando minha infâmia com o exemplo, que devia ser permanente, da vida de Antônio Salles. No princípio áspero, afrouxou depois as rédeas e acabou conversando naturalmente comigo, de gente a gente. Recitou a "Pesca da pérola" — o soneto-carro-chefe do meu tio. Disse com ênfase o terceto final e a chave de ouro. Hesitou um instante, olhou-me pensativo, parou. Rematou dizendo — pois é isso... o senhor vá para o recreio e eu vou ver se resolvo seu caso com um ou dois domingos, vá. Mas sábado deixou-me sair, depois de três dias dessa tortura de esperança, dúvida, desalento. A segunda repreensão veio quando fui acusado do crime cometido pelo *Rato*: perfuração de cano de abastecimento d'água do colégio. Inculpado pelo Candinho, fui arrastado por ele ao pretório do Quintino. Acontece que este estava no gabinete do diretor a quem ele entregou, por cortesia, meu interrogatório. O geral do internato e do externato, o dr. Augusto Daniel de Araújo Lima, era um homem magro, boca funda, bigodinho à Carlito e quase cego — de tão míope. Seu olhar escoava-se por uma fenda dos óculos grossos como fundos de garrafa e que, por assim dizer, tornavam sua face impenetrável. Ele pouco dava as caras na casa de São Cristóvão e quando vinha, impressionava pelo ar distante, pela indiferença, pelo modo olímpico e pelo recurvado dos joelhos — que dava aos seus membros inferiores aspecto de pernas de galináceo. Encontrei-o reclinado num divã de palhinha japonesa, ladeado pelo Quintino e cercado pela corola de reverência de que faziam parte o *Açu*, o Seixas, o Goston, o Militão e nosso bibliotecário, o dr. Elpídio Maria da Trindade — a quem chamávamos ora de *Bagre*, ora de *Caxinguelê*, já que o excelente homem se dava ao luxo de duas alcunhas. Fui colocado bem no meio do semicírculo das cadeiras e o Candinho desfiou a sua história. Depois de um silêncio de morte dentro do qual eu percebia o réquiem cantado por um ventilador, o diretor-polo Norte começou a falar de boca mole. *O cheu* nome? *Chua* idade? *Cheu* ano? *Chua* divisão? Respondi. Mas fechei-me em copas quando ele inquiriu *por que?* eu tinha verrumado o cano. A um gesto meu ele alteou a voz, que não adiantava negar e mentir porque o inspetor me apanhara com a boca na botija e, além do mais, a roupa

395

ensopada me condenava. Aí calei a boca, cruzei os braços malcriada-
mente e esperei, encarando o retrato do barão de Cotejipe que também
me olhava, arreganhando narinas de caracol, de cima da escrivaninha
do diretor. Este se deu por entendido, disse uma palavra baixo ao Quintino e com o gesto de quem varre, mandou-me embora. O Candinho
segurou meu braço tão ferozmente que tive a impressão que ele ia me
passar o laço e a faca da degola, no corredor da primeira divisão. Mais
tarde, quando li em *Os sertões* (e sempre que o relia e tornava a reler) o
episódio em que o general de brigada João da Silva Barbosa, "da rede em
que convalescia", sem interrogar o preso faz o gesto fatal — dava-lhe a
mímica de pedra e o olhar-fio-de-navalha do diretor, a quem fiquei
devendo dois domingos seguidos, gramados injustamente. Também só
teríamos de aguentar o Araújo Lima até meados de 1917 quando, depois
dele, viria quem melhor o faria e sua miopia seria substituída pela ainda mais impertinente de Carlos de Laet.

Mas chegou a hora de falar um pouco no nosso chefe de disciplina. Como já disse, chamava-se Quintino do Vale e tinha o grau de bacharel em ciências e letras pelo internato do Colégio Pedro II. Era homem
de meia altura mas parecia comprido, tanto era desempenado e forçava,
para trás, o porte da cabeça. Esta se alongava por um topetinho petulante de cabelo muito preto e muito crespo, cuja cor contrastava com a do
bigode aparado e ralo, cujos fios eram dum vermelho de cobre. Tinha os
olhos miúdos e afastados, o que parecia alimentar-lhe, ainda mais, o
raio da visão de lince — a que nada escapava. Andaria pelos seus trinta
anos, um pouco menos? um pouco mais? Era elegante de talhe e pisava
admiravelmente bem. Andava devagar, mão esquerda no bolso da calça,
a direita sempre segurando o charutinho ou o cigarro que ele mamava
cuidadosamente, devolvendo o fumo, ora em dois jatos pelos narizes,
ora num só, pela boca orbiculada como para o sopro ou o assovio. Tinha
a balda, a propriedade, o poder de surgir do ar, do chão, do vento, das
paredes, dos tetos — imediata e inexplicavelmente — sempre para sur-
preender uma de nossas malfeitorias. Então fulminava com o olhar,
fazia meia-volta e ia para o gabinete. Meia hora, uma hora, duas, de
suspense e ele mandava chamar o ou os implicados. Víamo-lo sempre à
hora de nossas refeições a que ele assistia, pedestalizado debaixo do
monumental quadro da *Ceia* de Leonardo, que dominava a parede do
fundo do refeitório. A qualquer ruído ele dava seu psiiiuuu! logo segui-

do de silêncio profundo porque ele infundia a todos um respeito curarizante. Sua chegada, mesmo aos recreios, marcava uma diminuição dos gritos, das correrias e havia como que uma convergência em torno de sua pessoa-polo-de-atração. Tinha-se a impressão de que havia um halo ao seu redor, um halo do topete à ponta das botas de verniz. Estas eram sempre cano de pelica cinza ou bege, também as cores que ele afeiçoava para seus ternos irreprochavelmente vincados. Um homem que tinha nas mãos o nosso destino, nossas suspensões, privações, saídas e recreios, um ser poderoso assim, que atava e desatava, devia ser temido e odiado. Pois não era não. Muito antes pelo contrário. Apesar de punir severamente quando necessário, de não permitir o menor deslize, o nosso Quintino era profundamente estimado pela unanimidade dos alunos: dos *bancos de honra* (como o Robespierre Moreira Dezouzart) aos *habitués* das privações de saída (como eu); dos barbados da primeira divisão (como o Asdrúbal Gwayer de Azevedo) aos infantes da quarta (como o José Beltrão Cavalcanti). Por duas simples razões. Primeira, sua profunda justiça. Segunda, o fato dele distribuí-la com a maior equanimidade. Todos os alunos eram iguais perante a lei. Ele privava qualquer mulatinho, ou gratuito, ou órfão, com a mesma austeridade com o que fazia com o Afraninho e o Afonso Arinos que eram filhos de ministro e com o Afonso Camargo que era filho de presidente de estado. Essa segurança que ele nos dava — a de que estávamos tratando com um homem integralmente de bem — era o segredo da popularidade do Quintino. Por isto (e pela ressonância machadiana) é que o chamei atrás — divino Quintino. Era. Divino Quintino. Ria pouco e falava menos. Mas quando o fazia era numa voz agradável, numa linguagem pura, escoimada de pedantismos como era livre de vulgaridades. Ela se escoava sempre correta, enfeitada pelo seu admirável sotaque carioca da zona norte, e cada palavra brilhava como coisa preciosa — só pela adequação e hora exata do seu emprego. Conhecia nossa língua como gente grande. O futuro reservar-lhe-ia a cátedra de português e a direção do internato. Tornei a vê-lo na visita que minha turma fez à casa, comemorando seus vinte e cinco anos de formatura. Vi-o finalmente, há muito pouco tempo. Eu ia pelo Caju quando ele emergiu de uma sepultura. Destacou-se de frente, olhou-me severa e bondosamente, com seu jeito inconfundível. Apanhado, perfilei-me como nos velhos tempos e custei a me dar conta que não era ele. Era o medalhão de sua cova, baixo-relevo tão fiel e tão bem-feito, como não há retrato. Estava, então, enterrado ali... Tomei nota do local. Vou sempre visitá-lo quando visito meus mortos. O Quintino passou a ser um deles. Não guardo de sua pessoa nenhuma impressão desagradável. Sei que ele está me olhando de algum lugar, nesse preciso instante em que falo bem de sua memória. Pssiiiuuuuuuuuu!...

Prudente de Moraes, neto, descreve, nas suas reminiscências, a chateação das privações do externato. Mas aquilo era um céu aberto! comparado ao deserto das ditas de saída do nosso internato. Na rua Larga eram duas, no máximo três horas de sala, enquanto no campo de São Cristóvão eram quase quarenta e oito de desolação. Era um Saara indo da última aula de sábado à primeira de segunda-feira. O condenado passava diretamente às geenas depois do *guardar livros*. Porque, para a punição ser completa, tinha, também, o condimento podre do tédio. Proibido estudar, tocar nos compêndios. O desgraçado olhava as paredes ou fitava frente a frente as Fúrias do próprio remorso. Mudava de nádega dormente na carteira, até à hora do jantar. Engolia em triste silêncio. Novamente sala até às oito da noite. Chá, mate. Dormitório. Esse era horrendo, assim vazio, condenado aqui, condenado lá, camas desabitadas às dezenas, duras, brancas, feito mesas de necrotério. Na primeira privação o Coracy e eu ficamos num dormitório de cem leitos como se estivéssemos um em Urano e o outro em Saturno. Nossas numerações (portanto as camas) se separavam quarenta léguas, quarenta milhas marítimas dentro daquele aquário onde boiavam gordas avantesmas azuladas. Às cinco, a hórrida campainha, o acordar espantado dentro daquele bojo vazio. Banho? Não senhores. Privado não tem banho. Sua, fermenta, fede até segunda. Era domingo-sol-lá-fora, aves cantando lá fora — e para nós, nada. Café, sala, almoço, sala, sala, café do meio-dia, sala, salassala, jantar, sala, mais sala mais e mais até o chá-mate e outra vez o túnel do dormitório que abria segunda-feira num resto de sala até chegarem os colegas-anjos-custódios para nos arrancar daquele purgatório.

Não sei — por que? as privações de saída eram cumpridas na sala da quarta divisão. Talvez por suas carteiras hirtas serem as mais íngremes e menos funcionais do colégio, o que não sucedia com as outras divisões. Talvez porque suas janelas dessem num muro lateral-parede-de-poço, que a tornava mais carcerária e sombria. O fato é que era a sala eleita para o oco das privações de saída. Ai! decorei suas paredes azuladas, o grande armário pardacento do fundo, o negro quadro-negro no seu cavalete, a esquálida escarradeira Fernandes Malmo ao lado do estrado magistral em que se colocava o inspetor lendo jornal amplamente aberto. Mas que não nos iludíssemos: era uma emboscada. Ele estava atento, um olho nas notícias, outro em nós que éramos fiscalizados por buraquinhos feitos no papel à ponta de fósforo e de palito. De longe, eram invisíveis esses óculos-de-alcance-faróis a nos varrerem cara e consciência. Assim era preciso a maior astúcia para engambelar o tempo e empurrá-lo à custa das leituras clandestinas de Nick Carter, Sherlock Holmes, Buffalo Bill, Raffles (o gatuno elegante), de livrinhos de putaria e romances de safadeza assinados *Rabelais*, *Malthus*, *Musset*, *Alfredo Gallis* — que levavam os leitores a paroxismos periódicos que urgiam como dor de barriga. Posso ir? lá fora, seu Goston! Posso ir? lá fora, seu Meneses! Vá. Pode ir. Não demore. Lá ia o sonâmbulo cambaleando. Mas como voltava lépido, senhores! cara escorrendo água, cabelos molhados, penteados, refrescado e aliviado. Os cúmplices, cinicamente, riam de soslaio, faziam o dentro! ou mostravam a perna do meio do E de *A Noite* que todos traziam no bolso, colada numa cartolina (mastigação tipográfica? acaso? mas o fato é que a tal *perna do meio* era sem tirar nem pôr a silhueta de um pênis em ereção). Logo outro querendo ir lá fora, já, imediatamente, como se além do nitro que suspeitávamos, a comida tivesse sido condimentada não com os azeites e cloretos do *Urso Branco*, mas com os rícinos e o sal amargo do *dr. Baçu*.

Parece contradição. Eu disse que era proibido ler e estou contando das leituras pornográficas das privações de saída. É. Usávamos um truque para isto. Os livrinhos, despedaçados, ficavam no bolso de dentro (lado direito) do uniforme. Tirava-se página de cada vez. Punha-se no colo. Fazia-se toda a mímica de uma violenta dor de cabeça e mão na testa, olhos baixos, devorava-se a safadeza. Olho na obscenidade e olho no inspetor. Se ele se mexia, a folha era logo enfiada em esconderijo indevassável, onde nenhum deles poria a mão: a braguilha adrede deixada aberta. A parte lida ia para o bolso de dentro (agora lado esquerdo) do uniforme. Depois passava-se o livro em frangalhos a outro candidato a ir lá fora. Repousava-se da pornografia, estudando o olho lacrimejante e a crosta esbranquiçada da beiçola do Candinho; a meia venta do Pires; o queixo romano do Lino; o bigodinho do seu Salatielzinho; o bigodão do seu Militão; a sarça ardente do Nelson e seus charutos etnas, estrômbolis em plena atividade. Quando a gente se fartava de olhar para estes ou de detalhar o Goston, ou o Oliveirinha, ou o Meneses — para desentorpecer as pernas, usava de um direito dos alunos, direito sagrado! até para os canalhas privados de saída. Era o de levantar, ir gingando até perto da mesa e escarrar bem puxado, no recipiente cheio de creolina. Depois voltávamos. Inventariávamos a sala ou tomávamos pelas derrotas infindáveis dos mapas em relevo encaixilhados nas paredes. Eram viagens maravilhosas. Em segundos, pulávamos de polo a polo. Íamos da Cítia fria à Líbia ardente. Atravessávamos índicos, pacíficos, atlânticos, labradores, patagônias, finlândias, finisterras. Tule, do imaculado rei de Tule. Recortávamos a cara da Ibéria, os pés abertos da Escandinávia, a bota da Itália, o girassol Norteamérica, o cômodo pernil da do Sul e o Brasil parecido com a cabeça de Pedro Álvares Cabral, as plumas do gorro varrendo as léguas e léguas do Peru ao Suriname, sua testa na Bolívia, seu nariz e sua boca no Paraguai, o cavanhaque espetando a mesopotâmia da Argentina e a Banda Oriental. Os cabelos molhavam no Atlântico. Novamente se saía mar oceano em fora para ilhas submersas, ilhas ocas, ilhas abrolhando, ilhas, ilhas, ilhas, cabos, penínsulas. Orça! Enche tuas velas todas — da giba à mezena, da bujarrona à gata. Orça! Ala! Larga! para outra volta magalhães, vasco, vespúcio, novas chegadas. Porto Seguro, rias do Rio de Janeiro, praias brancas de São Cristóvão, o colégio, a sala, a sala, a sala, a sala, a salassalassala até amanhã, se Deus quiser! Foi nesse dourado amanhã que desemboquei depois de minha primeira privação de saída. Segunda-feira. Sabia-se que nessa data mágica todos os alunos teriam chegado e que os professores estariam a postos para o começo das aulas. Era o banquete anunciado por tio Salles. Era a verdadeira viagem sempre começada jamais findada... Eram as aulas, as aulas, as aulas...

Rio, Glória, 16.10.1970 — 13.06.1973.

Pedro Nava[*]

Paulo Mendes Campos

RAQUEL DE QUEIRÓS, PRIMA E AMIGA fraterna de Pedro Nava, revela que ele escreveu o primeiro volume de suas memórias na moita; frustrou os amigos escritores de qualquer glória de participação. Ainda nisso esse falso diletante da literatura mostrou-se tão supersticioso quanto muitos contumazes da máquina de escrever: falar de obra em andamento dá azar ou faz gorar *ab ovo* o embalo criador.

Mas vamos supor que Nava, por motivos maiores ou menores, não tivesse escrito *Baú de ossos* e *Balão cativo*. Seu septuagésimo aniversário teria sido comemorado pelos iniciados do culto navalesco: Raquel de Queirós, Carlos Drummond de Andrade, Afonso Arinos de Melo Franco, Prudente de Moraes Neto, Odilo Costa, filho, Carlos Chagas Filho, Otto Lara Resende, Fernando Sabino... O testemunho de admiradores mortos seria invocado: Manuel Bandeira, Emílio Moura, Rodrigo M. F. de Andra-

---

[*] Originalmente publicado em *Diário da tarde* (Civilização Brasileira/ Massao Ohno, 1981).

de... Pablo Neruda, que deixou referência a tão poucos brasileiros, louvou o "Defunto" do Nava... Notas e artigos e reportagens seriam publicados sobre o grande amigo, a grande inteligência, a grande erudição, a grande sensibilidade, o grande contador de casos, o grande médico, o antigo grande boêmio... As novas gerações aceitariam complacentemente essa oarística coroa de louros. Ou não aceitariam, catalogando o fenômeno Pedro Nava entre essas criações sentimentais que uma geração costuma tecer em torno da figura de um companheiro que ficou para trás, que prometia um vendaval de talento e se desfez em brisa chocha.

A homenagem a Nava teria parecido aos olhos do grande público ledor (que, cá entre nós, é bem pequeno) uma conta de chegar da ternura ou até mesmo um ato de caridade. E essa opinião teria suas razões, pois os casos acontecem.

Quem era Pedro Nava antes do *Baú de ossos*?

O autor de um poema muito citado ("O defunto"); de outro poema bastante citado ("Mestre Aurélio entre as rosas"); de mais uns poucos poemas nunca citados.

Quem é Pedro Nava depois de *Balão cativo*?

Uma personalidade global (este título por acaso lhe calha como uma iluminação crítica); o autor de um dos mais ricos memoriais de nossa língua (ou de qualquer outra); um estilista da rara plasticidade, que anda à vontade do cru ao bem passado, da água ao vinho, do Céu ao Inferno, da sensação à percepção; um escritor que adquiriu o direito de desfilar numa passarela à qual os melhores só chegaram depois de muitos concursos.

Teria sido Nava um escritor da mesma categoria, caso tivesse praticado a literatura em vez da medicina?

Não creio. Desconfio. Teria sido, sim, um bom escritor diuturno, mas não o escritor excepcional que agora se mostra. Isso, a meu ver, por dois motivos principais: primeiro: seus dois famosos poemas — e eu bem os admiro — têm um ranço amadorístico dificilmente saneável com a madureza canônica; segundo: Pedro Nava parece ter nascido e crescido para esperar dezenas de anos, antes de escrever uma única obra, uma obra global, a obra-prima-nava.

Se admitida a hipótese do incurável diletantismo do Nava poeta, resta-me explicar que só acredito em Nava-autor-de-livro-único em virtude do excesso de amplidão desse homem global (mais uma vez).

Falta-lhe certa modesta e pontual dimensão do escritor-funcionário. Como foram exemplarmente Machado de Assis e Mário de Andrade, como é Carlos Drummond de Andrade.

A literatura em Pedro Nava não seria uma profissão, mas um homem; não seria uma prática artesanal, mas uma doação existencial; não seria uma fábrica intelectual (com disciplina, maneirismos, truques, cacoetes), mas um defluxo de experiências filtradas pela clareza de uma rara inteligência e traumatizadas por uma sensibilidade porosa aos milagres e às desgraças do existir.

Braque, pintor que soube falar com palavras, descobriu numa linha curta que a gente não precisa mais refletir depois de ter encontrado o próprio espaço. Goethe, Valéry, Mário de Andrade, mestres de sutilezas espirituais, talvez não tivessem exprimido esta fina sutileza com tanta finura.

Assim é. O Paraíso é o nosso espaço, se o encontramos. E o nosso espaço é a nossa alma, e a nossa arte, se a temos.

Ao ler, mordido de inveja profissional, mas deslumbrado de amor humano, os dois volumes publicados por Pedro Nava, acabei achando que a minha inveja e o meu amor surgiam e revoavam no hálito deste milagre: Nava encontrara o próprio espaço; Nava não precisava mais refletir; o sujeito enganchou-se no objeto e se fez arte; o ar, o avião e Lindberg estavam de acordo, e esta unidade tripartida deslizava no espaço como um único ser, que não sofre a necessidade das reflexões.

Tadinho de mim! exclamei com entusiasmo.

Os mais fascinantes memorialistas são em geral pessoas que não têm muita coisa para contar. As memórias dos grandes estadistas, dos grandes militares e dos grandes criminosos são quase sempre chatas. Na melhor das hipóteses, a magnitude dos próprios acontecimentos achata os autores ilustres. *O memorial de Santa Helena* só interessa a especialistas, pois, como contador de casos, Napoleão não foi uma figura napoleônica.

Vejamos, do outro lado, os memorialistas. Santo Agostinho foi um *easy rider*, que seguindo o figurino da curtição da época, usou filosofia em vez de motoca. Montaigne era um sitiante acomodado. Machado foi um servidor público que pegava a janta ainda com o sol e dava uma voltinha até a rua General Glicério. Proust foi um grã-fino cheio de dengues. Colette era uma das madames um pouco travessas de Paris.

Deu-se o mesmo analogamente com Pedro Nava: menino de Minas de sala de visita e quintal; inundado de saias familiares e óculos de adultos engonçados; estudante irrequieto; médico aplicado; bom sujeito; bom papo; poeta bissexto...

Com esse material biográfico aparentemente ressequido e sem graça é que Pedro Nava refaz em pouco tempo um espaço maravilhoso, o seu espaço maravilhoso, assim como Alice encontrou o seu além da toca do coelho.

"Tudo vale a pena quando a alma não é pequena." Na dimensão dessa palavra já praticamente exaurida — alma — habita a dança de quem veio ao mundo para contar depois o que se passou. O memorialista é uma espécie de autor póstumo e tem de ser longevo para dar seu recado.

Foi a alma que deu dois milagres mais ou menos tardios na literatura brasileira, Rosa e Nava, e ambos memorialistas, pois as estórias e o grande sertão do primeiro não passam de lembranças metafísicas, ou seja, de lembranças descomprometidas da exigência física (ou histórica) de que o segundo não abriu mão.

Projetando a alma de Nava não estou insinuando com malícia que vale o seu livro pelo que se chama sentimento, sinceridade e outras virtudes domésticas. Alma para mim é o máximo; é o *pathos*; a esfericidade das experiências sensórias e mentais; a globalização da existência; o macro e o microcosmo tornados familiares ou estranhos pelo ser no tempo. Esse trânsito imediato do familiar para o estranho e do estranho para o familiar é uma característica habilidade involuntária das grandes almas, da grande alma de Pedro Nava.

Meyerhoff expôs num livro crítico que o tempo é uma preocupação dominante na literatura, acentuadamente em nossos dias. Os seres humanos mais sérios sempre se empenham na busca do tempo perdido. Temos uma pátria no espaço, mas a que tempo pertencemos?

Nava forma lado a lado com os grandes inquisidores do tempo. É dentro deste nível turbilhonante da perplexidade humana que nos dá um livro de memórias típico, isto é, um livro muito alto que pode também ser lido pelos que se encontram embaixo, um livro metafísico que pode ser lido com delícia pelo leitor tapado aos violinos simbólicos. Pois nada é desimportante para Pedro Nava e aos outros loucos que insistem em transformar tempo em espaço; neles há alma-espaço para as abstrações do pensamento e as fascinações da bagatela; para o sublime e para o ridículo; para a arte e para o chulo; para o engraçado e para o terrível; para a doce jabuticaba e para o rude Benozzo Gozzoli; para a nostalgia da rua Haddock Lobo e para a sensação empedrada e glacial de que nada existe, nada existiu.

Nava e os outros memorialistas maiores são monstros de humanidade, são o espaço de todos os humanos.

Índice onomástico

Abreu, Capistrano de, 76, 294, 312, 363

Accioly, Antônio Pinto Nogueira, 258, 259, 260, 261, 262, 290, 293, 297, 298, 301, 302, 303, 304, 305, 309, 310, 355

Accioly, José, 260

Acteia, 182

Açu *ver* Duarte, Salatiel Firmino

Afonso v de Portugal, rei, 58, 356

Agapito, sr., 338, 383

Agostinho, Santo, 403

Aguiar, Mendes de, 329

Aires, João, 114

Albano, Maria Augusta de Luna, 308

Alberto i, rei, 214

Albuquerque, desembargador, 140

Albuquerque, Medeiros e, 301, 312

Alencar Filho, Meton da Franca, 37, 42, 73, 80, 81, 82, 84, 89, 101, 105, 106, 108, 190, 224, 258, 259

Alencar, Clóvis, 80

Alencar, José de, 183, 197, 253, 295, 308, 354

Alencar, Mário Cochrane de, 327

Alençon, Émilienne d', 369

Alexandre, o Grande, 245

Ali, Said, 329

Alice, tia *ver* Salles, Alice

Allenby, general, 214

Almeida, Belmiro de, 270

Almeida, Cícero Pereira de, 40, 80, 87, 106, 107, 108, 109

Almeida, Ferreira de, 76

Almeida, Fialho de, 237, 274, 309

Almeida, Francisco Furquim Werneck de, 327

Almeida, Francisco Martins de, 144

Almeida, Heitor Modesto de, 71, 72

Almeida, Manuel Antônio de, 308

Alphonsus, João, 367
Altavila, Jaime de, 367
Altivo, "seu" *ver* Halfeld, Altivo
Alvarus *ver* Cotrim, Álvaro
Alves, Alvina de Araújo, 77, 78
Alves, Constâncio, 301
Alves, Hermílio Cândido da Costa, 148
Alves, João Luís, 58, 60
Alves, Rodrigues, 53, 76, 236, 297, 298, 301, 302, 309, 310, 314, 327
Amanajós, 98, 101
Amaral, Santa Maria do, frei, 391
Americano, Morethzon, 174
Amicis, Edmundo de, 93
Ana d'Áustria, rainha, 182
Andersen, Hans Christian, 257, 383
Andrade, Carlos Drummond de, 11, 19, 76, 144, 145, 148, 214, 218, 232, 249, 308, 361, 401, 403
Andrade, Hugo, 42, 95
Andrade, João de, 76
Andrade, Marcelino de Brito Pereira de, 28
Andrade, Mário de, 53, 113, 171, 199, 229, 250, 284, 318, 368, 403
Andrade, Moacir, 181, 186
Andrade, Oswald de, 368
Andrade, Rodrigo Bretas de, 291
Andrade, Rodrigo Melo Franco de, 211, 246, 265, 266, 367, 401
Andrès, as, 73
Andrews, Cecília, 102
Anjos, Cyro dos, 19
Antônio Otôni, 175, 205
Apollinaire, Guillaume, 362
Aranha, Graça, 253, 294, 295, 296, 307, 315
Araújo, Joaquim Aurélio Nabuco de, 327
Araújo, José Osvaldo de, 154
Areia, José Carlos de Almeida, 327
Arinos, Afonso *ver* Franco, Afonso Arinos de Melo

Aroeira, Alice, 55
Aroeira, as, 38
Aroeira, Bernardo, dr., 55, 56, 89, 109
Aroeira, Manuelita, 40, 55, 56
Aroeira, Manuelito, 55
Aroeira, Mário, 55
Aroeira, Mariquinhas, 55
Aroeira, Simini, 38, 55
Assis, Machado de, 9, 235, 236, 252, 253, 265, 275, 281, 294, 295, 301, 308, 312, 316, 363, 403
Átila, 214
Austregésilo, dr., 241, 307, 312
Avelar, Romeu de, 211, 368
Ávila, Alice d', 98
Ávila, Celso d', 98, 134
Ávila, Hercília d', 98
Ávila, João d', 98, 134
Azeredo, Carlos Magalhães de, 293
Azeredo, Magalhães, 295, 312, 317
Azevedo Sobrinho, Aluísio, 319
Azevedo Sobrinho, Álvares de, 291
Azevedo, Aluísio, 237, 275, 308, 312, 333, 353
Azevedo, Álvares de, 327
Azevedo, Artur, 237, 294, 308, 312, 315, 319, 353
Azevedo, Asdrúbal Gwayer de, 397
Azevedo, João Marinho de, 327
Azevedo, Manuel Duarte Moreira de, 327
Azevedo, Moreira de, 308, 329, 332, 389, 394

Babinha, prima *ver* Orta, Bárbara Caetana Azeredo Coutinho Gouvêa d'
Bach, Johann Sebastian, 190
Backheuser, Adolpho, 327
Bacon, Francis, 169
Baçu, dr. *ver* Cruz, Alberto Sales da
Balzac, Honoré de, 60, 255, 309, 362
Bandeira Júnior, 76
Bandeira, Manuel, 134, 145, 327, 401

Bandeira, Ourículo, 261
Bandeira, Sousa, 294
Bara, Theda, 212, 244, 247
Barbacena, visconde de, 315
Barbosa, Agenor, 139
Barbosa, Bruno, 261
Barbosa, João da Silva, 396
Barbosa, Juscelino, 153, 163
Barbosa, Leopoldo, 175
Barbosa, Matias, 108, 214
Barbosa, Rui, 17, 75, 245, 261, 269, 317
Barbosa, Sílvio, 166
Barbosa, Virgílio, 261
Barcelos, Agnaldo, 170, 186
Barreto, Abílio, 146
Barreto, Fausto, 318
Barreto, Lima, 231, 237, 255, 275
Barroso, Alarico, 138
Barroso, Benjamim, 71, 72
Barroso, Benjamim Liberato, 289
Barroso, Gustavo, 261, 267, 312
Barroso, Maroquinhas Cruz, 71
Barroso, Sabino, 136, 137, 145, 213
Bastos, José Tavares, 327
Bates, Gail, 364
Batista, Dimas, 136
Batista, Sabino, 295, 296
Beauclair, dr., 51, 63
Becker, Jacob, 95
Beethoven, Ludwig van, 190
Bella Greka, La, 221
Bello, Benjamim Vieira, 342
Benevides, Antônio Correia de Sá e, 327
Benta, Rosa de Lima, 20, 27, 28, 30, 31, 50, 53, 54, 94, 103, 104
Bernardelli, Rodolfo, 315
Bernardes Filho, Artur, 181
Bernardes, Artur, 147, 153, 300, 310
Bernhardt, Sarah, 377
Berta, Evangelina, 28, 29, 30, 113
Berta, tia ver Paletta, Maria Berta
Bertrand, sargento, 378

Beta, siá, 55, 58, 120, 125, 129
Betz, Maurice, 91
Bezerra, Antônio, 285
Bezerril, coronel, 289, 290
Bhering, Randolfo, 176
Bibi, tia ver Nava, Maria Euquéria
Bilac, Olavo, 76, 197, 237, 256, 278, 291, 315, 317
Bileto, primo ver Horta, Felisberto Soares de Gouvêa
Bispo, Marcelino, 315
Bittencourt, Edmundo, 298, 299, 300, 301, 302, 303, 305
Bittencourt, marechal, 315
Bocage, Manuel Maria Barbosa du, 77, 362, 366, 367, 369
Boisdeffre, Raoul Le Mouton de, 317
Bonaparte, Napoleão (primo de Nava), 120, 121, 122, 125, 128, 130, 146
Bonifácio, José, 310, 328
Bopp, Raul, 383
Borges, Alexandre, 304
Borges, Bento, 72, 277
Botelho, Abel, 274
Botticelli, Sandro, 150, 277
Botto, Antônio, 367
Bourget, Paul, 313
Braga, Belmiro, 73, 96, 263, 313
Braga, Júlio, 76
Braga, Mário, 265
Braga, Rubem, 308
Braga, Teófilo, 185
Braga, Vivi, 37
Bragança, Pedro de Saxe e, d., 327
Brandão Filho, Bueno, 154
Brandão, Augusto e Dídimo, 386
Brandão, Bueno, 153, 154
Brandão, Francisco, 175
Brandão, Júlio Viveiros, 148
Breton, Jules-Louis, 361
Briggs, Octávio, 244, 275
Briggs, Zélia, 244, 275, 276, 277
Brígida Inácia, d., 124

Brígido, João, 259, 295, 296, 297, 298, 301, 305
Brígido, Virgílio, 296, 297, 298, 303
Brioso, Nélson Mendes, 329, 334, 343
Britinha, 140
Brito, Carvalho, 140, 150, 153, 155, 158, 164
Brito, Farias, 261, 284, 285
Brito, Floriano de, 384, 394
Brito, Gastão, 205
Brito, Mário da Silva, 270
Brontë, irmãs, 237
Brousson, Jean-Jacques, 255
Brown, Isaac, 170
Brueghel, o Velho, 379
Bueno, Júlio, 147, 155
Bulhões, Leopoldo de, 301
Bulwer-Lytton, 182
Buoninsegna, Duccio di, 174
Burgkmair, Hans, 63
Burnier, Clorindo, 57
Burnier, Henrique, 99
Burnier, Maria Antônia Penido, 73
Burnier, Miguel, 115
Burns, Robert, 257
Bustamante, Fortes, 99
Byron, Lord, 190, 237

Cadaval, Ribas, 83
Caeté, visconde de, 86
Calaça, Luís de Poissy Navarro, 334, 361
Câmara, Paula, 138
Camargo, Afonso, 397
Camarinha, Joaquim de Melo, 329
Camões, Luís de, 237, 362, 367, 378
Campbell, Eric, 192, 248
Campos, Humberto de, 368
Campos, Milton, 148
Campos, Paulo Mendes, 308, 401
Campos, Sandoval, 139
Canabrava, dr., 138
Canabrava, Lilo, 173

Cândida, tia, 131
Cândido, João, 245, 275, 393
Candinho, dr., 51, 65, 99
Candoca, tia ver Nava, Cândida
Cannabrava, Euryalo, 221
Capol, Albert de ver De Capol, Albert
Cardoso, Graco, 292, 297
Carlitos, 152, 191, 192, 247, 249, 268, 360, 377, 395
Carlos v, imperador da Áustria, 57
Carlyle, Thomas, 190, 252, 257
Carlyon, professor, 155, 168, 171, 172, 173, 174, 176, 177, 199, 200, 204, 206, 216, 220
Carneiro, Belarmino, 307
Carter, Nick, 212, 342, 399
Carvalho, Aderbal de, 386
Carvalho, as, 102
Carvalho, Luisinha de, 48, 81
Carvalho, Mário Aderbal de, 386
Castelo Branco, Camilo, 237, 274, 309
Castelo Branco, Hermínio, 72
Castelo, João Alberto, 313
Castro, Aloysio de, 295, 307
Castro, Apulcro de, 305
Castro, Francisco de, 315
Castro, José Luís de, 288
Catão, 169
Catita (empregada) ver Berta, Evangelina
Cau, Jean, 365
Cavalcanti, José Beltrão, 333, 397
Cavalcanti, Luís Leopoldo Coutinho, 77
Cavallini, Pietro, 174
Cavalo Baio ver Wenlock, mr.
Cellini, Benvenuto, 39
Celso, Afonso, 237, 293, 312
Cervantes, Miguel de, 362
Cesário, José, dr., 37, 105
Céu, Maria do (professora), 38
Chagas Filho, Carlos, 401
Chagas, Antônio das, 367
Chagas, Carlos, 57, 263

Chagas, Moacir Lafaiete Macedo, 156, 158, 173, 174, 177, 189, 206, 207, 209, 214, 216, 217, 340
Chagas, professor, 168, 198
Chamberland, Carlos, 315
Champaigne, Philippe de, 86
Chaplin, Charles, 192, 247
Chapot-Prevost, Eduardo, 315
Charcot, Jean-Martin, 83
Chaves, Anézia da Silva Prado Pacheco, 285
Chaves, Augusto Bastos, 329, 343
Chaves, Bastos, 347, 354
Cherrill, Virginia, 248
Chiquinho do Tico-Tico, 61, 96
"Chiquinhorta" ver Horta, Francisco Alves da Cunha
Chopin, Frédéric François, 190
Cícero ver Almeida, Cícero Pereira de
Cícero, padre, 297, 305
Cienfuentes, Julio, 301
Cimabue, 174
Cinq-Mars, 182
Ciraudo, Atílio, 359
Ciraudo, Inocêncio, 182, 359
Clam, Paty de, 317
Clarinda (empregada), 28, 29, 30
Clemence, Leslie, 170
Clemenceau, Georges, 317
Clementino, Antônio, 261
Cleópatra, 369
Cocteau, Jean, 119, 143, 362
Coelho Júnior, Luís da Cunha Pinto, 86, 153
Coelho Neto, 76, 197, 237, 255, 295, 299, 312, 315, 329
Coelho, Cordovil Pinto, 130
Coelho, Gerson, 175
Coelho, Joana Carolina Pinto, 39, 63, 115, 120, 124, 127, 129, 130, 131, 134, 142, 146
Coelho, José d'Araújo, 69
Conklin, Chester, 189, 248

Cordeiro, João, 285
Cordeiro, Kalixto, 256, 263
Cordovil, Hervê, 130
Córdula, Maria, 124
Correia Neto, Nélson, 78
Correia, Luís, 297
Correia, Natália, 367
Correia, Raimundo, 197, 237, 291, 294, 312, 327
Correia, Serzedelo, 310
Corrieri, Ettore, 102
Corrieri, Roberto, 39, 102
Cortes, La-Fayette, 238
Costa Filho, Odilo, 401
Costa Filho, Odylo, 382
Costa Júnior, 139
Costa, Maricota Fernandes, 58
Costa, Maricota Ferreira e, 40, 48, 103
Costa, Rosa da, dr., 95, 96
Costallat, Benjamim, 367
Cota, d., 56
Cotrim, Álvaro, 368, 375
Coutinho, José Caetano da Silva, d., 326
Coutinho, Pedro Alves de Sousa, 58
Coutinho, Rodrigo Alves de Sousa, 58
Couto e Silva, as, 57, 60, 81, 95
Couto, Calina, 88
Couto, Esmeraldina, 37, 38, 56
Couto, Miguel, 307, 370
Couto, Ribeiro, 265
Crespo, Gonçalves, 237
Creusol, Louis, 100
Cristo ver Jesus Cristo
Cristo, Vieira, 153
Croft-Cooke, Robert, 223
Cruveilhier, 86, 372
Cruz, Alberto Sales da, 386, 399
Cruz, Antônio, 287
Cruz, Coracy de Oliveira, 386
Cruz, Oswaldo, 152, 272, 301, 309, 310
Cunha, Alberto Jorge Grünewald da, 334, 361
Cunha, Carlos Pinto Coelho da, 129

Cunha, Euclides da, 294, 315, 329

Cunha, Gastão da, 316

Cunha, Joakim Manuel Carneiro da, 305

Cunha, Joana Carolina Pereira da Silva Pinto Coelho da, 124

Cunha, Luís da, 41, 42, 45, 49, 107, 108, 113, 124, 131, 180

Cunha, Modesto José Pinto Coelho da, 124

Cunha, Regina Virgilina da, 28, 31, 38, 40, 51, 52, 55, 60, 81, 95, 104, 109

Curie, Pierre e Marie, 316

Cuthbert, W. W. L., 155, 156, 157, 158, 162, 166, 167, 168, 169, 172, 173, 174, 176, 185, 186, 189, 195, 198, 200, 201, 209, 210, 211, 214, 217, 220, 225

D'Annunzio, Gabriele, 313

D'Eu, Conde, 285, 287, 354

Dadinha, tia ver Rezende, Geraldina Tostes de

Dantas, Jair, 219

Dante Alighieri, 362

Daudet, Alphonse, 309, 313

Davis, Clodoveu, 175, 180, 219

Davis, Jorge, 114, 180

De Capol, Albert, 168, 169, 173, 174, 176, 198, 203, 206, 209, 210, 216, 217, 221, 237, 340

Debret, Jean-Baptiste, 242

Dedeta, tia ver Jaguaribe, Risoleta Regina

Defoe, Daniel, 190, 237

Dei, Heloisa Corrieri Selmi, 102

Dei, Napoleone Selmi, 102

Dei, Nelo Selmi, 39, 40, 80, 87, 101, 102, 106, 107, 108, 136, 146, 210

Delorme, Marion, 182

Denis, Ferdinand, 286

Deolinda (empregada), 20, 27, 28, 30, 31, 53, 111, 113

Detzi, Resende, 56

Dezouzart, Robespierre Moreira, 397

Dias Tostes, tenente, 56

Dias, Gonçalves, 151, 251, 301, 306

Dibo, Miguel, 255, 350

Dickens Charles, 190, 236, 237, 257, 342

Dido, 369

Dinis, Júlio, 274

Dobson, mrs., 140

Doré, Gustave, 378

Dória, Escragnolle, 329, 332, 394

Dória, Franklin, 294

Doyle, Plínio, 368

Dreiser, Theodore, 362

Dreyfus, Alfred, 317

Drummond de Andrade, Carlos ver Andrade, Carlos Drummond de

Duarte, Columbano, 168, 198, 205

Duarte, Salatiel Firmino, 352, 353, 393, 395

Duarte, Tobias Rothier, 175

Dumont, Santos, 83, 114, 269, 315

Durão, Águeda Francisca, 69

Dürer, Albrecht, 63

Durval, o, 115, 120, 122, 146, 155, 156

Dutra, Nemésio, 270

Edison, Thomas Alva, 89, 90, 316

Edmundo, Luís, 303, 308, 312

Eiras, Carlos, 196

Eiras, Juquinha, 196

El Greco, 96

Elebeuse, Clara d', 102

Elias, sr., 105, 106

Elísio, Filinto, 367

Ellis, Havelock, 369

Emilieta (empregada), 28, 29, 30, 31

Esterhazy, Charles-Ferdinand Walsin, 317

Estrada, Osório Duque, 312, 327

Euclides de Alexandria, 329

Evans, Robley, almirante, 316

Facó, Américo, 261, 304, 305
Fajardo, dr., 307
Faria, Eduardo de, 85
Faria, Joaquim Francisco de, 327
Farnum, William, 245, 247
Faure, Félix, 368
Fazenda, Vieira, 308, 327, 332, 394
Feijó, Luís da Cunha, 327
Ferdinando da Bulgária, rei, 214
Fernandes, Avelino, 136, 195
Ferraz Filho, Fausto, 173
Ferraz, Fausto, 138, 153
Ferraz, Heitor, 296
Ferraz, Sampaio, 311
Ferreira e Costa, as, 60, 102
Ferrier, Jean-Louis, 361
Fialho, José Antônio de Abreu, 327
Figueira, Amorim, 287
Figueira, Antônio Fernandes, 327
Figueira, Raimundo da Costa, 333
Figueiredo, Carlos Artur Moncorvo de, 327
Figueiredo, Heloísa, 317
Figueiredo, Paulo, 78
Fina, siá, 136
Flaubert, Gustave, 309
Florambel, Floriano, 287
Fonseca, Deodoro da, 53, 125, 288
Fonseca, Lulu, 136
Fonseca, Salatiel Peregrino da, 352
Fortunato José, 79
France, Anatole, 60, 189, 216, 255, 313, 361, 362, 365, 371, 379
Francisca Júlia ver Silva, Francisca Júlia da
Francisco José, imperador, 214
Franco, Afonso Arinos de Melo, 52, 76, 219, 265, 291, 312, 323, 353, 355, 381, 397, 401
Franco, Afrânio de Melo, 194, 291, 333
Franco, as, 60, 81
Franco, Caio de Melo, 327
Franco, Manuel Pontes, 280

Franco, Pedro Afonso de Carvalho, 327
Franco, Virgílio Alvim de Melo, 327
Freire, Cândida Nava de Luna, 319
Freire, Francisco Muniz, 299
Freire, Juca Luna, 297
Freire, Leônidas, 303
Freud, Sigmund, 39, 362, 364, 369
Freyre, Gilberto, 313
Frontin, André Gustavo Paulo de, 327
Frontin, Paulo de, 233, 309, 310, 329, 360

Gadelha, Antônio Eugênio, 259
Galvão, Benjamim Franklin de Ramiz, 327
Gama, Inácio, 109
Gama, Nogueira da, 124, 134
Garcia, Abel, 261
Garibaldi, Anita, 145
Garrett, Almeida, 367
Gaubast, Louis Pilate de Brin, 296
Gaudenus, barão, 313
Gavarni, Paul, 93
Gazzio, Arquimedes, 178, 181
George, Lloyd, 214, 355
Germano, Emygdio, 196
Gerson, Brasil, 309, 332
Gide, André, 362
Gil, Ovídio Paulo de Meneses, 354
Goddard, Paulette, 248
Godiva, lady, 186
Goethe, Johann Wolfgang von, 403
Goffiné, Leonard, 219
Góis, Carlos, 209
Gomes, Alfredo Augusto, 327
Gomes, Carlos, 378
Gomes, Haroldo Moreira, 333
Gomes, Leopoldo, 121, 173
Gomes, Roberto, 76
Gonçalves, as, 38, 56
Gonçalves, Carlos Paiva, 333
Gonçalves, Gregório, 41, 49, 56
Gonçalves, Landri Salles, 281

Goodburn, professor, 155, 168, 171, 173, 176, 177, 206, 210
Goodman, Theodosia ver Bara, Theda
Gorilão, 385
Goston, inspetor, 323, 336, 337, 339, 340, 341, 342, 344, 345, 346, 347, 355, 360, 386, 392, 393, 395, 399, 400
Goulart, José, 68
Gozzoli, Benozzo, 201, 405
Graça, Heráclito, 312
Grave, João, 274
Grimm, irmãos, 383
Guadalupe, Antônio de, frei, 331
Guardia, Francisco Ferrer, 317
Guedes, Fernando Fernandes, 386
Guedes, Jovino, 287, 296
Guedes, Mário Fernandes, 351
Guimaraens, Alphonsus de, 291
Guimarães Júnior, Luís, 312
Guimarães, Dórdio Leal, 367
Guimarães, Francisco Pinheiro, 327
Guimarães, Modesto, 72

Haas, Artur, 136
Haas, Swann-Charles, 168, 170
Haddock Lobo, Roberto Jorge, 69, 239
Hale, Georgia, 248
Halfeld, Altivo, 37, 61, 105
Halfeld, Diomar, 77
Hemingway, Ernest, 362
Henrique, padre, 140, 218, 240
Henriques, João Oton do Amaral, 261
Herodes, 214
Holbein, Hans, 63
Homero, 362
Horta, Alberto Alves da Cunha, 148
Horta, Almada, 57, 63, 66, 81, 88, 95, 103, 104, 105, 106, 108
Horta, Antonico, 35, 51, 58, 101, 109
Horta, Brant, 57
Horta, Felisberto Soares de Gouvêa, 59

Horta, Francisco Alves da Cunha, 31
Horta, Juca, 96
Horta, Mário da Cunha, 127
Horta, Mariquinhas Brant, 57
Horta, Pedro Luís Rodrigues, 57
Horta, Zezé, 30, 57, 58, 60, 81, 94, 95, 103
Houdini, Harry, 52
Hugo, Victor, 313
Hyghmes, professor, 168, 170, 171, 172, 192

Iaiá, tia ver Jaguaribe, Hortênsia Natalina
Inhá Luísa (avó), 19
Inneco, Luís, 332
Isabel, princesa, 253
Isauro, padre, 72

Jaceguai, barão de, 294
Jacinta (empregada), 28, 29, 30
Jack-the-ripper, 378
Jacob, Benjamim, 142, 144
Jacob, Edson, 175
Jacob, Etel, 144
Jacob, Guy, 161, 175, 205
Jacob, Oto, 175, 191, 193
Jaguaribe, Alice Julieta Ferreira e Costa, 151
Jaguaribe, Clotilde Nogueira, 38, 63, 106
Jaguaribe, Clóvis, 63, 81, 106
Jaguaribe, Hortênsia Natalina, 37, 40, 41, 52, 64, 65, 77, 80, 81, 88, 89, 90, 103, 104, 109, 110, 111, 121, 123, 138, 139, 190, 210
Jaguaribe, Joaquim José Nogueira (avô), 18, 27, 42, 43, 44, 45, 47, 49, 82, 88, 93, 95, 101, 102, 107, 110, 111, 113, 119, 133, 145, 162, 184, 219, 230, 291, 293, 318, 346
Jaguaribe, Maria Luísa da Cunha (avó), 18, 19, 27, 28, 29, 30, 33, 36, 38, 40,

43, 44, 45, 47, 48, 49, 51, 52, 53, 55, 60, 61, 65, 77, 81, 84, 88, 89, 94, 99, 102, 103, 104, 105, 106, 108, 110, 111, 112, 113, 121, 180

Jaguaribe, Risoleta Regina, 36, 37, 38, 41, 49, 56, 57, 62, 64, 80, 95, 98, 104, 108, 111, 113, 122, 133, 136, 146, 155, 156, 210

Jaguaribe, Zima, 63, 106

Jardim, Silva, 246, 312

Jellicoe, almirante, 214

Jesus Cristo, 169, 366, 379, 381

Joaninha, tia ver Coelho, Joana Carolina Pinto

João v, d., 126

João vi, d., 68, 126, 326, 328

João, são, 214

Johannot, Tony, 93

Johnson, Ben, 190

Jones, Horace William, 155, 157, 158, 161, 162, 163, 164, 165, 166, 168, 169, 171, 172, 173, 176, 177, 179, 180, 181, 184, 186, 187, 188, 189, 190, 191, 192, 193, 195, 196, 197, 198, 201, 203, 204, 205, 206, 207, 208, 209, 211, 214, 215, 216, 217, 220, 223, 225, 226, 340, 342

Jorge v, rei, 190, 214

José i, d., 126

Jota Carlos, 132, 141, 270, 368

Joviano, Albino, 219

Joviano, Artur, 197

Joviano, Célia, 168, 171, 197

Joyce, James, 362

Juca (primo), 120, 121, 128

Juiz de Fora, barão de, 56

Júlio Maria, padre, 108, 313

Júlio, tio ver Pinto, Júlio César

Junqueiro, Guerra, 207, 313, 354, 367

Justina (empregada), 20, 30, 31, 33, 34, 35, 36, 48, 81, 102, 103, 104

Keats, poeta, 257

Kennedy, Merna, 248

Kiekhorfer, Carmem, 364

Kipling, Rudyard, 190

Kitchener, Lord, 214, 355

Knight, Tracy, 364

La Fontaine, Jean de, 87, 93

Labori, Fernand, 317

Lacerda, Abel Tavares de, 130

Lacerda, João Batista de, 327

Lacerda, José Maria de, 222

Ladeira, Janjão, 77

Ladeira, João, 78

Laet, Carlos de, 223, 256, 294, 299, 318, 329, 393, 396

Laet, Carlos Maximiano Pimenta de, 327

Lage, Mariano Procópio Ferreira, 30, 38, 39, 65, 79, 102

Laliza ver Paletta, Maria Luísa

Laubardemont, conselheiro, 182

Lavarède, 182

Lawrence, D. H., 362

Leal, Modesto, 76

Leal, Oscar, 292

Leitão, Nélson de Mesquita, 333

Leite, Eugeninho Teixeira, 38, 95

Lemos, Maximiano de, 140

Leonardo da Vinci, 174

Levi, Odete, 37, 98

Lima, Agostinho José de Sousa, 327

Lima, Araújo, 135, 320, 326, 352, 353, 378, 395, 396

Lima, Augusto de, 197, 291, 301, 312

Lima, Francisco Negrão de, 175

Lima, Heitor, 278

Lima, Octacílio Negrão de, 174

Lima, Oliveira, 278, 294, 301, 312, 315

Lima, Renato Augusto de, 142

Limão, Jorge, 354

Linder, Max, 106

Lindoca, 60

Lindolfo, dr., 56, 99

Linhares, Dinis, 78

Linhares, José, 261
Lino, inspetor, 340, 345, 350, 352, 354, 393, 399
Lino, José, 261, 288
Lins, Edmundo, 153
Lins, Ivan, 219
Lins, Paulo, 176
Lisboa, Alice Brandon Eiras Marques, 196
Lisboa, Bento Luís de Oliveira, 327
Lisboa, Constantino Magno de Castilho, 386, 387
Lisboa, Henrique Marques, 196
Lisboa, Ildefonso Magno de Castilho, 387
Lisboa, José Antônio, 326
Lisboa, Marques, 153, 170, 175, 186, 196
Lisboa, Otávio, 170, 171
Lisboa, Pedro de Alcântara, 326
Lispector, Clarice, 308
Liszt, Franz, 190
Lobatchevski, Nikolaï Ivanovitch, 329
Lobo, Fernando, 51, 57, 90, 98
Lobo, Ruth, 37, 90, 98
Lopes, João, 284, 286
Lopes, Oscar, 286
Loreto, barão de, 294
Loti, Pierre, 313
Lourença, d., 58, 124
Lucas, Artur, 342
Lucena, Henrique Pereira de, 327
Lúcia (empregada), 20, 30, 31, 33, 54, 55, 82, 104
Luís XIII, rei, 146, 182
Lumière, irmãos, 82

Macedo, Joaquim Manuel de, 139, 308
Macedo, Luís Cândido Paranhos de, 391
Machado Sobrinho, Antônio Vieira de Araújo, 74, 75, 76, 78, 79, 94, 111
Machado, Abílio, 154
Machado, Albino, 99

Machado, Aníbal, 142, 160
Machado, Aureliano Vieira Werneck, 327
Machado, Cristiano, 73, 134, 135, 138
Machado, Gilka da Costa de Melo, 255
Machado, Lucas, 174
Machado, Pinheiro, 138, 299, 305
Machado, Rodolfo de Melo, 255
Maciel, Francisco, 261
Maciel, Godofredo, 261
Maeterlinck, Maurice, 313
Magalhães, Fábio de Almeida, 60
Magalhães, Fernando Augusto Ribeiro de, 327
Magalhães, Franklin, 209
Magalhães, Melo, 307
Magalhães, Valentim, 295, 296
Malafaia, Rita Xavier de Barros, 276
Maldonado, Ana Flora Jaguaribe, 61, 62, 80
Mallet, João Carlos Pardal de Medeiros, 327
Malta, dr., 99
Mangabeira, Francisco, 312
Mann, Hank, 192
Manta, Neves, 367
Manzoni, Alessandro, 295
Marconi, Guglielmo, 316
Maria I, d., 126
Maria Inácia, d., 124
Marianinha, 115, 120, 121, 122, 123, 125, 129, 130, 132, 133, 138, 141, 155, 156, 157, 159, 160, 210
Mariano, Cândido, 287
Marie, madame, 64
Marinho, Ignesil, 332
Marques, Fábio, 160, 170
Marques, Oscar, 159, 212
Marques, Vieira, 153, 156
Marques, Xavier, 275, 312
Martins Vieira, as, 38
Martins, Álvaro, 284
Martins, Antônio, 284, 286

Martins, Silveira, 294
Massot, Antero de Leivas, 354
Mata, Nascimento, 332
Matos, Gregório de, 368
Matos, José Cândido de Albuquerque Melo, 327
Matos, Melo, 329
Maupassant, Guy de, 64, 114, 362
Medeiros, Alberto, 72
Médicis, Catarina de, 121
Médicis, Lorenzo de, 287
Megali, Zé, 175
Meireles, Cecília, 67
Meireles, Olinto, 154
Meireles, Valdemar, 174
Meireles, Vítor, 312
Melila, 115, 120, 122, 127, 129, 130, 132, 142, 146, 155, 156, 157, 210
Melo, Aurélio Paz de, 138
Melo, Homem de, barão, 270
Melo, Homem de, baronesa, 203
Melo, Joaquim Feijó de, 96, 260, 286, 288
Melo, José dos Santos Vieira de, 359
Melo, Lourença Maria de Abreu e, 58
Melo, Odete, 138
Mendes, Mofina, 87
Mendes, Murilo, 19
Mendes, Raimundo Teixeira, 327
Mendes, Raul, 129, 133, 145
Mendes, Teixeira, 394
Mendonça, Lúcio de, 294, 301, 312
Mendonça, Rodolfo, 181
Meneses, dr., 48, 63
Meton, Antônio, 64, 65, 80, 112
Meton, tio *ver* Alencar Filho, Meton da Franca
Meyerhoff, Hans, 404
Miano *ver* Moura, Maximiano Pinto de
Michelangelo, 366
Militão, inspetor, 340, 345, 390, 392, 395, 400
Milton, John, 190

Mimi, 37, 45, 52, 65
Miranda, Cota, 123, 160
Moço, o, 52, 61, 62, 66, 80, 81, 101, 104, 111, 138, 139
Modesto, as, 102
Modesto, Heitor, 71, 72, 233, 243, 368
Modesto, Júlio, 72
Modesto, Sebastião, 72
Montaigne, Michel de, 169, 403
Monteiro, Antonico Pinto, 60
Monteiro, Jacy, 287
Monteiro, João, dr., 37, 63
Monteiro, José Mariano Pinto, 60
Monteiro, Leo, 319
Moog, Viana, 237
Moraes Neto, Prudente de, 323, 333, 353, 398, 401
Moraes, Vinicius de, 70, 145, 254, 265
Morais Filho, Melo, 76, 253, 254
Morais, Henrique de Melo, 333
Moreira Júnior, Delfim, 170
Moreira, Delfim, 153
Moreira, Olimpinho, 170, 194
Moreira, Olímpio, 153, 194
Moretzhon, as, 37
Moretzhon, Carmem, 90
Moreyra, Álvaro, 312
Morin, Alexis, 261
Morris, mrs., 167, 171, 184, 198, 208
Morus, Thomas, 224
Moss, Adelaide, 235, 238, 239, 272, 274, 277, 278, 306
Mota Maia, condessa de, 48
Mota, Artur, 294
Mota, Leonardo, 281
Moura, Emílio, 144, 401
Moura, Ester Pinto de, 38, 81
Moura, Francisco Augusto Pinto de, 86
Moura, Francisquinho Pinto de, 78
Moura, Jacinto Rodrigues Pinto de, 86
Moura, José Rodrigues Pinto de, 86
Moura, Maximiano Pinto de, 38, 50, 81, 86, 88

Moura, Rubens Rodrigues Pinto de, 86
Müller, Lauro, 76
Murgel, as, 95
Murray, Tom, 192
Musset, Alfredo de, 124

Nabuco, Joaquim, 237, 294, 295, 307, 312
Nanoca, dona ver Nava, Ana Cândida Pamplona da Silva
Nanteuil, Célestin, 93
Napoleão Terceiro, 378
Nascentes, Antenor, 327
Nava, Alice ver Salles, Alice
Nava, Ana (irmã), 28, 45, 110
Nava, Ana Cândida Pamplona da Silva, 93, 260, 296
Nava, Cândida, 70, 232, 279
Nava, Célia Flores, 41
Nava, Diva Mariana Jaguaribe (mãe), 18, 27, 30, 36, 41, 42, 49, 57, 63, 70, 73, 74, 86, 87, 89, 91, 94, 96, 99, 104, 109, 111, 112, 113, 115, 122, 123, 129, 130, 133, 140, 150, 151, 152, 155, 156, 157, 158, 159, 160, 162, 168, 177, 180, 182, 184, 196, 203, 207, 209, 212, 218, 219, 224, 229, 232, 252, 345, 346, 390
Nava, José (irmão), 29, 53, 225
Nava, José Pedro da Silva (pai), 17, 42, 66, 70, 73, 79, 87, 96, 100, 113, 133, 160, 196, 203, 211, 231, 233, 234, 235, 258, 259, 260, 288, 293, 390
Nava, Maria Euquéria, 71, 234, 240
Nava, Paulo, 29, 135
Nelo ver Dei, Nelo Selmi
Nelson, inspetor, 340, 354, 386, 391, 392, 394, 400
Nepomuceno, Alberto, 286, 287
Nero, imperador, 214
Neruda, Pablo, 402
Neves Sobrinho, Faria, 312
Neves, Lourenço Baeta, 152

Neves, Mário, 174
Neves, Mariquinhas Baeta, 138, 151, 152
Neves, Roberto Baeta, 170, 186
Nhanhã, 57
Nicolau ii, czar, 214
Nobre, Murtinho, 307
Nóbrega, Vandick Londres da, 332
Nogueira, João Franklin de Alencar, 281
Nogueira, Maria José, 63
Nogueira, Paulino, 63
Norder, Carlos, 136
Nunes, Gonçalo, 76, 137

Ó, Tomé Rodrigues Nogueira do, 134
Olímpio, Domingos, 299
Oliveira, Alberto de, 197, 256, 278, 293
Oliveira, João Antônio de, 70
Oliveira, Leopoldino de, 139
Oliveirinha, inspetor, 340, 395, 400
Onofre, sr., 77
Orta, Bárbara Caetana Azeredo Coutinho Gouvêa d', 57, 58, 59, 60, 132
Orta, Pedro d', 57
Ortiz, João Leite da Silva, 147
Oscar, inspetor, 340, 387, 388, 390, 392
Osório (copeiro), 29
Otávio, Rodrigo, 294
Otero, Caroline, 369
Otôni, Antônio, 175, 205
Ovale, Jaime, 265

Paiva, Garcia de, 153, 156, 170
Paiva, Oliveira, 284, 285, 286
Paixão, sr., 77
Paletta, Maria Berta, 41, 52, 61, 62, 63, 64, 80, 81, 88, 90, 112, 113, 114, 115, 122, 123, 210
Paletta, Maria Luísa, 30, 38, 40, 61, 62, 80, 87, 88, 89, 90, 96, 105, 113, 115, 122, 155, 156

Palma, Herminio, 292, 293
Pamplona, Candinho, 72
Pamplona, Confúcio, 286
Papi Júnior, 287, 288
Paranhos, José Maria da Silva, 327
Parente, Abel, 315
Pascal, Blaise, 169, 251
Passos, Guimarães, 76
Pastel *ver* Oscar, inspetor
Patrocínio, José do, 265
Paula, Joaquim Francisco de, 139
Paula, Luís Nogueira de, 354
Pearson, Virginia, 244, 247
Pederneiras, Mário, 312
Pederneiras, Raul Paranhos, 327
Pedro da Serra, 28
Pedro I, d., 68, 126, 265, 326
Pedro II, d., 28, 68, 185
Peixoto, Afrânio, 363
Peixoto, Floriano, 53, 127, 289, 291, 314, 315
Pelayo, Menéndez, 292
Pelé, 174
Pena Júnior, Afonso, 153
Pena, Afonso, 59, 76, 115, 127, 136, 147, 149, 150, 158, 159, 164, 298, 310
Pena, Belisário, 49
Pena, Clementina, 45
Pena, Feliciano, 99
Pena, Otávio, 174
Penido, Agostinho Máximo Nogueira, 134
Penido, dr. João Nogueira, 39, 134, 135
Penido, Egberto Nogueira, 39
Penido, João, 65, 99, 113
Penido, Maurílio, padre, 372
Penido, Paulo Nogueira, 368
Pereira, Adolfo, 95
Pereira, Dulce Brandi, 170
Pereira, Gomes, 153, 186
Pereira, José Clemente, 68, 69
Pereira, Luísa Rosa Avendano, 69
Pereira, Paulo Gomes, 175, 181

Perereca, padre, 308
Perrault, Charles, 383
Perrette, 87
Pessoa, Epitácio, 310
Pessoa, Fernando, 367
Pessoa, Frota, 304
Petrônio, 182
Pfad, Leopoldo, padre, 64, 82
Picututa, 48, 60
Pieper, padre, 82
Piero della Francesca, 201
Pimentel, Camilo, 175
Pimentel, Mendes, 153, 154, 186
Pinto Coelho, Mariana Carolina, 122
Pinto, Ana Vicência Prado Pereira, 285
Pinto, Estêvão, 153, 156, 159
Pinto, Júlio César, 29, 58, 113, 120, 121, 122, 123, 124, 125, 126, 127, 128, 129, 132, 133, 137, 138, 139, 141, 142, 145, 146, 148, 159, 160, 210, 247
Pinto, Willer, 175, 177
Piragibe, Alfredo, 327
Piragibe, Vicente, 300, 301
Pires, Aurélio, 126, 141, 291
Pires, inspetor, 340, 385, 393, 394, 399
Poe, Edgar Allan, 52, 169, 179
Pompeia, Raul, 23, 247, 312, 327, 333, 362, 384, 394
Pongetti, Henrique, 308
Pontes, Henrique, 280
Pope, Alexander, 190
Popeia Sabina, 182
Porter, Endimion, 169
Porto, Agenor Guimarães, 327
Pougy, Liane de, 369
Prado Júnior, Caio, 314
Prado, Antônio Caio da Silva, 285, 286, 287, 290
Prado, Antônio da Silva, 327
Prado, Eduardo, 285, 294, 315
Prado, Martinho da Silva, 285
Prado, Veridiana Valéria da Silva, 285

419

Prates, Carlos, 147, 175, 153, 202
Prates, Nasinha, 209
Prates, Titita, 175, 209
Procópio, Mariano *ver* Lage, Mariano Procópio Ferreira
Proust, Marcel, 9, 38, 139, 233, 251, 271, 309, 348, 362, 363, 364, 403
Purviance, Edna, 248

Queirós, Eça de, 207, 237, 252, 309, 317, 368
Queirós, José Clarindo de, 288, 289, 290
Queirós, Paulo, 202, 203
Queiroz, Rachel de, 308, 313
Quéntel, Sampaio, 39
Querubina, d., 142
Quincas, tio, 110
Quinet, Edgard, 57
Quintino, inspetor *ver* Vale, Quintino do

Rabelais, François, 199, 362
Radiguet, Raymond, 362
Rafael Sanzio, 174
Raithe, as, 38
Raithe, Chico, 38, 39, 56
Raithe, Ema, 39
Ramiz Galvão, barão de, 323, 329
Ramos, Eduardo, 294
Ramos, Silva, 256, 294, 312, 319, 329
Randolph, Valerie, 364
Reclus, Elisée, 313
Regina, tia *ver* Cunha, Regina Virgilina da
Rego Filho, José Pereira, 327
Rego, José Lins do, 313
Reich, Gustavo, 41, 100
Reid, Mayne, 178, 183
Reis, Baltasar Pinto dos, 68
Reisner, Chuck, 192
Renault, Abgar, 180
Renault, Áureo, 175
Renault, Léon, 180

Renoir, Pierre-Auguste, 124, 251
Resende, as, 37, 102
Resende, Carneiro de, 153
Resende, Otto Lara, 401
Rezende, Geraldina Tostes de, 40, 63, 106
Ribeiro Júnior, José Carlos da Costa, 288
Ribeiro, Aquilino, 309
Ribeiro, Bernardim, 237
Ribeiro, Carlos, 135, 252
Ribeiro, Delfim Moreira da Costa, 181
Ribeiro, general, 272
Ribeiro, João, 256, 294, 312, 329, 363, 368, 386, 389
Ribeiro, José Carlos da Costa, 288, 296
Ribeiro, Manuel de Queirós Matoso, 327
Richelieu, cardeal de, 86, 182
Richet, Charles, 313
Rio Branco, barão do, 69, 75, 76
Rio, João do, 253, 254, 309
Rocha Vaz, José Barbosa da, 219
Rodrigues, Mário, 305
Rodrigues, Tibúrcio, 297
Rolinha, tia *ver* Maldonado, Ana Flora Jaguaribe
Romero, Sílvio, 237, 294
Ronsard, Pierre de, 252
Röntgen, Wilhelm Conrad, 316
Rops, Daniel, 361
Rosa (empregada) *ver* Benta, Rosa de Lima
Rosa, Guimarães, 404
Rose, professor, 168, 172, 174, 189, 210, 211
Rossetti, Dante Gabriel, 88
Rostand, Edmond, 313, 377
Rousseau, Jean-Jacques, 169, 362
Roussin, padre, 41
Roussoulières, Antônio, 219
Roussoulières, Leon, 153
Ruskin, John, 237, 257

Ruth, Marjorie, 364

Sabino, Fernando, 18, 130, 308, 401
Sacher-Masoch, cavaleiro, 378
Sade, marquês de, 378
Sadler, Joseph Thomas Wilson, 152, 153, 155, 156, 158, 160, 162, 167, 168, 169, 171, 172, 173, 174, 175, 176, 180, 181, 182, 184, 185, 189, 190, 193, 196, 197, 198, 202, 209, 211, 216, 217, 219, 220, 223, 224, 225, 342
Saint-Simon, Conde de, 309
Sales, Álvaro, 161, 175
Sales, Campos, 297, 298, 299, 300, 309, 310, 316
Sales, Francisco, 153
Salgado, Eduardo, 286
Salles, Alice (tia Alice), 18, 70, 73, 168, 177, 236, 240, 241, 242, 252, 284, 291, 308, 309, 346
Salles, Antônio, 18, 23, 70, 73, 182, 187, 212, 213, 229, 234, 235, 236, 237, 240, 241, 242, 252, 253, 254, 255, 257, 258, 259, 261, 263, 235, 265, 267, 268, 269, 270, 271, 272, 273, 274, 277, 278, 280, 281, 282, 284, 285, 286, 287, 288, 289, 290, 291, 292, 293, 294, 295, 296, 298, 299, 300, 301, 302, 303, 304, 305, 306, 307, 308, 309, 310, 311, 312, 313, 314, 316, 317, 318, 319, 320, 339, 346, 376, 395, 400
Salles, Delfina de Pontes, 280
Salles, Miguel, 282
Salles, Miguel Ferreira, 280
Salomon, Alice, 213
Salomon, Evaristo, 214
Salvo, Antônio, 153, 156, 163, 184
Santos, Antônio Augusto de Andrade, 51
Santos, Augusto Ferreira dos, 57, 327
Santos, Eurico Mendes dos, 334, 360

Santos, Ezequiel Correia dos, 327
Santos, Hugo Andrade, 42
Santos, Maria Monteiro de Barros Soares dos, 319, 320
Santos, Mariquinhas Vidal de Andrade, 57
Santos, Noronha, 309
Sardi, Belli de, conde, 101
Scott, Walter, 190
Seelinger, Helius, 315
Seixas, Guilherme João de, 352, 392
Sena, Fábio, 175
Sena, Nélson de, 121, 153
Senna, Múcio Emílio Nélson de, 202, 203, 204
Sennett, Mack, 177
Serpa, Justiniano de, 261
Serrano, Jônatas, 329
Severino, padre, 121, 125
Severo, Augusto, 315
Shakespeare, William, 190, 221
Shaw, George Bernard, 190
Shelley, Percy Bysshe, 190, 237
Sienkiewicz, Henryk, 182
Silva, Antônio Carlos Ribeiro de Andrada Machado e, 135
Silva, Antônio Francisco da Costa e, 213
Silva, Francisca Júlia da, 312
Silva, Guálter, 286, 287
Silva, Heitor de Lira, 327
Silva, Julieta Araújo Lima Guimarães Ribeiro de Andrada Machado e, 135
Silva, Pereira da, 113, 124, 129, 312
Silveira, Álvaro da, 121
Simira, 122, 123, 129, 130, 142
Simões, Lucília, 315
Soares, Macedo, 305
Soares, Martim, 304, 367
Soares, Raul, 134
Sodré, Lauro, 272
Solimões, barão de, 294
Sousa, Ana Maria Ribeiro de Araújo, 69
Sousa, Eugênia Ennes de, 71

Sousa, Evangelista de, 43
Sousa, Inglês de, 294
Sousa, João Batista de Melo e, 333, 353
Sousa, José Jorge de, 259
Sousa, Paulino José Soares de, 327
Sousa, Sinhara Alves de, 58
Sousa, Washington Luís Pereira de, 265, 267, 310, 327
Souto, Francisco, 300
Souza, Ennes de, 233, 235, 264, 299, 301, 303, 313, 318, 319
Spector, Moses, 195
Spector, Moses, 170, 195, 196
Sperling, Hilda von, 134
Sterling, Ford, 192
Stevenson, Robert Louis, 190
Stopes, Marie Carmichael, 365
Stravinsky, Igor, 241
Sturzenecker, Gastão Mathias Ruch, 327
Sue, Eugène, 93
Suratt, Valeska, 212
Swain, Mack, 192
Swift, Jonathan, 190
Symalla, padre, 82

Tamandaré, marquês de, 196
Tamarindo, coronel, 272
Tati, 57
Taunay, visconde de, 237, 294, 312, 327, 333
Tautphoeus, 329
Tavares, Eduardo Carlos, 354
Távora, Belisário, 261, 292, 303, 305
Távora, Elisiário, 261
Teixeira, João Gomes, 52, 381
Tell, Guilherme, 378
Telles, Ary, 353
Tennyson, Alfred, 190, 206, 216, 237
Teófilo, Artur, 296, 297
Teófilo, Rodolfo, 285, 286, 305, 312
Terra, Sílvia, 169
Thackeray, William, 257

Theo Filho, 367
Thon, Joseph, 221
Tigelino, 182
Tigre, Bastos, 263, 264, 265, 302
Titara, João Luís dos Santos, 327
Tolstói, Liev, 185, 313
Tomás de Aquino, Santo, 372
Tonsinho, 45, 52, 66, 80, 84, 85, 88, 89, 91
Torquemada, 140
Torres, Cândido José Rodrigues, 327
Tostão, 174
Tostes, João de Resende, 65
Tostes, Maria Luísa, 40
Tostes, Sebastião de Rezende, 56
Toulouse-Lautrec, Henri de, 258, 387
Trindade, Elpídio Maria da, 334, 395
Trovão, Lopes, 253, 254, 312
Tucano, Hilário, 88, 104
Turpin, Ben, 189, 248

Vaillant, Auguste, 317
Valadares, Cecinha, 37, 302
Valadares, Chico, 99
Valadares, Clorindo, 175, 181, 205
Valadares, José, 207
Vale, Quintino do, 327, 334, 337, 341, 344, 346, 347, 350, 351, 353, 358, 360, 385, 387, 389, 390, 392, 393, 395, 396, 397, 398
Valéry, Paul, 403
Van Dyck, Antoon, 169
Van Erven, Francisco, 327
Van Eyck, Jan, 201
Van Gogh, Vincent, 188
Vargas, Getúlio, 265
Vasconcelos, Bernardo Pereira de, 326
Vasconcelos, Carolina Michaëlis Gonçalves de, 185
Vasconcelos, Diogo de, 291
Vaz, Genny Barbosa da Rocha, 203
Vaz, José, 175
Vaz, Libânio da Rocha, 203

Vaz, Paulo, 195, 202
Velásquez, Diego, 151, 169, 379
Verde, Cesário, 313, 367
Verdussem, José, 121, 126
Vergueiro, Nicolau Pereira de Campos, 236
Veríssimo, José, 237, 253, 293, 294, 301, 303, 317
Verlaine, Paul, 362
Verne, Júlio, 183, 196, 365, 383
Vespúcio, Américo, 94
Viana, Antônio Ferreira, 327
Viana, Artur, 142
Viana, Basílio, 270
Viana, Florentino César Sampaio, 333, 360
Vicente, Gil, 87, 237, 367
Vidal, Oscar, 99
Vieira, Ernestina Martins, 49, 54, 56, 88
Vieira, João Jorge de Pontes, 281
Vieira, José, 46, 145
Vigny, Alfred de, 252
Vilaça, dr., 56, 99
Villon, François, 362, 367
Vinelli, João Batista Kossuth, 327
Virgens, Bárbara Ursula das, 280
Virgilina, Regina (tia-avó Zina) *ver* Cunha, Regina Virgilina da

Virgílio, 362
Vitória, rainha, 167
Vitorino, Manuel, 299, 300
Vittorio Emanuele, rei, 214, 355
Voltaire, 369
Vuille, monsieur, 221, 237, 373

Wandenkolk, Eduardo, 53
Washington Luís *ver* Sousa, Washington Luís Pereira de
Wenlock, mr., 221, 222
Werneck, Hugo, 153
Werneck, Roberto Furquim, 170, 219
Westerling, Heinrich Friedrich Gotfried, 168, 169, 173, 176, 177, 179, 184, 193, 194, 198, 203, 206, 209, 216, 217, 221
White, Pearl, 246, 247, 268
Whitman, Walt, 237
Wilde, Oscar, 190
Wright, irmãos, 82

Xavier, Agliberto, 329

Zé Mariano, as, 37
Zezé, prima *ver* Horta, Zezé
Zina *ver* Cunha, Regina Virgilina da
Zola, Émile, 262, 309, 317

ESTA OBRA FOI COMPOSTA POR OSMANE GARCIA FILHO EM SWIFT E
IMPRESSA PELA GEOGRÁFICA EM OFSETE SOBRE PAPEL PÓLEN SOFT
DA SUZANO PAPEL E CELULOSE PARA A EDITORA SCHWARCZ
EM FEVEREIRO DE 2012